权威·前沿·原创

皮书系列为

“十二五”“十三五”国家重点图书出版规划项目

智库成果出版与传播平台

中国三农网络舆情报告（2021）

THE REPORT ON ONLINE PUBLIC OPINIONS ON CHINA'S AGRICULTURE, RURAL AREAS AND FARMERS (2021)

农业农村部信息中心 / 研　创

社会科学文献出版社
SOCIAL SCIENCES ACADEMIC PRESS (CHINA)

图书在版编目(CIP)数据

中国三农网络舆情报告. 2021 / 农业农村部信息中心研创. --北京：社会科学文献出版社，2021.11
（三农舆情蓝皮书）
ISBN 978-7-5201-9269-9

Ⅰ.①中… Ⅱ.①农… Ⅲ.①三农问题-互联网络-舆论-研究报告-中国-2021 Ⅳ.①F32

中国版本图书馆 CIP 数据核字（2021）第 218303 号

三农舆情蓝皮书
中国三农网络舆情报告（2021）

研　　创 / 农业农村部信息中心

出 版 人 / 王利民
责任编辑 / 薛铭洁
责任印制 / 王京美

出　　版 / 社会科学文献出版社 · 皮书出版分社（010）59367127
地址：北京市北三环中路甲 29 号院华龙大厦　邮编：100029
网址：www.ssap.com.cn
发　　行 / 市场营销中心（010）59367081　59367083
印　　装 / 天津千鹤文化传播有限公司

规　　格 / 开　本：787mm × 1092mm　1/16
印　张：22.5　字　数：337 千字
版　　次 / 2021 年 11 月第 1 版　2021 年 11 月第 1 次印刷
书　　号 / ISBN 978-7-5201-9269-9
定　　价 / 158.00 元

《中国三农网络舆情报告（2021）》
研创委员会

主　　任　王小兵

副主任　张　国

委　　员　史建新　钟　锋　陈勋洪　任万明　程晓东
高兴明

主编著　钟永玲　李　想

副主编著　吴炳科　殷　华　程小宁　何宇炜

撰稿人　（以姓氏笔画为序）

马　妍　王玉娇　王平涛　王丽丽　王　钧
王晓坤　水荷婷　艾　青　叶　庆　边隽祺
任万明　任　丽　刘文硕　刘　佳　刘　莉
刘海潮　安军锋　杜文逊　杨　捷　李婷婷
李　想　李　静　吴炳科　时　黛　何宇炜
邸　芳　邹德姣　张文静　张生璨　张　珊
张晓俭　陆　风　陈荣鑫　陈勋洪　陈　亮
欧阳子涵　罗　晋　赵　婧　赵　霞　钟永玲
钟志宏　种微微　饶珠阳　徐月洁　殷　华
高兴明　郭振环　郭　涵　黄腾仪　梁贻玲
程小宁　傅铭新　熊倩华　樊首品　穆　瑶

主要编撰者简介

王小兵 农业农村部信息中心主任，研究员。主要研究方向为农业农村信息化、三农政策、农业市场监测预警。围绕大数据、农业农村信息化、农业市场化相关领域，在《经济日报》《农民日报》《农村工作通信》《大数据》等重点报纸杂志发表专业文章多篇，包括《数字农业的发展趋势与推进路径》《农业信息化与大数据》《大数据驱动乡村振兴》《聚焦聚力 推进农业大数据发展应用》等。主持中央农办、农业农村部软科学课题《农业全产业链大数据建设研究》《推进乡村振兴战略实绩考核制度运行效果评价研究》等。组织编制《“十三五”全国农业农村信息化发展规划》《“互联网+”现代农业三年行动实施方案》等规划计划。

张 国 农业农村部信息中心副主任，研究员。主要研究方向为农业农村信息化、农产品流通、农产品营销、农业品牌化。国家发改委生活性服务业标准化专家、国家开发银行农产品流通项目专家、中国物资与采购协会冷链委专家、农业部冷链物流标准工作组副组长等。组织编写《中国农业农村信息化发展报告》《中国农产品批发市场发展报告》《中国农业展会发展报告》《中国农产品品牌发展研究报告》《全国农产品产地市场发展纲要》等，参与编写数十个以国务院、相关部门及农业农村部名义发布的三农政策文件。

钟永玲 农业农村部信息中心舆情监测处处长，正高级工程师。主要研究方向为涉农网络舆情、农业农村信息化。负责实施农业农村部舆情监测及信息化进展追踪项目。主持农业农村部软科学课题《新时代三农网络舆情治理工作机制研究》《农产品滞销网络舆情的生成机理及引导研究》等。在《经济日报》《农民日报》《中国信息界》《信息化研究》等权威报纸杂志发表（及合作发表）专业论文80余篇。主编或参编《中国"三农"网络舆情报告（2020）》等论著10余部。获得北京市科技进步三等奖2项。

李　想　农业农村部信息中心舆情监测处副处长，博士，副研究员。主要研究方向为涉农网络舆情、农产品市场与政策。主持和参与包括国家社科基金项目、国务院发展研究中心课题、农业农村部软科学课题等20余项课题研究，并参与多个重大项目实施。副主编或参编出版《中国主要农产品供需分析与展望》《中国农业发展报告》《中国农产品流通产业发展报告》《农业信息化研究报告》等10余部著作，在《农业现代化研究》《经济要参》《农村经济》《世界农业》《中国农业科技导报》等刊物发表相关研究文章。

摘　要

2020 年是极不平凡的一年。在以习近平同志为核心的党中央坚强领导下，全国人民坚决打赢新冠肺炎疫情防控阻击战，“十三五”圆满收官，全面建成小康社会取得伟大历史性成就，决战脱贫攻坚取得决定性胜利，三农发展成绩显著，三农压舱石作用更加突出。本报告对 2020 年全网三农舆情信息全面监测梳理，从 6 个专题、9 个省份和地区以及 4 个热点事件出发，深入分析了 2020 年中国三农领域网络舆情的传播特点、舆论关注重点、热点，并对 2021 年中国三农网络舆情热点及风险点做了展望分析。

本报告研究认为，2020 年，各级农业农村部门认真贯彻落实党中央、国务院决策部署，全力以赴保供给、攻脱贫、促振兴，巩固发展了农业农村持续向好势头，为“十三五”画上圆满句号。农业农村发展取得历史性成就，粮食产量保持在 1.3 万亿斤以上，脱贫攻坚目标任务如期完成，乡村振兴实现良好开局。2020 年三农舆论关注热度继续提升，全年涉农新闻和帖文总量 1080.56 万篇（条），同比增长 14.39%。从传播内容看，农牧渔生产与粮食安全、乡村振兴战略实施、农产品市场、农业农村改革发展、产业扶贫是媒体和网民关注比较集中的话题，四川甘孜藏族小伙丁真走红网络、第七个国家扶贫日聚焦脱贫攻坚“最后冲刺”、全国“两会”代表委员热议三农是舆情热度排名前三位的热点事件。从传播特点看，主流媒体守正聚力，“新闻 + 服务”展现责任担当；短视频、直播与乡村元素深入融合，三农话题传播潜力进一步释放；政务宣传产生矩阵效应，新媒体思维增添善治活力。2021 年是实施“十四五”规划的开局之年，三农工作重心历史性转

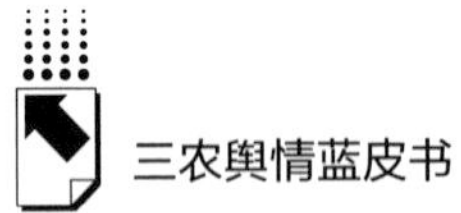

向全面推进乡村振兴。面对复杂多变的形势和更为艰巨的任务，舆论关注焦点可能会集中在国际粮食市场异动下的粮食安全、破解种业“卡脖子”难题、生猪产能恢复后的猪肉价格和产业发展等民生话题，以及乡村建设行动、农村疫情防控和农业防灾减灾补短板等方面。

本报告继续对农牧渔生产与粮食安全、乡村振兴、产业扶贫、农产品质量安全、农业农村信息化、农村人居环境整治6个三农专题舆情进行深入分析。监测研究发现，在农牧渔生产与粮食安全方面，防控新冠肺炎疫情与农业稳产保供两不误的成效振奋舆论，粮食生产“十七连丰”提振信心，耕地“非农化”“非粮化”整治广受肯定；在乡村振兴方面，乡村产业日益凸显的品牌价值成为舆论关注热点，乡村创业创新的“头雁效应”引发积极反响，农村各项改革取得的新突破备受肯定；在产业扶贫方面，各地特色产业扶贫典型示范备受瞩目，消费扶贫、电商扶贫反响热烈，脱贫增收长效机制引发思考；在农产品质量安全方面，各级各地政府部门的创新监管举措、涉新冠肺炎疫情的农产品质量安全话题，以及曝光的农产品质量问题受到舆论重点关注；在农业农村信息化方面，在抗击新冠肺炎疫情的特殊年份，信息化在农村疫情防控和农业保供给促生产中发挥的积极作用获得舆论高度评价，智能化农业生产、农产品“直播带货”、数字乡村建设受到聚焦；在农村人居环境整治方面，三年整治行动取得显著成效，各地美丽庭院和洁净田园广泛吸引舆论目光，信息化、智能化技术在农村生活垃圾和生活污水治理中的创新应用受到关注。

2020年涉农热点事件频发，本报告对四川甘孜藏族小伙丁真走红网络、新冠肺炎疫情引发多地恐慌性抢购粮油、山东“合村并居”、湖北农民工留言告别东莞图书馆4个热点事件舆情进行了梳理分析。总体看，政府部门在应对舆情事件时更加积极主动，新媒体思维给舆论宣传引导注入新活力，相关政府部门和媒体在打造品牌IP、做好内容输出、创新表达方式、重视价值观共鸣等方面的积极做法值得借鉴。也有一些地区在及时发现和消解负面敏感舆情方面能力不足，舆情治理水平有待提升。

本报告对河北省、江苏省、山东省、江西省、广西壮族自治区、陕西省、甘肃省、宁夏回族自治区8个省区以及东北地区2020年三农网络舆情传播特点及热点话题、热点事件进行了分析。研究发现，各地脱贫攻坚任务如期完成、“十三五”时期三农发展成就被媒体积极报道，乡村振兴战略实施、粮食生产保持稳定、高标准农田建设、生猪产能恢复、特色现代农业发展、农村人居环境整治等方面的创新实践和工作成效也受到舆论持续关注。

本报告还对国外媒体和港澳台媒体关于2020年我国三农议题的报道情况及关注重点进行了梳理分析。总体看，农业贸易、粮食安全、动物卫生等话题受到境外媒体集中关注。国际舆论聚焦中美经贸关系中的涉农议题、新冠肺炎疫情对跨国农产品贸易的影响等，并积极评价中国脱贫攻坚的举措和成就。

关键词： 三农舆情　粮食安全　乡村振兴　脱贫攻坚　农业农村信息化

目 录

Ⅰ 总报告

Ⅱ 分报告

Ⅲ 热点篇

Ⅳ 区域篇

Ⅴ 境外篇

皮书数据库阅读**使用指南**

总报告

General Report

B.1 2020年三农网络舆情分析及2021年展望

钟永玲 李 想 张 珊 李婷婷*

摘 要： “十三五”时期，我国农业农村发展取得历史性成就，粮食产量连年保持在1.3万亿斤以上，脱贫攻坚目标任务如期完成，乡村振兴实现良好开局。2020年三农舆论关注热度继续高涨，农牧渔生产与粮食安全、乡村振兴战略实施、农产品市场、农业农村改革发展、产业扶贫、农民工等话题舆情量居前六位。主流媒体充分展现责任担当，为农业稳产保供提供强力舆论支持。短视频、直播与乡村元素深入融合，三农话题的传播潜力进一步释放。政务媒体主动发声和整体发声

* 钟永玲，农业农村部信息中心舆情监测处处长，正高级工程师，主要研究方向为涉农网络舆情、农业农村信息化；李想，农业农村部信息中心舆情监测处副处长，博士，副研究员，主要研究方向为涉农网络舆情、农产品市场与政策；张珊，农业农村部信息中心舆情监测处舆情分析师，主要研究方向为涉农网络舆情；李婷婷，农业农村部信息中心舆情监测处舆情分析师，主要研究方向为涉农网络舆情。

能力不断增强，新媒体在三农舆论引导中拥有越来越广泛的群众基础和应用场景。2021年是“十四五”开局之年，三农“压舱石”将继续受到舆论关注。展望全年热点，国际粮食市场异动下的粮食安全话题将被高度聚焦，生猪产能恢复后的猪肉价格起伏将成为热点议题，法治视角下的农民权益保障话题将有更加广阔的讨论空间，新冠肺炎疫情等公共突发事件将引发舆论对农村防疫、防灾减灾问题的深度思考。

关键词： 三农舆情 粮食安全 生猪产能 乡村振兴 短视频

2020年，各级农业农村部门认真贯彻落实党中央、国务院决策部署，全力以赴保供给、攻脱贫、促振兴，巩固发展了农业农村持续向好势头，为“十三五”画上圆满句号。三农“压舱石”在重大挑战面前更加稳健，成为媒体“聚光灯”下的焦点。在移动传播、可视化传播日渐普及的背景下，三农舆情更加有深度、有温度、有热度，传递“好声音”、提振“精气神”，多角度展现了乡村振兴在互联网场域中的强大气势。

一 2020年三农网络舆情总体概况

据对网络媒体涉农新闻和社交媒体涉农帖文监测，2020年三农舆情总量继续较大幅度增长。全年涉农新闻和帖文总量1080.56万篇，同比增长14.39%。总体看，农牧渔生产与粮食安全、乡村振兴战略实施、农产品市场、农业农村改革发展、农业产业扶贫、农村社会事业是媒体和网民关注比较集中的话题。四川甘孜藏族小伙丁真走红网络、第七个国家扶贫日聚焦脱贫攻坚“最后冲刺”、全国“两会”代表委员热议三农，是舆情热度排名前三位的热点事件。

（一）2020年三农网络舆情数量及话题结构变化特点分析

1. 三农新闻舆情总量同比增长47.14%，农牧渔生产与粮食安全话题数量和增幅均居首位

监测数据显示，全年涉农新闻舆情总量 261.42 万篇，同比增长 47.14%。其中，农牧渔生产与粮食安全话题最受媒体关注，新闻量达 64.81 万篇，占 24.79%。面对新冠肺炎疫情带来的冲击和挑战，重要农产品稳产保供成为高热话题，全年粮食生产和生猪生产呈现的持续向好态势受到聚焦，农牧渔生产与粮食安全话题由 2019 年的排行第二升至榜首，话题量增长 1.2 倍。乡村振兴战略实施话题的新闻量位列第二，达 55.78 万篇，占 21.34%。产业振兴、人才振兴等政策红利持续释放，品牌农产品、乡村休闲旅游等在助农增收方面表现亮眼，充满活力和创造力的新农民广受关注，乡村治理“积分制”试点呈现的典型示范效应也被积极推介。农产品市场话题的新闻量位列第三，达 25.42 万篇，占 9.72%。农产品价格波动情况受到媒体跟进报道，猪肉价格涨跌、鸡蛋和牛肉价格上涨、玉米价格上涨等引发多角度解读，我国重要农副产品的供应链安全引发讨论和建言。农业农村改革发展话题的新闻量位列第四，达到 24.81 万篇，占 9.49%。在“十三五”收官之际，农村土地制度改革和农村集体产权制度改革取得的新突破成为报道重点，农业农村经济社会五年发展成果受到高度评价。此外，农业产业扶贫也是媒体报道热点，新闻量达到 18.20 万篇，占 6.96%。2020 年，我国如期完成了消除绝对贫困的艰巨任务，全国 832 个贫困县全部实现脱贫摘帽，产业扶贫从中发挥的关键作用受到充分肯定，农业产业扶贫话题量较 2019 年明显增加，增幅近 1 倍（见图 1）。

2. 三农帖文舆情总量同比增长6.80%，农牧渔生产与粮食安全话题数量居首，农产品市场话题排位显著提升

监测数据显示，2020 年涉农帖文舆情总量为 819.14 万篇，同比增长 6.80%。其中，农牧渔生产与粮食安全话题最受网民关注，帖文量达 247.05 万篇，占 30.16%。新冠肺炎疫情全球蔓延态势下，国际粮食市场震

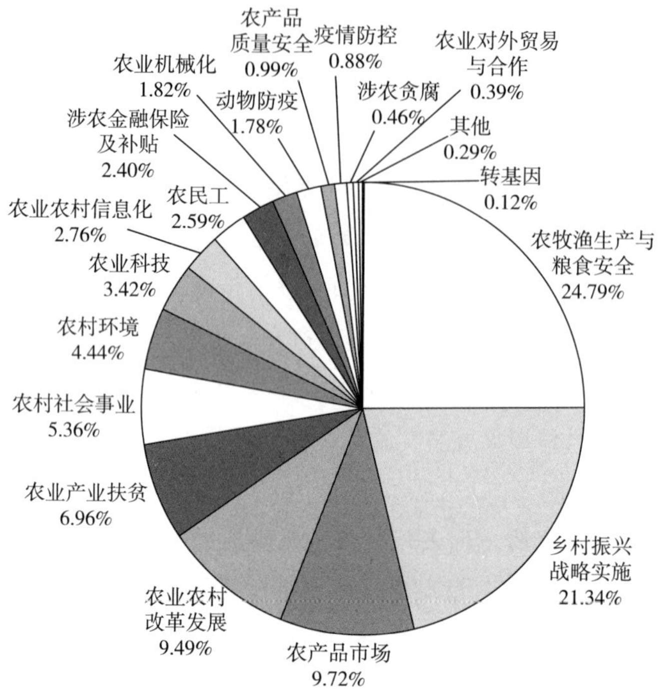

图 1　2020 年媒体新闻舆情三农话题占比

资料来源：农业农村部三农舆情监测管理平台、新浪舆情通。（下同）

荡引发网民对国内粮食安全的高度关注，全国粮食总产量再创历史新高有力提振信心，农业农村部等部门对中国粮食供给保障的权威解读成为“定心丸”，节粮爱粮蔚然成风，“光盘行动”引发线上线下热烈响应。乡村振兴战略实施话题帖文量位列第二，达到 100.63 万篇，占 12.28%。“村美民富产业兴”的乡村振兴图景引发网民积极关注，新闻媒体和各地政府部门对乡村旅游的视频推介激发网民浓厚兴趣，出现了过亿次的播放量；新农人创业创新展示的蓬勃朝气也持续吸引网民注意，“小康时代新青年”“我们都是乡村振兴者”等微话题的阅读量共计超过 2.5 亿次。农产品市场话题帖文量位列第三，达 92.52 万篇，占 11.29%。猪肉价格走势受到网民持续关注，生猪产能恢复带动猪肉价格连续回落引发高热话题，相关新浪微话题的

阅读量超过9亿次。新冠肺炎疫情造成的农产品卖难引发助销热潮，“买光湖北货”“我为湖北胖三斤”等网民留言刷屏互联网，相关微话题阅读量超过18亿次，在线直播观看量超过5亿次。在上述两方面原因推动下，农产品市场话题由2019年的排行第七位跃升至第三位，话题量增幅近1倍。农业农村改革发展话题继续受到网民关注，帖文量位列第四，达到73.40万篇，占8.96%。农村承包地确权登记颁证工作基本完成、全国农村集体资产家底基本摸清等改革成效受到网民广泛肯定和积极传播。自然资源部、农业农村部等7部委明确答复“城镇户籍子女可依法继承宅基地使用权”，成为网民热点议题，相关微信消息近万条，相关新浪微话题阅读量近亿次。此外，新冠肺炎疫情给农民工复工复产带来阻力，各地各部门联合开展了一系列帮扶行动，取得积极成效。网民对农民工话题的关注热度也因此进一步提升，帖文量由2019年的排行第六位升至第五位，达59.47万篇，占7.26%（见图2）。

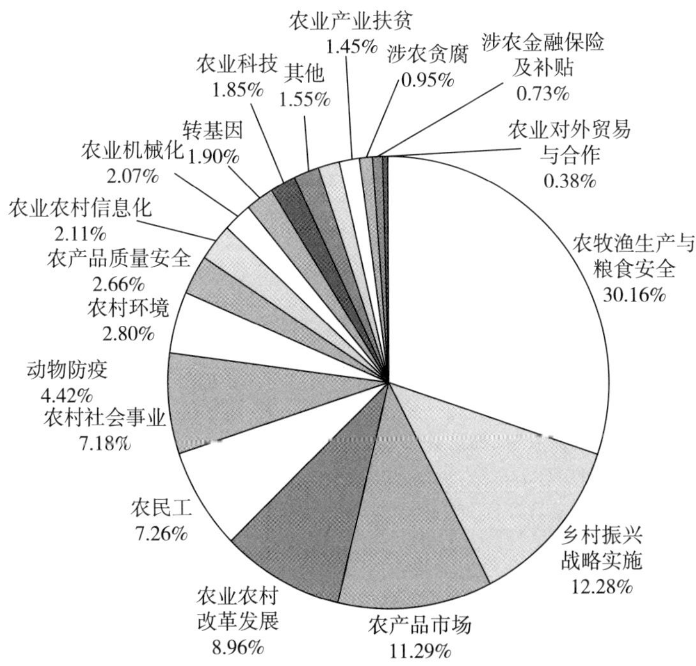

图2　2020年涉农帖文各类话题舆情量占比

（二）2020年三农舆情热点事件排行

本文对全年三农舆情热点事件在各类媒体平台上的传播量进行加权计算，得出热点事件的舆情热度值，进而整理出排名前100位的热点事件（见表1）。

表1　2020年三农舆情热点事件TOP 100

排名	热点事件	首发媒体	月份	舆情热度
1	四川甘孜藏族小伙丁真走红网络	抖音“微笑收藏家·波哥”	11	317816
2	第七个国家扶贫日，决战决胜脱贫攻坚的“最后冲刺”受到聚焦	微信公众号“新华社”	10	194645
3	全国“两会”代表委员热议三农	新华网	5	106184
4	中国农民丰收节来临，特殊之年“不平凡的丰收”振奋舆论	新华网	9	89380
5	最严“禁野令”出台	国家市场监管总局网站	1~3	86032
6	长江实施十年禁渔计划	农业农村部网站	1、6~8、12	83717
7	北京新发地批发市场检出新冠肺炎病毒	新京报客户端	6	52930
8	云南华坪女高校长张桂梅数十年坚守乡村一线，帮助1800多名女孩圆梦大学	中央电视台	6~7、12	51172
9	信息化助力农村防疫春耕两不误	长江云客户端	1~3	44241
10	各地各部门多举措推进疫情防控期间农产品稳产保供	新浪微博“@武汉发布”	2~4	43257
11	全民“为鄂下单”，助力湖北农产品销售	新浪微博“@央视新闻”	3~4	42818
12	各地各部门“点对点”保障农民工返岗复工	四川发布客户端	2~3	39712
13	习近平对“制止餐饮浪费”的重要指示引发全社会积极行动	新华网	8	29981
14	山东农村女孩陈春秀被冒名顶替上大学	山东理工大学网站	6	23558
15	山东“合村并居”引发争论	新浪微博“@昨夜星辰-201411”	5~6	23473
16	世界粮食日，节粮爱粮成核心话题	新浪微博“@人民日报”	10	23186
17	中央农村工作会议召开	新浪微博“@新华视点”	12	22281
18	多地出现恐慌性抢购粮油现象，政府部门有力举措稳定信心	微信	3~4	20567

续表

排名	热点事件	首发媒体	月份	舆情热度
19	2020年中央一号文件发布	新华网	2	20320
20	农业农村部发布《国家畜禽遗传资源目录》	农业农村部网站	4~5	19394
21	山西襄汾"8·29"重大坍塌事故敲响农村自建房安全警钟	新浪微博"@央视新闻"	8	18365
22	湖北农民工留言告别东莞图书馆	微信	6	16869
23	全国832个国家级贫困县全部脱贫摘帽	中央电视台	11	15339
24	毛南族实现整族脱贫	微信公众号"广西民宗委"	5	14620
25	自然资源部等7部门明确答复"城镇户籍子女可依法继承宅基地使用权"	自然资源部网站	10	14103
26	中央经济工作会议:解决好种子和耕地问题	央视新闻客户端	12	13022
27	舆论积极关注"十三五"时期农业农村发展成就	《农民日报》	10	13003
28	万科招聘猪场经理引舆论关注"企业跨界养猪"	万科集团招聘官网	5	12262
29	习近平参加全国政协经济界委员联组会,解读寓意农业现代化的"金扁担"	新浪微博"@新华视点"	5	11805
30	山东农妇因不孕被虐致死	速豹新闻网	11	11639
31	南方多地持续强降雨,各方全力加强农业生产防汛与扶贫产业恢复	《人民日报》	7	11285
32	"双11"数字乡村人气旺	新浪微博"@微博县域"	11	10433
33	"浙江10万只鸭子出征巴基斯坦灭蝗"乌龙事件	《宁波晚报》	2	10310
34	遏制农村乱占耕地建房,自然资源部、农业农村部联合发布"八不准"	自然资源部网站	7	10074
35	十一假期国内旅游市场复苏强劲,特色乡村游受青睐	微信公众号"贵州省文化和旅游厅"	10	9432
36	习近平在吉林考察,对保障粮食安全做出重要指示强调	新浪微博"@新华视点"	7	9172
37	第十八届中国国际农产品交易会展示农业农村发展强劲动力	新重庆客户端	11	8866
38	"3·15"晚会曝光山东即墨海参养殖加工非法添加药物	中央电视台	7	8373

续表

排名	热点事件	首发媒体	月份	舆情热度
39	习近平在陕西柞水县金米村直播平台话脱贫	央视新闻客户端	4	7702
40	中办、国办印发《关于调整完善土地出让收入使用范围优先支持乡村振兴的意见》	新华网	9	7097
41	全国消费扶贫月活动销售 415.98 亿元扶贫产品	新华网	9	6405
42	《保障农民工工资支付条例》公布实施	新华网	1、5	6270
43	国务院办公厅印发《关于坚决制止耕地“非农化”行为的通知》	中国政府网	9	6011
44	农产品电商促销成“6·18”新看点	中国经济网	6	5980
45	2020 年全国粮食总产量 66949 万吨，比上年增长 0.9%	国家统计局网站	12	5772
46	兰州市召开兰州兽研所布鲁氏菌抗体阳性事件新闻发布会	新浪微博“@新京报我们视频”	11	5426
47	国务院联防联控机制就做好疫情期间粮食供给和保障工作举行发布会	中国政府网	4	5376
48	四川“悬崖村”84 户贫困户搬家下山	新浪微博“@央视新闻”	5	5114
49	我国出台长江保护法守护母亲河	新华社客户端	12	4762
50	浙江农民夫妇“曳步舞”短视频吸引百万粉丝	抖音“小英夫妻：温州一家人”	6	4529
51	袁隆平团队杂交水稻双季亩产突破 1500 公斤	人民日报客户端	11	4490
52	中国研究人员发现 G4 猪流感病毒	《美国国家科学院院刊》	6	4420
53	袁隆平、李子柒等 6 人获聘“中国农民丰收节推广大使”	农业农村部网站	5	4390
54	全球茶人共同庆祝首个“国际茶日”	新华网	5	3972
55	全国夏粮总产量 14281 万吨再创新高	国家统计局网站	7	3963
56	新疆昭苏女副县长贺娇龙雪地策马为当地旅游代言	抖音“贺县长说昭苏”	11	3942
57	全国早稻总产量 2729 万吨，扭转连续 7 年下滑态势实现增产	国家统计局网站	8	3911
58	袁隆平“超优千号”创盐碱地水稻高产新纪录	新华网	10	3887

续表

排名	热点事件	首发媒体	月份	舆情热度
59	农业农村部发布2020年中国美丽休闲乡村名单	农业农村部网站	8	3806
60	农业农村部印发《全国乡村产业发展规划(2020~2025年)》	农业农村部网站	7	3415
61	农业农村部等7部门印发《关于扩大农业农村有效投资　加快补上三农领域突出短板的意见》	农业农村部网站	7	3403
62	农业农村部公布"互联网+"农产品出村进城工程试点县名单	农业农村部网站	5、8	3159
63	广西南宁高峰市场充斥"硫磺八角"	新京报客户端	9	3119
64	习近平在山西考察时强调,让黄花成为群众脱贫致富的"摇钱草"	新浪微博"@新华视点"	5	3001
65	自然资源部召开新闻发布会,通报农村乱占耕地建房典型案例及有关事项	自然资源部网站	10	2908
66	首批国家数字乡村试点地区名单公布	中国网信网	10	2895
67	农民工李小刚手捧红砖朗诵《再别康桥》走红网络	快手	8	2779
68	柳州螺蛳粉成"网红"产品,2020年上半年产值近50亿元	中央电视台	7	2774
69	中央深改委审议通过《深化农村宅基地制度改革试点方案》	新华网	6	2760
70	全国新农民新业态创业创新大会展示农村"双创"最新成果	新浪微博"@溧水发布"	9	2624
71	河南牧原集团被曝占用万亩基本农田建养猪场	央广网	8	2528
72	农业农村部就2020年前三季度农业农村经济形势举行发布会	农业农村部网站	10	2498
73	企业违规操作酸液倒流,河北广宗部分村庄饮用水遭污染	《北京青年报》	4	2440
74	国务院联防联控机制就深入开展爱国卫生运动推进城乡环境整治工作情况举行发布会	中国政府网	4	2427
75	农业农村部就当前及元旦春节期间粮食和主要农产品市场形势、生产形势等举行发布会	农业农村部网站	12	2422

续表

排名	热点事件	首发媒体	月份	舆情热度
76	《农作物病虫害防治条例》公布实施	新华网	4	2415
77	2020 世界数字农业大会在广州举行	新浪微博“@南方农村报”	12	2354
78	全国农村承包地确权登记颁证工作总结暨表彰电视电话会议召开	新华网	11	2329
79	国务院办公厅印发《关于防止耕地“非粮化”稳定粮食生产的意见》	中国政府网	11	2217
80	湖南出台首个省级禁食野生动物养殖主体退出补偿标准	湖南省政府网站	5	2041
81	为完成退耕指标，内蒙古陈巴尔虎旗铲毁 2 万多亩小麦和油菜	《新华每日电讯》	8	1943
82	中央全面依法治国委员会印发《关于加强法治乡村建设的意见》	司法部网站	3	1901
83	舆论关注黑龙江北大荒“科技范”秋收	秒拍“一手 Video”	10	1868
84	农业农村部介绍全国农村集体资产清产核资情况	农业农村部网站	7	1852
85	袁隆平号召更多年轻人从事现代农业	新浪微博“@央视新闻”	9	1845
86	国务院办公厅印发《关于促进畜牧业高质量发展的意见》	中国政府网	9	1790
87	四川理塘县 37 岁“白发书记”引发舆论致敬扶贫干部	微信公众号“北青深一度”	12	1772
88	农业农村部等九部委联合实施农村创新创业带头人培育行动	农业农村部网站	6	1736
89	杭州警方抓获用工业稀硫酸浸泡红毛丹团伙	中央电视台	6	1732
90	农业农村部：全国生猪存栏和能繁母猪存栏均已恢复到常年水平的 90% 以上	农业农村部网站	12	1731
91	河南农家女李翠丽在自家超市办图书馆推广乡村阅读	中央电视台	11	1702
92	陕西 80 岁奶奶直播卖杏成“网红”	抖音	5	1642
93	人社部等 15 部门印发《关于做好当前农民工就业创业工作的意见》	人力资源社会保障部网站	8	1612
94	中央农办、农业农村部部署推进村庄清洁行动春季战役	农业农村部网站	4	1553

续表

排名	热点事件	首发媒体	月份	舆情热度
95	云南昭通市镇雄县销毁一批来自湖南益阳的重金属超标大米	微信公众号“镇雄融媒”	4	1533
96	四部门印发《2020 年数字乡村发展工作要点》	微信公众号“网信中国”	5	1530
97	农业农村部推介第二批全国农业社会化服务典型案例	农业农村部网站	10	1524
98	中国农产品地域品牌“超 10 亿品牌”在杨凌农高会上市发布	金融界网	10	1501
99	西安两岁幼童喝街头现挤羊奶得“布病”	澎湃新闻网	9	1491
100	武汉送菜人李志方获评联合国粮农组织“粮食英雄”	联合国粮食及农业组织网站	10	1442

注：三农舆情事件热度 = 新闻量 ×0.45 + 客户端 ×0.25 + 微信量 ×0.15 + 微博量 ×0.1 + 论坛博客量 ×0.05。（下同）

从各月热点事件的舆情走势看，全年出现三次明显起伏，下半年的舆情热度偏高，11 月舆情热度达到全年峰值（见图 3）。具体看，上半年三农舆情与疫情交织的特征明显，民生焦点形成舆情热点，各方多措并举战疫助农，热点话题集中出现。在 2020 年排行前十位的三农舆情热点事件中，有 7 个热点事件始发于上半年。2 月，最严“禁野令”出台，以法制变革筑起抗疫防线，赢得全社会一致点赞和支持，舆情热度达 86032，居年度热点事件排行榜第五位。同时，防疫保春耕、保障重要农产品供给等一系列行动全面展开，舆情热度分别达到 44241、43257，居年度热点事件排行榜的第九和第十位。5 月，全国“两会”召开，在统筹疫情防控和经济社会发展的背景下，重农强农共识进一步凝聚，舆情热度达 106184，居年度热点事件排行榜第三位。6 月，北京新发地批发市场检出新冠肺炎病毒，舆情热度达 52930，居于年度热点事件排行榜第七位。此外，1 月，长江实施十年禁渔计划，被舆论称为我国生态保护的历史性大事件，舆情热度达 83717，居年度热点事件排行榜第六位。云南华坪女高校长张桂梅的先进事迹也从 6 月开始受到媒体广泛宣传，舆情热度达 51172，居年度热点事件排行榜第八位。

下半年三农舆情中的“庆丰收”“祝脱贫”主题受到重点聚焦，高热话题成为推动舆情热度迅猛攀升的重要因素。9 月，中国农民丰收节来临，特殊之年“不平凡的丰收”振奋舆论，舆情热度达到 89380，居于年度热点事件排行榜第四位。10 月，第七个国家扶贫日来临，决战决胜脱贫攻坚的“最后冲刺”备受瞩目，舆情热度达到 194645，居于年度热点事件排行榜第二位。11 月，四川甘孜藏族小伙丁真走红网络，“丁真热”背后的扶贫工作和脱贫攻坚成效引发舆论高度评价，舆情热度达到 317816，居于年度热点事件排行榜第一位。

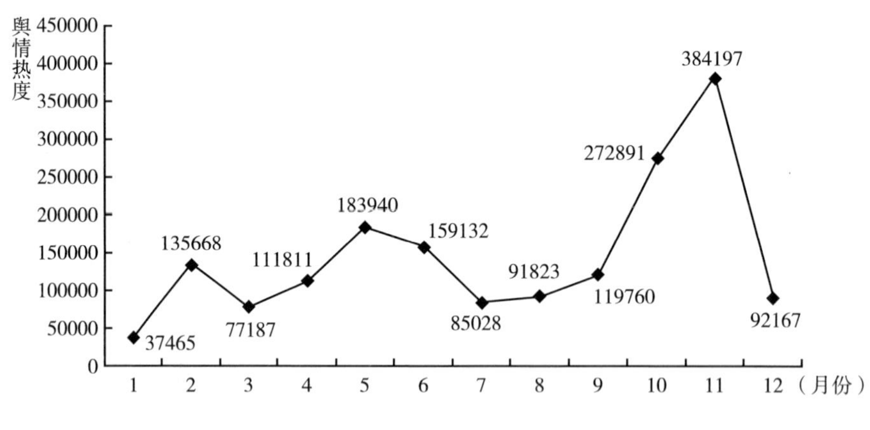

图 3　2020 年三农舆情热点事件（TOP 100）热度走势

二　2020年三农网络舆情传播特点

（一）主流媒体守正聚力，“新闻 + 服务”展现责任担当

在 2020 年这个特殊年份，大众对严肃性、专业性新闻的需求明显提升，主流媒体充分发挥主力军作用，成为网络舆论场信息与情绪的“瞭望哨”和“定海神针”。面对全年三农重大议题，主流媒体从建设性新闻视角聚焦关切，以高质量信息供给满足需求，通过设置和引领议题强化正面互动，推

动农业农村农民的伟大变革故事实现全领域、高分贝传播。2020 年，在全面建成小康社会和全面打赢脱贫攻坚战的时代进程中，主流媒体坚守一线、深入基层，通过典型经验、励志故事诠释奋斗内涵，用鲜活生动的融媒体作品为“脱贫奔康”鼓舞干劲、凝聚力量。人民日报客户端推出《中国脱贫攻坚图鉴》，以长图画卷展示脱贫攻坚 8 年奋斗历程和成效，登上微博热搜榜；央视新闻客户端制作了记录全国贫困县“清零”的圆形时间轴，随附的评论“这个‘圆’，是咱中国人一点一点拼出来的”直抵人心、反响热烈。2020 年，新冠肺炎疫情带来的粮食大考牵动民心，主流媒体在主渠道主平台持续释放“中国粮食安全有保障”的强音。“@人民日报”等媒体微博全程设置“战疫下的 2020 春耕图”“中国在抗疫中迎来丰收季”等微话题，新华社客户端多角度解读粮食生产“特殊之年的特殊之举”，“新闻联播”等媒体微信号通过亮数据、晒图景为“最美丰收”点赞，共计引发超过亿次的微话题阅读量和数千万次的新闻浏览量，为农业稳产保供提供强力舆论支持。

2020 年，全媒体大数据智能化传播体系加快构建，主流媒体的分众传播和垂直化生产能力进一步增强，个性化多样化新闻推送提升了用户的黏合度和活跃度，媒体的服务功能在此过程中不断强化和丰富。一年来，主流媒体通过智库咨询、宣传推介、培训科普等手段为乡村振兴引智引流引资，媒介资源互补式联动实现了新闻传播与信息服务的综合效果，“新闻 + 服务”在助力乡村产业发展和乡村治理升级方面发挥积极作用。例如，人民网、央广网等中央媒体联合新浪微博以及农业文旅行业网络大 V，在河北、天津、四川、甘肃等省多地开展“原产地探访计划”，宣传各地乡村特色产业和文化，为供需帮扶搭建平台，引发网民线上线下的持续关注，新浪微博相关微话题阅读量超过 8 亿次。此外，面对新冠肺炎疫情，主流媒体以高效权威动态的应急防控服务稳定民心、激发共鸣、触发善行。其中，推介各地待销农产品、助力解决滞销卖难是一大亮点，农民日报社联合抖音及全国上百家媒体开展“援鄂复苏计划”、全国 40 家农民报倡议“全国农报一家亲　共推湖北农产品”等活动大量涌现。各地农产品信息通过头版报道、网站专题、短视频等形式高频次推送，一流传播效果创造了一流社会效益，充分展现出主流媒体的责任担当。

（二）短视频与乡村元素深入融合，公益直播引领助农新风向

2020 年，传媒各领域呈现的视频化、直播化趋势更加明显。随着内容生产便捷度的提升，短视频、直播与乡村元素的融合更加深入，三农话题的传播潜力进一步释放。从全年实践来看，短视频成为宣传展示乡村新变化新风貌的重要抓手。农业农村部联合中国农村杂志社、快手举办“全国美丽宜居村庄短视频擂台赛”，共计有 16.3 万人发布了 24.6 万条短视频，有 51.9 万人次参与投票评选，视频播放量超过 3.5 亿次，点赞量超过 500 万次。[①] 新浪微博“@央视新闻”对各地乡村的好景好物好经验进行视频化宣传，其中对安徽亳州朱集村的直播推介获得 2519 万次在线观看量。农民日报社在抖音推出“走向我们的小康生活”主题拍摄活动，相关视频播放量共计达 7.3 亿次。[②] 短视频、直播为农业生产和乡村旅游搭建重要平台。2020 年春耕时节正逢新冠肺炎疫情防控关键期，各短视频平台纷纷通过内容支持、流量倾斜等举措展开应援，农业生产技能培训类课程批量上线，助力“网上春耕”顺利开展。同时，5G + VR、网络直播等成为春季赏花新方式，江西婺源十万亩油菜花梯田的航拍视频获得 700 万次播放量，各地还顺势推出“网络梨花节”“云端香椿文化节”等，为农业观光游回暖热身。

2020 年，“直播 + 电商”成为提振经济、拉动消费的重要力量，也成为公益活动的新渠道，公益直播引领助农新风尚。总体看，主流媒体推动的助农直播表现亮眼。其间，新闻媒体、社交平台、电商平台跨界联合，央视主持、头部网红、明星艺人优势互补，“小朱配琦”组合、“祖蓝夏丹”组合、“疫往情深深”组合等被称为公益带货“现象级 IP”，引发网民大量下单。

---

① 《第一届全国美丽宜居村庄短视频擂台赛获奖名单揭晓》，农业农村部网站，http://www.moa.gov.cn/xw/zwdt/202011/t20201109_6356021.htm。

② 裴逊琦：《“走向我们的小康生活”主题视频抖音播放量达 7.3 亿次》，中国农网，http://www.farmer.com.cn/2020/08/31/99858767.html。

央视新闻“谢谢你为湖北拼单”首场公益直播，累计观看人次达1.2亿次，销售额超4000万元。[①] 人民日报“为鄂下单”公益直播，随州香菇、恩施茶等特色农产品上线数秒即售出10万单。[②] 同时，各地县长对农产品和文旅产品的直播推介也引发良好反响，县长参与人数多、网民在线观看数量高、助销成效显著是主要呈现特点。舆论认为，县长变身“带货官”，带来了流量，带来了销量，体现了经济治理与社会治理的良性互动。

（三）微传播彰显人本价值，闪光个体诠释时代精神

2020年被舆论称为“以小见大”之年。新基建驱动下，“数字鸿沟”和“网络盲区”进一步消弭，开放共享的互联网赋予了更多社会个体看见与被看见的权利。在“三微一端”新媒体平台的复合叠加效应下，微内容聚发暖新闻，微主体凝聚微力量，人本价值在微传播过程中进一步彰显。“致敬每一个平凡而伟大的中国人”“致敬每一个努力奋斗的你”“记住每一朵翻腾的浪花”等，成为媒体年终报道的重要呈现。从全年热点内容看，在防控新冠肺炎疫情、打赢脱贫攻坚战、众志成城抗洪抢险等宏大叙事中，随处可见平凡点滴诠释的“大爱中国”，三农人物和群体是其中不可或缺的闪光存在。如，数十年坚守贫困山区教育一线的“燃灯校长”张桂梅、武汉封城期间一日送菜三万余份的“粮食英雄”李志方，向湖北捐赠22吨香蕉的云南河口47户建档立卡贫困户、听从召唤返乡抗洪的江西九江3000游子等。这些奋斗坚守的足迹、爱心奉献的身影在互联网中引发了不可计数的高光时刻。这些闪光个体诠释的脱贫攻坚精神、抗疫精神等在社交媒体中引发广泛共鸣，在新浪微博中出现了多个阅读量过亿次的微话题。

同时，在新冠肺炎疫情影响下，内容消费出现新趋势。受众对返璞归真、积极向上价值取向的渴求与崇尚越发鲜明，乐观生活、坚强自信、心怀

---

① 《央视新闻“谢谢你为湖北拼单”首场公益直播销售额超4000万元》，央视网，http://tv.cctv.com/2020/04/07/VIDEsJGg94JJPovGnjH3n77q200407.shtml。

② 《超2亿！这是我们共同创造的纪录，谢谢你“为鄂下单”》，微信公众号“人民日报”，2020年5月1日。

向往等个体特质在互联网中得到正向强化。“甜野男孩”丁真，临别赠言东莞图书馆的农民工吴桂春，在自家乡村超市办“微光书苑”的李翠丽，在田间跳“曳步舞”的农民夫妻彭小英、范得多，热爱朗诵的农民工李小刚，“养鸡大叔”于新伟等鲜活个体，勾画出了“中国农民图鉴”，为时代写下生动注脚，为网络空间注入向上向善的力量。在数字技术助力下，这些充满自信、朝气蓬勃的中国农民面孔越来越多地成为打动世界的“中国流量”，真实生动的“中国农民故事”为跨文化传播增添精彩一笔。

（四）政务宣传产生矩阵效应，新媒体思维增添善治活力

2020 年，政府部门继续在三农舆情传播中发挥重要作用。从全年排名前 100 位的热点事件看，政府官网官微等政务媒体作为首发信源的比重进一步增加，共有 36 个热点事件首发于此，较 2019 年增加 3 个。2020 年，新冠肺炎疫情防控对政府部门的信息发布、舆情应对提出更高要求。在此情况下，政务媒体不断强化主动发声和整体发声能力，积极运用矩阵传播精准引流，通过权威信息的及时发布和有效服务的及时供给，实现了线上线下的政民互动和同频共振。2 月至 4 月，国务院联防联控机制就疫情期间的农村防疫、春季农业生产、农产品稳产保供等重点工作接连召开 13 场新闻发布会。其间，农业农村部、国家发改委、财政部、公安部、交通运输部等部门聚焦关切、集体发声、协同联动，发挥了权威最强音的作用，为疫情防控工作的顺利开展营造了良好舆论氛围。3 月末至 4 月初，新冠肺炎疫情全球蔓延态势引发国内部分地区恐慌性抢购粮油现象。对此，有关部门和各地政府横纵联合，用数据说话，通过官方网站和政务新媒体密集发声，赢得了网民的支持和信任。农业农村部回应的“我国粮食生产已连续 5 年在 13000 亿斤以上”、国家粮食和物资储备局回应的“疫情以来没动用过中央储备粮”、湖北政府部门回应的“湖北粮食库存够吃一年”等，共计引发超过 9 亿次的新浪微话题阅读量和 50 余万次的点赞量，及时有效地引导了舆论。

同时，新媒体思维推动政务宣传服务不断创新，微博、微信、短视频等媒介平台在三农政务宣传中拥有越来越广泛的群众基础和应用场景。农业农

村部新闻办指导的政务新媒体“中国三农发布”，在拓宽政务信息传播路径方面发挥积极作用。该账号在新浪微博、抖音中的粉丝量分别达到 28 万、370 万，其发布的优质内容在社交媒体中呈现爆发式传播，在新浪微博中的阅读量共计 3500 万，在抖音中的点赞量共计 3900 万。此外，农业农村部上线“全国蔬菜类合作社查询服务”微信小程序、人社部上线“农民工返岗复工点对点服务”微信小程序、公安部新闻中心官方微博“@ 中国警方在线”开通“长江非法捕捞线索举报”私信功能、浙江多地推广“蜂群转运路障通”小程序等有益举措备受关注。在 2020 年这个特殊年份，各地各部门不缺席、有温度、有行动的“云端政务”厚植民生土壤，增添善治活力。

三　2020年三农常热话题舆情分析

（一）粮食安全话题持续高热，农业稳产保供成绩单提振信心

2020 年，面对新冠肺炎疫情等多重考验，中国三农继续发挥压舱石作用，“粮丰肉足”的亮眼表现备受瞩目。舆论盛赞“任凭风浪起，我有压舱石”，称农业农村的良好态势为全局经济夯实了底气、增添了动力。特殊之年，“米袋子”的重要性更加凸显，稳粮生产支持举措接连出台，政策“定盘星”作用受到舆论高度评价。全年粮食生产捷报频传，热议不断。其中，夏粮“高品质”丰收引发多角度解读，“优质小麦供给增多”“专用麦比例提高”等显著特点被重点关注。舆论认为，夏粮丰收是特殊年景粮食生产的开局亮点，展示了科技增产的巨人潜力，也证明了“中国粮用中国种”的硬核实力。全国粮食总产量“创历史新高”引发网络刷屏传播，“中国在抗疫中迎来丰收季”成为焦点议题。舆论发出了“殊为难得，尤为不易，格外振奋人心”等评价，粮食丰收对我国粮食安全的保障作用获得广泛认同。此外，全国早稻“7 年来首次增产”也被高度关注，多地稻谷主产区实施的生产者补贴、复种补贴、生态补贴、售粮补贴等激励政策受到媒体的积极宣传。舆论认为，粮食丰收“高分答卷”充分展示了中国特色粮食安全

之路在应对危机挑战中的强大作用。

恢复生猪生产也是2020年农业农村工作的重大任务。农业农村部联合有关部门在保障养殖用地、加大财政资金投入、扩大抵押贷款试点、推进养殖环评改革、引导企业“大帮小”等方面综合发力；各地政府也通过一对一指导、点对点扶持等方式增强政策实效。上述一系列支持措施被称为生猪养殖业的“强心剂”，舆论认为政策“营养”激活了生猪产能复苏的“一池春水”。3月开始，生猪生产呈现的持续向好态势引发媒体跟进报道，各地生猪存栏连续回升、新增产能明显增加、规模猪场陆续投产等情况广受关注，“生猪生产持续加快恢复”“生猪产能恢复好于预期”等成为主流表达。生猪产能恢复带来消费利好，猪肉价格的连续回落在新浪微博中引发多个高热话题，累计阅读量超过9亿次，网民“买买买”的热情不断增强。12月，农业农村部通报“全国生猪和能繁母猪存栏恢复到常年水平90%以上”①，引发关注热度再次攀升。舆论呼吁稳定政策、巩固成果、推动高质量发展，守好稳定总基调，为提振生猪产能发掘新“蓝海”。

（二）全国贫困县“清零”振奋舆论，产业扶贫助力脱贫攻坚圆满收官

2020年，我国如期完成消除绝对贫困的艰巨任务，取得决定性成就，“脱贫攻坚”当选年度国内词。② 作为脱贫攻坚主战场，全国832个贫困县的脱贫摘帽历程一直是舆论关注热点，各地的脱贫时间表受到媒体的持续跟进报道。4月末，全国累计15个省区市的贫困县实现全部脱贫摘帽③，中央对尚未摘帽的52个贫困县挂牌督战，云南、贵州等地纷纷启动“决战决胜脱贫攻坚百日总攻”“冲刺90天打赢歼灭战”。脱贫攻坚的“最后一公里”

---

① 黄垚、于文静：《全国生猪和能繁母猪存栏恢复到常年水平90%以上》，新华网，http://www.xinhuanet.com/fortune/2020－12/15/c_1126863709.htm。

② 王志艳：《“民”“脱贫攻坚”“疫”“新冠疫情”当选2020年度字词》，新华网，http://www.xinhuanet.com/local/2020－12/21/c_1210940143.htm。

③ 《中国累计15省区市贫困县全部脱贫摘帽》，央视网，http://tv.cctv.com/2020/04/30/VIDEUgAx5jWUmQKZTxByzM5H200430.shtml。

由此成为牵动舆论神经的常热话题，其间出现了四川凉山“悬崖村”集体搬家、广西毛南族整族脱贫等高热事件，引发积极舆论反响。2020 年 11 月 23 日，随着贵州宣布“最后 9 个贫困县脱贫摘帽”，全国 832 个贫困县全部实现脱贫摘帽。“全国贫困县清零”刷屏互联网，相关新浪微博微话题的阅读量超过 3 亿次，卓越成绩背后的“中国优势”“中国精神”“中国力量”受到国内外舆论高度评价。“贫困县清零之后怎么干”也成为热点议题。《半月谈》等媒体提醒，返贫致贫风险不容忽视，相对贫困问题仍须大力攻坚，“清零”不是奋斗的休止符，还要用好“战贫”经验，跑好脱贫攻坚与乡村振兴战略衔接的“接力赛”。

2020 年，在脱贫攻坚收官之际，各地战疫情、战脱贫、战洪水，以非常之举战非常之役，不断完善的脱贫保障长效机制受到重点关注。各地的防贫预警网络、救助兜底制度、边缘户台账、防贫保险等被广泛宣传，舆论点赞扶贫“组合拳”筑起了防返贫、稳脱贫、不致贫的牢固“堤坝”。其中，“精准帮扶，产业带动”获得高度认同，舆论发出了“扶贫扶长远　长远看产业”等评价，对产业扶贫的典型示范和积极成效报以持续热情。农业农村部发布的《100 个产业脱贫典型》，通报的“832 个贫困县累计实施产业扶贫项目超 100 万个、累计建成产业扶贫基地超 30 万个”① 等案例和数据，频频占据报纸专版和网站要闻区。各地的扶贫产业合作社、农旅结合产业园、特色产业品牌等，被舆论称为“脱贫‘摇钱树’”“增收‘奠基石’”，“致富鸡”“脱贫果”“网红村”等显著成效频现互联网。舆论表示，后小康时代，产业扶贫依然具有重要意义和关键作用，依然需要固基强体、持续发展，扶贫产业持续发展不断壮大、生机勃勃硕果累累之日，就是乡村振兴触目可见、美丽愿景照进现实之时。

（三）农村改革取得新突破，“十三五”农业农村发展成果受到肯定

2020 年，农村改革的制度框架和政策体系持续完善，乡村振兴“人地

① 《农业农村部：832 个贫困县产业扶贫项目超 100 万个》，人民网，http：//country. people. com. cn/n1/2020/1015/c419842 - 31892882. html。

钱”三要素被进一步激活，农村改革取得的新突破受到聚焦。其中，农村土地制度改革和农村集体产权制度改革是舆论关注的重头戏。农村承包地确权登记颁证工作基本完成，农业农村部通报的“全国农村承包地确权登记颁证超96%”“2亿农户受益”① 等数据引发大量传播，“确实权、颁铁证、惠农民”成为舆论核心表达。新一轮农村宅基地制度改革试点启动实施，农业农村部在全国104个县市区和3个地级市重点探索宅基地所有权、资格权、使用权分置实现形式。② 舆论对此表示期待，认为宅基地改革的纵深推进将有效破解乡村振兴“用地难”问题。全国农村集体资产清产核资工作基本完成，农业农村部公布的“农村集体土地总面积65.5亿亩”“账面资产6.5万亿元”③ 等数据受到关注，相关新浪微博微话题的阅读量共计达到2600万次，“全国农村集体家底基本摸清”成为传播重点。媒体发出了“成效积极”“实现预期目标”等评价，认为产权制度改革盘活了农村土地资源、释放了经济活力，是振兴乡村的必由之路。此外，乡村振兴的资金保障也是热点议题。中办、国办印发意见，对“调整完善土地出让收入使用范围优先支持乡村振兴”做出全面部署。媒体对此大量发文，“改革里程碑”“新的支农增长点”等描述出现在新闻标题中。舆论认为乡村振兴“钱从哪来”的难题有望得到根本性缓解，呼吁深化财政专项资金改革，把土地出让收入用出最佳效益。

农村改革为乡村发展持续注入新活力。在“十三五”收官之际，农业农村经济社会五年发展成果引发全媒体报道，重要农产品保障水平、农业科技支撑能力、农业质量效益等方面的成绩斐然，频频登上《人民日报》等媒体的头版头条，“产业兴、活力足、乡村美”的三农“新画卷”受到高度评价。同时，“十四五”规划对“优先发展农业农村，全面推进乡村振兴”

① 《农村承包地确权登记颁证工作基本完成》，微信公众号“微观三农”，2020年11月3日。

② 《关于宅基地制度改革相关情况介绍》，农业农村部网站，http://www.moa.gov.cn/hd/zbft_news/xczxnyncxdh/xgxw/202102/t20210222_6361934.htm。

③ 《新闻观察：全国农村集体家底基本摸清》，央视网，http://news.cctv.com/2020/07/11/ARTIz8qekJuB8PjpINaNXyn8200711.shtml。

的顶层部署引发热烈期待。舆论表示，“十三五”圆满收官，“十四五”奋力启航，农业农村的明天将更加美好。

（四）“战疫助农”见真情，三农复工复产精彩纷呈

2020 年，“战疫助农”是年度新生词、网络高频词，也是一呼百应的暖心词。面对新冠肺炎疫情给农业农村发展带来的严峻考验，社会各界合力推动三农复工复产提速扩面，相关话题热点多发、精彩纷呈。新冠肺炎疫情防控下的春季农业生产牵动人心。部分农村地区出现了农资供应受阻、春耕生产用工难等问题，国家对此高度重视并迅速展开动员部署。中央专门针对春耕生产发布工作指南，农业农村部启动“奋战 100 天夺夏粮丰收行动”，国家发改委等 16 部门联合为农资供应保驾护航，各级财政部门持续强化财政支农与金融普惠。各地呈现的科技春耕、绿色生产、一体化服务、农资供应充足等农业生产新动态成为报道重点。新华社等媒体发出了“难题不一般”“措施不一般”“意义不一般”等评价，称政策东风与技术创新齐头并进，防疫农时两不误为春耕稳产保供添底气、增信心。

新冠肺炎疫情造成的农产品卖难引发助销热潮。总体看，政府部门、新闻媒体、电商平台成为推动主力。各地各部门密集发布保障“菜篮子”、促销农产品针对性举措，新闻媒体多路径拓宽滞销农产品求助通道，电商平台全方位引流加速农产品上行，农货专区、物流专线、百亿补贴、公益直播等“硬招”“实招”效果显著。其中，社会各界对湖北农产品销售的积极助力是关注焦点，“谢谢你为湖北拼单”“为鄂下单”等公益直播活动层出不穷，公众参与热情高涨，“买光湖北货”“我为湖北胖三斤”等网民留言刷屏互联网，相关微话题阅读量超过 18 亿次，在线直播观看量超过 5 亿次。在多维度社会合力推动下，全方位的网络助农行动引发“全省上阵”“全民下单”，湖北农产品产销转旺的积极态势成为传播重点，“吃”援湖北、“食”力战疫成为新的网络流行语。

新冠肺炎疫情导致的农民工复工“梗阻”也被多方破解。人力资源和社会保障部等 7 部门合力为农民工返岗复工提供“点对点”服务保障，各

地大力开展精细化运输、省际合作信息互通、就近就业创业帮扶等。返岗专车、爱心专厢、就业特派员、创业微课网上培训等积极举措获赞“很暖心”。5 月，国家统计局通报的“4 月末外出农民工规模已恢复到往年九成”广受关注。[①] 舆论呼吁继续用好政策“红包”，稳住农民工就业基本盘。

（五）产业富农表现亮眼，新农民创业创新广泛吸睛

2020 年，在政策红利和数字红利的双向驱动下，乡村产业在品质保障、服务提升、电商基础设施建设等方面不断完善，产业发展对乡村全面振兴的促进作用进一步彰显。舆论用“增人气”“聚财气”“添底气”等词，评价乡村产业在助农增收方面的亮眼表现。其中，乡村产业日益凸显的品牌价值成为持续关注热点。中国农民丰收节期间，全国 130 多个农产品区域公用品牌亮相金秋消费季活动，“三天销售额近 2.2 亿元”[②] 等丰硕成果引发积极传播。在第十八届中国国际农产品交易会上，“品牌”成为媒体报道频率最高的关键词，“甘味”“津农精品”“辽字号特产”“河南味道”等表达频现新闻标题。在“双十一”电商购物节上，四川、河北、云南农副产品产业带的亮眼表现备受称赞，品牌农产品被舆论称为“消费新趋势”。此外，作为乡村新兴产业，乡村休闲旅游业成为富民增收新支点。各地持续推动农旅融合，休闲旅居、农事体验、电子商务、健康养生等新业态不断壮大丰富，户外研学游、健康养生游、乡村文创游等特色文娱活动带来关注热度和消费热情的双提升。在“五一”“十一”等节假日期间，“乡村游成首选”“乡村游成主流”“乡村游唱主角”等报道大量出现，乡村游稳步复苏的良好态势广受肯定。《人民日报》（海外版）等媒体指出，乡村游是旅游行业复苏的主力军，是中国旅游新风尚、美好生活新方式，美丽乡村的产业振兴之路越走越宽阔。

---

① 《国家统计局：4 月末外出农民工规模已恢复到往年九成》，中国网，http：//finance.china.com.cn/news/20200515/5274392.shtml。

② 《中国品牌农产品展销线上线下累计销售额近 2.2 亿元 助力农民丰收节》，央广网，http：//china.cnr.cn/NewsFeeds/20200920/t20200920_ 525268768.shtml。

2020 年，返乡入乡创业创新人员累计达到 1010 万人[①]，人才力量带来强劲振兴动能。各地各部门在强产业、育主体方面精准施策，农业农村部会同相关部门深入实施农村创新创业带头人培育行动、明确规划返乡入乡创业园建设，河南、河北、四川等地纷纷推出“返乡入乡创业 21 条”“返乡入乡创业专项基金”“返乡入乡创业投资项目”等扶持举措。人才振兴政策效应不断释放，充满活力和创造力的新农民成为关注焦点。全国新农民新业态创业创新大会上推介的 300 个典型人物引发积极宣传，各地“正高职称农民”“学霸硕士农民”“农民科学家”的励志故事在互联网上广泛传播。央视新闻、农民日报等媒体官方微博由此设置了“小康时代新青年”“我们都是乡村振兴者”等微话题，阅读量共计超过 2.5 亿次。

（六）环境整治、乡村治理“双管齐下”，舆论点赞农村风貌“内外兼修”

2020 年，我国结合新冠肺炎疫情防控和爱国卫生运动，全力攻坚农村环境“脏乱差臭”顽症，农村人居环境整治三年行动在收官之年取得显著成效，农业农村部通报的“农村人居环境整治三年行动任务基本完成”受到舆论高度关注。新华社等媒体纷纷引数据、举事例，发出“写真”“纪实”“综述”等系列报道，对全国农村人居环境整治“成绩单”展开多角度宣传。其中，村庄清洁行动给村容村貌带来的可喜变化广受肯定。农业农村部常态化推进村庄清洁行动四季战役，各地开展了“万人大清扫”“百日大会战”“村庄清洁大比武”等形式多样的落实活动。“95% 以上的村庄开展了清洁行动”[②] 被广泛传播，各地的美丽庭院、洁净田园在媒体平台得到全方位展示。舆论评价村庄清洁行动筑起“防火墙”、按下“美颜键”，成为农村防疫和环境治理的有效抓手。同时，农村厕所革命、生活垃圾治理、生

① 《农业农村部：去年返乡入乡创业创新人员达 1010 万人》，央视网，http：//tv. cctv. com/2021/03/16/VIDEPKJfvfWGxprwcJwldCG7210316. shtml。

② 于文静、陈春园：《农村人居环境整治三年行动任务基本完成》，新华网，http：//www. xinhuanet. com/politics/2020 - 12/28/c_ 1126915895. htm。

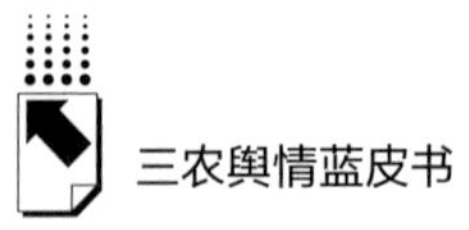

活污水治理等重点工作也被集中关注。农业农村部会同有关部门针对农村户厕、生活垃圾应急处理、粪污资源化利用等发布多个国家标准、技术指南和典型模式，中央财政投入也超过百亿元。农村人居环境整治的资金支持、建管机制、技术服务持续强化，各地乡村的厕所粪污“变废为肥”、垃圾分类“绿色存折”、“污水点”变“风景点”等积极实践大量涌现。舆论表示，三大分战场捷报频传，农村人居环境外在美、内在美、持续美的梦想正在照进现实。

乡村治理取得阶段性成效，试点示范工作成为关注重点。一年来，农业农村部先后发布了 21 个全国村级“乡风文明建设”典型案例和 34 个全国乡村治理典型案例，引发积极传播效果和示范效应。乡村治理的“试验田”作用得到充分彰显，各地的“道德银行”、“小微权利清单”、“智慧村务”平台、“红色网格”工程等创新实践引发大量宣传推介，积分制、清单制、数字化等治理手段深入人心。中央农办、农业农村部在全国推广乡村治理积分制，获得舆论高度认同。《光明日报》等媒体发出了“小积分”解决“大问题”、“小积分”凝聚“大合力”等评价，认为积分制将起到“四两拨千斤”的作用。此外，全年还举办了村歌大赛、农民手机摄影展、县乡长说唱移风易俗、新时代乡村阅读季等一系列活动，其间出现了十余家网络平台同步直播、上亿人次线上推广、数千万次点击浏览等积极效果。舆论表示，环境整治和乡村治理美了环境面子、赢了文明里子，各地乡村做足美的文章、集聚美的产业、发展美的经济，最大限度地输出美丽价值。

（七）长江禁捕退捕攻坚战全面打响，“十年禁渔”引发共鸣

2020 年，长江生态保护修复力度不断加码，“十年禁渔”被舆论称为我国生态保护的历史性大事件，舆情关注热度贯穿全年。1 月，长江流域重点水域禁捕退捕攻坚战全面打响，农业农村部发布实施的长江十年禁渔计划引发共鸣。《人民日报》、新华社等中央媒体通过“两微一端”展开全面解读，“长江禁渔新政”由此成为网络高热话题，新浪微博出现了阅读量共计超过 7 亿次的微话题，“利国利民”成为舆论核心表达。随后，各地各部门持续推进长江

退捕禁捕工作，受到媒体跟进报道。其中，重拳治理非法捕捞、精准保障渔民退捕转产成为关注重点。针对长江流域非法捕捞、非法渔获物，农业农村部、公安部、国家市场监督管理总局接连开展了“百日攻坚”“打非断链”等专项行动，“零容忍”的执法态度和“从严惩治”的打击力度备受肯定。沿江各地渔政“打防结合、水岸联动”的同步巡查执法被广泛宣传，红外热成像、无人机自动巡查、大数据平台监测预警等“智慧武器”成为吸睛亮点。同时，农业农村部推动渔船渔民建档立卡完美收官，各地多举措保障渔民转产就业，上岸后的渔民“换赛道换思路换活法”，“后渔民时代”生活被媒体集中呈现。“渔民吃上旅游饭”“渔民转型长江守护者”“渔民变身养殖大户”等消息不断出现，舆论感慨精准施策带来“精彩转身”。

同时，长江禁捕退捕的工作成效也被积极关注。6 月以来，长江多段水域出现江豚的相关视频走红网络。新浪微博中，“成群江豚在长江翻转跳跃”“南京江面出现成群江豚”“武汉城区多年未见的江豚出现啦”等消息被热烈围观，相关视频播放量超过 1500 万次，相关新浪微话题阅读量共计 3. 8 亿次。网民发出了“看着就开心”“最美的风景”等评论，认为江豚重现是对长江禁捕工作的有力证明。12 月，农业农村部新闻发布会通报长江流域重点水域禁捕退捕阶段性成效，其中的“重点水域渔民全部退捕上岸”“重点水域纳入社保和转产就业渔民人数分别占比 99. 9%、99. 1%”“累计查处非法捕捞案件 7160 起”① 等数据信息被大量传播。舆论认为，精准打击、群防群治让“禁渔令”落地有声、实效明显。

（八）农业农村“网动力”强劲，“数字乡村”备受期待

2020 年，农村经济社会数字化转型不断提速。作为农业农村现代化的重要抓手，数字农业农村建设的政策支持力度进一步加强。农业农村部会同有关部门印发数字农业农村发展规划，公布数字乡村试点名单，推动开展

---

① 孟哲：《农业农村部：长江流域已有 16. 5 万退捕渔民转产就业》，人民网，http：//js. people. com. cn/n2/2020/1215/c359574 - 34476019. html。

"互联网+"农产品出村进城、电子商务进农村综合示范等一系列工作，引发各界热烈期待。舆论认为，数字农业农村建设已经按下了快进键，农业农村强劲的"网动力"将给乡村振兴带来巨大的新动能。

一年来，数字经济红利加速"上山下乡"，农业农村"触网""入云"的积极气象引发舆论浓厚兴趣。其中，农产品网络销售成效显著，直播带货呈现的"别样风景线"持续高热。在"6·18""双十一"期间，各地特色优质农货频频跻身最强消费爆发力榜单，"销量翻番""交易额翻倍增长"等相关数据被大量传播，农产品销售的"云端盛宴"成为各大电商购物节的新看点。直播推介农产品也被舆论广泛报道，田间地头、蔬菜搭棚、养殖场等纷纷变身直播间，县长带货、农民主播、明星和主持人推介等场景热火朝天，社会效益和经济效益实现双丰收。习近平总书记在直播台前对柞水木耳的推介更是引发了强烈带动效应，陕西农产品因此出现"秒速售罄"场景，舆论认为"史上最强带货"带出了脱贫致富的新思路。同时，信息技术、数字技术推动的农业生产变革备受关注，"智能农机遍地走""5G技术进田间""卫星成为新农机"等描述频现互联网。数字乡村建设在产业提升、乡村治理、生态建设等方面的积极探索也被集中关注，"农用地信息综合管理平台""智慧乡村信息平台""村级垃圾分类信息化监管平台""乡村智慧旅游基础服务系统"等典型示范引发大量宣传推介。舆论点赞"乡村触网耕耘新未来"，认为智能化的"金扁担"将助力数字农业农村从"盆景"转向"风景"。此外，在农村防控新冠肺炎疫情过程中，益农信息社、12316平台、乡村微信群QQ群等展示出的"硬核"实力备受肯定，"雪亮工程+网格员"、植保无人机喷洒消毒剂、无人机空中"喊话"等被舆论称为"防疫奇兵"，信息化打通农村防疫"最后一公里"获得大量点赞。

四　2021年三农网络舆情热点展望

2021年是实施"十四五"规划的开局之年，也是开启全面建设社会主义现代化国家新征程的起步之年。在这个关键节点，三农工作重心出现历史

性转移，全面推进乡村振兴、加快农业农村现代化成为脱贫攻坚取得胜利后的又一重大使命。面对复杂多变的形势和更为艰巨的任务，三农“压舱石”将被舆论持续聚焦，热点话题或将集中在以下几个方面。

（一）国际粮食市场异动下的粮食安全话题将被高度聚焦

2020 年，新冠肺炎疫情全球蔓延引发国际粮食市场异动，相关热点话题高发频发。在此态势下，我国粮食安全保障能力备受舆论关切，全国粮食总产量“十七连丰”的出色成绩广受肯定。2020 年中央农村工作会议、2021 年中央一号文件对“解决好种子和耕地问题”做出重要部署，粮食安全在三农工作中的重要性进一步凸显。2021 年，随着相关细化政策的出台实施，各地各部门在破解种业“卡脖子”难题、落实耕地最严保护制度方面的有力举措和积极成效将被持续关注。同时，洋种子依赖问题、毁坏耕地特别是黑土地问题，也将是媒体报道的一个重要切入点，其中曝出的深层次问题或引发热点舆情。此外，在复杂多变的网络舆论环境下，粮食安全话题的持续高热更容易成为炒作标的，线上谣言滋生可能引发线下一系列负面效应，应对此保持足够的警惕。

（二）生猪产能恢复后的猪肉价格起伏将成为热点议题

2020 年，我国生猪产能恢复成效显著，猪肉价格连续回落，热议不断。作为“菜篮子”重要供给产品，生猪稳产保供工作将继续成为 2021 年的关注热点。随着各地生猪产能的持续恢复，猪肉价格出现明显下降的概率增加。猪肉价格一头连着消费者，一头连着养殖户，“价高伤民　价低伤农”被舆论广泛认知，如果猪肉价格下降幅度超过“临界点”，或将引发新一波舆情。政府部门通过建立完善长效机制来平衡养殖户和消费者双方利益，将被重点关注。

（三）乡村宜居宜业态势下的新风尚、新气象将广泛吸引舆论关注

2020 年，随着农村改革进一步深化和数字乡村建设的持续推进，各地

产业兴旺、生活富裕的美丽乡村在互联网上得到充分展示。其中，农产品上行过程中的品质化特征、乡村消费市场的智能化高端化趋势等成为新的关注热点，舆论由此赞叹“万万没想到”。2021 年，在全面推进乡村振兴的顶层部署下，乡村宜居宜业态势下的信息化、网络化生产生活将成为新常态。在此趋势下，高技术含量、高附加值的现代农业，深度融合、不断创新的乡村产业，日益壮大、充满活力的乡村数字化从业者等，将引领新风尚、展现新气象，持续吸引舆论关注热情。

（四）法治视角下的农民权益保障话题将有更加广阔的讨论空间

2020 年，《乡村振兴促进法（草案）》公开征求意见，为维护农民利益提供根本保障，受到舆论高度评价和热烈期待。同时，舆论对违背和侵害农民权益现象保持高度敏感，部分地区存在的强制农民搬迁上楼、受教育权利被侵害、天价彩礼等现象引发热议。2021 年，随着《乡村振兴促进法》的正式实施，农村利益分配和公共产品供给、乡村社会公平正义环境建设等将迎来法律护航新阶段，坚持农民主体地位、充分保障农民合法权益将形成广泛的舆论共识。用法治规范政府和市场边界、解决乡村新矛盾新问题，将迎来更加广阔的讨论空间。

（五）新冠肺炎疫情等公共突发事件将引发舆论对农业农村防灾减灾问题的深度思考

2020 年，新冠肺炎疫情、夏季南方地区洪涝灾害给农业农村经济造成明显不利影响，给脱贫攻坚工作增加了难度。2021 年，新冠肺炎疫情防控面临病毒变异、疫情反复等不确定因素，全球气候变暖导致的极端天气频发、洪涝灾害加剧等风险或将进一步上升。由此预测，农业农村防灾减灾话题将被关注，农业农村在疫情防控和防汛抗灾中的短板将成为舆论热点议题，农业农村应急管理体系的健全和完善将引发深度思考和建言。

参考文献

高云才、王浩：《大国粮仓根基牢　中国饭碗端得稳》，《人民日报》2020 年 10 月 2 日。

李慧、张国圣：《产业强农，让脱贫成色更亮眼》，《光明日报》2020 年 10 月 28 日。

张莫、班娟娟、向家莹：《“十四五”乡村振兴谋新篇　农村改革将加力》，《经济参考报》2020 年 11 月 6 日。

乔金亮：《生猪产量持续恢复　产业转型压力犹存》，《经济日报》2020 年 10 月 27 日。

李想、张珊、李婷婷：《2020 年“三农”网络舆情回眸》，《农民日报》2021 年 1 月 16 日。

王小川：《品牌强农战略风帆高扬》，《农民日报》2020 年 10 月 10 日。

分 报 告

Sub-report

B.2
2020年农牧渔生产与粮食安全舆情报告

李 想　张文静*

摘　要：　2020年，农牧渔生产与粮食安全话题舆论关注热度继续高涨。防控新冠肺炎疫情与发展农业生产两不误的“别样春耕”振奋舆论，农业现代化“金扁担”引发共鸣；粮食生产“十七连丰”提振信心，非常之年的“非常”成绩单备受瞩目；节粮爱粮观念深入人心，耕地“非农化”“非粮化”整治广受肯定；政策利好增强信心，“生猪产能恢复”成为全年传播关键词。新闻媒体的传播方式进一步创新，话题传播路径进一步拓宽，助力话题热度提升、受众扩大。炒作“粮荒”舆论须时刻警惕。

* 李想，农业农村部信息中心舆情监测处副处长，博士，副研究员，主要研究方向为涉农网络舆情、农产品市场与政策；张文静，北京乐享天华信息咨询中心舆情分析师，主要研究方向为涉农网络舆情。

关键词： 农牧渔生产 粮食安全 农业现代化 光盘行动 生猪产能

2020年，农牧渔生产与粮食安全话题受到高度关注。面对新冠肺炎疫情、洪涝灾害等严峻考验，稳产保供政策部署密集发布，全年粮食生产、生猪生产等重点工作取得显著成效，农业农村经济稳中向好，三农压舱石表现亮眼。

一 舆情总体概况

据监测，2020年农牧渔生产与粮食安全相关的新闻报道量和社交媒体相关帖文量合计近972.0万篇（条），较2019年增长91.5%。

（一）舆情走势

从舆情走势看，2020年农牧渔生产与粮食安全舆情出现两次明显起伏，春耕生产和夏粮丰收是推动舆情热度走高的重要因素。2月至4月，正值春季农业生产关键期，舆情走势出现第一次起伏。面对新冠肺炎疫情严峻挑战，各地各部门多措并举稳春耕保生产，科技春耕、绿色生产、一体化服务、农资供应充足等新气象新动态振奋舆论，3月舆情走势也因此迅猛攀升并达到全年最高点。此外，3月下旬至4月初，面对多地出现的恐慌性抢购粮油现象，有关部门和各地政府展开联动式回应，推动4月舆情量居高。6月至8月，三夏生产处于关键时节，舆情走势出现第二次起伏。7月，国家统计局发布全国夏粮产量相关数据，特殊之年的夏粮丰收受到高度评价，当月舆情量为全年第二个峰值。此外，8月舆情量也处于高位，习近平总书记对“坚决制止餐饮浪费行为”做出重要指示、全国生猪存栏“首次实现同比增长”等热点话题起到助推作用。9月至12月，舆情走势稳中趋降，但整体依然处于高位。秋粮生产的良好态势以及全国粮食总产量再创新高的丰收捷报持续吸引舆论关注，中央经济工作会议、中央农村工作会议对农业生产和粮食安全的顶层部署推动12月舆情走势上扬（见图1）。

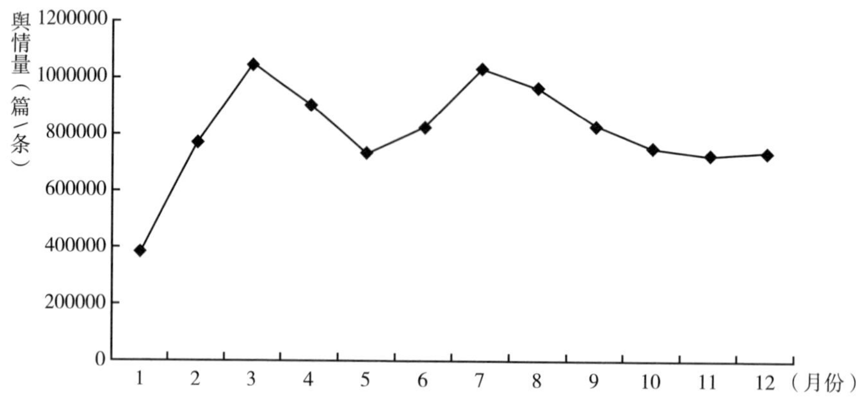

图1　2020年农牧渔生产与粮食安全舆情走势

资料来源：农业农村部三农舆情监测管理平台、新浪舆情通。（下同）

（二）传播平台分布

从2020年农牧渔生产与粮食安全相关舆情在各媒体平台传播情况看，新闻客户端中的舆论声量最大，相关报道505.66万篇，占舆情总量的52.02%；微信154.48万篇，占比15.89%；微博148.41万条，占比15.27%；论坛、博客帖文98.64万篇，占比10.15%；新闻64.81万篇，占比6.67%（见图2）。

从2020年与2019年各媒体平台舆情分布情况的对比看，论坛、博客平台的舆情量增长速度最快，一年增幅达到3.4倍；新闻网站、客户端两个平台的舆情量增幅分别居第二位和第三位，分别增长1.9倍和1.1倍；微信平台的舆情量增幅居第四位，增长54.7%；微博平台的舆情量增幅居第五位，增长22.1%（见图3）。这种变化趋势一方面表明，农牧渔生产与粮食安全话题的行业性、专业性特点突出，农机、农资、种植、养殖等相关话题的圈层化讨论较为集中，一些行业性网络论坛在技术交流、产销对接等方面仍然发挥着重要桥梁作用；另一方面表明，农牧渔生产与粮食安全话题的重要性和严谨性特点突出，农业生产、生猪生产、粮食安全等相关话题关系民生，

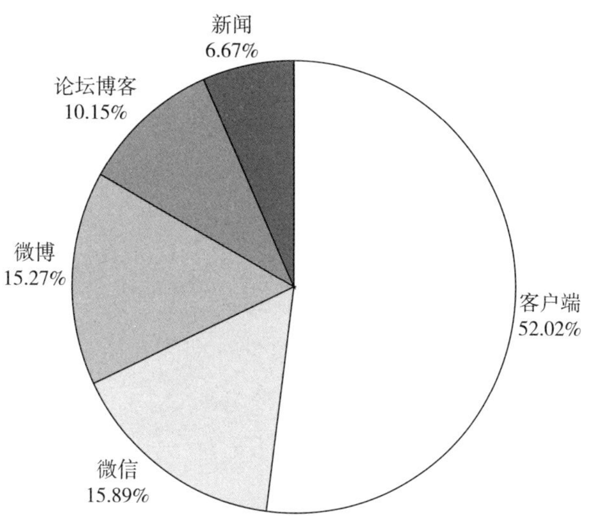

图2　2020年农牧渔生产与粮食安全舆情传播平台分布

对信源的准确性和权威性要求更高，主流新闻媒体也因此成为信息发布和舆论引导主力，新闻网站和客户端舆情量的明显增幅，也反映出媒介深度融合的时代特征。

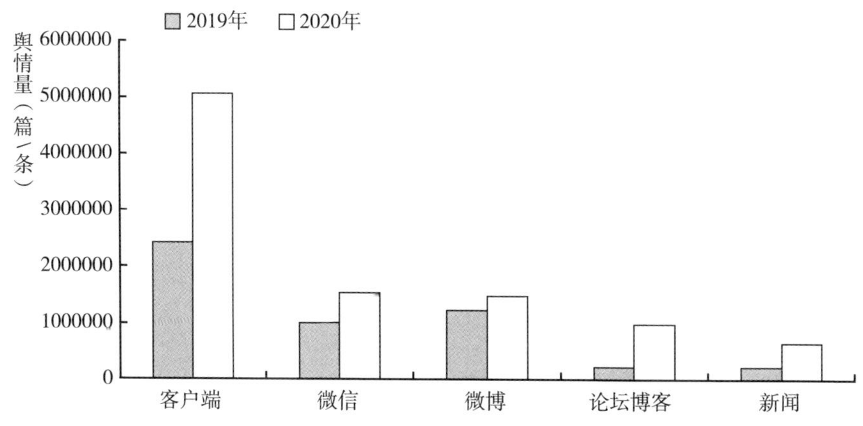

图3　2019～2020年农牧渔生产与粮食安全舆情传播平台分布变化情况

（三）热点事件排行

从2020年农牧渔生产与粮食安全热点事件TOP 40看，在疫情与灾害叠加的双重考验下，我国的粮食生产供给保障问题受到聚焦，年度排行前十的热点事件中有8个与此相关。其中，各地战疫抗洪保生产行动持续牵动舆论神经，信息化助力农村战“疫”春耕两不误备受肯定，舆情热度高居年度排行第1位。节粮爱粮话题热度再攀新高，习近平总书记对“制止餐饮浪费”的重要指示引发强烈共鸣，世界粮食日期间相关的公益行动受到热烈响应，这两个热点事件分别居于年度排行第2、第3位。粮食安全顶层设计也是高热议题，中央农村工作会议、中央经济工作会议接连做出重磅部署，习近平总书记在全国“两会”期间解读农业现代化“金扁担”，这三个事件分别居于年度排行第6、第7和第9位。南方夏季农业防汛救灾也被重点关注，舆情热度居于年度排行第10位。全球粮食供应压力滋生“粮荒”谣言，政府部门以有力举措应对多地出现的恐慌性抢购粮油现象，舆情热度居于年度排行第4位。此外，耕地“非农化”“非粮化”话题被集中关注，多地被曝违法占地毁地问题，国务院及相关部门接连出台整治举措，共计有9个事件位列榜单。粮食丰收相关话题热点多发，全国粮食总产量继续增长、夏粮再创新高、早稻实现增产等亮点不断，共计有6个事件位列榜单（见表1）。

表1　2020年农牧渔生产与粮食安全热点事件TOP 40

排名	热点事件	首发媒体	舆情热度
1	信息化助力农村战“疫”春耕两不误	长江云客户端	44241
2	习近平对“制止餐饮浪费”的重要指示引发全社会积极行动	新华网	29981
3	世界粮食日，节粮爱粮成核心话题	新浪微博“@人民日报”	23186
4	多地出现粮油恐慌性抢购，政府部门有力举措稳定信心	微信	20567
5	农业农村部发布《国家畜禽遗传资源目录》	农业农村部网站	19394
6	中央农村工作会议首次提出粮食安全“党政同责”	新浪微博“@新华视点”	13175
7	中央经济工作会议：解决好种子和耕地问题	央视新闻客户端	13022

续表

排名	热点事件	首发媒体	舆情热度
8	万科招聘猪场经理引舆论关注"企业跨界养猪"	万科集团招聘官网	12262
9	习近平参加全国政协经济界委员联组会,解读寓意农业现代化的"金扁担"	新浪微博"@新华视点"	11805
10	南方多地持续强降雨,各方全力加强农业生产防汛与扶贫产业恢复	《人民日报》	11285
11	遏制农村乱占耕地建房,自然资源部、农业农村部联合发布"八不准"	自然资源部网站	10074
12	习近平在吉林考察,对保障粮食安全做出重要指示	新浪微博"@新华视点"	9172
13	国务院办公厅印发《关于坚决制止耕地"非农化"行为的通知》	中国政府网	6011
14	2020年全国粮食总产量66949万吨,比上年增长0.9%	国家统计局网站	5772
15	国务院联防联控机制就做好疫情期间粮食供给和保障工作举行发布会	中国政府网	5376
16	袁隆平团队杂交水稻双季亩产突破1500公斤	人民日报客户端	4490
17	全国夏粮总产量14281万吨,再创新高	国家统计局网站	3963
18	全国早稻总产量2729万吨,扭转连续7年下滑态势实现增产	国家统计局网站	3911
19	袁隆平"超优千号"创盐碱地水稻高产新纪录	新华网	3887
20	自然资源部召开新闻发布会,通报农村乱占耕地建房典型案例及有关事项	自然资源部网站	2908
21	河南牧原集团被曝占用万亩基本农田建养猪场	央广网	2528
22	《农作物病虫害防治条例》公布实施	新华网	2415
23	2020世界数字农业大会在广州举行	新浪微博"@南方农村报"	2354
24	国务院办公厅印发《关于防止耕地"非粮化"稳定粮食生产的意见》	中国政府网	2217
25	为完成退耕指标,内蒙古陈巴尔虎旗铲毁2万多亩小麦和油菜	《新华每日电讯》	1943
26	舆论关注黑龙江北大荒"科技范"秋收	秒拍"一手Video"	1868
27	袁隆平号召更多年轻人从事现代农业	新浪微博"@央视新闻"	1845
28	国务院办公厅印发《关于促进畜牧业高质量发展的意见》	中国政府网	1790
29	农业农村部:全国生猪存栏和能繁母猪存栏均已恢复到常年水平的90%以上	农业农村部网站	1731
30	农业农村部推介第二批全国农业社会化服务典型案例	农业农村部网站	1524

续表

排名	热点事件	首发媒体	舆情热度
31	东北地区遭受台风"三连击",各级农业农村部门全力应对保障秋粮生产	农业农村部网站	1434
32	袁隆平团队沙漠海水稻再获丰收	新浪微博"@新华视点"	1290
33	农业农村部粮食市场运行和生产情况新闻发布会	农业农村部网站	1279
34	国务院办公厅印发《关于加强农业种质资源保护与利用的意见》	中国政府网	1167
35	中央纪委国家监委开展农村乱占耕地建房问题整治专项监督	中央纪委国家监委网站	1148
36	农业农村部、财政部近日联合印发《东北黑土地保护性耕作行动计划(2020~2025年)》	农业农村部网站	1112
37	黑龙江试点全球首个万亩级无人化农场	新浪网	1070
38	吉林"梨树模式"助力黑土地保护与利用	微信公众号"梨树发布 LSFB"	919
39	农业农村部发布"十三五"农业科技标志性成果	农业农村部网站	818
40	新疆奇台县高筋小麦能吹"小麦气球"	新浪微博"@央视新闻"	710

二 热点舆情回顾

(一)农业生产："别样春耕"振奋舆论，农业现代化"金扁担"引发共鸣

2020年，新冠肺炎疫情给春耕生产带来一系列新问题和新困难，面对严峻挑战，政策东风与技术创新齐头并进，防疫农时两不误的"别样春耕"振奋舆论。从热点内容看，稳粮生产支持政策受到聚焦。中央应对新冠肺炎疫情工作领导小组发布《当前春耕生产工作指南》，农业农村部成立农资保供专班、发布八条保障举措、启动"奋战100天夺夏粮丰收行动"，国家发改委上调稻谷最低收购价，各地也纷纷开辟农资运输"绿色通道"、加大财政支持和金融普惠力度、开展"点对点"农技服务等。对此，媒体展开盘点式报道，"非常举措""密集出炉"等词汇成为新闻标题中的重点设置。

舆论认为，春耕备耕政策释放新信号，彰显了农业保供的信心和底气。同时，春耕中的农业生产新动态也成为热点议题。线上农业生产被舆论称为春耕“新潮流”，“专家在线看田”“远程农资代购”“不见面管理服务”等积极举措被大量报道，“网上春耕”“云备耕”成为网络高频词。“以车代人”被称为疫情下的春耕“新战法”，无人机春耕作业、智能喷灌“机器人”、农机合作社“一条龙”托管等有益实践引发热烈围观，现代化农机的主力军作用备受肯定。调优调绿被认为是春耕“一大亮点”，各地在高标准农田建设、集中育秧、订单生产等方面取得显著成效，“优质早稻面积达46.2%”“300个粮棉油生产大县开展化肥减量增效试点”① 等数据被广泛传播。总体看，春季农业生产引发积极反响，《人民日报》等媒体发出了“疫中稳耕有底气”“科技智耕有能力”“绿色精耕有希冀”等评价，称“别样春耕”播种希望、收获信心。

2020年，农业现代化、农业科技相关话题的舆情热度也进一步提升。习近平总书记多次对农业现代化做出指示，受到各界高度关注。5月，习近平总书记在全国“两会”期间对农业现代化“金扁担”的解读引发强烈共鸣。7月，习近平总书记在吉林四平梨树县考察调研时强调“农业现代化，关键是农业科技现代化”等，再次掀起热议。舆论指出，这是从战略高度对农业基础地位的再强调，要充分认识其中深意，要用农业现代化这条“金扁担”挑起国家的“粮袋子”和农民的“钱袋子”，应对粮食安全老难题和新挑战。同时，农业农村部发布“十三五”期间十大标志性农业科技成果，网民对农业科技创新的重要作用表示强烈认同，纷纷点赞“了不起的农业科技”，共计引发2775万次的微话题阅读量。此外，吉林“梨树模式”② 在粮食增产和黑土地保护方面实现的双重收益也被积极关注。媒体指

---

① 《今年春耕呈现三大亮点　春耕早稻面积增加超预期》，央视网，http://sannong.cctv.com/2020/05/22/ARTIxALd3ueB1FC3FPEM3I7K200522.shtml。

② “梨树模式”指的是在东北地区通过秸秆全量覆盖，免耕播种，以达到保持土壤水分、防治土壤风蚀水蚀、培肥土壤肥力、减少土壤耕作、节约成本等多种功效为一体的、环境友好的农业种植技术模式。

出，农业的出路在现代化，农业现代化的关键是做到创新引领，这是吉林经验带给我们的重要启示，也是三农工作的着力方向。

（二）粮食丰收："十七连丰"亮点纷呈，非常之年的"非常"成绩单备受瞩目

2020 年，我国夏粮、早稻、秋粮三季粮食均实现增产，全国粮食总产量创历史新高。粮食生产"十七连丰"亮点纷呈，热点多发。作为全年粮食生产的第一仗，夏粮首战告捷备受瞩目，"高品质"丰收引发多角度关注。"河南省刷新全国冬小麦单产纪录""山东小麦单产创三项全国纪录""陕西大田小麦单产创最高纪录"等消息被大量传播，"优质小麦供给增多""专用麦比例提高"等成效成为报道重点，新疆奇台县高筋小麦能吹出"小麦气球"的相关微博视频引发 497 万次的播放量。舆论就此总结了各地小麦呈现的单产提高、品质升级、抗性增强等突出特点，称优质小麦已成为各主产区生产的主力和方向，夏粮丰收展示了科技增产的巨大潜力，也证明了"中国粮用中国种"的硬核实力。作为全年粮食生产的大头，秋粮丰收再次引发关注热潮。农业农村部通报的"秋粮面积增加 500 多万亩"[①]"全国晚稻面积增加 400 多万亩"[②]"双季稻生产恢复势头明显"[③]等数据信息被媒体大量援引，"丰收在望有底气""'中国饭碗'稳稳的"等表述频现新闻标题。新华社、中央电视台等媒体还纷赴秋收一线，看丰收成色、掂丰收分量，通过大量的视频、图文报道，对各地"稻飘香、黍金黄、豆满秧、谷满仓"的丰收景象予以全面呈现。新浪微博中，"最美丰收季""航拍壮观秋收景象"等微话题的阅读量突破亿次，新疆戈壁滩晾晒 43 万亩丰收玉米的微博视频引发 96 万次的播放量。舆论感慨，丰收的内涵在升级，不仅是

---

① 《农业农村部：秋粮丰收在望　确保今年粮食产量稳定在 1.3 万亿斤》，中国经济网，http：//www. ce. cn/cysc/newmain/yc/jsxw/202008/26/t20200826_ 35606566. shtml。

② 《全国晚稻面积增加 400 多万亩》，央视网，https：//tv. cctv. com/2020/08/27/VIDEwlEtRJ3bqeSP77s0cqUI200827. shtml。

③ 《农业农村部：今年双季稻恢复势头明显　将继续抓好晚稻田间管理》，中国网，http：//finance. china. com. cn/news/20200826/5351485. shtml。

粮食的丰收，还是农民“钱袋子”的丰收和农村美好生活的丰裕，这样的丰收值得礼赞。此外，全国早稻“7 年来首次增产”[①] 也是报道热点，多地稻谷主产区实施的生产者补贴、复种补贴、生态补贴、售粮补贴等激励政策被广泛宣传。舆论认为，粮食丰收“高分答卷”充分展示了中国特色粮食安全之路在应对危机挑战中的强大作用。

粮食丰收在非常之年取得的“非常”成绩引发热议。有舆论总结了全年的“新冠肺炎疫情关”“洪涝关”“台风关”“病虫关”，认为在疫情与灾害叠加的双重考验下，农业丰收、农民增收图景折射出农业高质量发展带来的新气质，为稳全局、提信心、育新机、开新局奠定了坚实的基础支撑。还有舆论称，中国三农在重大危机面前从容不迫的表现再次证明，三农这块“压舱石”任何时候都只能稳固，不能减弱。

（三）粮食安全：节粮爱粮观念深入人心，耕地“非农化”“非粮化”整治广受肯定

2020 年，受新冠肺炎疫情影响，舆论对粮食安全话题神经紧绷。社交媒体中，“粮食够吃吗”“粮价会涨吗”“要不要囤粮”等议题反复出现，“粮荒”相关谣言也不断滋生。对此，各级政府部门通过翔实数据进行多频次、联动式的回应澄清，“有信心决心端牢中国人饭碗”等权威声音在各媒体平台持续释放，有效消解了公众疑虑。同时，粮食安全相关顶层设计不断强化，中央农村工作会议首次提出粮食安全“党政同责”，中央政治局会议把“保粮食能源安全”作为“六保”的重要内容之一，农业农村部等 11 部门从五方面部署 2020 年度粮食安全省长负责制。舆论信心也因此进一步增强，“中国有粮，心中莫慌”成为主流声音。此外，面对新冠肺炎疫情给全球粮食供应带来的巨大压力，食物浪费现象成为热点议题，节粮爱粮观念深入人心。习近平总书记对“坚决制止餐饮浪费行为”的重要指示引发全社

① 《国家统计局：今年早稻产量 546 亿斤　7 年来首次增产》，央视网，https：//tv. cctv. com/2020/08/19/ARTIwuLABcg4HST7gaF7kBKb200819. shtml。

会积极行动，打包、拼菜成为各地新风尚，“光盘行动”相关微博话题的阅读量共计超过 10 亿次。舆论认为，连年丰收仍要反对浪费粮食，特殊时期更要对粮食安全未雨绸缪，节粮爱粮应该成为每个人的自觉行动。

此外，央视《焦点访谈》《半月谈》等媒体接连曝出部分地区铲田毁麦、违法占地问题，引发舆论关注粮食安全隐忧。全年出现了“河南南阳占万亩基本农田建养猪场”“河北大名强行推平 120 亩麦田建养殖场”“河南鄢陵县占用耕地建厂房”“江西宁都占百亩基本农田种脐橙”“河北文安毁田卖土”等热点事件。上述问题也受到国家高度重视，耕地“非农化”“非粮化”整治举措接连发布。国务院办公厅就坚决制止耕地“非农化”、防止耕地“非粮化”先后印发通知意见，自然资源部、农业农村部针对农村乱占耕地建房问题发布“八不准”，中央纪委国家监委针对农村乱占耕地建房开展专项监督整治，一系列举措备受肯定。有舆论说，这是粮食安全的“护身符”、非法占地的“紧箍咒”，耕地不是任人觊觎的“唐僧肉”，端牢饭碗，就要像保护大熊猫一样保护耕地。还有舆论建议多调动种粮主体的积极性，通过制度创新让农民得其利、受其惠，增强耕地激励性保护、建设性保护的内生动力。

（四）生猪生产：政策利好增信心，“产能恢复”成为全年传播关键词

2020 年，恢复生猪生产是农业农村工作的重大任务，相关的政策举措受到持续高度关注。中央一号文件将生猪稳产保供定调为“当前经济工作的一件大事”，首次把“加快恢复生猪生产”单独列项重点部署。对此，舆论认为生猪产业地位被提升至前所未有的高度，复养补栏的积极性将得到极大提振。农业农村部联合有关部门在保障养殖用地、加大财政资金投入、扩大抵押贷款试点、推进养殖环评改革等方面综合发力，其中的“生猪养殖用地作为设施农用地管理”“生猪养殖抵押贷款试点扩大到全国”“取消 5000 头以下猪场环评审批”等举措被舆论认为是“真金白银”的帮扶支持。各地政府也积极落实生猪保供政策要求，并通过规模化、生态化、智能化养

殖降本增效，“生猪代养模式”“猪舍巡检机器人”“猪粪发酵有机肥”等创新实践也广受关注。

2020 年 3 月开始，生猪生产呈现的持续向好态势引发跟进报道。各地生猪存栏连续回升、新增产能明显增加、规模猪场陆续投产等情况在各媒体平台大量传播，“生猪生产持续加快恢复”“生猪产能恢复好于预期”等成为主流表达。生猪产能恢复带来消费利好，猪肉价格的连续回落在新浪微博中引发多个高热话题，累计阅读量超过 9 亿次，网民“买买买”的热情不断增强。12 月，农业农村部通报“全国生猪和能繁母猪存栏恢复到常年水平 90% 以上”①，引发关注热度再次攀升。舆论呼吁稳定政策、巩固成果、推动高质量发展，守好稳定总基调，为提振生猪产能发掘新“蓝海”。

此外，生猪养殖行业的投资热潮也受到关注。“二季度养猪企业注册量同比大增 178%”②“前三季度新注册生猪养殖相关企业 6.2 万家”③ 等数据被广泛援引。部分上市猪企资产负债率偏高、部分地区“仔猪卖到成猪价”等现象被媒体报道。舆论认为，社会资本投资热有助于生猪产业的优化发展，但生猪养殖不能赌行情、一哄而上，要警惕盲目扩产隐忧。

三　启示与展望

2020 年，农牧渔生产与粮食安全话题是新闻媒体和网民共同关注的焦点话题，其新闻量和帖文量在全年三农新闻话题、涉农帖文话题中均排行第一位。在新冠肺炎疫情防控常态化背景下，农牧渔生产与粮食安全话题热度的再次升温，反映出舆论对农业基本盘的高度关注，反映出舆论对重要农产品稳产保供显著成效的充分肯定，也反映出舆论对三农压舱石作用

① 《全国生猪和能繁母猪存栏恢复到常年水平 90% 以上》，新华网，http：//www.xinhuanet.com/fortune/2020－12/15/c_ 1126863709.htm。

② 《猪流感不会大流行！企查查显示养猪企业二季度注册量猛增 178%》，澎湃新闻网，https：//www.thepaper.cn/newsDetail_ forward_ 8144379。

③ 《我国生猪养殖相关企业前三季度新注册 6.2 万家》，澎湃新闻网，https：//www.thepaper.cn/newsDetail_ forward_ 9862990。

的广泛认同。

同时，农牧渔生产与粮食安全话题在传播方式、传播主体、传播路径等方面出现了几个新趋势。一是新闻媒体的传播方式进一步创新，助力话题热度持续提升。在农业科普、农耕文化宣传方面，新闻媒体的选题视角和报道方式更加贴近大众、接地气。人民日报等媒体微博设置了“老木工制作微缩农具记录农耕文化”“小学生上丰收课挖红薯 500 斤”等微话题的阅读量均超过亿次。新华社等媒体微信公众号通过动漫游戏互动的方式，发布“丰收盲盒”、介绍“一粒米的来之不易”，引发网民大量参与。二是榜样人物的引领效应进一步彰显，年轻受众的关注热情得到有效激发。中国农民丰收节期间，袁隆平号召更多年轻人从事现代农业，相关话题迅速登上微博热搜榜，引发 1.7 亿次的阅读量，各农业高校学生挤爆评论区。短视频博主李子柒制作了“一物一生”系列视频，共计介绍了 20 余种农作物从播种到收获再到端上餐桌的全过程，每个视频的播放量均达到数千万次，大量的青年网民在跟帖评论中感慨“长知识了”。中央纪委国家监委网站还特别策划了视频《跟着李子柒看“水稻的一生”》，在新浪微博中引发 2.7 亿次的微话题阅读量，大众对节粮爱粮的认知也得到进一步强化。三是话题传播路径进一步拓宽，为三农“出圈”创造新机遇。农牧渔生产与粮食安全相关话题在视频弹幕网站“哔哩哔哩”中的话题量和关注热度均有明显增加，作为年轻人的聚集社区，农牧渔生产与粮食安全相关话题在此呈现的显著变化，对于三农宣传的渠道拓宽和效果提升具有积极意义。上述三个新趋势也提示我们，农业生产与粮食安全话题传播在秉持“内容为王”的本质下，需要更多的聚焦新生代，打造吸引年轻人的优质内容，营造更加浓厚的重农强农氛围。

此外，大众对粮食安全的高度敏感也需重视，炒作“粮荒”舆论须时刻警惕。新冠肺炎疫情以及台风洪水等灾害带来诸多不确定性，此类消息的不当传播或将引发社会恐慌。粮食安全关乎民众福祉和社会稳定，有关部门要对恶意炒作粮食的言论和行为进行严厉打击，主流媒体也要充分考虑传播心理，科学设置传播议程。

参考文献

高云才、王浩：《人勤春来早　春耕备耕忙——各地农业生产扫描》，《人民日报》2020 年 3 月 12 日。

朱隽、常钦：《牢牢端稳饭碗　确保颗粒归仓》，《人民日报》2020 年 9 月 11 日。

《这五年，粮食安全更稳固》，《人民日报》2020 年 10 月 12 日。

《抓住机遇推动农业农村现代化》，《经济日报》2020 年 7 月 27 日。

班娟娟：《稳粮食生产支持政策密集出炉》，《经济参考报》2020 年 3 月 16 日。

《论收官之年》，《农民日报》2020 年 3 月 2 日。

B.3
2020年乡村振兴舆情报告

李想　陆风　刘佳*

摘　要： 2020年乡村振兴相关话题舆论关注热度较上年明显提升。乡村产业发展的政策支持和技术支撑进一步增强，乡村产业日益凸显的品牌价值成为舆论关注热点；人才力量带来强劲振兴动能，乡村创业创新的“头雁效应”引发积极反响；乡村治理能力进一步提升，法治乡村相关立法完善和司法保障备受关注；农村改革为乡村振兴注入新活力，各项改革取得的新突破备受舆论肯定。乡村振兴话题传播呈现内容创新、融合创新、载体创新等鲜明特点，“四全媒体”特征凸显。

关键词： 乡村振兴　产业振兴　人才振兴　乡村治理　农村改革

按照《中共中央　国务院关于实施乡村振兴战略的意见》要求，“到2020年，乡村振兴取得重要进展，制度框架和政策体系基本形成”。各地、各部门积极落实中央决策部署，扎实推进乡村振兴战略实施，产业发展、乡村治理、人才培育、农村改革等方面的顶层设计不断强化，“人地钱”三要素被进一步激活，乡村全面振兴的地方实践精彩纷呈。舆论称多项利好政策为乡村振兴注入强劲动能，呼吁各地乘势而上，全力做好乡村振兴这篇大文章。

---

* 李想，农业农村部信息中心舆情监测处副处长，博士，副研究员，主要研究方向为涉农网络舆情、农产品市场与政策；陆风，农业农村部信息中心舆情监测处舆情分析师，主要研究方向为涉农网络舆情；刘佳，北京农信通科技有限责任公司舆情分析师，主要研究方向为涉农网络舆情。

一　舆情总体概况

据监测，2020 年乡村振兴相关的新闻报道量和社交媒体相关帖文量合计 638.8 万篇（条），较 2019 年增长 37.6%。

（一）舆情走势

从舆情走势看，2020 年乡村振兴舆情出现三次明显上涨，下半年舆情热度高于上半年。具体看，3 月至 4 月，舆情走势大幅提升，乡村治理受到重点关注。面对新冠肺炎疫情，各地农村防疫“硬核”举措频现互联网，其中呈现的基层治理活力引发热议；中央全面依法治国委员会印发意见加强法治乡村建设、农业农村部推介首批全国村级“乡风文明建设”优秀典型案例等积极举措也被广泛传播，共同推动这两个月舆情量的接连上涨。5 月至 8 月，舆情走势总体趋稳，有关部门和各地政府在乡村产业发展、人才培育、乡村治理、农村改革等方面的工作举措被集中关注。在此期间，农业农村部编制印发《全国乡村产业发展规划（2020～2025 年）》、部署在全国推广乡村治理积分制、介绍全国农村集体资产清产核资工作进展，并会同有关部门在优势特色产业集群建设、农业产业强镇建设、农民工就业创业等方面强化保障，引发媒体的持续跟进报道。9 月，舆情走势再次迅猛攀升，达到全年顶点。第三个中国农民丰收节成为舆情燃点，中办、国办印发的《关于调整完善土地出让收入使用范围优先支持乡村振兴的意见》也是重要推动因素。11 月至 12 月，舆情走势出现第三次上扬。乡村振兴相关顶层设计受到高度聚焦，《中共中央关于制定国民经济和社会发展第十四个五年规划和二〇三五年远景目标的建议》单列专章部署“优先发展农业农村，全面推进乡村振兴”，中央农村工作会议就全面实施乡村振兴战略做出重要部署，引发舆论热烈反响。各地乡村振兴新气象也成为关注热点，在第十八届中国国际农产品交易会、“双十一”电商购物节等盛会上，农产品销售和乡村市场消费展示的“旺气”成为媒体报道热点（见图 1）。

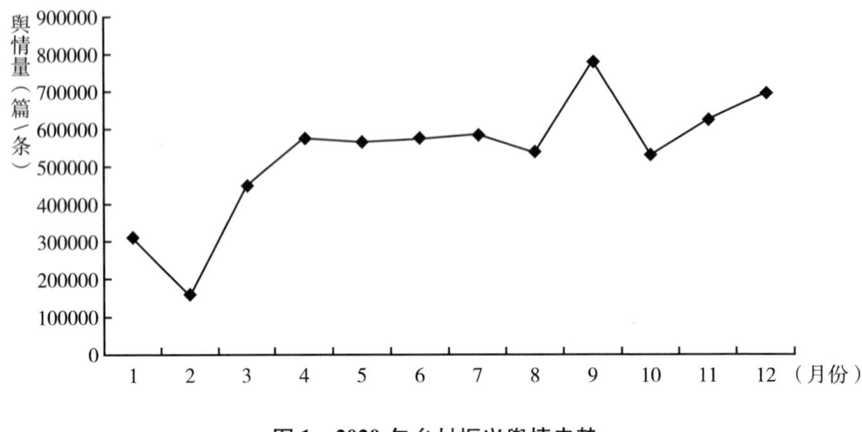

图1　2020 年乡村振兴舆情走势

资料来源：农业农村部三农舆情监测管理平台、新浪舆情通。（下同）

（二）传播平台分布

从 2020 年乡村振兴相关舆情在各媒体平台传播情况看，新闻客户端中的舆论声量最大，相关报道 361.26 万篇，占舆情总量的 56.56%；微信 121.10 万篇，占比 18.96%；微博 77.16 万条，占比 12.08%；新闻 55.78 万篇，占比 8.73%；论坛博客帖文 23.47 万篇，占比 3.67%（见图 2）。

从 2020 年与 2019 年各媒体平台舆情分布情况的比较看，新闻网站的舆情量增长速度最快，一年增长 98.5%；客户端、微信两个平台的舆情量增幅分别居第二位和第三位，分别增长 54.9% 和 21.7%；论坛博客平台的舆情量增幅居第四位，增长 4.0%；微博平台的舆情量有所下降，降幅为 4.9%（见图 3）。从这些变化趋势可以看出，主流媒体是乡村振兴话题生产与传播主力，移动端已成为话题传播主场，新闻网站和新闻客户端舆情量的大幅增加一定程度上反映出传统媒体在深度融合进程中的积极成效，微信平台舆情量的明显增幅也充分表明以网络社群为基础的分众化传播在提升信息交互能力方面的突出作用。

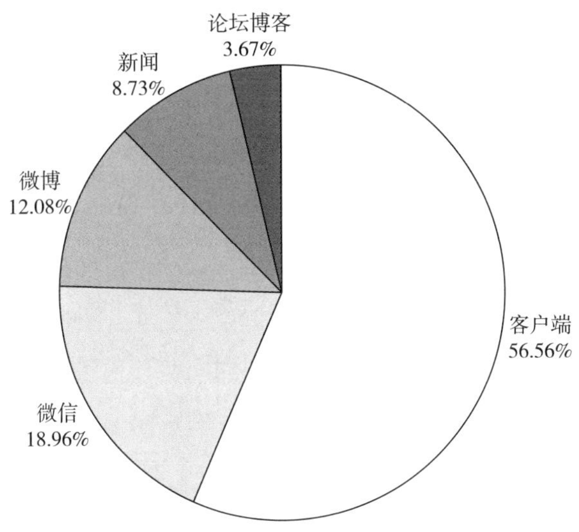

图 2　2020 年乡村振兴舆情传播平台分布

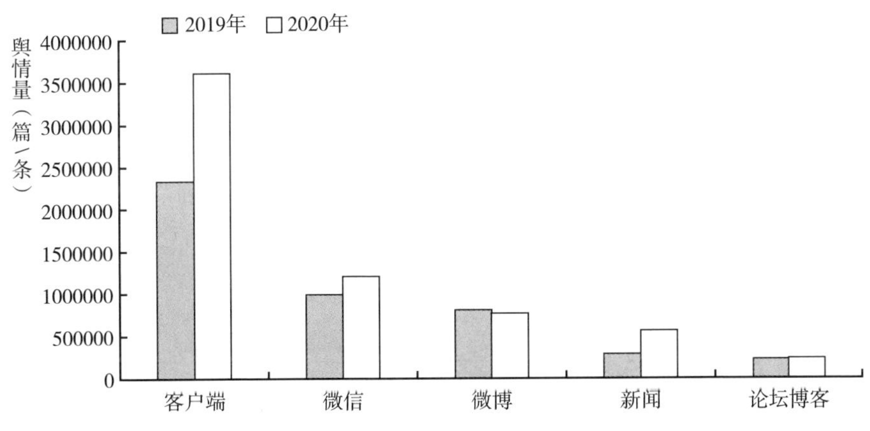

图 3　2019～2020 年乡村振兴舆情传播平台分布变化情况

（三）热点事件排行

从 2020 年乡村振兴热点事件 TOP 40 看，面对新冠肺炎疫情的严峻挑战，来之不易的农业增产和农民增收振奋舆论，特殊之年迎来的中国农民丰收节也因此引发高度聚焦，舆情热度高居年度排行第 1 位。从热点事件的数量看，乡村振兴的政策部署和贯彻实施成为舆论关注重点。其中，乡村振兴相关顶层部署热点多发，产业发展、人才培育、乡村治理、农村改革等方面的保障举措受到集中关注，年度排行中有 15 个事件与此相关。乡村振兴的积极气象和典型示范也大量涌现，火爆乡村游、“网红”螺蛳粉、硕士农民、正高职称农民、乡村超市办图书馆等地方实践亮点纷呈，年度排行中有 14 个事件与此相关。由此可见，乡村振兴重大决策部署的落实落地呈现积极舆论反响。此外，个别地区乡村建设中存在的问题也是舆论敏感话题，全年出现了山东“合村并居”、山西襄汾农房坍塌两个高热舆情事件，分别位列年度排行第 2 位和第 4 位（见表 1）。

表 1　2020 年乡村振兴热点事件 TOP 40

排名	热点事件	首发媒体	舆情热度
1	中国农民丰收节来临，特殊之年“不平凡的丰收”振奋舆论	新华网	89380
2	山东“合村并居”引发争论	新浪微博“@昨夜星辰－201411”	23473
3	中央农村工作会议部署全面推进乡村振兴	新浪微博“@新华视点”	22281
4	山西襄汾“8·29”重大坍塌事故敲响农村自建房安全警钟	新浪微博“@央视新闻”	18365
5	自然资源部等 7 部门明确答复“城镇户籍子女可依法继承宅基地使用权”	自然资源部网站	14103
6	十一假期国内旅游市场复苏强劲，特色乡村游受青睐	微信公众号“贵州省文化和旅游厅”	9432
7	中办、国办印发《关于调整完善土地出让收入使用范围优先支持乡村振兴的意见》	新华网	7097
8	农业农村部发布 2020 年中国美丽休闲乡村名单	农业农村部网站	3806
9	农业农村部印发《全国乡村产业发展规划（2020～2025 年）》	农业农村部网站	3415
10	农业农村部等七部门印发《关于扩大农业农村有效投资　加快补上三农领域突出短板的意见》	农业农村部网站	3403
11	柳州螺蛳粉成“网红”产品，2020 年上半年产值近 50 亿元	中央电视台	2774

续表

排名	热点事件	首发媒体	舆情热度
12	中央深改委审议通过《深化农村宅基地制度改革试点方案》	新华网	2760
13	全国新农民新业态创业创新大会展示农村“双创”最新成果	新浪微博“@溧水发布”	2624
14	全国农村承包地确权登记颁证工作总结暨表彰电视电话会议召开	新华网	2329
15	中央全面依法治国委员会印发《关于加强法治乡村建设的意见》	司法部网站	1901
16	农业农村部介绍全国农村集体资产清产核资情况	农业农村部网站	1852
17	农业农村部等九部委联合实施农村创新创业带头人培育行动	农业农村部网站	1736
18	河南农家女李翠丽在自家超市办图书馆推广乡村阅读	中央电视台	1702
19	中国农产品地域品牌“超10亿品牌”在杨凌农高会上市发布	金融界网	1501
20	农业农村部:允许返乡下乡人员和当地农民合作改建自住房	农业农村部网站	1365
21	农业农村部　财政部公布2020年优势特色产业集群建设名单	农业农村部网站	1196
22	农业农村部、财政部公布2020年农业产业强镇建设名单	农业农村部网站	1143
23	内蒙古呼伦贝尔杀人犯“纸面服刑”15年摇身变村干部	微信公众号“半月谈”	1045
24	大理网红稻田被游客踩出坑	新浪微博“@N视频”	921
25	湖北出台全国首部促进乡村振兴战略实施的综合性地方法规	人民网	847
26	发改委等十九部门发布《关丁推动返乡入乡创业高质量发展的意见》	新华网	845
27	四川眉山首位985硕士职业农民用AI造“智慧果园”	新浪微博“@央视新闻”	823
28	中央农办、农业农村部召开全国乡村治理中推广运用积分制视频会议	农业农村部网站	763
29	山东冠县领大额补贴种樱桃却不见樱桃	中央电视台	752
30	农业农村部等七部门印发意见推进返乡入乡创业园建设	农业农村部网站	740

续表

排名	热点事件	首发媒体	舆情热度
31	江西丰城市丽村镇发红头文件抵制高彩礼	微信公众号“微丰城”	737
32	农业农村部就第二批全国乡村治理典型案例有关情况举行新闻发布会	农业农村部网站	642
33	河南新乡石婆固镇：宅基地超 167 平方米按阶梯计费	微信公众号“券商中国”	635
34	定制乡村别墅位列“双十一”天猫家装品类消费排行榜首位	新浪微博“@宝家乡墅科技”	628
35	辽宁沈阳通过“稻田画”打造“稻梦空间”农业生态旅游品牌	秒拍“人民视频”	611
36	扫黑除恶专项斗争打掉农村涉黑组织 1198 个	新华网	536
37	浙江四位农民首获正高职称	微信公众号“浙江农业农村”	482
38	农业农村部推介首批全国村级“乡风文明建设”优秀典型案例	农业农村部网站	448
39	贵州从江县新平村规定红白事只能三菜一汤，违者罚猪肉、大米和米酒各 120 斤	天眼新闻	364
40	四川隆昌农家乐房屋垮塌致 26 人受伤	红星新闻	247

二　热点舆情回顾

（一）产业振兴：产业富民热点多发，“特色”“品牌”成为报道关键词

2020 年，乡村产业发展的政策支持和技术支撑进一步增强。中央一号文件对“发展富民乡村产业”做出顶层设计和系统部署；农业农村部编制印发《全国乡村产业发展规划（2020～2025 年）》，并会同有关部门大力推动优势特色产业集群建设、农业产业强镇建设、“互联网＋”农产品出村进城等试点工作；电商企业也从流量、物流、资金、技术等方面加速对农业全产业链布局。在政策红利和数字红利的双重驱动下，乡村产业在品质保障、服务提升、电商基础设施建设等方面不断完善，产业发展对乡村全面振兴的

促进作用进一步彰显。有舆论用“增人气”“聚财气”等词语，评价乡村产业在助农增收方面的亮眼表现。还有舆论认为乡村产业振兴“正值机遇期”，纷纷喊话“乡村产业，等你来”。

从内容看，乡村产业日益凸显的品牌价值成为持续关注热点。中国农民丰收节期间，全国130多个农产品区域公用品牌亮相金秋消费季活动，“三天销售额近2.2亿元”[①] 等丰硕成果引发积极传播。在第十八届中国国际农产品交易会上，“品牌”成为媒体报道频率最高的关键词，“甘味”“津农精品”“辽字号特产”“河南味道”等表达频现新闻标题。在“双十一”电商购物节上，河北、四川、云南农副产品产业带的亮眼表现备受称赞，品牌农产品被舆论称为“消费新趋势”。赣南脐橙、烟台苹果、宣威火腿等“超10亿”农产品地域品牌也是社交媒体中的热点议题，“半年产值近50亿元”的柳州螺蛳粉更是频频登上微博热搜榜，相关微话题阅读量超过10亿次。“互联网+”对乡村产业发展的推动作用引发广泛认同。舆论表示，产供销全链路贯穿数字化，让地方“土特产”变成“超强农业IP”，让农产品特色发光、潜力变现。

作为新兴产业，乡村特色休闲游被舆论称为“富民增收新支点”。各地持续推动农旅融合，休闲旅居、农事体验、电子商务、健康养生等新业态不断壮大，乡村文创、艺人工坊、乡村市集等创新实践获赞“别具一格”。在“五一”“十一”等节假日期间，乡村游稳步复苏的良好态势提振信心。“乡村游成首选”“乡村游成主流”“乡村游唱主角”等报道大量出现，辽宁沈阳的“稻梦空间”、浙江杭州的“禅茶文化”、广东从化的“麦田小火车”、陕西铜川的“餐饮机器人”等带来关注热度和消费热情的双提升。《人民日报海外版》等媒体指出，乡村游是旅游行业复苏的主力军，是中国旅游新风尚、美好生活新方式，美丽乡村的产业振兴之路越走越宽阔。

① 《中国品牌农产品展销线上线下累计销售额近2.2亿元　助力农民丰收节》，央广网，http://china.cnr.cn/NewsFeeds/20200920/t20200920_525268768.shtml。

（二）人才振兴：政策红利添底气，“头雁效应”引发积极反响

2020 年，返乡入乡创业创新人员累计达到 1010 万人[①]，人才力量带来强劲振兴动能。一年来，返乡创业创新的保障机制持续完善，各级政府部门在创业补贴、贷款优惠、用地保障、产业指导等方面精准施策，受到舆论积极肯定。《人民日报》等媒体指出，政策“大礼包”为返乡入乡创业高质量发展“增信心”“添底气”，“乡村大舞台，必有大发展！”成为各地农民共同的心声。[②]

在人才政策驱动下，乡村创业创新的“头雁效应”引发积极反响。农业农村部等 9 部委针对农村创新创业带头人培育联合印发意见，提出的目标“到 2025 年，培育农村创新创业带头人 100 万以上”[③] 广受期待。舆论认为，乡村振兴需要“关键少数”敢为人先，用头雁之姿树立榜样，通过“头雁领航、群雁齐飞”打造乡村振兴“聚能环”。各地也纷纷启动一系列实施方案，“乡村振兴村级组织领军人才培养工程”“高素质农民培育方案”“乡村振兴领头雁计划”“新型职业农民职称评定”等积极举措被大量宣传。“浙江 4 位职业农民获评正高职称”的相关消息引发大量点赞。舆论认为，这是对农民职业尊严的认可与肯定，将产生巨大的激励作用，应该让农民评正高职称从新鲜事变为常态化，为人才振兴提供更多的正向能量。同时，农村创新创业带头人展现的活力和创造力也广泛吸引舆论目光。全国新农民新业态创业创新大会推介了各类返乡主体的创业项目和典型人物近 300 个，“懂科技”“眼界宽”“善运营”“够时尚”等描述构成了舆论对“新农人”群体的认知拼图。各地的“学霸农民”“斜杠青年”“产业村长”等励志故事也在互联网上大量涌现，微博由此设置了“小康时代新青年”“我们都是

---

① 《农业农村部：去年返乡入乡创业创新人员达 1010 万人》，央视网，http：//tv. cctv. com/2021/03/16/VIDEPKJfvfWGxprwcJwldCG7210316. shtml。

② 姚雪青：《让农民返乡创业更有底气》，《人民日报》2020 年 10 月 12 日，第 5 版。

③ 《九部委联合实施农村创新创业带头人培育行动　力争到 2025 年培育农村创新创业带头人 100 万以上》，农业农村部网站，http：//www. moa. gov. cn/xw/zwdt/202006/t20200617_6346639. htm。

乡村振兴者”等微话题，阅读量共计超过3.8亿次。四川眉山首位“985硕士职业农民”刘沈厅被中央电视台报道后，在社交媒体中引发关注热潮，网民点赞量超过10万次。舆论发出“乡村创业，遍地英雄”等评价，称农村双创呈现了要素聚乡、产业下乡、人才入乡、能人留乡等良性互动局面，将成为农业农村发展史上的又一标志性事件。

（三）乡村治理：法治兴农开新局，善治典型亮点纷呈

2020年，我国乡村治理能力进一步提升，法治乡村建设持续深化，相关立法完善和司法保障备受关注。3月，中央全面依法治国委员会印发意见，提出加强法治乡村建设的九大目标任务，明确“到2035年，法治乡村基本建成”[①]，被舆论称为法治乡村建设的“时间表”和“路线图”。随后，各地结合自身实际接连发布实施意见，多措并举开展法治乡村创建，“一村一法律顾问”“法律明白人培育工程”“千名政法干警进千村”等实践活动获赞“法治入人心”“依法暖人心”。12月，全国扫黑办公布的“全国累计打掉农村地区的涉黑组织1198个”“依法严惩‘村霸’3727名”[②]等数据也被大量传播。舆论表示，法治护农、法治强农、法治兴农的乡村建设新路径已经开启，各地仍须在提质增效上下功夫，久久为功做好法治乡村建设的“必答题”。

2020年，全国乡村治理体系建设试点示范工作阶段性成效显著，“三治”融合实现形式日益丰富，各地善治典型亮点纷呈。其中，乡村治理“积分制”发挥的重要作用备受肯定。中央农办、农业农村部部署在全国推广乡村治理积分制，获得舆论高度认同。各地纷纷开展“爱心超市”“道德银行”“积分储蓄站”等试点，推出了积分变现、积分换商品、积分换服务等一系列激励举措，引发大量汇总报道。《光明日报》等媒体发出了“小积

---

① 白阳：《我国到2035年要基本建成法治乡村》，新华网，http://www.xinhuanet.com/legal/2020-03/25/c_1125766592.htm。

② 熊丰：《重拳打击“村霸”、巩固执政根基——扫黑除恶专项斗争打掉农村涉黑组织1198个》，新华网，http://www.xinhuanet.com/legal/2020-12/15/c_1126864310.htm。

分带来大提升”“小积分引领新风尚”等评价，称村民攒积分、比积分、亮积分，积攒了满满幸福感，激活了乡村治理的“神经末梢”，展现了美丽乡村新风貌。同时，农村婚丧陋习治理方面取得的成效也是媒体关注热点。农业农村部新闻发布会通报的“多地村民红白喜事操办支出费用降低到1/5或者1/6的水平”①，被舆论称为“乡村治理好声音”。各地发布的“制定红白喜事标准”“举办集体婚礼”“建立公益性红娘队伍”“党员干部带头执行”等举措引发广泛宣传。“贵州从江县新平村规定红白事只能三菜一汤”“江西丰城市丽村镇发红头文件抵制高彩礼”等事件也成为热点议题。舆论对相关地方移风易俗的出发点表示肯定，并呼吁遵守法制底线、恪守权力边界，改陋习树新风也要坚守底线。此外，各地乡村治理中的党建引领、多元主体参与、丰富议事协商形式等关键要素也是报道热点。农业农村部先后发布了21个全国村级“乡风文明建设”典型案例和34个全国乡村治理典型案例，引发积极传播和良好的示范效应。新冠肺炎疫情防控期间，农村防疫“大喇叭”“党员先锋岗”“红色管家突击队”等展示的乡村治理活力也被高度评价，舆论点赞“乡村治理‘理’出农村防疫新思路”。

（四）农村改革：新突破带来新活力，显著成效备受肯定

2020年，农村改革为乡村振兴注入新活力，各项改革取得的新突破备受舆论肯定。其中，农村集体资产清产核资、农村土地承包相关工作成效是报道热点。7月，农业农村部介绍全国农村集体资产清产核资工作进展，公布的“农村集体土地总面积65.5亿亩”“账面资产6.5万亿元”② 等数据在各媒介平台广泛传播，微博相关微话题阅读量共计达到2600万次，“全国农村集体家底已基本摸清”成为核心表达。《人民日报》等媒体发出“成效积极”等评价，称清产核资工作让农民手里的“红本本”变成了“红票票”，

① 《农业农村部就第二批全国乡村治理典型案例有关情况举行新闻发布会》，农业农村部网站，http：//www. moa. gov. cn/hd/zbft_ news/depqgxczldxal/。

② 《新闻观察：全国农村集体家底基本摸清》，央视网，http：//news. cctv. com/2020/07/11/ARTIz8qekJuB8PjpINaNXyn8200711. shtml。

这就是实实在在的改革成果。11 月，农业农村部介绍农村承包地确权登记颁证工作进展，“全国农村承包地确权登记颁证超 96%”“15 亿亩土地已经确权到户”“2 亿农户受益”[①] 等数字信息频现新闻标题。舆论用“定心丸”表达对工作成效的肯定，认为农村承包地确权登记颁证确定了对土地承包经营权的物权保护，进一步提升了农村土地的市场变现和流转能力，让土地权利更稳定，让广大农民更受益。

农村宅基地改革向纵深推进，持续强化的顶层设计成为焦点议题。4 月，国务院印发《关于构建更加完善的要素市场化配置体制机制的意见》，其中对“深化农村宅基地制度改革试点”的强调广受关注。7 月，中央深改委第十四次会议审议通过《深化农村宅基地制度改革试点方案》，再次推高话题热度。舆论认为，中央三个月内进行两次部署彰显紧迫性和重要性，改革发令枪已全面打响，农村宅基地改革试点进入全面实施阶段。随后，农业农村部、自然资源部等部门接连明确“农民的宅基地使用权可以依法由城镇户籍的子女继承并办理不动产登记”[②]“允许返乡下乡人员和当地农民合作改建自住房”[③]，共计引发过亿次的微博话题阅读量和数百万次的视频播放量。舆论认为这是“城乡发展的现实利好”，呼吁尽快跟进完善宅基地流通流转相关的配套政策。同时，宅基地改革的试点实践也是关注热点。一年来，各地多举措盘活利用宅基地和农房资源，在乡村民宿、农民养老、农村文创产业等方面取得的积极成效频现互联网。“双十一”电商购物节期间，农村别墅设计施工建设一站式服务备受青睐，定制乡村住宅登上天猫家装排行榜榜首。舆论认为，随着农村宅基地改革的日渐清晰，乡村自建房将为全社会所高度关注，乡村住宅市场前景也将更为广阔。

---

① 《农村承包地确权登记颁证工作基本完成》，微信公众号“微观三农”，2020 年 11 月 3 日。

② 初梓瑞：《7 部门：宅基地使用权可依法由城镇户籍子女继承并办理不动产登记》，人民网，http://house.people.com.cn/n1/2020/1019/c164220-31897823.html。

③ 《农业农村部：开展新一轮农村宅基地制度改革试点》，中国经济网，http://www.ce.cn/cysc/fdc/fc/202009/12/t20200912_35727228.shtml。

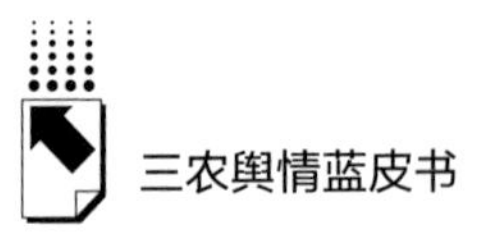

三 启示与展望

2020 年，媒体和网民继续对乡村振兴话题报以高度热情。从乡村振兴相关舆情在各媒体平台的分布情况可以看出，全媒体传播和新媒体技术为乡村振兴成果的多元化展示提供了支撑。随着乡村振兴战略的全面推进和媒体融合的持续深化，乡村振兴话题在新媒体平台中的舆情声量明显放大，话题传播过程中的“四全媒体”特征凸显，集中呈现在以下几方面。

（一）从“全程媒体”角度看，乡村振兴战略实施历程引发全程关注、实时跟进

一年来，新闻媒体深度挖掘乡村振兴更多的价值表达，全景呈现中国农人新风貌和中国乡村新动能，总结性、对比性的报道方式在加深舆论印象、增强舆论认知方面起到促进作用，“我和我的乡村”“乡村宝藏计划”等阅读量过亿次的微话题接连出现。2020 年末，微博“@ 中国三农发布”联合“@ 微博三农”推出十集视频报道《乡村振兴 2020 田园报告》，被舆论称为乡村振兴战略实施“三年回眸”，新闻媒体微博和政务微博就此展开矩阵式传播，引发积极反响。

（二）从“全息媒体”角度看，乡村振兴话题的呈现形态更加立体丰富

在新媒体技术支持下，乡村振兴话题的生产效率和传播效率不断提升，5G + VR、短视频、微动漫、直播等呈现形态更加立体丰富。在新闻客户端，中国农民丰收节期间的“丰收节 720°VR”体验、互动创意 H5 等创新呈现形式广泛吸睛。在微博平台，“@ 央视新闻”对安徽亳州朱集村、四川凉山彝族刺绣展开直播宣传，分别引发 2519 万次和 1163 万次的在线观看量。在短视频平台，特色农产品的直播营销蔚然成风。2020 年，抖音有 22 万场直

播为螺蛳粉带货①，推介云南普洱茶、陕西阎良甜瓜的视频播放量分别达3.1亿次、2.6亿次。②

（三）从“全员媒体”角度看，乡村振兴话题传播呈现跨媒介跨平台联动效应

在全媒体语境下，乡村振兴话题传播呈现跨媒介跨平台联动效应。一年来，各类媒介跨界合作的有益示范大量涌现，引发热烈反响。如，中央电视台联合微博发起新农人推介短视频征集，微话题“乡村有我新农人”阅读量达1.3亿次。微博联合农村一线公职人员和领域大V发起“县场直播”活动，通过34场直播推介近百种农产品，在线观看人次总计近6000万。此外，越来越多的新农人拿起手机“新农具”成为内容创作者，快手上的三农相关短视频日均播放量达6.5亿次③，海量的短视频拼接叠加，以碎片化、个性化的方式建构了一个更多元的乡村振兴成果展示的新路径。

（四）从“全效媒体”角度看，内容反哺乡村新业态趋势显著

移动互联网时代，新媒体平台的信息、服务、社交、学习等全效功能日趋完善，乡村振兴话题传播也一改单向度的信息传递效果，呈现引智引流引资等新成效。在乡村振兴的媒体策划中，不乏与文旅结合、与乡村治理结合的案例，越来越多向乡村延伸的报道内容反哺乡村。新闻媒体、政务微博、农业行业网络大V、新农民自媒体等形成多元传播主体，通过智库咨询、营销推广、科普培训等手段助力乡村新业态催生、发展、转型。

2020年，乡村振兴话题传播呈现内容创新、融合创新、载体创新等鲜明特点，为全社会共同推进乡村振兴营造了良好舆论氛围。随着乡村振兴战

---

① 《2020年抖音有22万场直播为螺蛳粉带货！这届网友到底有多爱吃螺蛳粉?》，搜狐号“新榜”，https：//www.sohu.com/a/446979494_108964。

② 《2020中国市长县长直播带货报告》，华商网，http：//zhiku.hsw.cn/system/2020/0713/2960.shtml。

③ 《〈快手三农生态报告〉发布“直播+短视频”助力乡村振兴》，财经快报，http：//finance.ikanchai.com/2021/0120/404324.shtml。

略的全面推进，各媒介平台还需要继续发挥各自所长，通过视觉文化传播优势，赋能乡村振兴主体、嵌入乡村产业链条、推动乡村治理升级，为乡村价值的激活与提升构建更强劲、更持久的媒体推动力。

参考文献

郁静娴:《乡村产业，等你来》,《人民日报》2020 年 7 月 20 日。

姚雪青:《让农民返乡创业更有底气》,《人民日报》2020 年 10 月 12 日。

李慧:《“小积分”里的乡村治理“大账本”》,《光明日报》2020 年 7 月 29 日。

林远:《要素市场化配置为主线　农村土地改革向纵深推进》,《经济参考报》2020 年 7 月 8 日。

常莹:《参与乡村振兴　媒体以何能作何为》,《中国新闻出版广电报》2020 年 9 月 22 日。

B.4

2020年产业扶贫舆情报告

李婷婷　种微微　李　静*

摘　要：　2020年，我国脱贫攻坚战取得全面胜利，区域性整体贫困得到解决，消除绝对贫困的艰巨任务如期完成。各地贫困县的"脱贫时间表"振奋舆论，巩固脱贫成果受到热议；产业扶贫各地典型示范备受瞩目，贫困地区产业发展面临的新挑战受到关注；消费扶贫、电商扶贫、农产品产销对接反响热烈，脱贫增收长效机制引发思考。"两微一端"等新媒体矩阵助力产业扶贫势头迅猛，大数据、移动视频等新技术为贫困地区直播带货、特色产业发展、人才培育等提供强劲动能。

关键词：　脱贫攻坚　产业扶贫　消费扶贫　电商扶贫　产销对接

2020年，中国脱贫攻坚圆满收官，产业扶贫成效显著。面对抗击新冠肺炎疫情、严重洪涝灾害等艰巨挑战，全党全社会凝心聚力、真抓实干，扶贫产业持续发展壮大，产销对接、消费扶贫、电商扶贫拉动贫困地区农产品销量不断攀升，直播带货、公益助农反响热烈，扶贫新业态、脱贫新气象精彩纷呈。

* 李婷婷，农业农村部信息中心舆情监测处舆情分析师，主要研究方向为涉农网络舆情；种微微，北京农信通科技有限责任公司舆情分析师，主要研究方向为涉农网络舆情；李静，北京农信通科技有限责任公司舆情分析师，主要研究方向为涉农网络舆情。

一　舆情总体概况

据监测，2020 年产业扶贫相关的新闻报道量和社交媒体相关帖文量合计 158.1 万篇（条），较 2019 年增长 1.47 倍。

（一）舆情走势

从舆情走势看，2020 年产业扶贫舆情热度整体居高，3 月以后呈现稳中趋降态势。3 月至 6 月，相关话题多发、高热，推动舆情走势持续居高。其中，战疫助农相关话题受到重点关注。3 月以来，面对新冠肺炎疫情造成的部分地区扶贫产品卖难问题，社会各界持续开展助销活动，直播带货引发线上线下的踊跃参与。6 月，作为疫情防控常态化之后的首个大规模电商购物节，"6·18"的助农增收效应成为新看点。同时，各地产业扶贫典型实践也被高度聚焦。4 月至 5 月，陕西柞水木耳、山西云州黄花的扶贫示范效应成为热点议题，习近平总书记指示强调的"小木耳，大产业""让黄花成为群众脱贫致富的'摇钱草'"引发强烈共鸣。此外，贫困地区"脱贫摘帽"时间表也被舆论广泛关注。3 月至 4 月，全国多个省（区、市）集中宣布当地的贫困县全部脱贫摘帽，相关消息接连登上微博热搜榜；中央对 52 个未摘帽贫困县的挂牌督战也成为关注重点。11 月，全国 832 个贫困县全部实现脱贫摘帽，"全国贫困县清零"振奋舆论，舆情走势因此再度上扬（见图 1）。

（二）传播平台分布

从 2020 年产业扶贫相关舆情在各媒体平台传播情况看，新闻客户端中的舆论声量最大，相关报道 102.72 万篇，占舆情总量的 64.96%；微信 25.31 万篇，占比 16.00%；新闻 18.20 万篇，占比 11.51%；微博 7.29 万条，占比 4.61%；论坛博客帖文 4.62 万篇，占比 2.92%（见图 2）。

从 2019 年和 2020 年各媒体平台舆情分布变化情况看，新闻客户端的舆情量增长速度最快，一年增幅近 2 倍；新闻网站、微信两个平台的舆情量增

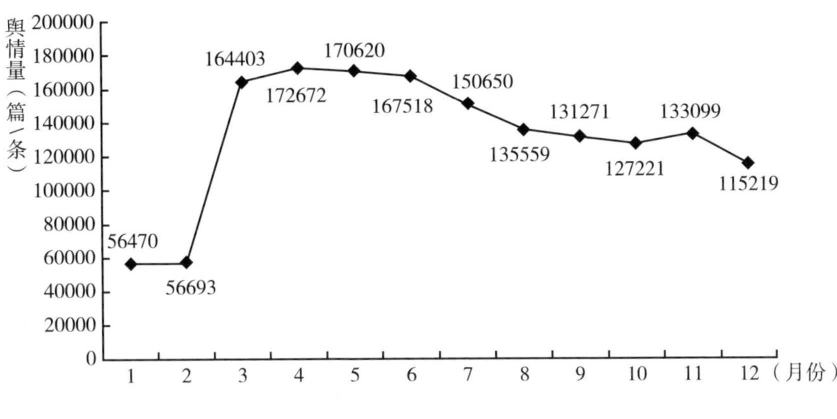

图1　2020年产业扶贫舆情走势

资料来源：农业农村部三农舆情监测管理平台、新浪舆情通。（下同）

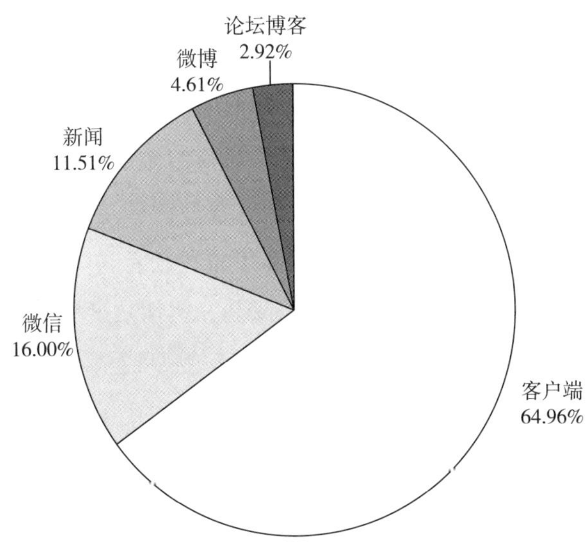

图2　2020年产业扶贫舆情传播平台分布

幅分别居第二位和第三位，分别增长1.18倍和1.15倍；微博平台的舆情量增幅居第四位，增长81.6%；论坛博客平台的舆情量有所下降，降幅为17.1%（见图3）。从这种变化趋势可以看出，新闻媒体继续掌握舆论引导主动权，全年产业扶贫话题主旋律强劲、正能量充沛；“两微一端”新媒体的作用日益突出，为产业扶贫话题传播增添新思路、带来新活力。

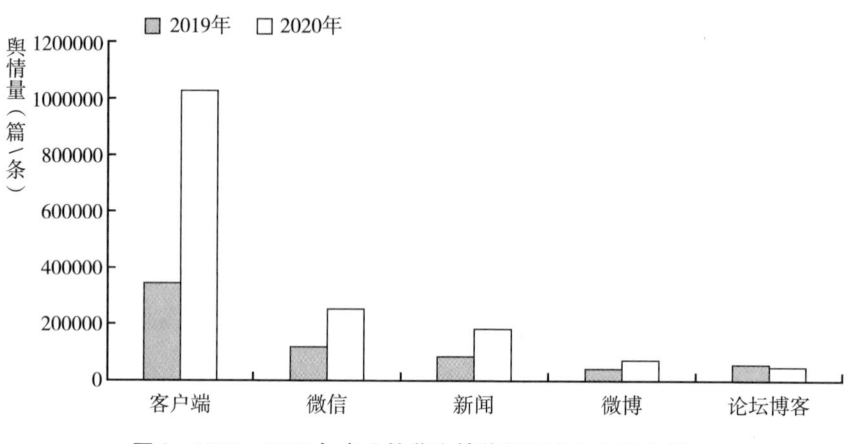

图 3　2019～2020 年产业扶贫舆情传播平台分布变化情况

（三）热点事件排行

从 2020 年产业扶贫热点事件 TOP 30 看，在决战脱贫攻坚过程中，善用互联网思维、加强新媒体运用，为各地打赢脱贫攻坚战营造了浓厚氛围，四川甘孜藏族小伙丁真走红网络事件热度高居年度排行榜首位。收官之年，第七个国家扶贫日脱贫攻坚“最后冲刺”受到聚焦，舆情热度居年度排行榜第 2 位。全国 832 个国家级贫困县全部脱贫摘帽、毛南族实现整族脱贫等消息振奋舆论，相关舆情热度居排行榜第 4、第 5 位。陕西、山西、广西等地特色产业扶贫典型案例也受到舆论高度关注，相关事件热度位居前列。消费扶贫、电商扶贫、农产品产销对接活动也被重点关注，排行榜中相关热点事件共有 7 个（见表 1）。

表 1　2020 年产业扶贫热点事件 TOP 30

排名	热点事件	首发媒体	舆情热度
1	四川甘孜藏族小伙丁真走红网络	抖音“微笑收藏家・波哥”	317816
2	第七个国家扶贫日，决战决胜脱贫攻坚的“最后冲刺”受到聚焦	微信公众号“新华社”	194645

续表

排名	热点事件	首发媒体	舆情热度
3	云南华坪女高校长张桂梅数十年坚守乡村一线，帮助1800多名女孩圆梦大学	中央电视台	51172
4	全国832个国家级贫困县全部脱贫摘帽	中央电视台	15339
5	毛南族实现整族脱贫	微信公众号"广西民宗委"	14620
6	南方多地持续强降雨，各方全力加强农业生产防汛与扶贫产业恢复	《人民日报》	11285
7	中央一号文件：坚决打赢脱贫攻坚战	新华网	9557
8	习近平在陕西柞水县金米村直播平台话脱贫	央视新闻客户端	7702
9	全国消费扶贫月活动销售415.98亿元扶贫产品	新华网	6405
10	习近平出席决战决胜脱贫攻坚座谈会并发表重要讲话	新华网	5832
11	四川"悬崖村"84户贫困户搬家下山	新浪微博"@央视新闻"	5114
12	新疆昭苏女副县长贺娇龙雪地策马为当地旅游代言	抖音"贺县长说昭苏"	3942
13	习近平在山西考察时强调，让黄花成为群众脱贫致富的"摇钱草"	新浪微博"@新华视点"	3001
14	"网红"螺蛳粉成扶贫"香馍馍"	中央电视台	2774
15	多地贫困县村民捐赠农产品驰援武汉	云南河口融媒体中心	2537
16	四川理塘县37岁"白发书记"引发舆论致敬扶贫干部	微信公众号"北青深一度"	1772
17	农业农村部、国务院扶贫办：强抓"三区三州"和52个未摘帽县的产业扶贫工作	农业农村部网站	1441
18	国务院扶贫办印发《关于脱贫攻坚收官之年克服形式主义官僚主义问题的通知》	国务院扶贫开发领导小组办公室网站	1423
19	薇娅等多位"新农人"获颁全国脱贫攻坚奖	新浪微博"@江南融媒"	1398
20	媒体曝光基层"文山会海"现象：有贫困县领导1个月参加71次视频会	《中国纪检监察报》	945
21	"禁野令"下的贫困地区养殖户转产就业问题受关注	新浪微博"@AI财经社"	912
22	国新办举行产业扶贫进展成效新闻发布会	国新网	866
23	国务院扶贫办联合拼多多启动"消费扶贫百县直播行动"	新华网客户端	783
24	全国产业扶贫工作推进会：全国九成以上的贫困村成立了农民专业合作社	新浪微博"@甘肃发布"	771
25	国务院联防联控机制就推进农村疫情防控和脱贫攻坚工作有关情况举行发布会	中国政府网	670
26	农业农村部：做好疫情防控期间贫困地区农产品销售	农业农村部网站	537
27	"消费扶贫"走俏春运列车	中国青年报客户端	502

续表

排名	热点事件	首发媒体	舆情热度
28	消费扶贫“依赖症”受到关注	《半月谈》	439
29	新疆贫困地区农产品产销对接活动(喀什)签约金额达7.75亿元	农业农村部网站	357
30	1000个西北偏远山村首次参与天猫“双11”	北京商报网	221

注：本报告所分析内容主要是2020年舆情。2021年2月25日，国务院扶贫开发领导小组办公室（以下简称“国务院扶贫办”）正式更名为国家乡村振兴局。故此，本报告中涉及该部门名称的，仍使用更名前的名称。

二　热点舆情回顾

（一）全国贫困县“清零”振奋舆论，脱贫摘帽“新起点”成为共识

2020年，我国如期完成了消除绝对贫困的艰巨任务，取得了决定性成就，“脱贫攻坚”当选年度国内热词。[①] 在脱贫攻坚收官之年，未脱贫地区的决战冲刺牵动人心，脱贫保障政策部署的落实落地成为关注重点。3月，习近平总书记在决战决胜脱贫攻坚座谈会上强调“瞄准突出问题和薄弱环节狠抓政策落实”“对52个未摘帽贫困县和1113个贫困村实施挂牌督战”[②]等，被舆论称为“总攻动员令”“攻坚冲锋号”。随后，农业农村部、国务院扶贫办等部门从产业指导、科技支撑、品牌培育、技能培训等方面对上述地区进行重点倾斜和支持。云南、贵州等地纷纷启动“决战决胜脱贫攻坚百日总攻”“冲刺90天打赢歼灭战”，防贫预警网络、救助兜底制度、边缘户台账、防贫保险等一系列举措引发广泛宣传。舆论表示，

① 王志艳：《“民”“脱贫攻坚”“疫”“新冠疫情”当选2020年度字词》，新华网，http://www.xinhuanet.com/local/2020-12/21/c_1210940143.htm。

② 《坚决克服新冠肺炎疫情影响 坚决夺取脱贫攻坚战全面胜利》，《人民日报》2020年3月7日，第1版。

各地各部门较真碰硬"督"、凝心聚力"战"，奏响了强组织、聚合力、重激励、激活力的"四部曲"，筑起了稳脱贫、防返贫、不致贫的牢固"堤坝"。

一年来，各地贫困县的"脱贫时间表"振奋舆论。2月下旬至11月中旬，全国多个省（区、市）相继宣布当地的贫困县全部脱贫摘帽，媒体对此予以持续跟进报道。"脱贫摘帽群已有12个省区市成员""全国15个省区市实现脱贫""17个省区市贫困县全部脱贫摘帽"等反映脱贫动态进展的微话题接连出现，阅读量共计达1.2亿次。贫困地区"彻底拔穷根"获得网民热情鼓励，广西毛南族整族脱贫、四川凉山"悬崖村"集体搬家等脱贫实践引发高热舆情，"越来越好""战贫必胜""一个也不能少"等成为评论区中的高频词句。11月23日，随着贵州宣布"最后9个贫困县脱贫摘帽"[①]，全国832个贫困县全部实现脱贫摘帽。"全国贫困县清零"因此刷屏互联网，相关新浪微话题的阅读量超过3亿次，重大胜利背后的"中国优势""中国精神""中国力量"受到国内外舆论高度评价，"了不起的成绩""历史性的成就""来之不易的胜利"等成为主流表达。

同时，贫困县"清零"之后如何巩固脱贫成果也是热点议题，"清零"后不松劲成为舆论共识。有媒体指出，贫困县"清零"不是休止符，"达标赛"后还有新征程，脱贫摘帽是新奋斗、新生活的起点。有媒体提醒，返贫致贫风险不容忽视，相对贫困问题仍须大力攻坚，各地还须"常回头看""回头帮"，从"清零"开始继续拼，让脱贫群众"站稳脚跟"，脱贫不返贫才是真脱贫。网民也发出了"继续加油，中国"等评论，呼吁政府部门在扶贫产业发展、后续帮扶力度等方面抓实抓牢，用好"战贫"经验，跑好脱贫攻坚与乡村振兴战略衔接的"接力赛"。

---

① 《全部摘帽！贵州宣布最后9个贫困县正式退出贫困县序列》，多彩贵州网，http：//www.gog.cn/zonghe/system/2020/11/23/017777062.shtml。

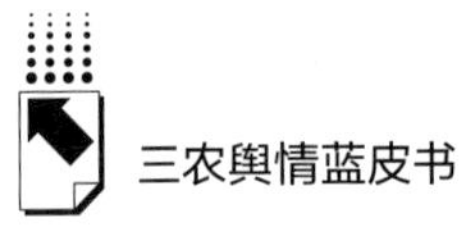

（二）产业扶贫助力脱贫攻坚圆满收官，战疫抗洪新挑战广受关注

产业扶贫是覆盖面最广、带动人口最多、可持续性最强的扶贫举措。[①]在脱贫攻坚圆满收官之际，产业扶贫发挥的关键作用广受肯定。舆论发出了“扶贫扶长远　长远看产业”等评价，对产业扶贫“志智双扶”的显著成效表示认同。

从关注情况看，产业扶贫的典型示范备受瞩目。2020 年 4 月至 5 月，习近平总书记点赞陕西柞水木耳、调研山西云州黄花，“小木耳，大产业”“让黄花成为群众脱贫致富的‘摇钱草’”等指示受到高度聚焦，上述地区脱贫主导产业在品牌打造、电商营销、主体带动等方面的示范效应被重点关注。10 月至 12 月，农业农村部发布全国产业扶贫 100 个脱贫典型、全国产业扶贫十大范例，内蒙古扎赉特旗水稻产业“菜单式”扶贫、河南正阳花生全产业链扶贫、湖北咸丰“唐崖”农产品区域公共品牌等创新实践亮点纷呈，“可学可看可推广”的地方经验引发广泛宣传。同时，各地的扶贫产业合作社、扶贫联合体、农旅结合产业园频现互联网，新产业、新模式带来的产业扶贫新动能引发广泛宣传推介。广西柳州特色网红小吃螺蛳粉成为年产值 60 亿元的新兴产业[②]，其在拉动螺蛳、酸笋、豆角等上游农产品原料生产方面作用显著，柳州螺蛳粉因此获赞扶贫“香饽饽”。有舆论表示，小产品成为大产业，其背后是大扶贫格局下多元力量打出的“组合拳”，各地政府部门还须“思维活起来”“对新业态、新操作因地制宜用起来”，找到新的增长点，让土特产焕发新光彩。还有舆论认为，后小康时代，产业扶贫依然具有重要意义和关键作用，依然需要固基强体、持续发展，扶贫产业持续发展不断壮大、生机勃勃硕果累累之日，就是乡村振兴触目可见、美丽愿景照进现实之时。

---

① 蒋勇：《农业农村部：产业扶贫是带动人口最多、可持续性最强的扶贫举措》，央广网，http：//finance. cnr. cn/txcj/20201217/t20201217_ 525366030. shtml。

② 《一碗螺蛳粉　温暖扶贫路》，微信公众号“广西税务”，2020 年 7 月 3 日。

在2020年这个特殊年份，脱贫攻坚征程遭遇多重考验，贫困地区产业发展面临的新挑战受到关注。2月至5月，新冠肺炎疫情影响下，部分地区扶贫产品滞销、乡村旅游遇冷、贫困劳动力外出务工推迟、特种养殖产业受阻等问题被集中曝出，舆论对贫困户持续增收表示担忧。对此，各地各部门在鼓励带贫龙头企业复工复产、推进产业扶贫项目建设、保障“菜篮子”产销秩序、帮扶特种养殖户转产等方面精准施策，努力化解疫情对产业扶贫的影响。7月，长江中下游地区发生较重洪涝灾情，扶贫产业项目受灾情况受到舆论关切。广西、云南、贵州等地通过实施“一人一策”灾后帮扶政策、发放“一户一业”扶持资金、开展“企业帮村联户”等一系列举措，着力解决因灾致贫返贫问题。总体看，政府部门在非常之年战贫抗疫的非常之举赢得广泛支持。舆论建议及时梳理风险点，加强市场、自然、疫病等方面的风险评估和监测预警，做好防范应对，通过精准帮扶、产业帮扶共克时艰。

（三）消费扶贫、电商扶贫反响热烈，脱贫增收长效机制引发思考

2020年，贫困地区农产品销售动能强劲，消费扶贫全面启动、电商扶贫加快推进、农产品产销对接活动广泛开展，扶贫农产品广受欢迎。一年来，消费扶贫亮点不断，农业农村部等11部门联合启动全国首个消费扶贫月，国务院扶贫办联合各界力量举办“消费扶贫百县直播行动”“520我爱您消费扶贫节”等活动，各地积极试点消费扶贫专馆、消费扶贫智能货柜、“消费扶贫号”列车等，消费助力脱贫攻坚引发热烈反响。新华社等媒体通过“两微一端”纷纷倡议“给消费扶贫拼个单”“为消费扶贫出把力”，“消费扶贫e起来”“广东消费扶贫”“消费扶贫云购新疆好物等”等阅读量超过亿次的微话题接连出现，“买买买”“拼多多”“多多拼”等词频频出现在网民评论中。扶贫消费“购销两旺”成为多地常态。“济南消费扶贫产品展销周销售火爆”“黑龙江尚志消费扶贫月大集开市　扶贫产品一天售空”“山西临汾索驼村扶贫农产品订单接到手软”等情况被广泛报道，“首

届全国消费扶贫月销售扶贫产品415.98亿元”[①] 等亮眼成绩被媒体高调宣传。

同时，电商扶贫积极成效受到肯定。各大电商为52个未摘帽贫困县开设线上特色扶贫专区，并积极参与贫困地区农产品产销全链路数字化建设，农产品大促成为“6·18”“双11”等电商购物节上的新看点，“贫困县38万商家参加”“110万场助农直播”“1000个偏远山村的农产品首次参与”[②] 等数据信息引发积极评价。舆论表示，电商为脱贫攻坚提供“神助攻”，为“造血式”兴农带来新契机。贫困地区农产品产销对接也是报道热点。面对新冠肺炎疫情给扶贫农产品上行带来的负面影响，农业农村部会同有关部门和地方政府，举办多场线上线下的产销对接活动，“疫情期间累计销售贫困地区农产品167亿元”[③] 等积极成效受到广泛关注。

此外，贫困地区农产品上行过程中存在的问题和短板也被关注，建立脱贫增收长效机制引发舆论深度思考。《半月谈》报道了部分贫困地区消费扶贫“依赖症”问题，列举了扶贫农产品跟风种植特色少、价高质次名不副实、过度依赖帮扶单位“包销”、赚头不够运费、中间商钻空子“薅羊毛”等问题，认为这种“照顾式”消费扶贫要尽快退场。《人民日报》关注了部分地区扶贫产业存在的农业生产组织化程度不够、品控和标准化水平不高、仓储和物流不足等问题，认为只有打通堵点，消费扶贫才能“一直火”。新华社等媒体指出，将消费扶贫持续、稳定地进行下去，主要不是靠情怀，而要靠贫困地区产品与服务的品质与特色，优化产品供给、畅通产品流通、增强销售能力，各环节齐头并进、各方面协同发力，才能构建起脱贫增收的长效机制。

---

① 侯雪静：《全国消费扶贫月活动启动以来销售415.98亿元扶贫产品》，新华网，http://www.xinhuanet.com/politics/2020-10/17/c_1126623969.htm。

② 青云：《天猫双11已累计助销1406个县域的41万款农产品》，电商报网，https://www.dsb.cn/131616.html。

③ 吴佳潼：《疫情防控期间累计销售贫困地区农产品167亿元》，中国网，http://news.china.com.cn/txt/2020-12/16/content_77018395.htm。

三　启示与展望

2020年是脱贫攻坚的决胜之年，作为稳定脱贫的根本之策，产业扶贫发挥的关键作用备受期待，舆论关注热情也因此再攀新高。从全年热点看，全社会参与的扶贫大格局聚势成峰，各媒介主体展示了多元化、去中心化的传播新形态，助力产业扶贫舆论声量进一步提升。

（一）新媒体扶贫势头迅猛，广电融媒体展现综艺助农新风尚

从传播平台分布情况看，产业扶贫舆情量在新媒体平台中呈现倍数增长，新闻客户端、微博、微信组成的新媒体矩阵传播量占据了超过八成的话题空间，为扶贫产业发展开拓新渠道、提供新思路，让贫困地区农产品连接上更加广阔的市场。2020年，微信平台中有近2万个扶贫公众号和2600多个扶贫小程序，分别比上年增长了28%和50%①；微博平台中，“微博扶贫助威团”“新媒体助力脱贫攻坚”两个微话题的阅读量分别达23.9亿次和2.3亿次。上述数据一定程度上反映出新媒体扶贫助农的迅猛势头。从具体实践看，中央和地方的新媒体全年开展的公益带货、助农行动、扶贫代言等活动引发流量和销量飙升。人民日报在抖音上设立的“人民优选”消费服务平台、央视新闻客户端的“小朱配琦”②、湖南广播电视台的“芒果扶贫云超市”公益平台等树立标杆，成为新媒体扶贫的积极示范。

同时，“脱贫攻坚奔小康”成为各级广电融媒体传播的重大主题。“扶贫+公益”“扶贫+旅游”等题材的综艺节目呈现娱乐益民的显著效果，为主旋律传递和助农增收带来新启发。湖南卫视真人秀节目《向往的生活》《亲爱的客栈》等，通过沉浸式人文体验，展示乡村新风貌、传递田园慢生活态度，还为取景地的乡村旅游、农产品销售带来可观收益。东方卫视精准

① 张兴旺：《〈2020微信县域乡村数字经济报告〉发布》，中证网，http://www.cs.com.cn/xwzx/hg/202010/t20201016_6102269.html。

② 央视主持人朱广权和网红主播李佳琦合作开展的公益直播带货活动。

扶贫公益纪实节目《我们在行动》，播出四年为23个贫困县带货超过119亿元。此外，各大卫视的热播综艺节目也充分利用节目热度和明星效应，通过公益直播、农产品售卖大比拼等形式助力扶贫。《乘风破浪的姐姐》录制期间，多位节目嘉宾踊跃助力湖南扶贫农产品销售，直播两小时销售额突破100万元。[①]《极限挑战》开播之际，各位节目嘉宾纷纷化身助农主播，直播一小时卖出26.5万件农产品。[②]

（二）新技术扶贫动能强劲，数字化催生脱贫致富内生活力

2020年，大数据、人工智能、云录制、移动视频直播等技术进一步赋能脱贫攻坚，新技术为直播带货、内容分发、人才培育等提供强劲动能，扶贫产业在数字化驱动下彰显出更加充沛的内生活力。

一年来，互联网平台的流量优势被进一步盘活，直播带货被称为扶贫"新姿势"。各地县长和一线扶贫干部"扎堆"直播间，为各地方经济树立了中长期的品牌效应，引发积极舆论反响。电商平台和短视频平台加速乡村产业直播基地建设，农民主播成为脱贫致富生力军。截至2020年9月，淘宝直播中有10万新农人主播，其中每一位主播可以带动10位乡亲就业致富。[③] 同时，互联网平台的算法优势也被充分利用，"算法下乡""信息赋能"助力扶贫产业提质增效。如，拼多多凭借平台传播优势和信息分发技术，为云南怒江州福贡县的草果产业进行品牌定位和推广宣传。精准的内容推送让优质草果进入各大餐饮企业以及各地爱好者的餐桌，高质量的短视频和直播内容生产也激发了更多人的购买、旅游热情。此外，移动互联网应用技术赋能人才培育，云课堂、云辅导、云孵化等成为新常态。2020年，农业农村部联合各界推出"乡村好主播公益大讲堂"、中央电视台农业农村节

---

① 《典型案例：关乎"媒体+精准扶贫"总台这次的融媒体行动"不一般"》，流媒体网，https://lmtw.com/mzw/content/detail/id/194256/keyword_id/-1。

② 侯鑫淼、王晓宇：《从〈向往的生活〉看综艺扶贫新模式》，人民网舆情数据中心，2020年7月31日。

③ 《淘宝新农人主播报告：帮助100万农民就业致富》，中国青年网，http://finance.youth.cn/finance_djgj/202009/t20200922_12504130.htm。

目中心联合近百家县域融媒体推出“乡村互联网营销师孵化计划”，拼多多开启新一轮“10 万新农人培育”计划，懂技术、会经营、善管理、能带富的新农人活跃乡村，为“造血式”扶贫凝聚强大力量。

综上可见，信息化、数字化为产业扶贫注入活力，为巩固拓展脱贫攻坚与乡村振兴有效衔接提供重要抓手。2021 年，各地政府部门还需善用互联网思维，加强新媒体运营，充分利用手机“新农具”，让新技术与信息赋能有机结合，推动产业扶贫向产业振兴提升。

参考文献

顾仲阳、常钦：《更多“头回客”成为“回头客”》，《人民日报》2020 年 12 月 15 日。

李慧、张国圣：《产业强农，让脱贫成色更亮眼》，《光明日报》2020 年 11 月 28 日。

侯雪静：《“数字化活力”为扶贫注入新动能》，《经济参考报》2020 年 4 月 9 日。

郑生竹、陆华东、李雄鹰：《求“包圆”，消费扶贫依赖症》，《半月谈》2020 年第 15 期。

B.5
2020年农产品质量安全舆情报告

张 珊　邹德姣　水荷婷*

摘　要：2020年，全国农业农村部门狠抓农产品质量安全监管，守护了人民群众舌尖上的安全。全年农产品质量安全的舆论关注度较往年明显提高，尤其是国内疫情防控局势好转后，受进口农产品包装和产品被污染的信息频出等因素影响，农产品质量安全舆情量持续居高。各级农业农村部门的创新监管举措、涉新冠肺炎疫情的农产品质量安全话题，以及曝光的农产品质量问题是舆论关注的重点内容。

关键词：农产品质量安全　食用农产品合格证　谣言　三文鱼　海参

2020年，全国农业农村部门对标对表全面建成小康社会目标，全力以赴保供给、攻脱贫、促振兴，主动靠前服务，积极担当作为，狠抓农产品质量安全监管，尤其在抗击新冠肺炎疫情期间，加强疫情防控的同时保持风险监测和执法监管不断档，切实守好农产品质量安全底线，不断提升人民群众的获得感、幸福感、安全感。全年全国未出现系统性、区域性、链条式农产品质量安全问题，农产品质量安全舆论形势整体平稳。

---

* 张珊，农业农村部信息中心舆情监测处舆情分析师，主要研究方向为涉农网络舆情；邹德姣，北京世纪营讯网络科技有限公司舆情分析师，主要研究方向为网络舆情；水荷婷，北京世纪营讯网络科技有限公司舆情分析师，主要研究方向为涉农网络舆情。

一　舆情概况

（一）舆情传播平台分布

2020 年，共监测到农产品质量安全舆情信息 172.4 万条（含转载），同比增长 33%。其中，微博帖文信息 79.9 万条，占舆情总量的 46.30%；新闻信息 37.7 万条，占比 21.86%；客户端信息 34.6 万条，占比 20.09%；论坛帖文 10.2 万条，占比 5.93%；微信信息 10 万条，占比 5.81%；博客帖文 452 条，占比 0.03%（见图 1）。微博、新闻和客户端仍是信息传播的主渠道，舆情量合计占比近九成。但与上年相比，微博占比下降近 10 个百分点，新闻和客户端占比分别增加 4.08 个和 7.08 个百分点。在疫情防控的紧张形势下，民众对于农产品质量安全信息的需求度有所提高，新闻媒体凭借其报道的权威性，客户端依托其聚合新闻的优势，在信息传播中掌握更多话语权。

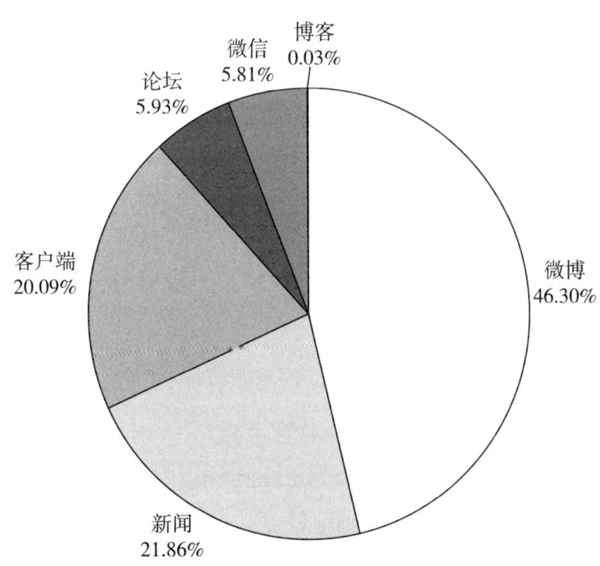

图 1　2020 年农产品质量安全舆情传播渠道

资料来源：农业农村部三农舆情监测管理平台、新浪舆情通。（下同）

（二）舆情走势

从全年舆情走势看，上半年波动明显。6月，因“新发地农产品批发市场三文鱼案板检出新冠病毒”“农业农村部开展2020年农产品质量安全专项整治行动”“农业农村部发布转基因生物安全证书批准清单”等话题吸引舆论聚焦，致当月舆情量达到全年峰值。下半年，舆情走势相对平缓，9月在“广西硫磺八角二氧化硫超原国标16倍”“陕西两岁幼童喝现挤羊奶得‘布病’”“农业农村部农产品质量安全监管司推进农产品质量安全信用体系建设工作”等话题的助推下，舆情量出现第二波峰（见图2）。

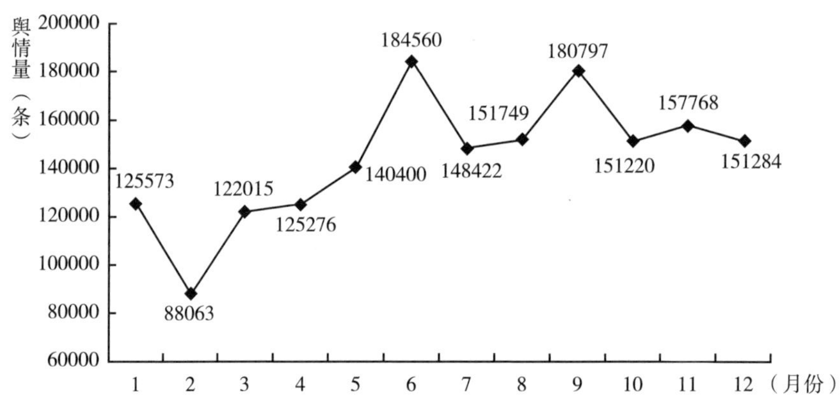

图2　2020年农产品质量安全舆情全网传播走势

（三）舆情热点事件年度排行榜

从2020年农产品质量安全舆情热点事件TOP 30来看，相关部门保障农产品质量安全的监管举措是舆论关注的重点，全年有13个热点话题进入TOP 30榜单；农产品质量安全问题类事件的舆情热度排名比较靠前，TOP 10中占据9个，主要集中在农药兽药滥用、农药残留超标和问题主粮方面。数据也反映出，农产品质量安全关乎每个人的身体健康，时刻牵动着舆论神经（见表1）。

表 1　2020 年农产品质量安全舆情热点事件 TOP 30

排名	热点事件	月份	首发媒体	舆情热度
1	新发地农产品批发市场三文鱼案板检出新冠病毒	6	新京报网	42317
2	山东即墨海参养殖清洗池塘违规使用敌敌畏事件	7	央视财经	14889
3	湖南郴州“大头娃娃”假奶粉事件	5	湖南经视	10229
4	网曝国家储备玉米出现质量问题	7	中储粮集团微博	7105
5	杭州哥老官火锅店检出禁用兽药	12	浙江新闻客户端	3608
6	广西硫磺八角二氧化硫超原国标 16 倍	9	新京报网	2772
7	市场惊现“柴油鱼”	1	快点温州 App 微博	1733
8	日本乳业品牌“雪印”回收 40 万罐婴儿奶	10	央视财经	1613
9	网传吉林一粮库玉米有大量虫眼	8	新京报网	1594
10	农业农村部开展 2020 年农产品质量安全专项整治行动	6	农业农村部网站	1569
11	湖南益阳镉超标大米事件	4	澎湃新闻网	1566
12	农业农村部发布转基因生物安全证书批准清单	6	农业农村部网站	1183
13	农业农村部修订兽药管理规范	5	农业农村部网站	707
14	农业农村部宣布恶意抛售染疫生猪一律顶格处罚	5	中新经纬客户端	612
15	陕西两岁幼童喝现挤羊奶得“布病”	9	《西安晚报》	556
16	全国农产品质量安全强监管推进会议在京召开	1	农业农村部网站	532
17	农业农村部发布《关于疫情防控期间坚决确保农产品质量安全的通知》	2	农业农村部网站	505
18	全面推进农产品合格证制度试行工作	12	农业农村部网站	391
19	厦门一肉联厂向待宰活牛注水	11	福建电视台	296
20	五部门严打农村三无食品等违法行为	11	证券时报网	274
21	西安幼儿园青菜农药残留超标	12	西安资讯帮	221
22	农业农村部农产品质量安全监管司部署推进农产品质量安全信用体系建设工作	9	农业农村部网站	200
23	今年国家产地水产品兽药残留合格率 99. 1%	12	农业农村部网站	193
24	2020 年上半年全国养殖水产品质量安全情况	8	农业农村部网站	185
25	云南普洱茶滥用农药现象	3	澎湃新闻网	180
26	网传“大连等地海产品致人甲肝”	3	上观新闻网	139
27	农业农村部印发《2020 年农产品质量安全监管工作要点》	2	农业农村部网站	137
28	镉大米流入广东国家粮库案一审判决	10	财新网公众号	135
29	网传小葱用纸巾擦掉色或为染色葱	11	抖音 App	133
30	农业农村部通报 2019 年畜禽及蜂产品兽药残留检测结果	4	农业农村部网站	82

二　舆情特点分析

（一）农产品质量安全舆论关注度持续升高

从全年的数据来看，农产品质量安全信息总量超170万条，显著高于上年的129万条。从单月看，除了2月，其他月份数据均不低于12万条，6月和9月均超过18万条。政府部门监管措施、涉新冠肺炎疫情农产品质量安全话题、种植养殖领域的违规用药问题等都是舆论关注的热点。其中，疫情背景下的农产品质量安全谣言和传言，以及国内外被病毒污染的农产品信息传播量大，部分话题还登上新闻和微博热搜榜，引发高度聚焦。

（二）农产品质量安全“强监管”态势提振舆论信心

从年初的全国农产品质量安全强监管推进会议开始，全国各级农业农村部门都把“强监管”摆在了突出位置。“强化监管”“严把质量关”“加强‘菜篮子’质量监测监管”“坚决确保农产品质量安全”“坚决守住农安底线”等信息交织，合力奏响全国各地各级农安监管的“最强音”。陕西以“强监管”为核心，围绕生产标准、安全追溯、监测抽检、监管执法、品牌培育、共建共治等六大提升任务，从技术、监管、执法等多个环节发力，形成农产品质量安全的闭环管控。宁夏从政策引领、能力提升等四方面举措强化全程监管，推进优质农产品高质量发展。舆论称赞“强监管”为“十四五”开局夯实基础。

（三）新型监管制度探索与创新成舆论关注新热点

2020年，农业农村部在全国推行食用农产品合格证制度，各地在推动政策落实过程中积极出台激励措施、创新举措，被媒体广泛传播。舆论称合格证是农产品质量的新名片，农产品“持证上岗”确保“来源可溯”“去向可追”，保障了“餐桌安全”。继合格证之后，农产品质量安全信用体系作

为监管的创新手段也被舆论关注。浙江、山东等省制定了生产主体的信用等级评价方案，还有一些地区将信用监管与合格证制度、“三品一标”认证、追溯体系等衔接融合，实现了“一张网”管理，受到舆论认可。

（四）农产品质量安全谣言与科普信息交织推高话题热度

综观全年，农产品质量安全谣言所涉话题较多，内容繁复，花样百出。尤其是新冠肺炎疫情期间，湖北农产品带“毒”、“华南海鲜市场供货商忏悔书”等谣言甚嚣尘上。6 月新发地农产品批发市场进口三文鱼案板检测到新冠病毒，一时间“三文鱼传染新冠病毒”“三文鱼携带新冠病毒”“吃三文鱼可能感染新冠”等消息层出不穷，进口三文鱼食用安全状况受到质疑，全国多地下架三文鱼成为全民热议话题，“北京主要商超已连夜全部下架三文鱼”等微博相关微话题阅读总量超 2.4 亿次，国内三文鱼产业链也受到影响。谣言之后的“真相解读”也纷纷快速跟进，利用多渠道传播，形成宣传矩阵，尽可能回应舆论关切，减轻谣言等对产业的不利影响。年末，农业农村部遴选发布的 2020 年农产品质量安全十大谣言被大量转载传播。舆论表示，网络谣言被逐个击破，呼吁大众别再上当了。

三　热点舆情分析

（一）多措并举构建农产品质量安全“防护网”　确保群众“舌尖”享安全

2020 年，是全面建成小康社会收官之年，也是新冠肺炎疫情防控形势严峻之年，做好农产品质量安全工作的意义不言而喻。农业农村部多次召开会议，研究部署农产品质量安全整治提升工作，强调用“四个最严”聚焦问题，筑牢食品安全防线。新年伊始，农业农村部就召开了全国农产品质量安全强监管推进会议，并为落实好会议精神发布了全年农产品质量安全工作要点。新冠肺炎疫情期间，农业农村部专门发布了确保农产品质量安全的通知，全面部署疫情防控期间农产品质量安全工作；组织专家编写并发布农产品生产经营者质量安全操作指南，指导基层农安工作。此外，农业农村部还接连部署了国家产地水产品兽药残留监控计划、农资打假“春雷”行动、农产品质量安全专项整治“利剑”行动以及联合市场监管总局、公安部等多部门的农村假冒伪劣食品专项执法行动等一系列工作，针对农产品质量安全的痛点整顿提出具体要求。

在密集政策的“防护”下，农产品质量安全状况进一步向好。“全国养殖水产品质量安全保持较高水平①”“2020 年农产品例行监测合格率同比升 0.4 个百分点②”“生鲜乳和乳制品违禁添加物已多年未检出③”等消息被各大媒体和自媒体传播。舆论认为，这些举措保障了人民群众由“吃得饱”转向了“吃得好”，守住了“舌尖”上的安全。另外，农业农村部在 7 月底公布了上半年农资执法十大典型案例，查办假冒伪劣农资案 1.27 万件。④舆论表示，严肃查处坑农害农现象，净化了农资市场，保障了春耕安全。

（二）农产品质量安全监管工作转型升级受瞩目 信用监管成趋势

食用农产品合格证制度自 2019 年 12 月开始试行以来，北京、山东、江西、云南等省市启动试行制度，结合实际细化落实，取得积极成效。据媒体报道，在全国近 2800 个试点涉农县，农业生产主体覆盖率达 35%，开具农产品合格证 2.2 亿张，带证销售农产品 4670.5 万吨。⑤ 一些地方特色的创新模式备受媒体关注。上海把农产品的合格证与追溯体系、检测结合，更好地发挥监管效能；福建实行合格证信息化管理，将农产品合格证与追溯凭

---

① 《2020 年国家产地水产品兽药残留监测合格率为 99.1%》，中国政府网，http://www.gov.cn/xinwen/2020-12/26/content_5573509.htm。

② 《2020 年农产品质量安全例行监测合格率达 97.8%》，农业农村部网站，http://www.jgs.moa.gov.cn/jyjc/202101/t20210115_6359964.htm。

③ 《我国生鲜乳和乳制品抽检合格率稳定保持在 99% 以上》，中国食品安全网，https://www.cfsn.cn/front/web/site.bwnewshow?newsid=6824。

④ 《农业农村部公布 2020 年上半年农资执法 10 大典型案例》，农业农村部网站，http://www.moa.gov.cn/xw/zwdt/202007/t20200731_6349712.htm。

⑤ 《全国已开具 2.2 亿张食用农产品合格证》，第一财经网，https://www.yicai.com/brief/100874425.html。

证“两证”合一；四川将食用农产品合格证和追溯工作纳入市州食品安全党政同责考核，并实行定期调度和排名通报制度；江苏常熟市将追溯二维码与合格证结合，创新推出“证码合一”，将其融入当地智慧三农大数据平台，实现动态监管，获省农业农村厅高度肯定并在全省推广学习。舆论表示，推行合格证促进了中央一直在强调的农产品产地与市场的衔接，有必要大力推进，同时提醒相关部门要监管合格证的真假。[①] 一些地区对具体品类农产品的体系化追溯管理工作受到舆论认可，如重庆对家禽屠宰产品实施“两证一标”可追溯管理，青海10县开展牦牛藏羊原产地可追溯工程试点建设，四川成都打造生猪智慧动监系统，山东滨州韭菜试点推行二维码追溯捆扎带，江西赣州建设推广“赣南脐橙品质品牌溯源系统”，云南普洱上线普洱茶品质区块链追溯平台。舆论表示，各地的追溯体系建立食品安全诚信体系，打造出农产品质量安全生态圈，为农产品安全保驾护航。

信用监管方式是未来发展的新趋势已成为舆论共识。广东明确，逐步将农业主体的信用档案纳入省级农产品质量安全追溯平台。浙江出台食用农产品生产主体信用综合监管实施办法，在全省优选了2.2万家主体开展信用评价，将评信结果与追溯、合格证串联。山东制定了农产品质量安全信用管理办法，确定市场主体的信用等级，并建立“守信红名单”和“失信黑名单”。安徽黄山市出台了农产品质量安全信用承诺制度。河南郑州市将合格证制度执行情况纳入农产品质量安全监管对象信用档案管理。舆论表示，信用监管让农产品质量安全更可信赖。此外，媒体还对吉林启动鲜食玉米品牌建设、上海生猪养殖建立绿色生产全流程规范、山东聊城推行农业首席质量官制度、湖北组建农产品质量安全专家委员会等特色监管制度予以关注。舆论认为，这些创新监管举措在一定程度上给同行业带来了提振作用，具有示范意义。

① 《功夫更在“纸”外》，《经济日报》2020年12月11日，第7版。

（三）种植养殖违规用药等话题引聚焦　储备主粮质量问题屡被曝光

2020 年 3 月中旬，云南省勐海县茶农滥用农药现象被曝光，引发舆论关注。当地管理部门快速反应，“勐海发文加强农药使用管理，要求茶园果园做到适度用药”等整改措施被广泛传播。舆论表示，当地对普洱茶这一地理名称标识缺乏品牌管护，农户和商家为了逐利导致假茶、“药茶”泛滥，削减了真普洱茶的市场利润，损害了名声，建议普洱茶全链条通力合作，找回自救良方。7 月中旬，央视曝光山东即墨海参养殖基地清洗池塘使用敌敌畏等违规情况引发舆论高度关注。农业农村部下发紧急通知，加强海参养殖用药监管并派出工作组，山东各级部门相继介入，对海参养殖用药等情况逐一排查。事件初期，舆论将关注点指向了监管，有舆论认为，事件说明兽药、农药监管存在漏洞。还有舆论表示，目前水产养殖用药监管普遍处于宽松状态，养殖和消费两个环节监管出现空白，希望养殖和消费端共建一条完善严密的监管链条。相关规定应进一步完善界定药物清塘行为。7 月 22 日，山东官方的调查结论称，已排查海参养殖业户 2150 家①，暂未发现在养殖过程中违法违规使用投入品问题，抽检海参样品均未检出敌敌畏。专家表示，调查结果说明海参养殖模式总体健康。② 很多海参养殖户纷纷喊冤称，不会傻到用敌敌畏来喂养海参。网民表示，虽然海参事件反转了，但对海参行业的伤害已经弥补不回来了。9 月，广西硫磺熏制八角导致二氧化硫残留量超原国标 16 倍的消息登上微博热搜。舆论指出，“硫磺熏两晚，成本降一半”让硫磺八角长期存在，演绎了一场劣币驱逐良币的戏码，呼吁建立相应标准，实行市场抽检，从源头上打造一个安全健康的八角市场，让民众重获“舌尖上的安全”。网民认为，调料、炒货等都是硫磺熏蒸重灾

---

① 《山东聚焦“舌尖上的信任”持续开展海参养殖全域整治》，闪电新闻，https：//sd. iqilu. com/v7/articlePc/detail/6979133。

② 《山东抽检海参样品均未检出敌敌畏，调查组专家：说明养殖模式总体健康》，界面新闻网，https：//www. jiemian. com/article/4716320. html。

区，有害成分主要是硫磺带来的重金属，超市等渠道的安全性好得多。

主粮质量安全话题屡被关注。2020 年 4 月，湖南益阳被曝发现镉超标大米，益阳市对 7 家涉事企业立案调查，舆论呼吁追查和治理必须追根溯源。7 月，网曝中储粮黑龙江肇东市青冈荣昌收储点拍卖的一次性储备玉米存在质量问题，有水泡粮并掺杂大量筛下物。对此，中储粮回应称，情况属实，将严肃处理责任人。舆论直言，国有粮库储备粮的质量和数量安全容不得一丝马虎。8 月，中储粮吉林大安一粮库竞拍玉米被曝存在虫眼问题。舆论指出，中储粮是国家大型粮食储备企业，其首要任务是储备数量充足和优质的粮食，但仍然发生玉米被虫蛀的现象，不能不令人深思。

（四）农产品质量安全谣言花样百出成顽疾　民众信息认知水平需提升

新冠肺炎疫情发生以来，有关食用农产品的谣言层出不穷，主要有以下三类：一是农产品沾染病毒，如“淡水鱼能传播新冠肺炎”“湖北农产品传染新冠病毒”等，谣言加剧了湖北等地农产品滞销困境。为此，中国疾病预防控制中心、中国工程院相关专家①和权威机构纷纷辟谣称，农产品附着病毒概率很小，通过严格品控，果蔬是安全的。舆论呼吁相关部门，盯紧舆情动向，将舆情科普的准备工作前移。二是声称某些农产品可以预防或治疗新冠，如网传“吃大蒜和洋葱能预防感染新冠病毒”，世卫组织辟谣称，食用大蒜没有保护人们免受新冠病毒感染的作用。② 三是老谣言换包装，旧谣“速生鸡”被写成“钟南山哭了！必须严查鸡肉!”“让钟院士哭泣的速生鸡”等。传播甚广的《华南海鲜市场供货商的忏悔书！曝光巨大黑幕!》也被证实老谣言借疫情话题翻新炒作。疫情突发初期，由于对疾病的可靠信息知之甚少，叠加恐惧的心理因素，民众对于可能造成疾病传播的方式风声鹤

① 《农产品是否有附着新冠肺炎病毒的可能？专家：几率很低》，人民网，http：//health.people.com.cn/n1/2020/0209/c14739－31578336.html。

② 《网传吃大蒜不易感染新冠肺炎，世卫组织：无相关证据》，荆楚网，http：//news.cnhubei.com/content/2020－02/10/content_ 12713694.html。

嗅，这其中就包括农产品成为病毒的传播介质。面对大型公共卫生事件，相关部门应当建立起对有关农产品质量安全的信息应急预案，加强前期科普力度，将对产业伤害最小化。

此外，“99%的樱桃都用膨大剂”“市面上98%的黄瓜都是用了药的”“催熟西瓜、瓜蒂突起就是用药了”“墨绿色的菠菜是由于施肥过量”“皮红肉青的番茄是打药所致”等谣言也纷纷登上2020年农产品质量安全“十大谣言、流言”榜。“我们吃的是‘假大米’”“生乳标准低奶味变淡”“大连等地海产品致人甲肝”“香椿致癌”等谣言、传言也被广泛传播。相关部门和机构均以事实、数据为依据，对这些谣言和传言做出有力回击。上述谣言存在生存空间，一定程度上说明当前民众对于农产品质量的问题还处于“谈药色变”的阶段，有关部门应该有规划地开展相关知识的科普工作，使民众建立起基础的科学认知。

（五）境外农产品质量安全问题不断　进口农产品被新冠病毒污染引忧虑

2020年国外乳产品、蔬菜、水产品等被曝存在质量问题，引发关注。10月，日本乳业巨头“雪印”子公司婴幼儿液态奶因质量问题回收40万罐引发舆论聚焦。据媒体报道，液态奶或混入金属罐外包装的小碎片，婴幼儿食用可能存在安全隐患。问题奶可能流入中国是媒体报道的一个着眼点，雪印此前将过期牛奶加入原料致大批奶制品被细菌污染、被香港通报含有致癌物环氧丙醇等质量问题再被媒体提及。有舆论表示，昔日的日本乳业巨头已经跌落神坛。网民对国产牛奶质量表示肯定，称“现在国产奶粉的品控比很多国家都要高”。也有网民肯定日本召回机制，认为“国内企业根本没有回收的概念”。10月至11月，德国喜宝奶粉被曝检出L－肉碱含量超标和添加香兰素，媒体指出，德国喜宝进入中国市场9年间频频登上“质量黑榜”。另外，韩国屡次在本国的菠菜、芹菜等农产品中检出农药残留超标，欧盟通报葡萄牙、西班牙等国向外出口的冷冻墨鱼、鱿鱼检测出重金属镉等消息也被媒体关注。

国外新冠肺炎疫情形势严峻，我国进口水产品、畜禽产品、车厘子等屡次被通报检出新冠病毒，引发民众对“进口农产品到底能不能吃”的安全忧虑。高热话题“新发地三文鱼案板检出新冠病毒”居农安热点话题首位。因进口三文鱼遭污染，全国各地商超纷纷下架三文鱼产品，有舆论认为“三文鱼”有背锅之嫌，进口海产品商户损失惨重，行业损失预计达上亿美元。继三文鱼之后，多地进口车厘子也被检出新冠病毒，微博微话题“进口的车厘子还能吃吗”阅读量快速飙升至 1.9 亿次。此后，又有冻虾、刀鱼、鸡翅、牛肉等多种类进口产品相继被检出新冠病毒，让不少人对进口食品“望而生畏”，纷纷表示，非常时期慎吃或不吃进口食品。与此同时，有关部门加强了生鲜冷链产品的新冠病毒风险监测，海关总署网站频繁发布相关涉疫农产品“暂停进口”的通知，各地严抓冷链食品监管，纷纷推出追溯平台。专家表示，消费者经过疫情的洗礼后，消费更加理性，对品质也有更高的要求。[①]

四　启示与展望

（一）警惕粮食、生猪等重点领域质量安全风险

“猪粮安天下”，保障猪肉和粮食安全历来是三农工作的重点任务。新冠肺炎疫情和非洲猪瘟疫情加剧了全球粮食不安全状况，在此背景下，保障国内猪肉和粮食安全成为重中之重。国有粮库所储备的玉米存在虫眼和筛下物、镉大米流入广东国家粮库、贵州四川安徽等地检出多批“问题大米”、冷鲜肉竟检出非洲猪瘟阳性等质量问题被曝光，引发舆论担忧。未来猪肉、粮食领域的舆情风险应做到提早排查和预警。

（二）抓好科普工作，提升公众科学认知水平

农产品质量安全领域向来是网络谣言的高发地带，自媒体发展迅速，加

① 《品质需求提升，“舌尖安全”该如何发力?》，新华网，http：//www. xinhuanet. com/politics/2020 - 11/24/c_ 1126777457. htm。

之突发新冠肺炎疫情这一重大公共卫生事件，2020 年农安网络谣言呈现传播速度快、范围广、危害大的特点。同时，也说明大家对于信息真伪的鉴别能力较弱，公众的科学素养还有待提升。所以，相关部门和机构还需进一步提高谣言治理能力，不但要用公众理解的语言普及专业知识，同时也要提升公众鉴别谣言的思维能力，做好农产品质量安全风险防控工作。对于已有谣言，协调各方力量联动打击，避免谣言传播范围扩大。

（三）强化舆情监测和舆论引导，注重风险防范

种植、养殖领域的农兽药残留超标问题是农产品质量安全常态化的舆情风险，日常做好舆情监测尤为重要。另外，舆情发生后的舆论引导工作也必不可少。2020 年媒体曝光的山东即墨海参养殖基地用敌敌畏清洗池塘的问题，经媒体传播后变成了“海参养殖被曝使用敌敌畏”“敌敌畏海参”等模糊的表述，容易引发误解，加重养殖户的经济损失。对此，应该及时利用多种手段发布权威信息，积极纠偏，正确引导舆论走向。

（四）关注进口农产品质量安全及其舆情潜在风险

国外新冠肺炎疫情形势严峻，公众对进口农产品的安全问题十分关心，为此，我国在 2020 年 12 月上线了全国进口冷链食品追溯平台，能够对 90% 以上进口冷链食品追溯，各地也纷纷推出“浙冷链”“湘冷链”“川冷链”等平台加强对进口产品的监管。在疫情常态化的未来，职能部门仍需提高警惕，加强对进口农产品的监管，防止其成为局部疫情及舆情爆点，进而传导影响国内农产品市场。

B.6
2020年农业农村信息化舆情报告

张 珊 刘 佳*

摘 要： 2020年农业农村信息化舆情量较上年增长1.2倍。全年舆情走势整体呈现迅猛攀升后持续居高态势，电商助销农产品是影响舆情走高的重要因素。在抗击新冠肺炎疫情的特殊年份，信息化在农村疫情防控和农业保供给促生产中发挥的关键作用获得舆论积极评价。从热点舆情看，智能化农业生产成为常热话题，农产品“直播带货”模式受到聚焦，“为湖北拼单”引发“吃”援热潮，数字乡村建设广受肯定，农产品产销全链路数字化引发期待。当前，新基建成为我国改革发展的新引擎，打造数字化农业是农业“新基建”的重要内容，需抢抓数字化机遇，夯实三农压舱石。

关键词： 农业农村信息化 数字乡村 直播带货 农村电商 新基建

近年来，在政策推动、技术驱动、需求拉动等多方面作用下，我国农业农村信息化加快发展，全社会关注度也持续高涨。2020 年，农业农村信息化的政策支持进一步强化。农业农村部对数字农业农村发展做出规划部署，并有效开展了“互联网 +”农产品出村进城、信息进村入户、全国农民手机应用技能培训等一系列工作，受到舆论广泛肯定。此外，在抗击突发新冠

---

* 张珊，农业农村部信息中心舆情监测处舆情分析师，主要研究方向为涉农网络舆情；刘佳，北京农信通科技有限责任公司舆情分析师，主要研究方向为涉农网络舆情。

肺炎疫情的特殊年份，信息化在农村疫情防控和农业保供给促生产中发挥的关键作用也获得舆论积极评价，益农信息社、12316 平台、“中国农技推广”平台等频频出现在媒体报道中。各地乡村“云上生产”“网上销售”“线上生活”亮点纷呈，持续吸引舆论关注。中央电视台等媒体称，数字技术激发乡村经济新潜能，我国乡村加速跨入互联网时代。

一　舆情概况

据监测，2020 年农业农村信息化相关舆情总量达 100.1 万篇（条），较 2019 年增长 1.2 倍，较 2018 年增长 4.7 倍。

（一）舆情走势

从舆情走势看，2020 年农业农村信息化舆情整体呈现迅猛攀升后持续居高态势。电商助销农产品是影响舆情走高的重要因素，“战疫助农”、直播带货等相关话题成为主要“助燃剂”，“6·18”电商购物节、中国农民丰收节、“双 11”电商购物节等盛大节庆活动也成为舆情波动的关键时间节点。具体看，3～4 月，舆情量持续大幅增加。其间，社会各界积极助力农业产业复工复产，形式多样的电商助销卖难农产品活动效果显著，“食”力战疫、为“鄂”下单等成为网络热词。4 月，习近平总书记在陕西考察点赞推介柞水木耳，各地县长“扎堆”直播带货等积极气象也有力助推了舆论关注度攀升。5～12 月，舆情走势持续居于高位，“直播带货”成为常热话题。“6·18”电商购物节中的“农产品大促”、中国农民丰收节期间的“金秋消费季活动”，推动当月舆情热度不断升温；“双 11”期间的电商购物节、第十八届中国国际农产品交易会期间数字乡村发展论坛等推动 11 月舆情热度攀至全年最高点（见图 1）。

（二）传播平台分布

从 2020 年农业农村信息化相关舆情在各媒体平台传播情况看，新闻客

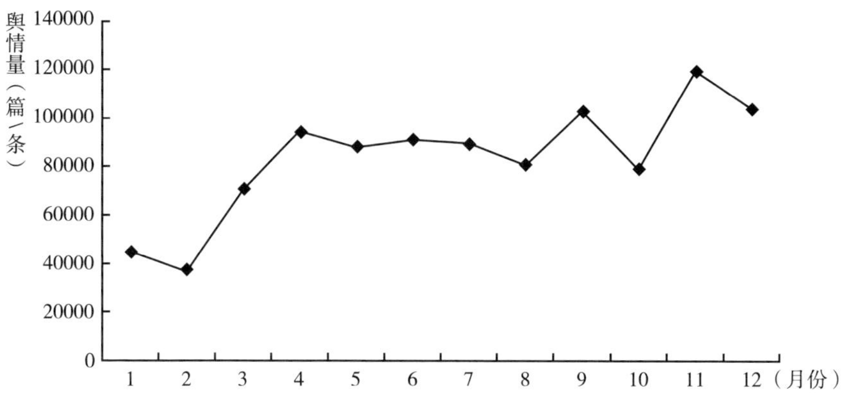

图1　2020年农业农村信息化舆情走势

资料来源：农业农村部三农舆情监测管理平台、新浪舆情通。（下同）

户端中的舆论声量最大，相关报道57.5万篇，占舆情总量的57.4%；微信17.3万篇，占比17.3%；论坛博客帖文11.0万篇，占比11.0%；新闻7.2万篇，占比7.2%；微博7.1万条，占比7.1%（见图2）。

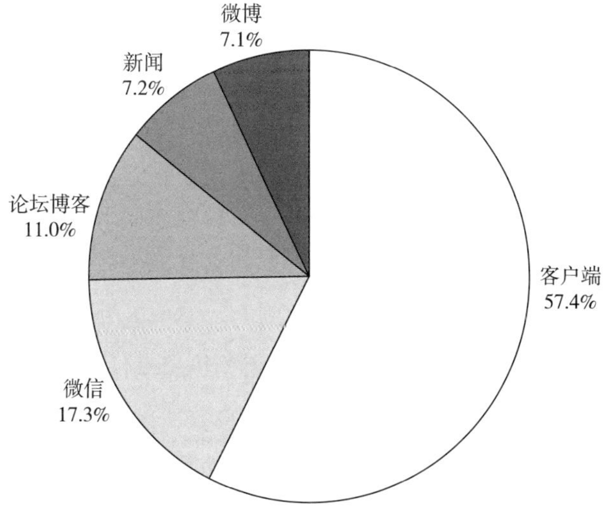

图2　2020年农业农村信息化舆情传播平台分布

从2018年至2020年各媒体平台舆情分布变化情况看，新闻客户端舆情量增长速度最快，两年增幅近43倍；新闻网站、微信两个平台的舆情量增幅分别居第二位和第三位，分别增长6倍和2倍（见图3）。这种变化趋势表明，近几年农业农村信息化舆情呈现移动传播、融合传播特征。新闻客户端以其时效性强、内容聚合度高、便于碎片化阅读的新媒体特性，受众群体迅速扩大。

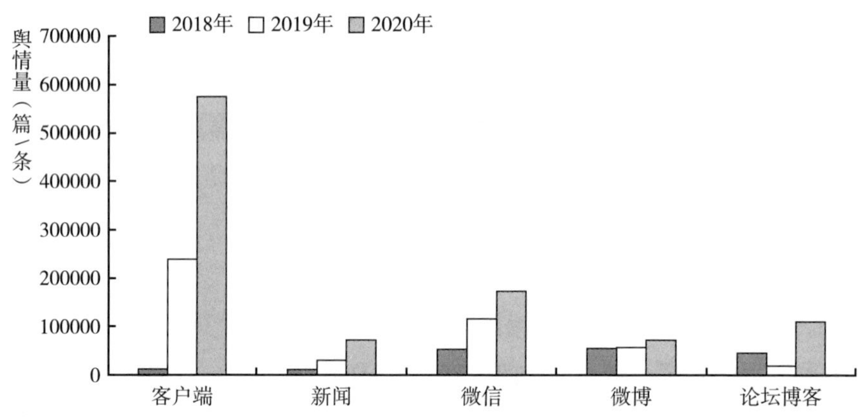

图3　2018～2020年农业农村信息化舆情传播平台分布变化情况

（三）热点事件排行

从2020年农业农村信息化热点事件TOP 30看，受新冠肺炎疫情影响，人际接触受限的背景下，信息化在农业生产经营和乡村治理等环节的重要作用不断凸显，信息化助力农村战“疫”春耕两不误、全民下单助销湖北农产品，这两个热点事件居于年度排行前2位。农村电商特别是“直播带货”在农副产品销售中的积极作用受到聚焦，相关热点事件共有9个，其中4个居于年度排行前6位。各地探索出种植、养殖数字化的有益示范受到集中关注，共有10个相关热点事件进入排行榜。此外，“互联网+”农产品出村进城、数字农业农村相关的部署举措也被关注，相关热点事件共有4个。由此可以看出，农业农村信息化建设的政策布局全面铺开，各地的试点实践百花齐放，成为吸引舆论注意力的新亮点（见表1）。

表1　2020 年农业农村信息化热点事件 TOP 30

排名	热点事件	首发媒体	舆情热度
1	信息化助力农村战“疫”春耕两不误	长江云客户端	44241
2	全民“为鄂下单”,助力湖北农产品销售	新浪微博“@央视新闻”	42818
3	“双11”数字乡村人气旺	新浪微博“微博县域”	10433
4	习近平在直播台前点赞柞水木耳,强调电商在农副产品销售方面大有可为	央视新闻客户端	7702
5	中国农民丰收节“金秋消费季”直播带货反响热烈	新浪微博“@央视新闻”	6007
6	农产品电商促销成“6·18”新看点	中国经济网	5980
7	浙江农民夫妇“曳步舞”短视频吸引百万粉丝	抖音	4529
8	农业农村部公布“互联网+”农产品出村进城工程试点县名单	农业农村部网站	3159
9	首批国家数字乡村试点地区名单公布	中国网信网	2859
10	全国新农民新业态创业创新大会展示农村“双创”最新成果	新浪微博“溧水发布”	2624
11	2020 世界数字农业大会在广州举行	新浪微博“@南方农村报”	2654
12	舆论关注黑龙江北大荒“科技范儿”秋收	秒拍“一手 Video”	1868
13	陕西80岁奶奶直播卖杏成“网红”	抖音	1642
14	中央网信办等四部门印发《2020 年数字乡村发展工作要点》	微信公众号“网信中国”	1530
15	多多农研科技大赛:农业“人机”对战种草莓	多多农研科技大赛官网	1399
16	农业农村部、中央网信办印发《数字农业农村发展规划(2019~2025 年)》	农业农村部网站	1341
17	农业农村部举办全国农产品产销对接视频活动	中国农村网	1319
18	2020 数字乡村发展论坛在重庆举办	新华财经客户端	1301
19	黑龙江试点全球首个万亩级无人化农场	新浪网	1070
20	媒体曝光“云养牛”App 骗局	澎湃新闻网	651
21	谭家湾云上农业试验场亮相世界互联网大会	新浪微博“@浙江之声”	454
22	福建上杭建成全国最大贵妃鸡数字化养殖基地	新浪微博“@福建新闻广播 fm1036”	373
23	上海首家“盒马村”扎根翠冠梨数字农业基地	科技快报网	345
24	部分农村地区“蹭网上课”现象引关注	秒拍“一手 Video”	316
25	淘宝新农人主播报告:10 万新农人主播带动 100 万农民就业致富	中国青年网	279
26	四川凉山借力大数据打造“5G 苹果”	《四川日报》	265

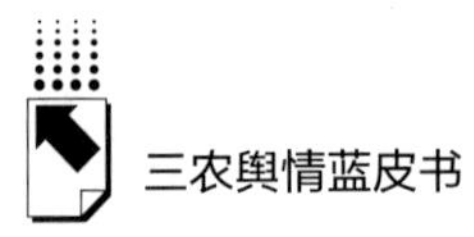

续表

排名	热点事件	首发媒体	舆情热度
27	全国首笔农地流转合同在江苏射阳“云签约”	微信公众号“江苏省农业农村厅”	198
28	广东倡议农产品直播“八要八不要”	微信公众号“广东农业农村”	184
29	阿里巴巴西北首家村播基地落户陕西武功	今日头条号“右手文章”	171
30	安徽水稻电子地图为优质粮产销“导航”	新华网	122

二　热点舆情回顾

（一）数字乡村建设步伐加快，信息化打通农村防疫“最后一公里”

2020 年，数字乡村建设步伐加快。1 月，农业农村部、中央网信办共同印发《数字农业农村发展规划（2019～2025 年）》，被舆论称为擘画乡村发展的“新蓝图”。9 月，中央网信办、农业农村部、国家发改委等七部门发布国家数字乡村试点地区名单，再次成为关注热点。各试点地区在社交媒体中大量传播，网民纷纷祝贺自己家乡上榜，为乡村建设的“智慧力量”点赞。同时，广东、陕西、河北等省相继发布实施方案、行动计划等，对当地数字乡村建设量体裁衣、精准施策。各地数字乡村建设在乡村治理、产业提升、乡村运营、生态建设等方面积极探索，上海、浙江、江西、湖南等地的“农用地信息综合管理平台”“智慧乡村信息平台”“村级垃圾分类信息化监管平台”“乡村智慧旅游基础服务系统”等典型示范引发汇总报道。《人民日报》等媒体感慨“数字乡村未来可期”，称有“智”又有“质”的乡村生活更加美好。

在农村防控新冠肺炎疫情过程中，信息化展示出的“硬核”实力广泛吸引舆论目光。各地的益农信息社、12316 平台多措并举，宣传政策、发布动态、科普知识、辟谣传言、组建志愿者团队等，在农村疫情防控中的重要作用受到肯定。舆论发出了“病毒无情人有情，农村防控有益农”“12316

助力疫情防控春耕生产两不误”等评价。各地还充分利用当地已有的村级微信公众号、微信群、QQ 群等方式推送防护信息，在抖音、快手等平台发布具有地方特色的防疫宣传短视频，贵州、广东、山东等地的侗族语言防疫视频、农村防疫 disco、疫病防控宣传快板书等，呈现良好效果。此外，“雪亮工程 + 网格员”防疫、植保无人机喷洒消毒剂、无人机空中“喊话”等被舆论称为农村阻击疫情的“奇兵”，引发热烈围观。1 月末，内蒙古土左旗白庙子镇草房子村“无人机大喇叭提醒老太太出门戴口罩”的相关视频刷屏互联网，引发央视《新闻 1 + 1》等众多媒体的接力宣传。该视频在新浪微博话题中的阅读量突破 1.5 亿次，单条微博的最高点赞量超过 31 万次。舆论认为，中国乡村凝聚智慧，打通防疫“最后一公里”。

（二）智能化农业生产强烈吸睛，“云端服务”增添春耕新动能

2020 年，“互联网 + 农业”融合不断深化，大田精准作业、设施农业智慧管理、数字养殖等智能化农业生产成为常热话题。新华社等媒体用“智能农机遍地走”“5G 技术进田间”“卫星成为新农机”等语句，描述各地农业生产中的积极气象，称农业智能化“金扁担”挑起新农活，“科技部队”让“中国粮食，中国饭碗”的信心十足。其中，信息技术、智慧农机展示的粮食生产壮观场景强烈吸睛。10 月，黑龙江北大荒农场“科技范儿”秋收的壮观景象在各媒体平台大量传播，相关视频引发上千万次的播放量和近 4 亿次的微话题阅读量。网民由此感慨，“看秋收看出了阅兵的感觉”。信息技术、数字技术推动的“无人化”“标准化”农业生产变革也备受瞩目。黑龙江试点的“全球首个万亩级无人化农场”、四川凉山培育的“5G 苹果”、安徽发布的“优质专用水稻生产分布电子地图”、福建建成的“全国最大贵妃鸡数字化养殖基地”等引发积极宣传。有舆论说，智能化的“金戈铁马”让未来农业的新图景越来越精彩。

春耕时节，受新冠肺炎疫情影响，农业生产服务“线上化”特点鲜明。各地农业农村部门多举措推动“云备耕”“云问诊”，“中国农技推广 App”“农业生产微信群”“农资网络平台”等新媒体和现代通信技术应用

亮点纷呈，在农资调配、农机调运、农技培训等过程中发挥重要作用。农技人员直播答疑耕作技术、农机专家视频演示农机操作要领、农民“网上冲浪”选农资等积极气象成为各地常态。有舆论说，“无接触种地”“不见面管理服务”是新潮流，“云端服务”增添农业生产新动能，让春耕备耕更有底气。①

此外，云经济让线上种植、养殖成为新趋势，也由此出现了新的诈骗手段。据澎湃新闻报道，网上出现了多款诈骗性质的“云养牛”App，打着“互联网+畜牧业”的名号，诱导用户在线投资认养并不存在的牛，受害者被骗金额最高达几十万元，已有多地警方展开立案侦查。② 报道引发广泛关注，“云养牛 App 骗局”相关新浪微话题阅读量共计 1700 万次。舆论呼吁对假借“新型农业”“共享农业”噱头的诈骗提高警惕，相关职能部门应联合建立常态化监管机制，加强排查清理，不能让此类骗局毁了“云种养”经济的未来。

（三）农产品网络销售成效显著，“直播带货”持续高热

2020 年，在政府部门和社会各界的有力推动下，农产品网络销售再创佳绩。据国新办政策例行吹风会数据，“2020 年全国农产品网络零售额达到 5750 亿元，同比增长 37.9%”③，舆论用“促消费”“提信心”“稳增长”等词汇评价农产品网络营销的积极态势。其中的“直播带货”模式受到聚焦，相关话题多发、高热。4 月 20 日，习近平总书记在陕西柞水县金米村的直播平台前为柞水木耳点赞，被舆论称为“史上最强带货”，引发阅读量过亿次的微话题和强烈带动效应。柞水木耳、陕北小米、擀面皮、肉夹馍等陕西特色农产品随后成为各电商直播平台中的爆款，“瞬间售罄”“秒光”

---

① 于文静、周勉、周楠、王建：《“云备耕”“云问诊”——“云端服务”为春耕生产增添新动能》，新华网，http://www.xinhuanet.com/tech/2020-03/28/c_1125780213.htm。

② 李思文、袁婷：《“云养牛”App 骗局：多家公司信息疑被冒用，以不存在的牛骗钱》，澎湃新闻网，https://www.thepaper.cn/newsDetail_forward_9672182。

③ 《2020 年全国农产品网络零售额达 5750 亿元同比增长 37.9%》，央广网，http://food.cnr.cn/rdjx/20210727/t20210727_525545282.shtml。

等场景振奋舆论。[①] 县长"扎堆"直播推介农产品引发大量报道，超百万人次在线观看、迅速售罄、销量增幅快等内容是共同表达。拼多多数据显示，2月至4月，各地县长直播卖出超过6亿斤滞销农产品。[②] 抖音平台中，云南普洱茶、陕西阎良甜瓜的推介视频播放量分别达3.1亿次、2.6亿次。[③] 舆论称赞县长"直播带货"既有流量又有销量，鼓励他们"大胆地往前走"。农民主播也是关注重点，各地的蔬菜大棚、果园林地、养殖基地变身"直播间"，"杏奶奶""菠萝妹妹""鸡司令"等新农人主播大量圈粉。"互联网+新农人"被舆论称为"农产品电商新时尚"。

此外，"直播+农产品"成为中国农民丰收节以及"6·18""双11"等电商购物节上的重头戏。政府官员、新闻主播、网络大V、农村网红、网络买手等带货达人齐聚各大直播平台，为各地特色农产品热情宣传推介，掀起"全民带货"热潮。农产品直播带货过程中呈现的娱乐、体验、购物等多场景融合特点备受推崇，被称为"别样风景线"。舆论认为，直播售卖形式生动直接，与农产品销售相得益彰，成为推动农产品销量增长的新动力。

此外，一些网红主播带货的农产品出现了"水果腐烂""鲜花枯萎""糖水冒充燕窝"等现象，被舆论称为"直播翻车"。农产品网络营销中的难点和问题也由此引发讨论。有舆论认为，农产品保鲜期短、运输时间长、物流成本高、直播流量费用高等，是乡村创业直播者面临的现实困难。有舆论表示，农产品赢得网上市场，关键在"地里"，要确保高质量农产品的产出，好质量才能有好销量。还有舆论指出，农产品暂时卖出去不是终极目的，要通过流量和营销助力农产品的标准化和产业链建设，形成产销两旺的循环之路。

---

① 田晓丽：《"史上最强带货"引发热议：按下电商扶贫"快进键"》，人民网，http：//politics. people. com. cn/n1/2020/0426/c1024－31688717. html。

② 《〈中国电商年度发展报告〉出炉：电商促进农村市场释放经济潜力》，企鹅号"国际在线"，https：//new. qq. com/rain/a/20201112A040ZR00。

③ 《2020中国市长县长直播带货报告》，华商网，http：//zhiku. hsw. cn/system/2020/0713/2960. shtml。

（四）“战疫助农”振奋舆论，“为湖北拼单”引发“吃”援热潮

2020年2月至4月，部分地区农产品因新冠肺炎疫情影响出现滞销卖难情况，社会各界全力应援。各媒体平台联手拓宽滞销农产品求助渠道，各大电商平台纷纷设立“抗疫农货”专区、发放“10亿基金”“百亿补贴”，网络“战疫助农”高潮迭起，相关新浪微博微话题的阅读量合计超10亿次。其中，政府部门、农业专家、新媒体、电商等的强强联合尤为抢眼。抖音联合今日头条发起“战疫助农县长来直播”、电商平台“一亩田”联合腾讯发起“百县直播助农计划”、拼多多联合新华社客户端发起“院士助农直播”等活动大量涌现，各地县长和农业专家学者也热烈响应，“全国100多位市县长直播带货”“院士携手市长助农直播”等相关报道引发积极传播和广泛肯定。舆论称，全方位的网络助农和多维度的社会合力，让农产品从“滞销”到“脱销”。

3月25日开始，湖北各地逐步解封。随着湖北按下“重启键”，社会各界积极为湖北农产品鼓劲宣传，呼吁“全国人民购物车‘C位’给鄂货”。农业农村部、湖北省农业农村厅、中央电视台等各地各部门以及新闻媒体接连发力，公益带货直播、促销活动、媒体公益行动等密集开展，多方举措引发持续高热。“谢谢你为湖北拼单”“湖北特产晒单大赛”等微话题频登微博热搜榜，共引发19亿次的阅读量和近百万次的点赞量。网民称，“全民为湖北下单带货的样子真暖”。4月下旬，湖北农产品销售呈现的积极态势成为关注热点，“各大电商累计销售湖北农产品79.6万吨”①“湖北销售积压鲜蛋、存塘鱼等超过100万吨已得到有效缓解”② 等数据被大量传播和积极点赞，再次引发超亿次的微话题阅读量。舆论对湖北农产品产销形势整体

---

① 《#网友为湖北拼单买了79万吨农产品#转！湖北加油！》，新浪微博“@央视新闻”，https：//weibo. com/2656274875/IE3x1nxHC？type = comment。

② 别鸣：《湖北已有效缓解菜蛋鱼等农产品积压》，湖北日报客户端，http：//hbrbshare. hubeidaily. net/hbshare/news/detail_ index. html？spm = zm1033 – 001. 0. 0. 1. WmgXgp&contentType = 5&contentId = 676558&cId = 0。

转旺表示欣慰，呼吁当地进一步修炼“内功”，让湖北农产品从“网红”变“长红”。

（五）电商助农模式出新出彩，农产品产销全链路数字化引发期待

2020 年，商务部、农业农村部等部门继续加大扶持力度，通过财政保障、资源对接、人才培训、典型培育等引导激励方式，为农村电商提供更广阔平台。迅猛发展的农村电商与各地特色农业产业深度融合，在推动农产品加速上行、提升农产品品牌价值、带动农民脱贫增收等方面积极发力，受到舆论广泛肯定。其中，电商助农模式出新出彩，“百亿补贴”“万店推广”“云仓服务”“互动游戏”等营销方式备受推崇。在“6·18”“双十一”全年两个最大规模电商购物节上，农产品大促成为新看点。“6·18”期间，京东通过“供应链+直播”展示农产品从采摘到上架的全过程，并在优惠力度、新品发布数量和购物体验方面推出“史上之最”政策，带动了农产品全品类销量上涨。[①]“双 11”期间，天猫首次设立未摘帽贫困县专区、首次推出“价值超 10 亿”农产品地域品牌、首次展示农产品数字化流通的完整网络，创下多个“第一次”，助力全国 41 万款农产品成交额达到 120 亿元。[②] 舆论表示，各大电商在“云端”打造的“舌尖上的盛宴”精彩纷呈，充分体现了供需两侧共同助推国内经济加速恢复循环的活力和生机。

同时，各大电商积极探索农产品生产端到消费端的体系建设，各地的淘宝村、盒马村蓬勃发展。一年来，淘宝的“春雷计划”、京东的“京心助农”项目、拼多多的“助农双百万计划”等引发各媒体平台广泛宣传。其中的“在全国加速建设 1000 个数字农业基地”“再造 100 个‘10 亿级’品牌农业产业带”“培养 100 万农业电商人才”“共建 10 万农产品直播基地”

① 《第三方报告揭秘京东 618 大商超主场优势：“供应链 + 直播”成助农扶贫关键推手》，金融界网，http：//finance. jrj. com. cn/tech/2020/06/29184330088350. shtml。

② 《阿里公布双 11 数字化脱贫战绩　诞生百余个亿元产业带、助销 41 万款农产品》，财经客户端，https：//news. caijingmobile. com/article/detail/425389？source_ id =40。

“农村快递物流智慧共配”等内容，引发舆论浓厚兴趣。有舆论称，农产品电商已经迈向了推动农产品标准化、品牌化建设的新征程，打造农产品产销全链路数字化成为电商发展新趋势，也将为“造血式”兴农带来新契机。也有舆论认为，从电商在县域农村地区的布局来看，农村电商市场尚处于起步阶段，人才短板亟待补齐，冷链物流建设面临大考，数字化农业之路依然任重道远。

三 启示与展望

2020 年，我国数字经济、数字惠民、数字治理等进展显著，信息化防控新冠肺炎疫情精准有效，信息技术和互联网的深度融合呈现巨大的活力和韧性，成为我国应对新挑战、建设新经济的重要力量。从三农领域看，传统农业产业加速线上转移，生产、管理、营销、服务等环节的新业态、新模式层出不穷、亮点不断。主要表现在以下三个方面：一是“无接触式经济”应运而生，以往线下优势明显的农技服务、农产品商超、乡村旅游、农业会展等加速线上化、数字化、智能化进程，“云备耕”“云买菜”“云赏花”“云逛会”“云认养”等风生水起，备受追捧。二是“直播带货”站上农产品营销“风口”，各地的“农播超级联赛”“乡土直播大赛”“青年农场主直播带货大赛”等风生水起，在拓宽农产品销路的同时，推动了农业传统生产方式的变革，提升了农业生产经营者创新动力，激发了社会各界到农村创业的意愿，也吸引了互联网企业参与农业农村改革发展的热情。三是数字乡村建设的重要性进一步彰显，乡村公共服务智能化在提升新冠肺炎疫情防控效率和精准度方面发挥了不可替代的作用，透过防疫实践看，数字化、信息化在乡村治理现代化建设中具有重要意义。

当前，新基建成为我国改革发展的新引擎，打造数字化农业是农业“新基建”的重要一环。2020 年 4 月，党中央、国务院印发意见，部署构建更加完善的要素市场化配置体制机制。其中，对“加快培育数据要素市场”进行专章布局，支持数字新经济、新产业、新业态发展，并强调构建数据在

农业领域开发利用的场景。舆论认为，数据首次被中央定义为“新型生产要素”，释放出中国农业变革的新信号。同时，新冠肺炎疫情全球蔓延给我国经济社会发展带来巨大挑战，加快建设三农领域新基建、加快培育三农数字经济消费新业态，显得更加必要和紧迫。我们需要重视当前农业农村数字化进程中的短板和不足，加快完善农村信息化公共基础设施，有力引导各类要素协同推进农业农村数字化转型，抢抓数字化机遇，夯实三农压舱石。

参考文献

杨俊峰：《数字乡村　未来可期》，《人民日报海外版》2020 年 11 月 17 日。

郭强、史卫燕、王建：《数字技术激发乡村经济新潜能》，《经济参考报》2020 年 4 月 2 日。

吴璇、莫郅骅、张沛、王美苏、许晓蕾、张嘉培：《农业“新基建”如何赋能农业“加速度”?》，《南方都市报》2020 年 4 月 3 日。

B.7
2020年农村人居环境整治舆情报告

李婷婷　陆　风　种微微*

摘　要： 2020年农村人居环境整治舆论关注热度大幅提升。村庄清洁行动筑牢乡村防疫线，各地美丽庭院和洁净田园广泛吸引舆论目光；农村厕所改造的标准化工作进一步加强，改厕正面典型和负面案例带来启示和反思；信息化、智能化技术给农村生活垃圾和生活污水治理带来新思路，村民共建共治共享的积极气象受到关注。农村人居环境整治形成内外并举、协同联动的舆论宣传引导格局，为相关工作的开展营造了良好氛围。

关键词： 农村人居环境整治　村庄清洁行动　农村厕所革命　农村生活垃圾治理

2020年，农村人居环境整治三年行动圆满收官，各地村庄面貌有了明显改观，农村宜居性和广大农民群众的幸福感和获得感不断增强。政府部门统筹推进新冠肺炎疫情防控和农村人居环境整治重点工作，农村厕所革命、农村生活垃圾治理、农村生活污水治理“三大战役”捷报频传，农村人居环境整治工作呈现“全面动员”“全民参与”的积极气象。舆论称赞，农村人居环境外在美、内在美、持续美的梦想正在照进现实。

* 李婷婷，农业农村部信息中心舆情监测处舆情分析师，主要研究方向为涉农网络舆情；陆风，农业农村部信息中心舆情监测处舆情分析师，主要研究方向为涉农网络舆情；种微微，北京农信通科技有限责任公司舆情分析师，主要研究方向为涉农网络舆情。

一　舆情总体概况

据监测，2020 年农村人居环境整治相关的新闻报道量和社交媒体相关帖文量合计近 294.8 万篇（条），较 2019 年增长 56.35%。

（一）舆情走势

从舆情走势看，2020 年农村人居环境整治舆情总体呈现稳中震荡态势，相关的部署行动和工作成效是引发舆情震荡的重要因素。3 月至 4 月，恰逢新冠肺炎疫情防控关键期，农业农村部会同有关部门以疫情防治为切入点，印发通知部署抓好大检查发现问题整改扎实推进农村人居环境整治工作，发布 2020 年农村人居环境整治 50 项举措，并对 106 个全国村庄清洁行动先进县进行通报表扬，引发舆情热度持续攀升；4 月，随着各地村庄清洁行动春季战疫全面打响，舆情热度达到全年顶点。5 月至 10 月，有关部门接连发布部署通知和技术规范，推动提升农村厕所革命、农村生活垃圾治理等重点工作的落地成效，相关工作常态化推进，舆情走势稳中趋降。11 月至 12 月，临近年末，农村人居环境整治工作成效引发舆论关注。农业农村部 11 月宣布的“启动农村人居环境整治三年行动验收”，引发舆情走势出现第二个峰值；农业农村部 12 月通报的“农村人居环境整治三年行动方案目标任务基本完成”，也推动舆情热度持续居高（见图 1）。

（二）传播平台分布

从 2020 年农村人居环境整治相关舆情在各媒体平台传播情况看，新闻客户端中的舆论声量最大，相关报道 183.47 万篇，占舆情总量的 62.24%；微信 76.75 万篇，占比 26.04%；微博 15.32 万条，占比 5.20%；新闻 11.61 万篇，占比 3.94%；论坛博客帖文 7.60 万篇，占比 2.58%（见图 2）。

从 2019 年至 2020 年各媒体平台舆情分布变化情况看，新闻客户端的舆

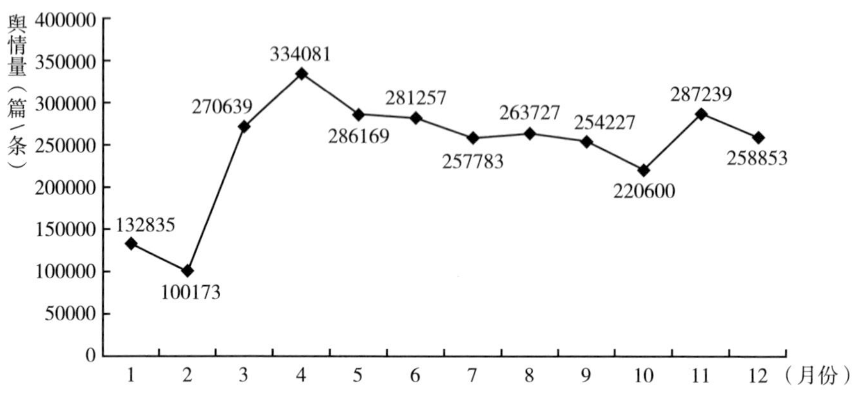

图1　2020年农村人居环境整治舆情走势

资料来源：农业农村部三农舆情监测管理平台、新浪舆情通。（下同）

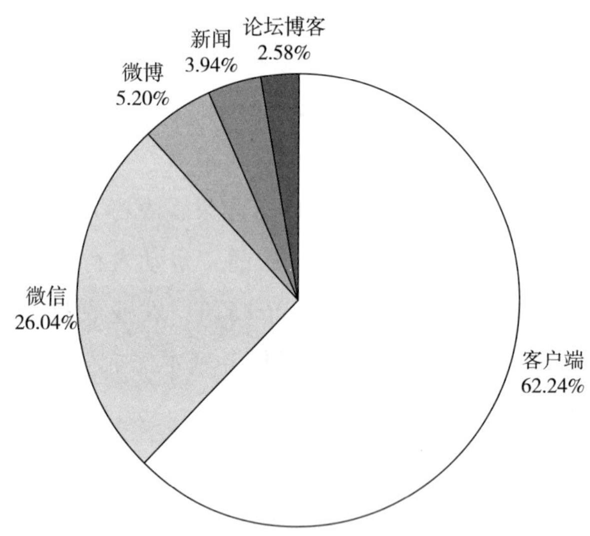

图2　2020年农村人居环境整治舆情传播平台分布

情量增长速度最快，一年增长81.18%；论坛博客、微信两个平台的舆情量增幅分别居第二位和第三位，分别增长45.81%和41.64%；新闻网站的舆情量增幅居第四位，增长14.56%；微博平台的舆情量有所下降，降幅为

13.53%（见图3）。从以上数据可以看出，农村人居环境整治在新闻客户端和微信平台中的舆论声量比重大且增势强劲，移动化传播、圈层化传播特征进一步显现，但农村人居环境整治话题的政策性、技术性内容偏多，话题的社交属性偏弱，在信息传播快、互动功能强的微博平台中，话题的社交媒体传播潜力还有待发掘。

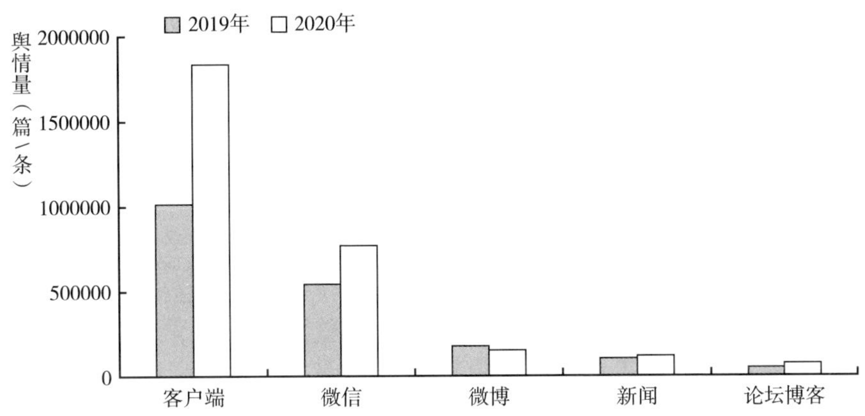

图3　2019～2020年农村人居环境整治舆情传播平台分布变化情况

（三）热点事件排行

从2020年农村人居环境整治热点事件TOP 20看，在新冠肺炎疫情防控常态化背景下，以疫情防治为切入点开展的农村人居环境整治工作受到高度聚焦，村庄清洁行动春季战役恰逢疫情防控的关键节点，关注热度也因此居于排行榜首位。一年来，农村人居环境整治相关的部署举措、技术规范和监督验收等接连发布和启动，受到舆论集中关注，相关热点事件在排行榜中占比过半。在三年行动收官之际，农村人居环境整治工作成效和各地典型示范也被积极关注，相关热点事件有5个。此外，部分地区存在的简单粗暴、“一刀切”等工作作风问题也被曝出，“陕西武功县村民火炕被村干部用水泥封堵”“广东怀集县政府工作人员为劝导圈养畜禽暴力摔死村鸡”两个事件进入榜单（见表1）。

表 1　2020 年农村人居环境整治热点事件 TOP 20

排名	热点事件	首发媒体	舆情热度
1	各地全面打响村庄清洁行动春季战役,助力打赢疫情防控阻击战	农业农村部网站	5603
2	中央一号文件:扎实搞好农村人居环境整治	新华网	3032
3	国务院联防联控机制就深入开展爱国卫生运动推进城乡环境整治工作情况举行发布会	中国政府网	2427
4	农业农村部:农村人居环境整治三年行动方案目标任务基本完成	农业农村部网站	1295
5	农业农村部:启动农村人居环境整治三年行动验收,开展村庄清洁行动冬季战役	农业农村部网站	1127
6	全国美丽宜居村庄短视频擂台赛活动启动	快手“微观三农”	925
7	六部门印发《关于抓好大检查发现问题整改扎实推进农村人居环境整治的通知》	农业农村部网站	869
8	中央农办、农业农村部通报表扬 106 个全国村庄清洁行动先进县	农业农村部网站	771
9	三部门发布农村厕所粪污无害化处理与资源化利用指南和典型模式	农业农村部网站	706
10	农村人居环境问题随手拍活动正式启动	微信公众号“全国农村人居环境”	693
11	《农村三格式户厕建设技术规范》等 3 项国家标准发布	农业农村部网站	573
12	网曝陕西武功县村民火炕被村干部用水泥封堵	新浪微博“@时间视频”	529
13	京津冀地区规模最大农村真空负压污水处理系统建成	中央电视台	526
14	“十三五”以来 12.5 万个建制村完成环境整治	《人民日报》	512
15	三部门印发通知,要求进一步提高农村改厕工作实效	农业农村部网站	443
16	广东肇庆怀集县:为劝导圈养禽畜,工作人员进村抓鸡后粗暴摔死	新浪微博“@沸点视频”	437
17	浙江推行农村生活垃圾“四分四定”体系	微信公众号“浙江发布”	335
18	湖南全面实行“首厕过关制”	红网	294
19	农业农村部农村厕所建设与管护标准化技术委员会成立	农业农村部网站	261
20	重庆确定 2020 年为“农村改厕质量年”	新重庆客户端	242

二　热点舆情回顾

2020年，我国结合新冠肺炎疫情防控和爱国卫生运动，全力攻坚农村环境“脏乱差臭”顽症，农村人居环境整治三年行动在收官之年取得显著成效，农业农村部通报的“农村人居环境整治三年行动任务基本完成”受到聚焦。中央电视台《新闻联播》就此报道指出，“乡村振兴战略第一仗农村人居环境整治三年行动圆满收官”。[①]《人民日报》、新华社等媒体也纷纷引数据、举事例，发出“写真”“纪实”“综述”等系列报道，对全国农村人居环境整治工作展开全面宣传，热点内容主要集中在以下三方面。

（一）村庄清洁行动：长效清洁筑牢乡村防疫线，“村美人富奔小康”景象亮眼

村庄清洁行动是农村人居环境三年整治圆满收官的有力抓手，也为农村地区新冠肺炎疫情防控提供重要支撑。总体看，2020年，疫情防治成为全年村庄清洁的行动指南，顶层部署和各地实践备受关注。2月3日，习近平总书记在中央政治局常委会会议上对农村人居环境整治做出重要指示，其中强调的“以疫情防治为切入点”[②]引发高度聚焦和广泛共鸣。一年来，农业农村部以新冠肺炎疫情防治为切入点，常态化推进村庄清洁行动四季战役，其中提出的“村庄清洁12字方针”、部署的“逐步完善长效保洁机制”等，被各媒体平台广泛传播。各地防疫洁美“两抓互促”，全国95%以上的村庄开展了清洁行动[③]，“万人大清扫”“百日大会战”“村庄清洁大比武”等活

① 《【新闻联播】乡村振兴战略第一仗农村人居环境整治三年行动圆满收官》，农业农村部网站，http：//www. shsys. moa. gov. cn/gzdt/202012/t20201231_ 6359206. htm。

② 《中共中央政治局常务委员会召开会议　研究加强新型冠状病毒感染的肺炎疫情防控工作　中共中央总书记习近平主持会议》，央视网，http：//news. cctv. com/2020/02/03/ARTIlMriUzOgzzKtDvdXBSz0200203. shtml。

③ 于文静、陈春园：《农村人居环境整治三年行动任务基本完成》，新华网，http：//www. xinhuanet. com/politics/2020－12/28/c_ 1126915895. htm。

动掀起了“人人参与、村村行动”高潮。有媒体指出，乡村防疫卫生宣传入脑入心、村庄清洁有“面”有“里”，群众的“小扫帚”和政府的“大扫帚”拧在一起，为美丽乡村按下“美颜键”、筑起“防火墙”。还有舆论认为，新冠肺炎疫情是对农村人居环境整治的一次全面检验，农村防疫“顶得上、守得住、打得赢”再次表明，农村人居环境整治只能加强、不能削弱，只有准备在平时，才能取胜在战时。

2020 年，随着村庄清洁行动的深入开展，广袤乡村从“局部美丽”向“全域美丽”转变，各地“推窗见绿、抬头赏景、起步闻香”的美丽庭院和洁净田园广泛吸引舆论目光，“村庄变景点田园变公园”“乡村蝶变图景新”等描述频现新闻标题。同时，各地的村庄清洁行动与乡村产业发展、乡村文明建设等齐头并进，农旅融合、乡村文创、田园综合体等精彩纷呈，乡村“高颜值”带来的生活好光景引发广泛热议。有舆论指出，美丽宜居、乡风文明的现代乡村让村民端上“生态碗”、吃上“旅游饭”，“美丽经济”未来可期。有舆论认为，乡村人居环境正加速从点上亮丽向串点成线、连线成片提升，美丽乡村从“盆景”变“风景”，以秀山丽水、诗意原乡助力美丽中国的愿景正在全面照进现实。

（二）农村厕所改造：标准化工作进一步加强，正反两方面典型案例带来启示和反思

2020 年，农村改厕工作扎实推进，各地各部门高度重视农村厕所改造的标准化、规范化，出台了一系列普适性、指导性和实用性兼具的举措。农业农村部会同有关部门对进一步提高农村改厕实效做出重点部署，农村户厕改造、粪污资源化利用相关的国家标准、技术指南和典型模式接连发布，农村厕所建设与管护标准化技术委员会也正式成立，各地改厕过程中的技术问题通过现场指导、科普视频、线上讲座等方式得到有效解决。对此，舆论予以持续关注，“全国农村卫生厕所普及率超过 65%”① 等显著成效受到积极评价。

---

① 于文静、陈春园：《农村人居环境整治三年行动任务基本完成》，新华网，http：//www. xinhuanet. com/politics/2020 - 12/28/c_ 1126915895. htm。

各地在农村改厕过程中严把质量关、管理关、民生关，其中的好经验、好做法引发大量宣传，舆论关注热点主要集中在以下四方面。一是因地制宜实施特色化改造。中央一号文件对“分类推进农村厕所革命”做出部署，各地结合气候水源条件、乡镇整体建设规划、农户实际生活等，开展了各具特色的厕所改造工作，“宜水则水、宜旱则旱”成为报道高频词，舆论点赞“因地制宜的厕所革命好处多”。二是高质量提升改厕效果。重庆、河北等地纷纷将2020年确定为“农村改厕质量年”“农村厕所革命质量提升年”，湖南省农业农村厅制定“首厕过关制”，以质量管控为关键实施的农村改厕提质行动在各地广泛开展，图纸设计、材料采购、工程施工、质量验收等环节的“全过程监管”受到舆论肯定。三是长效化管护解除后顾之忧。各地农村厕所管护工作进一步加强，河南汤阴的农村户厕“电子身份证”、四川简阳的三格式化粪池信息公示牌、湖南浏阳的户厕改造保险、吉林长春的“小顺管家”预约报修等创新实践频现网络，舆论感慨“三分建七分管让方便‘真方便’”。四是厕所粪污资源化利用推动绿色发展。各地的粪污资源化奖补机制不断创新，社会化、市场化服务体系持续完善，“厕所革命+有机肥生产+生态农产品基地+电商推广”等产业链探索亮点不断，农村厕所革命产业化发展展示的前景和商机被舆论看好。媒体指出，农村厕所不再是村庄颜值的“减分项”，农村改厕改出了老百姓的新生活，改出了乡村发展的新思路，改出了一片新天地。

同时，部分地区村民通过信息公开渠道反映当地农村厕所改造中遇到的“烦心事”，也被媒体集中关注。《人民日报》分别于9月、12月刊发两篇“来信综述”，对相关读者来信以及人民网“领导留言板”上相关网民留言进行汇总整理。从内容看，反映的问题主要有以下几方面。一是农村厕所排污设施不到位、质量差。如，有村民反映化粪池满了没人处理，村民自己抽污后又无处排放；有村民反映污水桶用了几次就渗水、漏水，更换后没用多长时间又坏了。二是农村厕所改造流于形式。如有村民反映厕所“光盖了房子没铺管子”，有村民反映部分改造的厕所没有化粪池，有的村厕所改造只是“贴瓷砖”“在旧厕坑上装蹲便器”。三是改厕补贴发放不及时。有村民反映，当地2018年底开始推动改厕工作，每户2000元的改厕补贴“目前还没发放到手”；有村民反映，家里的厕所改造2019年验收合格，1000元合格补贴“一年多了还没见到”。此外，农村厕所改造过程中的操之过急“先拆后建”、搞形象工程建“豪华厕所”等也是反映较为突出的问题。媒体建议各地吸取负面案例教训，总结正面典型经验，坚持不唯上、只唯实，让农民用得上、用得起、用得好，才是农村厕所改造的根本目的。

（三）农村生活垃圾和生活污水治理：智能化创新振奋舆论，村民自觉行动引发积极关注

2020年，各地各部门紧密对标农村人居环境整治三年行动方案，对农村生活垃圾和生活污水治理统筹推进。住房和城乡建设部、生态环境部等部门针对重大疫情期间农村生活垃圾应急处理、农村生活污水治理发布技术指南，并对相关的试点县、示范县进行推介奖补。各地也纷纷出台实施方案，多措并举推动农村垃圾分类转运、农村生活污水资源化利用等。在三年行动收官之年，我国农村垃圾治理和生活污水治理取得积极成效，农村生活垃圾收运处置体系覆盖全国90%以上的行政村，全国近30%的农户生活污水得到有效管控。[①] 舆论对此积极关注，称“污水靠蒸发，垃圾靠风刮”一去不复返，“清水绕人家，垃圾巧分家”的美丽乡村扮靓中国。

总体看，农村生活垃圾治理和生活污水治理相关热点内容主要有以下两方面。一是信息化、智能化技术带来的治理新思路。媒体对“户分类、村收集、镇转运、县处理”等垃圾处理模式展开广泛报道，其中的“智分类、云回收、源处理、再利用”等模式创新被重点聚焦。各地积极探索“互联网+”农村生活垃圾智慧治理，浙江宁海等地的垃圾分类二维码、垃圾回收预约App、多村联建阳光堆肥房、智慧垃圾分类监管平台等探索实践引发广泛宣传。同时，互联网、大数据为农村污水治理的“智能巡检”“自动预警”“互联互通”等提供有力支撑，京津冀农村地区的真空负压污水处理系

① 李慧斌：《众擎易举　净美乡村》，《农民日报》2020年10月22日，第1版。

统登上央视《新闻联播》，农村生活污水运维的“科技含量”引发舆论感慨“意想不到”。二是村民自觉行动构建长效管护机制。在农村生活垃圾和生活污水治理过程中，党建引领作用有效发挥，奖励激励作用全面彰显，乡村环境的巨大变化也进一步调动了内生活力。各地实施的党员“邻长制”、“最美庭院”评选、“垃圾兑换银行”等积极举措引发大量宣传。媒体指出，村民从“站着看”到“点个赞”，从“点个赞”到“动手干”，共建共治共享“美丽家园”的主人翁意识充分展现。

三　启示与展望

2020年是农村人居环境整治三年行动的收官之年，整治行动取得的显著成效振奋舆论，舆论关注热度持续升温。“全国95%以上的村庄开展了清洁行动”“农村生活垃圾收运处置体系覆盖全国90%以上的行政村”“全国农村卫生厕所普及率超过65%”[①] 等数据，既是对三年工作成绩的有力证明，也是对农村人居环境整治工作“全面动员”“全民参与”的生动呈现，还从一个侧面反映出农村人居环境整治工作内外并举、协同联动的舆论宣传引导格局。

从对内宣传引导看，农民群众的主体作用对农村人居环境整治行动的顺利开展至关重要，找准结合点做足做实宣传发动，成为各级政府部门全年的一项重要工作。在新媒体助力下，“身边人　身边事”的宣传方法发挥了积极作用。农业农村部从农民视角切入，发布公益宣传短视频《厕所革命，让孙女愿意回老家》，并联合中国农村杂志社、快手举办“全国美丽宜居村庄短视频擂台赛”，取得良好反响。上述擂台赛共收到短视频24.6万条，播放量和点赞量分别达3.5亿次、500万次，共计有51.9万人次参与投票评选。各地政府部门也通过官方微博微信开展可视化宣传，垃圾分类音乐快

① 于文静、陈春园：《农村人居环境整治三年行动任务基本完成》，新华网，http://www.xinhuanet.com/politics/2020-12/28/c_1126915895.htm。

板、村庄清洁短视频等接连出现，立体生动、喜闻乐见的表现形式以及贴近生活的内容表达，持续激发了广大村民的主动参与热情。

从对外宣传引导看，政府部门联动新闻媒体讲好改善农村人居环境的“中国故事”，各地的好政策、好经验、好做法引发全媒体矩阵式传播，为相关工作的开展营造了良好舆论氛围。农业农村部联合《人民日报》、新华社、《农民日报》等中央媒体，开展“探访村庄美丽蝶变”主题采访活动，福建龙岩、江西横峰等地农村人居环境整治推动乡村产业发展和乡风文明建设的典型范例被以图文、视频等形式广泛宣传，各地融媒体平台和政府部门政务新媒体进行二次接力转发，“乡村整出高颜值”成为主流表达。各地政府也以“美丽庭院创建”“乡村选美”等为契机，通过多种渠道宣传展示村容村貌的美丽蜕变，借助“眼球经济”为乡村发展引资引流，取得积极社会效应和经济效益。

2021 年，农村人居环境整治提升五年行动启动实施，加快推动村庄从干净整洁向美丽宜居升级，为乡村全面振兴夯实环境基础。凝聚各方共识、激发主体意识，对于国家决策落实见效具有重要意义。各地还需以群众为主体、以舆论为鞭策，不断创新方式方法，进一步加强内外并举的宣传监督格局，推动美丽乡村长治久美。

参考文献

冯华、郁静娴：《农村人居环境整治见实效》，《人民日报》2020 年 7 月 10 日。

史一棋、刘博通、田华：《把农村改厕这件惠民利民的好事办好》，《人民日报》2020 年 9 月 21 日。

张胜、王斯敏、蒋新军：《防止疫情蔓延　如何补上农村环境这块“短板”》，《光明日报》2020 年 2 月 10 日。

乔金亮：《让乡村告别脏乱差》，《经济日报》2020 年 5 月 5 日。

李慧斌：《为美丽乡村“驻颜”》，《农民日报》2020 年 10 月 12 日。

热 点 篇

Hot Topics

B.8
四川甘孜藏族小伙丁真走红网络事件的舆情分析

张文静　陆　风*

摘　要：2020年11月11日，四川甘孜州理塘县藏族小伙丁真因一条笑容特写的抖音短视频走红网络。随后丁真签约成为理塘县旅游形象大使，甘孜州上线理塘旅游宣传片、发布旅游优惠政策等举措引发舆情走势迅速攀升。多地政务微博也借势丁真宣传家乡风光和物产，推动舆情热度于28日达到顶点。“建设家乡，助力脱贫”成为舆论核心议题。从传播效果看，新媒体思维给舆论宣传引导注入新活力，相关政府部门和媒体在打造品牌IP、做好内容输出、创新表达方式、重视价值观共鸣等方面的积极做法值得借鉴。

* 张文静，北京乐享天华信息咨询中心分析师，主要研究方向为涉农网络舆情；陆风，农业农村部信息中心舆情监测处舆情分析师，主要研究方向为涉农网络舆情。

关键词： 丁真 脱贫攻坚 政务微博 网红 流量

一 事件经过

2020 年 11 月 11 日，摄影师胡波在其抖音账号“微笑收藏家·波哥”发布了一条时长约 7 秒的短视频，内容为四川甘孜州理塘县藏族小伙丁真的笑容特写，随后火爆全网。

11 月 18 日，丁真签约理塘县文旅体投资发展有限公司（理塘县国资委下属的一家国有公司），成为理塘县旅游形象大使。

11 月 21 日，丁真开通新浪微博账号“@理塘丁真”，并发布了他的入职照片。

11 月 25 日，甘孜藏族自治州旅游局联合时差岛网络公司团队，发布了丁真为甘孜州代言的旅游宣传片《丁真的世界》。

11 月 27 日，西藏、山东、新疆、浙江、云南、黑龙江、青海等地政务微博纷纷邀请丁真做客，并以九宫格图片、短视频等形式宣传当地美食美景。

二 事件舆情走势

据监测，自 2020 年 11 月 11 日至 12 月 1 日，四川甘孜藏族小伙丁真走红网络事件的舆情总量为 285.28 万篇（条）。其中，新浪微博中的舆论声量占绝对比重，相关微博 264.21 万条，占舆情总量的 92.6%；新闻客户端 11.08 万篇，占 3.9%；视频 3.69 万条，占 1.3%；论坛、博客 3.50 万篇，占 1.2%；微信 1.68 万篇，占 0.6%；新闻 1.12 万篇，占 0.4%（见图 1）。

从舆情走势看，事件相关全网舆情经历多次波动后达到顶点。其中，11 月 11 ~24 日有三次递减式的起伏，并于 14 日、19 日和 21 日出现小高峰，丁真成为“网红”后的个人发展问题成为舆论关注重点。11 日，丁真相关

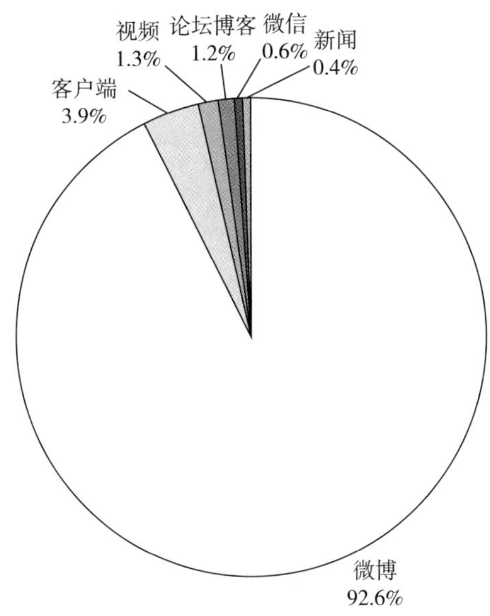

图 1　四川甘孜藏族小伙丁真走红网络事件各类媒体话题量占比

资料来源：农业农村部三农舆情监测管理平台、新浪舆情通。（下同）

的短视频发布后迅速引发关注，2 小时后的播放量即达到 1000 万次。丁真的外貌最先成为焦点话题，“纯真野性”“眼神干净”等词汇是高频表达，新浪微博微话题“藏族的康巴汉子有多帅”登上 12 日热搜榜。随着选秀公司和综艺节目邀约，丁真的学历、身世、未来规划等成为新的热点议题。14 日，四川广播电视台《四川观察》官方微博“@ 四川观察”发布对丁真的采访视频，播放量达 2400 万次，点赞量达 43 万次，推动舆情走势出现第一个小高峰。其中，丁真“不知道自己走红”“不想去当明星，想要做赛马王子”等表态获得舆论赞赏，新浪微博微话题“走红藏族小伙想当赛马王子”阅读量超过 2 亿次。18 日，成都商报官方微博“@ 红星新闻”发布了丁真签约当地旅游公司的相关视频消息，获得 1800 万次播放量和 28 万次点赞量。随后，丁真努力读书、学习汉语、接受职业培训等消息接连出现，舆情热度随之走高。网民发出“挺好的”“放心了”等评论，对丁真的发展规划表示支持，并祝愿他为家乡多做贡献。21 日，丁真开通新浪微博账号，第一条微博即发布了自己的入职照片，引发第三次舆情起伏。丁真选择为家乡代言的举动备受网民肯定，该条微博点赞量超过150万次。

11月25～26日，甘孜州文旅部门的联动举措引发舆情走势迅猛攀升，舆论视角由对丁真个人的关注转向他的家乡，甘孜旅游成为吸睛亮点。25日，理塘县旅游宣传片《丁真的世界》在互联网上发布，用3分钟时长记录了丁真在家乡与弟弟、朋友一起放牛、赛马的日常生活，其间呈现的雪山、湖泊、白塔、寺庙等川西高原美景引发网民感慨“丁真的家乡比丁真还好看”。该片在三天时间内的播放量超过7亿次，新浪微博微话题“丁真的世界”“丁真的家乡有多美”等微话题共计引发9亿次的阅读量。同时，甘孜藏族自治州旅游局官方微博“@甘孜文旅”、四川省文化和旅游厅官方微博“@四川文旅”接力向大众发出冬游邀请，宣布了“2020年11月15日至2021年2月1日，甘孜州所有景区门票全免”等优惠政策。丁真也首次以理塘县旅游形象大使的身份在理塘旅游路演推介会上亮相。甘孜旅游由此成为热点议题，“四川甘孜A级景区门票全免”“甘孜机票预订量”等新浪微博微话题先后出现，阅读量共计超过4亿次。

11月27～28日，各地纷纷借势丁真宣传家乡的美食美景，政务微博“抢人大战”推动事件舆情热度于28日攀至顶点，祖国壮美河山引发舆论自豪之情。从时间上看，作为丁真的家乡，四川先声夺人“宣誓主权”。针对热点微博话题“以为丁真在西藏”，“@四川文旅”发起微话题“其实丁真在四川”，科普甘孜理塘的地理、人文知识，多角度宣传四川的美食美景和历史底蕴，公众关注视角由甘孜州扩大到四川全省，引发良好反响。网民随后设置了“四川为了丁真有多努力”“四川有什么”等微话题，互动效果进一步增强，上述微话题阅读量共计达到17亿次。随后，针对丁真在媒体采访时表示“最想去的地方是拉萨”，西藏日报官方微博喊话丁真“我们在西藏等你”，并就此设置了“暖阳西藏”“冬游西藏”等微话题。由此，各地“抢人大战”大幕拉开，山东、新疆、浙江、云南、黑龙江、青海、陕西等地文旅部门官方微博先后向丁真展开“花式”邀约，各地的秀美风光和特色物产在互联网上刷屏，“全国各地都在邀请丁真”“邀请丁真来我家乡”等微话题引发热烈围观，网民踊跃参与话题互动为宣传家乡助力。同时，人民日报、中央电视台等中央媒体官方微博也纷纷入场，设置了“由丁真引发的官微大战”“丁真引发的一场连续剧”等微话题，全面梳理事件的时间线，积极评价各地政务微博的引流效果，为舆论关注热度添薪加火。其中，“@央视新闻”发文《“甜野男孩”丁真引发的一场“连续剧”》，阅读量达1000万次，点赞量达55万次。

11月29~30日，事件舆情热度开始走低，新闻媒体引导舆论聚焦时代故事，“建设家乡，助力脱贫”成为核心议题。经过持续数日的网络狂欢，舆论兴奋度逐渐减弱，在新闻媒体的进一步引导下，议题内容深度沉淀，甘孜在脱贫攻坚上做出的努力受到重点关注。29日，媒体微博“@央视新闻”发文介绍了丁真家乡理塘县“2020年2月才正式退出贫困县序列”等情况，认为关注丁真事件需要聚焦主题，更多关注脱贫攻坚及后续工作。文章引发广泛共鸣，新浪微博微话题“关注丁真背后我们关注的是什么”阅读量达2亿次。中央广播电视总台短视频栏目“主播说联播”点评丁真背后的家乡之美“值得更多流量”，引发1300万次播放量和52万次点赞量。同时，《人民日报》、新华社等媒体官方微博从丁真代言家乡的角度发表评论认为，“爱家乡，爱斯土斯民，便能塑造美好时代”。由此，建设家乡，助力脱贫成为舆论热点议题，“脱贫攻坚”“扶贫干部”“全面小康”“乡村振兴”等成为高频词。12月1日开始，事件舆情走势逐步趋降，但舆论对丁真及其家乡依然保持关注热情，事件反映的自然之美、人文之美、时代之美成为常热话题（见图2）。

三　舆论主要议题

（一）媒体观点摘要

1. 真善美是“网红”的价值内核

新浪微博“@新华视点”指出，丁真的质朴与纯真是这个故事的动人之处，“网红”应是真善美的守护者、正能量的传播者，没有健康向上的价

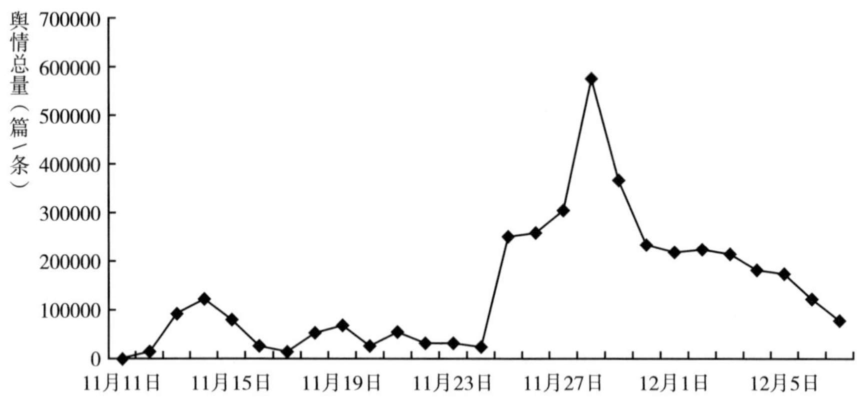

图2　四川甘孜藏族小伙丁真走红网络事件全网舆情走势

值内核，“网红”终将黯然失色。①《科技日报》称，作为网络文化供给者，“网红”应发挥正面积极作用，正如网友点赞丁真时所说的“这才是网红最好的打开方式”。互联网中的美与善将增强人们创造更美好生活的信心和愿望，丁真这样的“网红清流”不妨再多一些。② 湖南日报客户端称，丁真现象既是顶级流量，又是一种真流量和正能量。在规则日趋完善的传播体系中如何挖掘好内容，在创造流量价值的过程中如何实现社会价值、收获个人价值，值得思考。③

2. 脱贫攻坚是丁真故事的底色

新浪微博“@人民日报”说，丁真背后站着无数个真扶贫、扶真贫的扶贫干部，肩上有责任、心中有丘壑，矢志啃掉硬骨头，这是扶贫干部的真我风采，向他们致敬！④ 红网说，丁真走红后，理塘县自信地喊出“欢迎大

① 《辛识平：“丁真”刷屏告诉我们什么》，新浪微博“@新华视点”，https：//weibo. com/1699432410/Jwt7ruq2f? type = comment。

② 胡一峰：《丁真这样的“网红清流”不妨再多些》，《科技日报》2020年12月4日，第8版。

③ 江声：《用好网络流量，丁真式网红不妨多一点》，湖南日报·新湖南客户端，http：//www. hunantoday. cn/article/202011/202011302034401475. html。

④ 《你好，明天》，新浪微博“@人民日报”，https：//weibo. com/2803301701/JyaZ896Gq? type = comment#_ rnd1613698804645。

家来做客”的口号，这份底气背后是层层扶贫政策的落实与众多扶贫干部的付出，正是这些未被看见的幕后英雄让丁真的家乡首先成为“一片汪洋”，然后才能承接住丁真个人庞大流量的引流。[①] 微信公众号“新周刊”称，人们通过丁真看到了一个贫困县的默默努力和所有参与其中的人的善意，这是事件最有意义的地方。[②]

3. 善用流量盘活“美丽”资源

微信公众号“@央视新闻”称，甘孜文旅部门的一系列及时操作，让我们看到了丁真纯真笑容背后的家乡之美，流量引导得好，就会变成正能量。一些欠发达地区有着非常丰富的“美丽”资源，把这些资源盘活盘好，流量才可能长流。[③] 新浪微博“@新华网”称，全国多地热情邀请丁真展开了一场“抢人大战”，过程中既展现了人文关怀，又宣传了当地著名景观，让我们看到了各地发展文旅业的饱满激情和为脱贫攻坚蓄力的良苦用心，这个热点蹭得很巧妙，真该赞一个。[④] 人民网指出，脱贫地区的引流更需善用，“网红”是载体，当地的人文、地理、物资等内容是内核，真抓实干是底气。[⑤]

（二）网民观点摘要

1. 网民评论高频词分析

本研究抽取“@人民日报”“@央视新闻”“@三联生活周刊”“@知书少年果麦麦”“@浪里赤条小粗林”“@捕猹少年小闰土”6家新浪微博账号共400条网民评论进行关键词词频分析。“丁真”“家乡”“旅游”“扶

---

① 王子潇：《爱上丁真的“甜野”，更要看见基层扶贫人的笑容》，红网，https://hlj.rednet.cn/content/2020/12/13/8699929.html。

② 马路天使：《丁真背后，一个贫困县低调的努力》，微信公众号“新周刊”，2020年12月3日。

③ 《主播说联播丨今天，海霞要说点关于流量的事》，微信公众号“央视新闻”，2020年11月28日。

④ 秦川：《为家乡代言的丁真　真该赞一个》，新浪微博“@新华网”，https://weibo.com/2810373291/Jw91WsCB3?type=comment#_rnd1613700908654。

⑤ 张谢君、王佳：《丁真背后的扶贫话题观察　网红引流后还需善用》，人民网，http://sd.people.com.cn/n2/2020/1207/c373025-34460226.html。

贫”出现频率最高，词语之间的内容关联度也很紧密，其中的丁真代言家乡、扶贫改变家乡、旅游助力扶贫等成为焦点议题。“甘孜”“理塘”“网红”“流量”“美好”“纯真”等词，反映了丁真代言家乡的举动对提升当地知名度的显著作用，也可以看出网民对此举动的评论视角和所持态度。“脱贫”“精准”“付出”“青春”“厚积薄发”“默默无闻”等词，体现了网民对各地扶贫工作和扶贫干部的积极关注和高度评价。“真好”“感动”“大好河山”“民族团结”“四川”“西藏”“新疆”“兵马俑”等词，是各地借势宣传文旅品牌的效果呈现（见图3）。

图3　四川甘孜藏族小伙丁真走红网络事件网民评论高频词

2. 网民观点分析

（1）点赞各地联动宣传（33.75%）

33.75%的网民为各地借此机会宣传本地文旅品牌点赞。其中，四川文旅部门省州县三级联动宣传当地美食美景备受关注和肯定。有网民说，四川的这波操作“快准狠”，抓住时机良好引流，后续跟进发力旅游行业，有水平！有网民说，理塘的宣传片拍得太美了，当地的旅游优惠大礼包也非常给力，我想去看看。此外，各地的“抢人大战”也被热烈围观，网民纷纷参与线上的家乡推介，引发积极反响。有网民说，这真是非常棒的连锁反应，喜欢每个地方的人们为自己家乡努力的样子，这种情感很打动人，希望各地正在巩固脱贫攻坚的“小马们”都能跑第一！有网民说，这更像全国人民一起开的联欢会，每个人都想为自己生长的地方点亮一束光，大家为了更好的生活一起努力的感觉真好。还有网民说，各地官微的晒图大战让我隔屏领略了祖国的壮美河山，感受到了民族团结和国泰民安，我向往的不是丁真，而是这个丰富多彩的世界。

（2）支持丁真代言家乡（26.75%）

26.75%的网民被丁真选择为家乡代言所触动。有网民说，正确制造流量和使用流量就是正能量，每一个红了的明星或者网红，用自己的力量创造更多社会价值才是流量的意义。有网民说，这才是值得热搜的网红经济，有个人利益之所在，也有真正的家国情怀，格局放大才能走得坚强而有力量，才能实现想要的美好。有网民说，希望越来越多的“丁真”踊跃在网络上，不因流量而迷失自我，保持应有的那一份纯真、乐观和积极，为家乡代言，努力为脱贫攻坚事业贡献力量，这才是“网红”打开的最好方式。还有网民说，我现在离开家乡是为了更好地回去，我努力的目的不是为了摆脱贫困的家乡而是让家乡摆脱贫困，生养我的土地永远值得更好的爱护。

（3）致敬脱贫攻坚（20.75%）

20.75%的网民发出了“了不起”“辛苦了”等评论，向脱贫攻坚和扶贫一线的工作者们致敬。有网民说，机会垂青了已经做好准备的理塘。说点浪漫的，理塘是一块土地，扶贫干部是耕地的农民，丁真是这片土地上开出的花，不为丁真的一夜爆红感到诧异，只为理塘的基层扶贫干部点赞。有网民说，中国扶贫是动真格的，村村通公路、特色产业发展、便捷物流、无线网络，贫困地区的变化（真实）可见。这是落到实处的精准扶贫，是所有扶贫干部辛苦付出得到的反馈，是国家实现决胜全面小康生活的信心。还有网民说，我的爸爸被选派到凉山州扶贫，现在凉山州所有贫困县全部摘帽了，我心里油然而生一股骄傲和快乐。

（4）建言甘孜完善旅游服务（13.00%）

13.00%的网民建议甘孜州有关部门要完善旅游配套设施和服务。有网民说，甘孜要爱惜羽毛，别赚快钱，不要做成一锤子买卖。有网民说，当地要做好旅游接待工作，加强对治安、物价、食品安全、住宿卫生等的规范管理，不仅让游客看到美景，也感受到真诚，珍惜机会打响川西旅游的名号。还有网民说，要考虑大量游客涌入之后的环境承载力问题，希望能保护好这片净土，避免对原生态的人为破坏。

（5）呼吁不要过度炒作（5.75%）

5.75%的网民呼吁不要过度炒作，不要打扰丁真及其家人。有网民说，丁真是一个不经世事、心思单纯的普通少年，我们要对他多一些温和、耐心、宽容与善意。有网民说，愿丁真不被流量绑架，不被过度消费，继续在自己的世界里纵马驰骋，脚踏实地，向阳而生（见图4）。

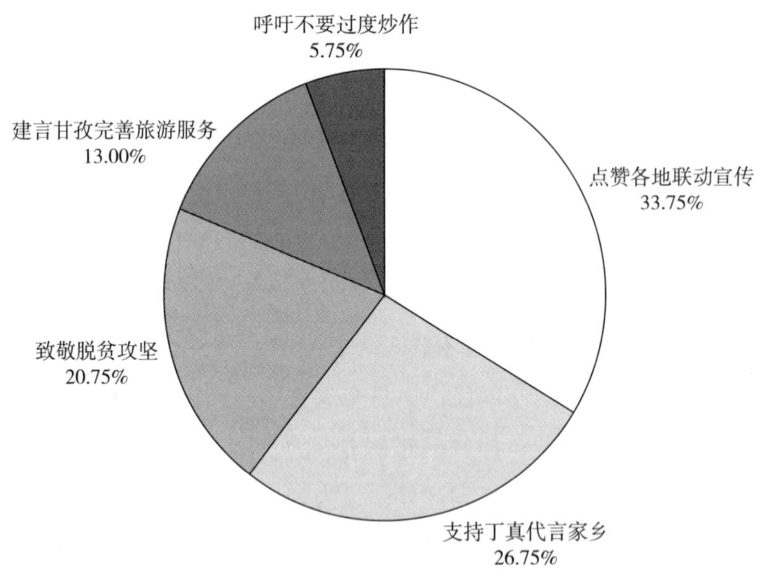

图4　四川甘孜藏族小伙丁真走红网络事件网民观点分布（抽样400条）

四　事件启示

2020 年，四川甘孜藏族小伙丁真走红网络事件成为现象级传播事件。事件跨平台、跨媒体、跨地域传播，衍生话题内容丰富、视角多元，产生了超过百亿次的新浪微博微话题阅读量，达到了从短时“大流量”到长效“正能量”转变的舆论效果。从传播节点看，丁真走红是由一条抖音短视频引发的偶然性事件，是 UGC（用户生产内容）营造出的“甜野男孩”。事件初始，丁真舆论形象囿于“网红”固化标签，在商业绑架、流量异化等争论中前景并不明朗。但很快，随着政府部门和各级新闻媒体的 PGC（专业生产内容）深度运作，将事件热度与地方品牌营销巧妙结合，推动舆情热度持续正向走高，给川藏地区的产业扶贫、旅游消费、直播带货等带来显著利好。

从传播效果看，新媒体思维给舆论宣传引导注入新活力，丁真家乡各级政府部门和新闻媒体在打造品牌 IP、做好内容输出、创新表达方式、重视价值观共鸣等方面的积极做法值得借鉴。如，理塘县有关部门聘任丁真做理塘旅游形象代言人，准确定位了“丁真 IP”的地域特质、社会价值和正面形象，成功纠偏了丁真走红之初的“资本化”“娱乐化”人设，再通过宣传片《丁真的世界》等优质内容输出，从丁真的视角带领受众走进理塘，强化了丁真和家乡之间密不可分的关系，也增加了丁真、理塘的舆论认知度和好感度，为旅游宣传打下良好基础。各地政务微博通过清新活泼的文辞“玩梗”蹭热度，为当地特色资源卖力“打 call”，“丁真撞脸兵马俑”“丁真的兄弟姐妹在云南”“湖北有最美的丁真同款耳坠”“丁真肤色跟热干面挺像的”等议题设置俏皮幽默又真诚务实，展示了政务新媒体的创新活力，也进一步激发了舆论情感共鸣。各级新闻媒体充分发挥新媒体渠道优势和传统媒体的深度报道能力，敏锐把握事件内核，让政府部门的扶贫工作从幕后走向台前，为各地打赢脱贫攻坚收官之战营造浓厚氛围。

B.9
多地恐慌性抢购粮油事件的舆情分析

刘文硕　刘海潮*

摘　要：2020年3月下旬以来，随着新冠肺炎疫情在全球蔓延，多国发布粮油产品出口禁令，FAO 等国际机构也对部分国家和地区可能出现的粮食安全问题发出预警。国际粮食市场的不利形势给国内舆论造成一定影响，部分地区出现抢购粮油现象，引发舆论高度关注。对此，3月底4月初，多地政府和国家有关部委密集发声，释放国内"粮食库存充足"的信息，推动舆情热度于4月4日升至顶点。之后，民众消费趋于理性，舆情热度迅速下降并逐渐平息。事件舆情应对效果表明，政府部门快速翔实的信息公开是有效消解舆论恐慌、稳定民心的关键。

关键词：粮食安全　粮食储备　粮食危机　粮食出口　囤粮

一　事件经过

2020 年 3 月以来，新冠肺炎疫情在全球蔓延，部分国家调整粮食出口政策。22 日开始，哈萨克斯坦、越南、俄罗斯、埃及、柬埔寨等国先后针对小麦、稻米、豆类、葵花籽等农产品及制品发布禁止出口或限制出口令。[①] 30 日，

---

* 刘文硕，麦之云（北京）信息咨询有限公司舆情分析师，主要研究方向为网络舆情；刘海潮，麦之云（北京）信息咨询有限公司舆情分析师，主要研究方向为网络舆情。

① 吴亦涵：《多国禁止农产品出口后粮价要涨？农业股能买吗？专家这么说》，微信公众号"中新经纬"，2020 年 4 月 2 日。

新华社以《联合国称新冠疫情或引发粮食危机》为题，援引联合国粮农组织官网消息称，应快速采取行动缓解疫情蔓延对整个粮食体系的影响，保证全球粮食供应链通畅，“否则我们面临粮食危机迫近的风险”。[①] 在此期间，恐慌情绪传导至国内，一些市民担心粮食涨价或出现“粮荒”，纷纷抢购粮油。

3 月 31 日开始，针对恐慌性粮油抢购现象，湖北、甘肃、四川、浙江、安徽等省多地政府部门通过官网官微和新闻媒体发声，介绍当地粮油储备充足和市场价格等情况，发布哄抬物价的举报方式，呼吁民众理性消费。

4 月 2 日，商务部召开网上例行新闻发布会，针对我国粮食供应情况回答记者提问，指出“消费者完全没有必要担心粮食供应短缺及价格大幅上涨问题，无须集中批量购买在家中囤积粮食”。[②]

4 月 4 日，国务院联防联控机制召开新闻发布会，介绍做好疫情期间粮食供给和保障工作情况。农业农村部、国家粮食和物资储备局通过列举全国粮食产量、人均粮食占有量、粮食库存量、谷物进口量等翔实数据，对我国粮食安全保障能力和粮油市场供需情况进行全面解读。

4 月 6 日开始，各地囤粮现象逐渐消退，市民购物秩序恢复正常。

二　事件舆情走势

据监测，自 2020 年 3 月 26 日至 4 月 8 日，多地恐慌性抢购粮油事件的舆情总量为 11.69 万篇（条）。其中，微博 5.89 万条，占舆情总量的 50.43%；客户端 3.22 万篇，占 27.54%；微信 1.52 万篇，占 12.99%；新闻 9556 篇，占 8.18%；论坛、博客 1002 篇，占 0.86%（见图 1）。

从事件舆情走势看，3 月 25 ~ 30 日，国际粮食市场异动成为舆情“导火索”，国内缺粮谣言和粮油抢购现象推动事件舆情热度逐步走高。3 月 25

① 卜晓明：《联合国称新冠疫情或引发粮食危机》，新华社客户端，https：//xhpfmapi.zhongguowangshi.com/vh512/share/8997814？channel = weixin。

② 《商务部召开网上例行新闻发布会（2020 年 4 月 2 日）》，商务部网站，http：//www.mofcom.gov.cn/xwfbh/20200402.shtml。

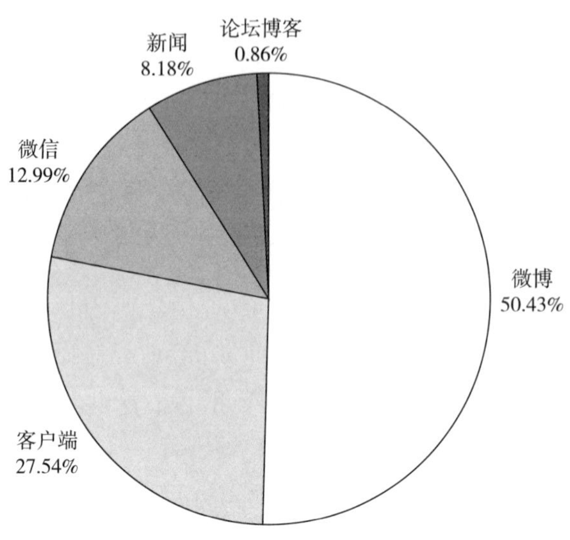

图 1　多地恐慌性抢购粮油事件各类媒体话题量占比

资料来源：农业农村部三农舆情监测管理平台、新浪舆情通。（下同）

日开始，新浪财经、《新京报》、界面新闻等媒体通过原发消息或转发彭博社、《联合早报》等国外媒体消息，对部分国家的粮食出口禁令予以跟进汇总报道。随后，“越南宣布停止大米出口”“多国因疫情禁止粮食出口”“全球多国禁止粮食出口”等微话题在新浪微博中接连出现，阅读量共计达 1.5 亿次。由此，讨论国内粮食供应和粮食价格相关的自媒体文章频现互联网，出现了“要不要囤粮”等观望心态，“囤粮要趁早”“最少囤粮三个月”等言论逐渐增加，“囤米告示”“粮库告急”“粮油食品将紧缺”等网络谣言也在微信朋友圈中扩散。3 月 30 日，联合国粮农组织官方网站消息成为新的关注点，新浪微博微话题“联合国称新冠疫情或引发粮食危机”“联合国预警粮食危机”等的阅读量迅速突破 2 亿次。在此形势下，市民扎堆在商超大批量抢购粮油的图片和视频在新浪微博、短视频平台等社交媒体中明显增多，“抢购粮油”从线上讨论转为线下行动。

3 月 31 日 ~4 月 1 日，多地政府密集发声，事件舆情热度快速上涨。3 月31 日白天，“抢购粮油”相关的图文视频消息继续成为关注热点，“多

地出现抢米抢油”“市民疯抢大米一次买半年量”等相关微话题和视频消息引发了数百万次的阅读量和播放量。当日晚间开始，湖北鄂州、湖北黄石、甘肃临夏等地政府部门率先发声，四川、重庆、浙江、安徽等省份的政府部门也于次日接连发布官方回应，“库存充足”“供给宽裕”“价格稳定”等成为传播关键词，“不要盲目跟风抢购”的舆论呼声渐涨，新浪微博微话题“多地辟谣称不必抢米抢油”的阅读量达6400万次。

4月2~4日，相关部委接连进行权威回应，舆情走势再度攀升。2日，商务部在例行新闻发布会上做出“国际市场对我国粮食供应的影响很小”“消费者无须家中囤积粮食”等回应，引发舆情走势再次上扬。4日，国务院联防联控机制新闻发布会消息引发全媒体报道，“口粮绝对安全有保障”成为核心表达，“定心丸”成为新闻标题中的重点设置，事件舆情热度由此攀至顶点。发布会通报的“小麦稻谷库存可够全国吃一年”“疫情以来没动用过中央储备粮”等情况在新浪微博中引发多个议题设置，阅读量共计达12亿次，“@人民日报”“@央视新闻”等媒体微博就此发出的“农业农村部：有信心决心端牢中国人饭碗”“农业农村部4句话回应粮食不用囤购”等视频消息，播放量共计3200万次，点赞量共计30万次。

4月6日开始，各地逐渐消退的囤粮现象成为报道重点。《新京报》《证券日报》等媒体走访北京、杭州等地商超，称米面油销售量在下降，多数消费者都非常理性。中国经营报官微设置投票“您觉得有必要囤粮吗?”，共计3.6万人参与，其中77.8%的人认为“没有必要”。事件舆情热度也由此出现明显下降，并于8日趋于平息（见图2）。

三　舆论主要议题

（一）媒体观点摘要

1. 中国粮足价稳，有能力应对国际粮食市场风险

微信公众号“新华社”指出，党的十八大以来，党中央确立了“以我

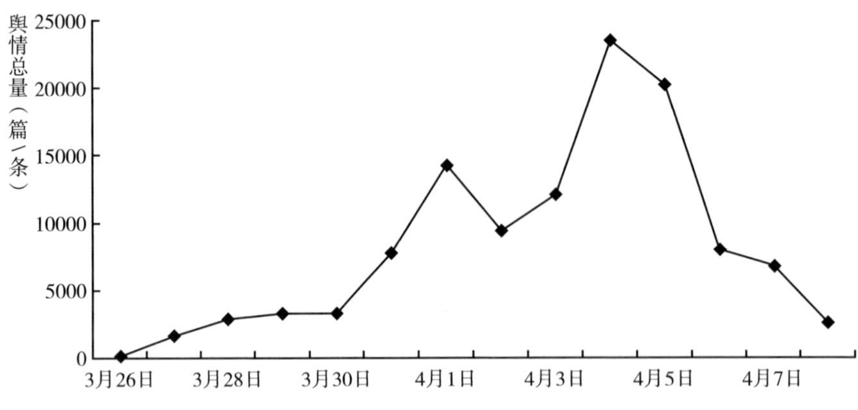

图2　多地恐慌性抢购粮油事件全网舆情走势

为主、立足国内、确保产能、适度进口、科技支撑”的粮食安全战略，提出了“谷物基本自给、口粮绝对安全”的新粮食安全观。国家采取一系列富有成效的政策举措，粮食总产量连续5年稳定在6.5亿吨以上，谷物自给率保持在95%以上，完全能满足人民群众日常消费需求，也能有效应对重大自然灾害和突发事件的考验。①微信公众号“中国科学报”指出，我国三大主粮自给程度很高，粮食生产基础扎实、库存充裕、粮食储备体系完备。新冠肺炎疫情突发以后，中央对粮食生产高度重视，各地保障春耕的工作落实效果不错，国外粮食出口禁令对国内粮食供应和价格影响不大。我国完全有能力应对国际粮食市场风险，但也要密切关注市场走势，及时发现苗头风险并采取措施。②

2. 粮食安全要靠自己，中国碗必须装中国粮

光明日报客户端指出，此次国内的囤粮风波与部分国家限制粮食出口有直接关联，无论这种关联是否被人为放大，我们都要清醒地认识到，面对全球性公共危

① 王立彬：《多国因疫情限制粮食出口，我们的“米袋子”受影响吗？答案来了》，微信公众号“新华社”，2020年3月29日。

② 李晨：《疫情告急，多国禁止粮食出口？对我国影响几何?》，微信公众号“中国科学报”，2020年3月29日。

机，中国碗必须装中国粮，过度依赖进口，粮食安全就可能出问题。肆虐全球的新冠肺炎疫情让我们对端牢中国饭碗有了更深刻的理解，也坚定了我们坚守耕地红线，实施乡村振兴的政策方向。[①]《农民日报》指出，多国囤粮现象不会影响我国粮食安全，但当今国际现实也警示我们，要清醒地意识到粮食安全是国家安全的基础支撑，是攸关经济社会全局和民生大局的头号问题。在粮食安全问题上要坚持底线思维、立足国内，要通过调动地方抓粮和农民种粮的“两个积极性”，始终把饭碗牢牢端在自己手里。[②]《羊城晚报》指出，虽然我国粮食对外依存度低，但个别品种要依赖进口值得警惕。只有及时调整政策措施，解决粮食结构问题，才能在任何有关粮食的风波面前稳如泰山，波澜不惊。[③]

3. 及时疏导粮食安全焦虑，严惩造谣传谣行为

新华网指出，抢购粮油的人群中有不少经历过缺衣少食的岁月，这样的记忆让他们更为敏感，在真假信息难辨的情况下容易跟风抢购。制止这种不理智行为需要及时有效地开展心理疏导，通过喜闻乐见的方式宣传国内粮食形势，加强对粮食市场监测和统筹调配，并严厉打击造谣生事、哄抬价格等违法行为，增强公众辨别力和判断力。[④]《新京报》指出，国际粮食市场波动传导到国内，使得民众对粮食安全关注度上升，是一种源自本能性的安全意识，但要警惕受非客观信息渲染产生的非理性恐慌情绪和不必要的过激反应，对于民众日常生活以及正常市场秩序都是有益无害的。[⑤]

（二）网民观点摘要

1. 网民评论高频词分析

本研究抽取“@人民日报”“@央视新闻”“@人民网”“@中国新闻

---

① 李思辉：《光明时评：多地抢购粮油？大疫过后更需及时安定人心》，光明日报客户端，https：//m. gmw. cn/baijia/2020－04/02/33709309. html。

② 江娜：《多国囤粮：一堂活生生的粮食安全“警示课”》，《农民日报》2020年4月3日，第1版。

③ 冯海宁：《及时回应“囤粮”传言有定民心之效》，《羊城晚报》2020年4月2日，第A06版。

④ 《盲目囤粮有害无益》，新华网，http：//www. xinhuanet. com/video/2020－04/10/c_1210551234. htm。

⑤ 任然：《“米面随买随有”：淡定面对粮食问题》，《新京报》2020年4月6日，第A02版。

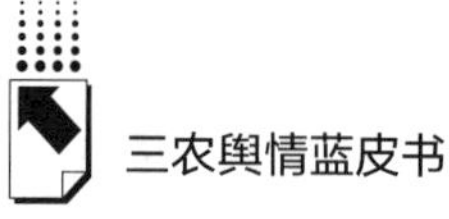

网”“@凤凰网财经”5家新浪微博账号共400条网民评论进行关键词词频分析。从“粮食”“中国”这两个出现频率最高的词可以看出，我国粮食供应保障问题是网民的核心议题。“疫情”“蝗灾”“涨价”“进口”等词体现了网民对新冠肺炎疫情和蝗灾背景下全球粮食供应压力的关注。“谣言”“营销号”“朋友圈”“视频”“老年人”等词体现了网民对恐慌性抢购粮油现象引发原因、滋生平台以及主要关涉群体的讨论。“辟谣”“公信力”“信心”等词反映出网民对政府部门权威回应缺粮谣言的态度。“袁隆平”“农民”“黑龙江”“河南”“充足”“感谢”“安全感”等词反映出网民对广大农民、农业科技工作者以及产粮大省对粮食安全做出重要贡献的肯定。“种子”“化肥”“耕地”“粮价”“补贴”等词反映了网民对提高粮食生产效益的关注（见图3）。

图3　多地恐慌性抢购粮油事件网民评论高频词

2. 网民观点分析

（1）相信国家粮食安全保障能力（27.50%）

27.50%的网民表达了对国家粮食安全保障能力的信心。多地网民介绍本地粮食生产和存粮情况。有的说，这次疫情没有影响春耕，今年家里的小麦长得特别好，还有两个月就要收新麦了，根本不用担心；有的说，今年全国农村地区都大力重视粮食种植，我们老家鼓励早稻种植，有补助，其他老乡也承包了很多，够大家吃的，不用囤粮；有的说，普通农户家里都有存粮，我家现在还没卖的小麦打成面粉两年吃不完，今年的又快下来了。多个产粮大省的网民也为家乡点赞。有的说，河南大粮仓很靠谱，没什么可担心的；有的说，丰收季可以来东北看看，金色粮田一望无际，大农机作业，绝对给你信心。还有网民结合国内疫情防控形势说，新冠肺炎疫情最严重的时候都没断过粮，现在疫情好转全面复工更不用担心没饭吃，经历了这场疫情，更加相信国家，从没想过囤粮。

（2）反映囤粮现象（19.75%）

19.75%的网民讲述了自己周边出现的粮食抢购现象，并调侃“当年囤的盐和板蓝根吃完了吗”。有网民说，我父母的朋友圈已经被抢米刷屏，周围的亲戚都在囤米，而且不听劝。有网民说，我爸妈准备囤一年的米面油，我已经想象到家里扑棱蛾子乱飞的场景了。有网民说，我家镇上超市鼓吹粮食涨价，一群老人哄抢。有网民说，我家开粮油店，本来大米是要掉价的，被抢购后反而上涨了。还有网民说，我们这边的政府连夜发布粮库满载的图片，组织粮食加工和超市配送，超市货架排满，就没人抢了。

（3）讨论缺粮谣言出现原因（15.75%）

15.75%的网民对粮食短缺相关谣言的产生和传播展开讨论，并呼吁严惩造谣传谣者。有网民说，国际粮食形势带来一定的不安，加上信息不对称和碎片化的传播，有些商家趁势制造恐慌诱导消费，导致越抢越慌，越慌越抢。有网民说，这些消息都是非官方性的，主要是网络营销号借机带节奏，推送的视频冠以“震惊全国”“粮食危机”等夸张词语。有些微商群专骗老年人，老年人抱着宁可信其有的态度，成为囤粮主要群体。有网民说，要严厉打击哄抬价格和制造恐慌的人，特别是发朋友圈蛊惑大量囤粮的人。

（4）呼吁重视粮食生产（14.75%）

14.75%的网民呼吁重视农业发展，抓好粮食生产。有网民说，粮食安全是全球面临的严峻考验，我们要高度重视，狠抓农业，未雨绸缪。有网民说，种粮投入大、成本高，种子、化肥、农药、管理、收割等处处要钱，还要多关心种粮人，推进强农惠农政策，保障粮农收益，提高种粮积极性。还有网民反映了“稻田种树”“耕地开发房地产”“良田变公路”等问题，认为耕地是粮食安全的根基，呼吁警惕耕地非农化、非粮化现象。

（5）肯定政府部门的回应（11.50%）

11.50%的网民对有关部门和多地政府的密集发声、权威回应表示肯定。针对农业农村部、国家粮食和物资储备局等部门通报的“小麦稻谷库存可够全国吃一年”“疫情发生以来没有动用过中央储备粮”等，网民发出“定心丸”“安心了”等评价。有网民说，听到这样的回答让空荡荡的心里有底了，看见这些数据感到很骄傲，中国做到今天真不容易，觉得祖国真好。有网民说，相信党和政府应对重大风险和挑战的能力，这样的辟谣新闻必须转发，已经上热搜了。还有网民说，希望以后这样的辟谣能够更早些，让新闻媒体和网络主播一起参与，直播粮库和商超的储备供应情况，眼见为实更能取信于民。

（6）担忧粮食供应（6.75%）

6.75%的网民对粮食供应情况表示担忧。有网民说，不要太乐观，蝗灾和一些国家停止粮食出口是有目共睹的事实，这个时候在家里存上两三个月的米面完全正常，即便不为防备缺粮，也可以避过阶段性的价格上涨。有网民说，储备粮一定要监管好，数据要核实准确，避免地方虚报，还要注意粮食储存不当发生霉变。

（7）反对浪费粮食（4.00%）

4.00%的网民认为日常生活中更重要的是节粮爱粮，抵制粮食浪费。有网民说，粮食是大自然的馈赠、汗水的结晶，再够吃也要珍惜，节约粮食也是一种贡献，光盘行动从我做起。有网民说，每年餐桌上的食物浪费惊人，有些人吃一半扔一半的坏毛病要改，那些糟蹋粮食的“大胃王”吃播视频要坚决抵制。还有网民说，无度囤粮会造成生虫、发霉、丢弃等浪费行为，我们需要理智消费，共克时艰（见图4）。

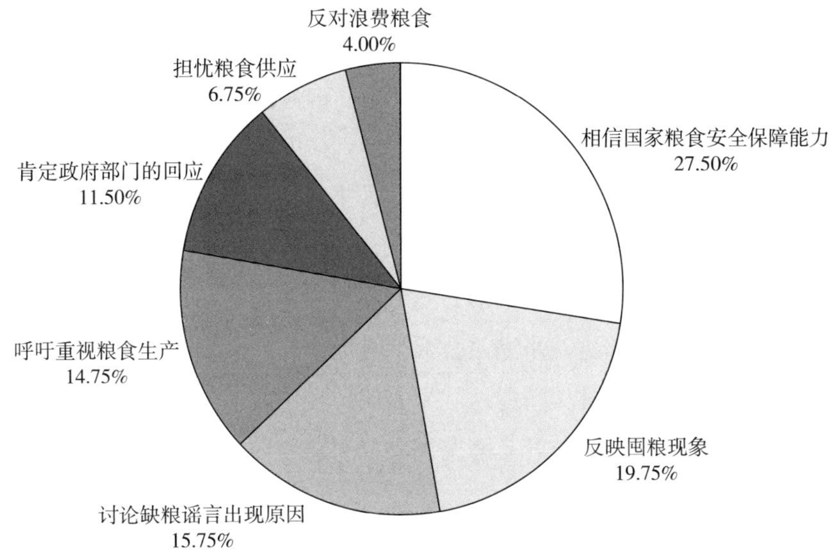

图 4　多地恐慌性抢购粮油事件网民观点分布（抽样 400 条）

四　事件启示

（一）大疫过后更需及时安定人心

从时间上看，多地恐慌性粮油抢购事件发生在国内有效控制新冠肺炎疫情之后，但当时疫情全球蔓延态势以及国际粮食市场异动情况仍给国内民众造成一定心理压力。在恐慌性粮油抢购现象发生前，国际粮食市场的不利形势已经成为互联网上的热点话题，其中不乏“全球性粮食危机”“紧急预警”等言论。在此情况下，国内滋生缺粮谣言或担忧粮食涨价引发群体焦虑，得不到及时有效疏解的群体焦虑又助长了谣言蔓延，进而形成个体恐慌加剧、盲从概率加大的恶性循环，最终出现了抢购粮油的“羊群效应”。由此可见，大疫过后更需要安定人心，政府部门需要及时跟进社会心态变化，主动对接民众焦虑，避免不必要的恐慌情绪引发次生舆情。

（二）以有力信息公开引导舆论

“囤货”和“从众”往往是一些重大公共事件中的伴生现象，是基于对未知恐惧的一种社会心理反应，“囤”的背后一方面反映了担忧物资短缺的不安心态，另一方面也反映出信息不对称带来的心理焦虑。粮油抢购现象出现后，多地政府率先密集发声辟谣澄清，营造强大舆论声势。农业农村部等部门迅速跟进，以新闻发布会的形式充分释放权威信息，用事实和数据进行有针对性的答疑释惑，进一步满足公众信息需求，有效消解了舆论恐慌，抢购现象也很快消失。事件舆情应对效果表明，在突发事件面前，政府部门及时发声、快速翔实的信息公开是稳定民心、平息舆情、引导舆论的关键。

B.10

山东“合村并居”事件的舆情分析

马妍　杨捷*

摘　要：2020年4月下旬以来，山东部分农村地区的合村并居工作遭到村民抵制，相关图文、视频信息在社交媒体中零星出现。随后，专家学者和新闻媒体接连发声，关注其中存在的土地财政依赖、官僚主义等问题。6月17日，山东官方首次回应。6月21日，微信公众号“南风窗”文章引爆舆论，推动舆情热度于22日达到顶点。山东官方随即连续表态，多次强调“尊重农民意愿”。7月3日，舆情热度开始走低并渐趋平息。事件反映出建设回应型政府的重要性，地方政府部门应通过决策与民意的良性互动，让公共政策在多元化的利益关系中获得民众支持。

关键词：山东　合村并居　村庄布局　乡村建设　农民上楼

一　事件经过

2020年4月下旬以来，山东滨州惠民县部分农村地区的合村并居工作遭到村民抵制，相关图文、视频消息在社交媒体中零星出现。

4月30日，山东省自然资源厅召开《山东省村庄布局专项规划》等项

* 马妍，麦之云（北京）信息咨询有限公司舆情分析师，主要研究方向为网络舆情；杨捷，麦之云（北京）信息咨询有限公司舆情分析师，主要研究方向为网络舆情。

目和技术规程专家研讨会，研究修改完善相关内容，编制全省村庄布局专项规划，制定全省合村并居规划指引。①

5月中旬至6月中旬，贺雪峰、温铁军等乡村研究学者，以及《经济日报》《中国新闻周刊》等新闻媒体先后发声，关注山东合村并居中的土地财政依赖、官僚主义等问题。

6月17日，在山东省“打造乡村振兴齐鲁样板有关情况”新闻发布会上，省自然资源厅、财政厅、农业农村厅负责人针对合村并居工作进行回应，表示“没有大规模的大拆大建”“不存在运用土地增减挂钩政策增加地方财政收入的情况”，明确“坚决把维护农民利益放在第一位”“纠正偏差不搞一刀切”。②

6月21日，微信公众号“南风窗”刊发武汉大学中国乡村治理研究中心研究员吕德文的文章《山东合村并居的真实情况》。文中列举了山东部分地区合村并居推进过程中存在的断水断电、砸玻璃、放鞭炮，以及“不签字影响子女上大学、考公务员”“体制内的亲戚朋友完不成动员任务不能回去上班”等乱象，还反映了村民“倒贴十万才能住进楼房”“在田间地头搭窝棚居住”“腿脚不便、避免家庭矛盾的老人无奈住车库”等问题。③

6月26日，山东省委副书记、代省长李干杰在潍坊调研农村社区建设时强调，“要充分尊重农民意愿，搬不搬、建不建，群众说了算，不能强迫命令，不能增加群众负担”。④

6月27日，山东省召开美丽宜居乡村建设视频会议，省委书记刘家义强调推进美丽宜居乡村要“更加注重维护群众利益”“更加注重顺应群众意

---

① 《山东将编制全省村庄布局专项规划，稳妥推进合村并居》，微信公众号“中国山东网”，2020年5月7日。

② 《山东回应“合村并居”：做到“五个坚持”，不搞强迫命令“一刀切”，不能增加农民负担》，百度百家号“中国山东网”，https：//baijiahao. baidu. com/s? id = 166977555514491259 0&wfr = spider&for = pc。

③ 吕德文：《山东合村并居的真实情况》，新浪微博“@头条新闻”转载自南风窗，https：//weibo. com/ttarticle/p/show? id = 2309404518545357668463。

④ 《李干杰到潍坊调研农村社区建设》，微信公众号“大众日报”，2020年6月26日。

愿”等八个“注重”。①

6月29日，山东滨州市纪委通报了惠民县麻店镇在推进美丽宜居乡村建设工作中存在的形式主义、官僚主义问题，5名干部被问责。②

二 事件舆情走势

据监测，自2020年4月24日至7月4日，事件的舆情总量为16.47万篇（条）。其中，微博10.40万条，占舆情总量的63.1%；客户端2.78万篇，占16.9%；微信1.46万篇，占8.9%；论坛博客1.07万篇，占6.5%；新闻7540篇，占4.6%（见图1）。

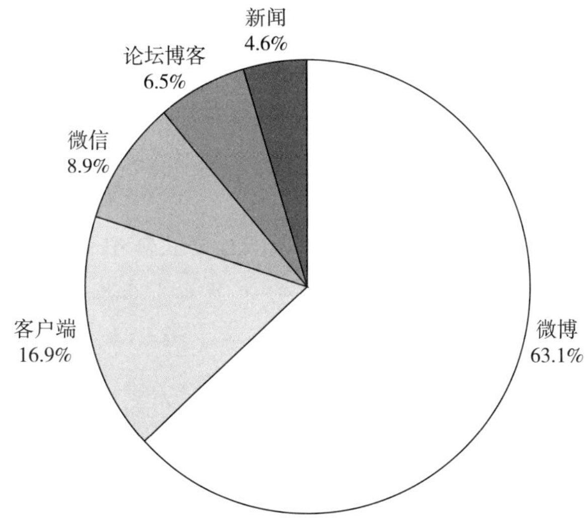

图1 山东“合村并居”事件各类媒体舆情量占比

资料来源：农业农村部三农舆情监测管理平台、新浪舆情通。（下同）

① 张国栋、李子路：《山东省召开美丽宜居乡村建设视频会议》，微信公众号“大众日报”，2020年6月27日。

② 《关于惠民县麻店镇在推进美丽宜居乡村建设工作中形式主义官僚主义问题的通报》，山东滨州市纪委监委网站，http://www.bzjjw.gov.cn/d/file/bgt/bgt/2020-06-29/eb5bf0e552c7acdcd9508b531f12b010.pdf。

从事件舆情走势看，4 月 24 日 ~5 月 5 日，事件相关苗头性问题渐显，但舆论声量小、关注度低，并未引发舆情波澜。山东省内网民和自媒体是主要信源发布者，合村并居推进过程中存在的粗暴强拆、先拆后建、补偿低等是集中反映的问题，山东惠民县是主要关涉地区。新浪微博“@看滨州”“@山东快一点”等自媒体账号，发布了山东惠民县姜楼镇兰家村、魏集镇翟卜村村民集体抵制合村并居的相关图文、视频消息，视频最高播放量达 3 万余次。

5 月 6 日 ~6 月 4 日，事件舆情走势低位震荡，省内媒体报道成为燃点，乡村研究学者发声引领舆论走向，否定山东合村并居成为社交媒体中的主要态度倾向。5 月 6 日，山东省自然资源厅官方网站发布消息，介绍了 4 月 30 日召开的专家研讨会相关情况。5 月 7 日，齐鲁网等省内媒体在各媒介平台进行二次传播，舆情走势由此上扬，“山东将编制全省村庄布局专项规划，稳妥推进合村并居”成为主要标题设置。5 月中旬开始，贺雪峰、温铁军等乡村研究学者接连对山东合村并居工作提出质疑，其中的“拆农民房子是为了通过增减挂钩获得城市建设用地指标”① “合村并居的深层原因是房地产泡沫‘出清’”② 等观点成为传播重点。社交媒体中，网民反对合村并居的跟帖评论也大量出现。一些自媒体广泛汇总上述学者和网民观点进行二度创作并广为传播，合村并居因此形成“政绩工程”“面子工程”等刻板印象，否定声音成为舆论主流。

6 月 5 ~16 日，事件舆情走势波动上扬，主流媒体介入报道强调“尊重农民意愿”。6 月 5 日开始，主流媒体相关报道逐渐增加，《经济日报》《中国新闻周刊》等媒体集中关注了山东合村并居中存在的土地财政依赖、官僚主义等问题，强调“尊重农民意愿”“不能强制农民上楼”。

6 月 17 ~20 日，山东官方首次回应引发关注热度升温，但舆论态度未现明显改观。“山东政事”“青春山东”等微信公众号以《山东回应“合村

---

① 贺雪峰：《山东合村并居何必拆农民房子》，微信公众号“新乡土”，2020 年 5 月 13 日。

② 《温铁军教授痛斥“合村并居”：大危机下，有点责任感好不好?》，微信公众号“天地农大”，2020 年 5 月 26 日。

并居”》为题，介绍了山东省有关部门在17日新闻发布会上的回应，阅读量均突破10万次。“没大拆大建”“不搞强迫命令”“不能增加农民负担”等具体回应内容，成为新闻标题中的重点。但从跟帖评论看，网民对合村并居的否定态度并未因此改观。

6月21～25日，事件舆情进入高热阶段，新闻媒体刊文引爆舆论，自媒体短视频成为助燃剂。微信公众号“南风窗”文章《山东合村并居的真实情况》迅速在各媒体平台大量传播，推动事件舆情热度直线攀升，于22日达到最高点。文章反映的违背民意、简单粗暴等问题备受关注。新浪微博“@头条新闻”转发该文后，一天时间内的阅读量突破348万次。同时，在社交媒体和短视频平台中，亲历合村并居的村民也接连发声，先拆后建居无住所、补偿低担心越拆越穷等问题被集中呈现，助力舆情热度升温。凤凰网风视频、新浪微博“@赵先德”等发出的相关短视频，播放量共计190万次。此外，《人民日报》《环球时报》等媒体纷纷发出评论文章，合村并居的法律约束和制度完善成为热点议题。

6月26日～7月3日，山东官方连续表态亮明政策底线，舆情走势出现两次递减式起伏。26日，《大众日报》报道了山东省委副书记、代省长李干杰调研农村社区建设相关情况，其中对“充分尊重农民意愿”的强调成为传播重点，事件舆情走势再次上扬。27日，山东省委书记刘家义在美丽宜居乡村建设视频会议上的讲话引发高度关注，推动舆情热度于次日出现第二个峰值。新浪微博“@人民日报”设置微话题“山东省委书记回应建设美丽宜居乡村工作”，阅读量达1.2亿次。人民日报客户端发文《山东省委书记刘家义：决不能把民心工程搞成“民怨工程”》，浏览量达107.8万次。7月2日，新京报等媒体集中报道了山东滨州市纪委对惠民县麻店镇相关问题的处理通报，舆情热度再度升温。总体看，山东官方连续表态，多次重申“尊重农民意愿”，亮明了政策底线，舆论对此表示支持。但从跟帖评论看，网民对合村并居的否定态度依然没有明显改变。7月3日，由于未现事件相关新发消息，舆情走势开始走低并渐趋平息（见图2）。

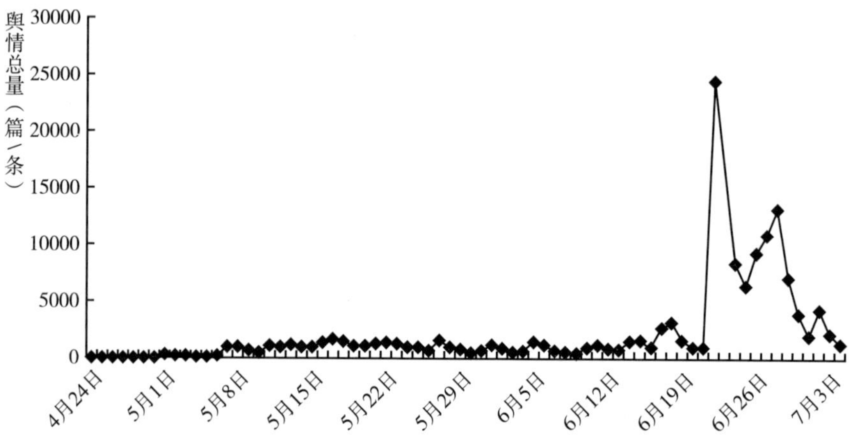

图2　山东“合村并居”事件全网舆情走势

三　舆论主要议题

（一）媒体观点摘要

1. 乡村建设不能搞大拆大建

人民日报“麻辣财经工作室”指出，建设美丽宜居乡村不是为了完成任务指标，不是平地起高楼，更不是大拆大建，集约化不能损害乡村的美丽。民心工程就是老百姓打心眼里赞成，并积极参与从中受益。[①]《新华每日电讯》指出，乡村稳则社会稳，乡村稳定源于农民生活稳定。目前全国农民居住条件普遍较好，农村建筑投入了农民多年的储蓄和大量的社会财富，强制改变乡村面貌、推动农民上楼将给农村社会发展带来系统性风险。从农民利益保护、生态环保绿色发展角度看，全盘大拆大建不应成为乡村建

① 李丽辉：《建设美丽乡村，不能走“大拆大建”的路子》，人民日报中央厨房－麻辣财经工作室，http：//env. people. com. cn/n1/2020/0630/c1010－31764295. html。

设主流形态。[①]《经济日报》指出，合村并居是盘活农村闲置土地的一种手段，但不是每个地方都适合推行。我国还有相当多的农村地区以农业为主要产业，要准确把握乡村差异性和发展分化特征，如果照搬城市做法一哄而上，将破坏村民共同生产、共同生活、共同组织的基础，也违背乡村振兴和新型城镇化的要义。[②]

2. 合村并居须合法合规

人民日报客户端指出，合村并居初衷是好的，但个别地方在实际推进过程中漠视群众、背离法治，暴露出长官意志、替民做主等问题，结果把好事办成了让群众失望的蠢事。正式颁布的《中华人民共和国民法典》高度聚焦公民权利保障，各地在合村并居推进过程中务必对标对表，把法典精神落到实处，把法治政府建设的要求落到实处。[③]《环球时报》指出，合村并居对于农村地区是一个实际的政策选项，但目前乱象不少，造成很多地方“有新房无新村，有新村无新貌”。国家应该在各地试点经验的基础上，尽快出台顶层意见，明确合村并居的原则、范围、补偿标准等关键问题，对村庄撤并做法进行规范。[④] 微信公众号“微观三农”指出，合村并居，法无授权不可为，偏离政策不可为。要想成为民心工程，就必须合法合规，真心实意、设身处地为农民着想，让农民得利。[⑤]

3. 合村并居不能一刀切式叫停

微信公众号“半岛都市报”指出，对于合村并居既不要一刀切运动式推行，也不要一边倒简单化反对和否定，更不能对正在实施的项目不计后果地叫停。要立足本区域的自然禀赋、产业优势、财政水平、农民收入等基础

---

① 桂华：《警惕激进“拆村并居”给农村带来系统性风险》，《新华每日电讯》2020 年 6 月 11 日，第 7 版。

② 乔金亮：《合村并居，绝不能强制“农民上楼”》，《经济日报》2020 年 6 月 5 日，第 3 版。

③ 徐隽：《合村并居问题，能否在民法典里找到答案?》，人民日报客户端，https：//wap.peopleapp.com/article/5645516/5567928。

④ 郑风田：《“合村并居”，好事为何办坏》，环球时报－环球网，https：//opinion.huanqiu.com/article/3ylPXP2EplJ。

⑤《“合村并居”，决不能“脱轨”》，微信公众号“微观三农”，2020 年 6 月 30 日。

条件，科学稳妥地探索推进。[①] 红网指出，合村并居过程中出现负面效果要具体情况具体分析，判断是工作方法不当引发的，还是与当地情况不符导致的。如果确实不符合当地实际情况就要果断停止，如果因为工作方式错误就要及时纠正改进。不能出现问题就认为合村并居是错误的、不适用任何地方，不分情况地一律叫停，同样属于形式主义、官僚主义作风。[②]

（二）网民观点摘要

1. 网民评论高频词分析

本研究抽取"@人民日报""@侠客岛""@北京头条""@凤凰周刊""@观察者网""@观视频工作室""@杜建国微博""@戴微知著"8家新浪微博账号以及网易网、腾讯网、凤凰网3家门户网站共400条网民评论进行关键词词频分析。从"农村""农民""房子""楼房""生活"等高频词可以看出，山东合村并居给当地农民生产生活带来的影响是网民关注焦点。"形式主义""一刀切""操之过急"等词，总体反映出网民对合村并居工作的态度和评价。"倒贴""强拆""豆腐渣""窝棚""断水断电"等词，是网民对合村并居推进过程中存在问题的描述。"养老""教育""医疗"等词，体现出网民对农村社会保障的重点关注。"特色""小院""基础设施""因地制宜""乡愁"等词，反映出网民对美丽乡村建设的讨论和建言（见图3）。

2. 网民观点分析

（1）反映合村并居推进过程中的问题（25.25%）

25.25%的网民反映了合村并居推进过程中存在的一些具体问题。从抽样跟帖的账号属地看，山东省网民居多，反映的问题主要集中在以下五方面。一是安置补偿低。网民反映了"拆房一平方米补900元，新房一平方米卖

---

① 李继凯：《山东"合村并居"不要一刀切式的否定》，微信公众号"半岛都市报"，2020年6月15日。

② 赵银春：《叫停合村并居不能"一刀切"》，红网，https：//moment. rednet. cn/pc/content/2020/07/04/7595831. html。

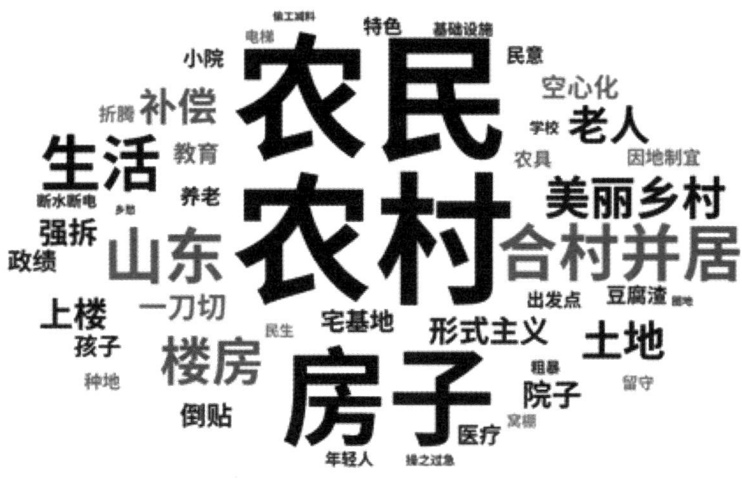

图3　山东“合村并居”事件网民评论高频词

2600元”“宅基地不算钱，四合院只算正屋面积”“家里二三百平方米的院子换不上一百平方米的回迁房”“光买房就得倒贴十几万元，装修又得十几万元”等问题，认为拆迁加重了生活负担。二是安置房质量差。网民描述了“掉墙皮”“墙面裂纹”“房子漏水”“地暖管道装反了”“家里不见阳光”等问题，认为安置房“偷工减料”“糊弄人”。三是上楼后的生活不方便。有网民反映了“离自家农田远”“老人爬不上楼只能住车库”“三代人挤一套房”“农具化肥种子没处放”“没地方种菜养鸡”等情况，认为还是原来的农家小院住着舒服。四是先拆后建安置难。网民反映了“已经拆了三年，现在地基都没打”“在地里搭个窝棚住，回迁房还是一片荒地”“租房等安置遥遥无期”等情况，发问“何年能居有定所?”。五是粗暴强拆违背民意。有网民反映了“农田被挖”“半夜砸玻璃”“编制内上班的不拆房子停职开除”“村民投票走过场”等乱象，呼吁警惕合村并居演变成“扒农民房子运动”。

（2）合村并居好事没办好（22.25%）

22.25%的网民认为合村并居是好政策，但是执行落实变味了。有网民说，一些村子位置偏僻，空心化严重，拆了合并无可厚非，但一些地方操之过急，“一刀切”必然会激发很多矛盾，强制也很难得民心。有网民说，政策出于好意，但不能用官僚主义那一套执行。要站在农民角度考虑问题，用充裕的时间和完善的计划疏导困难，切实让大家看得见好。有了吸引力，不需要强迫，人民群众会自愿接受。还有网民说，有的地方搞得非常好，有的地方搞得很差，两极分化严重，这才是问题所在。

（3）建言美丽乡村建设（18.50%）

18.50%的网民借此对美丽乡村建设展开讨论和建言。有网民说，建设美丽乡村不是只有一个标准，不应千篇一律，乡村景观不要朝城市化、西洋化方向发展。要留住乡村的特色和风貌，留住绿水青山和乡愁，美丽村庄应该是多元化之美。有网民说，美丽乡村不是让大家都住楼房才美，院子是田园生活的标志，也是农民最朴实的情感寄托。现在的农村人居环境越来越好，比起让农民上楼，更应该在农村基础设施建设上多下功夫，让农家小院有更多的幸福味道。还有网民说，新农村不只在于外表的新，更关键的是提高农民的生活质量和精神风貌，让就业、教育、医疗、养老更有保障。乡村美丽不美丽，要由村民说了算，外表看上去再高大上，农民心里觉得不方便不舒服，那还是不美丽。

（4）合村并居政策不符合实际（17.75%）

17.75%的网民认为合村并居政策脱离群众，不符合农村实际。有网民说，现阶段一些农村地区的贫困落后不是居住条件差导致的，而是产业发展乏力。真为农民考虑，根本上还是要发展产业致富，让他们有可期待、可持续的收入增长。别搞面子政绩，别靠土地发财，别薅农民“羊毛”。有网民说，应该尊重农村人的想法和生活方式，现在村里家家户户基本上都把之前的老房子翻新了，有的甚至刚盖好，拆了重建真没必要，老百姓也没有这个财力。还有网民说，农村不仅是居住场所，还是一套物质、文化和社会生产以及保障体系，缺乏稳定就业、与农业脱节、上万人集聚的陌生人社区，不仅自身治理难度很大，还会成为社会波动的放大器。

（5）支持和认可合村并居（12.50%）

12.50%的网民对合村并居工作表示支持和认可，一些山东省内网民介绍了自己或者身边亲友“合村并居”后的生活。有的说，我们村子拆了房

子确实补偿款不多，但是家里院子面积是一平方米换一平方米，基本家家两套房子，有暖气、水电、燃气，物业费一个月交二十多元钱。有的说，我们现在合并的社区周围不是一片荒凉，有医院、超市、幼儿园和快递点，隔段时间还有人专门来为社区里的人体检，60 岁以上的老人可以购买一楼带院的老年房，生活、卫生方面都改善不少。还有的说，我们这儿已经合并好几年了，开始也有很多人反对，但是建成之后大家都感受到了便利，现在发展得挺好，关键是配套要跟上。

（6）列举乡村建设中的形式主义现象（3.75%）

3.75%的网民列举了一些地区乡村建设中存在的形式主义、资源浪费现象。有网民说，户户通硬化好的路面，农村生活污水治理挖开后重新硬化，安装天然气管道又挖开又硬化，安装暖气管道再挖再硬化，反复折腾。有网民说，村里修好了路，通了天然气、自来水，建了冲水厕所，房子院子也装修好了，现在通知要拆了，之前这些基础工程不是白花钱了吗？还有网民说，农民家门口小菜园种的菜都拔了统一种花草，路边的绿化一年换两次，拔了一批又栽一批，美其名曰美化乡村，实则是形象工程，一点意义没有（见图4）。

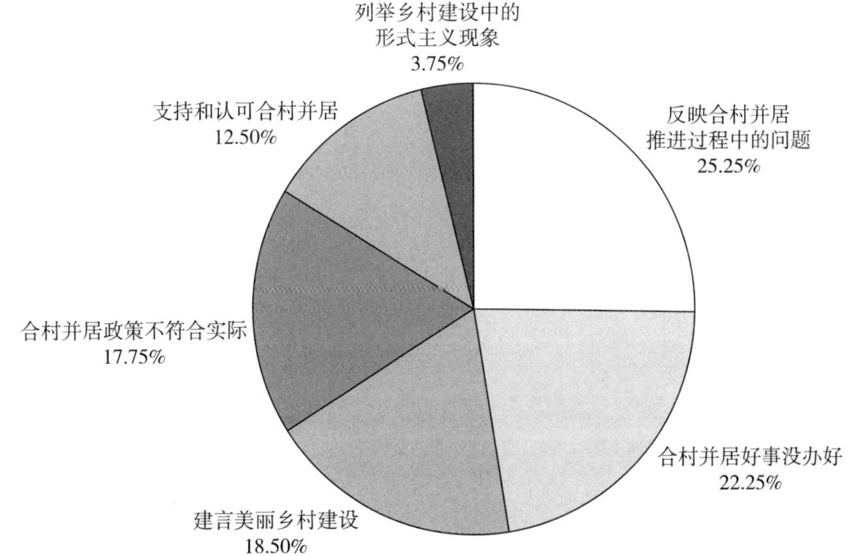

图4　山东“合村并居”事件网民观点分布（抽样400条）

四　事件启示

山东“合村并居”事件舆情热度前后持续长达两月有余，尽管山东政府部门多次明确表态“尊重农民意愿”“维护农民利益”，并对推进工作中的形式主义、官僚主义作风进行问责通报，但反对、质疑当地合村并居工作的舆论风向没有明显改变。其中的一个重要原因在于，山东政府部门没有扮演好“第一新闻发言人”的角色。从官方舆情回应的时间看，山东政府部门6月17日的首次回应，是在事件经历了50多天的持续发酵后做出的，此时的“合村并居”在网民脑海中已经形成“政绩工程”“面子工程”等固化印象，时效性不足使得舆情回应缺乏诚意，舆论反馈效果因此也并不理想；山东政府部门6月26～29日的联动性回应处置，是在事件经历了一次负面舆情的爆发式传播后做出，官方态度坚决、措施严厉，但面对当地合村并居推进过程中确实存在的诸多问题，也难免落入“姗姗来迟”“舆论倒逼”的被动。面对公共政策推行引发的重大舆情，政府部门在舆情发展关键节点上的失语，会被民意边缘化，进而错失表明担当、主导舆论的机会。事件反映出建设回应型政府的重要性，通过主动、及时、有效的政务回应，让公共政策在舆论的质疑、呼吁、批评等争论中逐步走向完善，通过决策与民意的良性互动，让公共政策在多元化的利益关系中获得民众支持。

此次舆情事件给山东“合村并居”带来考验，当地面临工作和舆论双重压力。山东政府部门对“尊重农民意愿”的多次强调、对惠民县麻店镇形式主义和官僚主义的严肃问责，被舆论认为是“正面回应”“积极信号”“良好开端”。当前，舆论对“曝光－问责”式的舆情应对手段已经很熟悉，接下来的工作中，政府部门需要一以贯之，通过解决合村并居推进过程中存在的问题，改变舆论看法，不能仅作为缓解舆论压力的应急之策。在互联网舆论场中，村民态度、舆论争议、学者建言等汇集了“合村并居”最为广泛的立场表达，这些声音应该被充分重视。对其中反映的问题，有关部门应认真研究解决或解疑释惑，解决问题才是舆情应对的核心和关键。

B.11

湖北农民工留言告别东莞图书馆事件的舆情分析

穆 瑶　罗 晋　刘海潮*

摘　要：　2020年6月，在广东东莞市务工的湖北农民工吴桂春因所在工厂受新冠肺炎疫情影响关闭打算返回老家。6月24日，吴桂春到东莞图书馆注销借书证，并在读者留言簿上写下一段临别留言。6月25日，留言在互联网上热传，东莞人社部门迅速联动各方力量帮助他匹配新的工作岗位。6月26日，吴桂春就职新岗位，并到图书馆重新办回读者证，事件舆情热度达到顶点。珍视阅读带来的力量、重视农民工的多元化需求是舆论核心表达，东莞市有关部门积极作为、有效服务也受到舆论肯定。

关键词：　吴桂春　农民工　东莞图书馆　就业　精神生活

一　事件经过

2020年6月，在广东东莞市务工的农民工吴桂春，因为工作的工厂受新冠肺炎疫情影响关闭，打算返回湖北老家。24日，他到东莞图书馆注销借书证，并在读者留言簿中写下一段临别留言："我来东莞十七年，其中来

* 穆瑶，麦之云（北京）信息咨询有限公司舆情分析师，主要研究方向为网络舆情；罗晋，麦之云（北京）信息咨询有限公司舆情分析师，主要研究方向为网络舆情；刘海潮，麦之云（北京）信息咨询有限公司舆情分析师，主要研究方向为网络舆情。

图书馆看书有十二年。书能明理，对人百益无一害的唯书也。今年疫情让好多产业倒闭，农民工也无事可做了，选择了回乡。想起这些年的生活，最好的地方就是图书馆了。虽万般不舍，然生活所迫，余生永不忘你，东莞图书馆。愿你越办越兴旺。识惠东莞，识惠外来农民工”。[①]

6 月 25 日，吴桂春的临别留言在互联网上热传，东莞人社部门联动各方力量帮助吴桂春匹配新的工作岗位。

6 月 26 日，吴桂春入职东莞一家物业管理公司，从事小区的绿化养护工作。当日下午，吴桂春到东莞图书馆重新办回了读者证。[②]

二 事件舆情走势

据监测，自 2020 年 6 月 24 日至 30 日，湖北农民工留言告别东莞图书馆事件的舆情总量为 13.65 万篇（条）。其中，新浪微博中的舆论声量最高，相关微博 11.71 万条，占舆情总量的 85.80%；客户端 1.12 万篇，占 8.19%；新闻 4323 篇，占 3.17%；微信 2273 篇，占 1.67%；论坛、博客 1599 篇，占 1.17%（见图 1）。

从事件舆情走势看，6 月 25 日，吴桂春在东莞图书馆的临别留言在社交媒体传出后受到关注，新浪微博中的舆情热度快速攀升。豆瓣账号“@Xenophon”以图片形式发布了上述临别留言，成为当日主要传播信源。11 时许，该留言图片开始在新浪微博中接力转发，“@硬酷男孩”“@不过神仙”“@韩松落”等账号成为传播主力，一天时间内共计引发 7 万余次的转发量和 30 万余次的点赞量。吴桂春留言中的“来东莞十七年，其中来图书馆看书有十二年”“余生永不忘你”等内容深深触动了网民，赞赏和祝福成为主要表达。作为当事一方，东莞图书馆也通过官方微博“@东莞图书馆”积极参与事件的引导和互动，其回应的“我们一直在，等您再来”，引发 6

① 陈子夏：《临别留言，让人动容……》，微信公众号“新华社”，2020 年 6 月 25 日。

② 《温暖结局！图书馆留言大叔重新办回读者证》，新浪微博“@人民日报”，https://weibo.com/2803301701/J8zvMpFCp?type=comment#_rnd1611547474862。

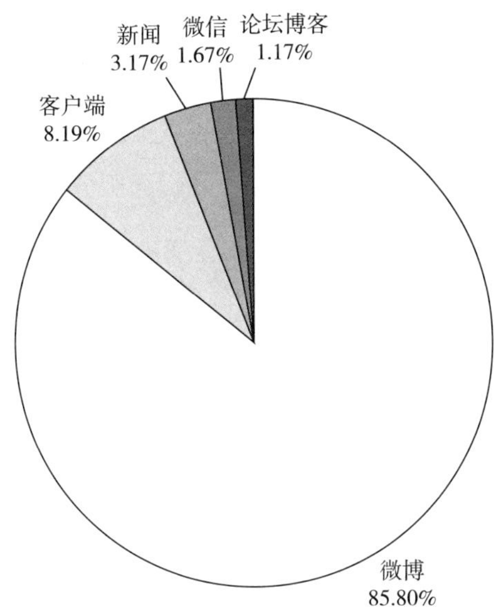

图 1　湖北农民工留言告别东莞图书馆事件各类媒体舆情量占比

资料来源：农业农村部三农舆情监测管理平台、新浪舆情通。（下同）

万余次的点赞量，网民发出了“愿你们有缘再会”等祝愿。此外，东莞人社部门与吴桂春的及时对接成为25 日晚间的传播热点。19 时开始，东莞阳光网、南方网等媒体通过新闻客户端和官方网站发文，详细介绍吴桂春在东莞的工作生活情况，并称东莞市人社局已经为吴桂春“初步匹配到了合适的岗位”。[①] 对此，“@东莞图书馆”在23 时许以“今天，温暖结局，留下来吧”为题截图转发媒体报道，再次引发2 万余次的点赞量。

6 月26 日，事件舆情热度达到顶点，新闻媒体成为报道主力。当日，“吴桂春在东莞找到新工作”成为舆情燃点。午间开始，《东莞日报》客户端“i 东莞”、中央电视台新闻中心官方微博“@央视新闻”等相继发布图文消息，称吴桂春已经留在东莞从事环卫工作，舆情热度随后逐渐走高。“吴桂春留下了”“吴桂春不走了”等表述被广泛设置在新闻标题中，新浪

① 李玲玉、吴擒虎：《对话东莞图书馆留言农民工：余生永不忘东莞书香》，南方网，http://news.southcn.com/nfplus/gdjytt/content/2020-06/25/content_191079511.htm。

微博中出现了“图书馆留言农民工在东莞找到工作”“东莞图书馆留言农民工留在东莞了”等微话题，阅读量共计超过2亿次，“结局太暖”成为传播高频词。当日晚间，媒体视频报道再次推高舆论关注热度。中央电视台《新闻1+1》栏目回溯事件经过、关注公共就业服务机制、讨论如何保障农民工群体的阅读和学习需求。中央广播电视台短视频栏目《主播说联播》评价事件是“一个爱读书的故事，一个温暖的结局”，新京报“我们视频”跟拍吴桂春入职填表、重新办理读者证等过程。上述视频报道在新浪微博中的播放量共计达到490万次。此外，媒体评论文章也广泛出现，人民日报、南方都市报、澎湃新闻等媒体通过“两微一端”等渠道发文，从善待农民工、建设书香城市等角度解读事件背后的深意。

6月27日，事件进展符合舆论预期，舆情热度开始降温。当日，吴桂春在新的岗位上开始工作，媒体主要通过视频形式呈现“吴桂春上岗第一天”，这样的结果对于持续关注事件的网民而言已经可以完全放心，舆情热度由此呈现下降态势。但吴桂春与东莞图书馆的不解之缘依然是吸睛亮点，吴桂春26日下午重新办理了图书馆读者证，相关消息成为27日关注焦点。人民日报官方微博设置的微话题“图书馆留言大叔重新办回读者证”，阅读量达1.3亿次。中央电视台《新闻直播间》栏目报道的《吴桂春找到新工作　重获读者证》，在新浪微博中的播放量达到230万次。事件因注销读者证而起，又因办回读者证而终，舆论认为“画上了一个圆满的句号”。

6月28日开始，媒体对事件的关注以回顾和评论为主，舆情热度继续下降并渐趋平息（见图2）。

三　舆论主要议题

（一）媒体观点摘要

1. 珍视阅读带来的温暖和力量

新浪微博“@人民日报评论”称，人们所感动的不仅在于吴桂春对阅

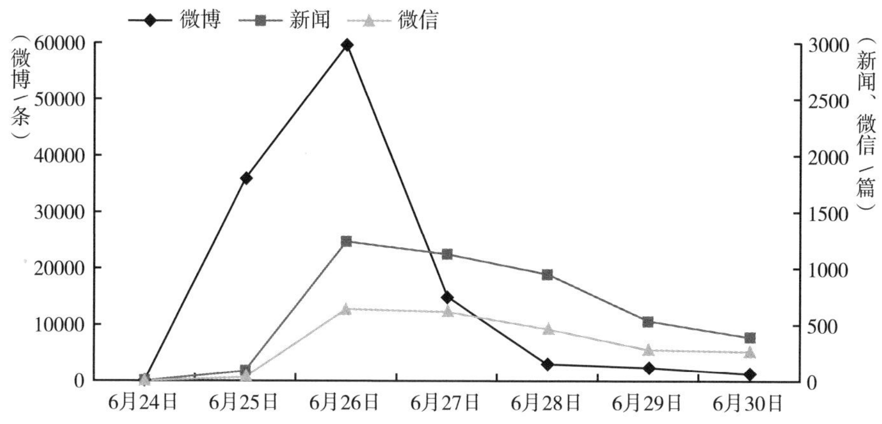

图 2　湖北农民工留言告别东莞图书馆事件舆情走势

读的热爱，更在于他在阅读中涵养了昂扬向上的精神品格。书籍是精神世界的入口，阅读不一定指向外在成功，但一定会带来内在丰盈。让阅读成为一种生活方式既需要个体自觉，也需要城市管理者努力：打造更多阅读空间，涵养全民阅读的土壤。① 微信公众号“新京报”称，从这份临别留言中看到了吴桂春历经生活磨炼后依然保持的温和与坚定，他对图书馆的真挚情感、对知识的敬畏之情，都让人敬佩。社会应该提供更多的公共服务，让每一个“吴桂春”享受阅读的快乐，拥有通过知识改变命运、改变自我的机会。②

2. 重视农民工的多元化需求

《南方都市报》称，经过几代的变迁，农民工在城市不仅希望能有一份收入不错的工作，还对文化和精神生活提出了更多需求，城市应该高度重视农民工的这种变化，这在很大程度上关系城市竞争力。让更多的“吴桂春”和城市相互成就，发生更多美好故事，城市包容度和公共服务水准还有不小

① 《人民日报点赞农民工图书馆留言：让阅读成为一种生活方式》，新浪微博“@人民日报评论”，https：//weibo. com/1846816274/J8G8MrVue? type = comment#_ rnd1612140009156。

② 彭美琪：《农民工留言图书馆走红：在泥泞生活中坚守精神富足》，微信公众号“新京报”，2020 年 6 月 26 日。

的上升空间，做好这些工作不仅仅是东莞一个城市面临的考验。[①]《河南日报》称，农民工为城市繁荣发展做出了突出贡献，各级政府在改善农民工生存环境方面开展了大量有效工作，但彻底解决农民工“融城难”问题，还需要更多努力。要以更多的人文关怀、更完善的制度设计，关注他们的多元化需求，提高农民工在改善生活、积累财富、抚养子女及赡养老人等方面的能力，让城市里的每一位“吴桂春”都能公平享受改革发展成果。[②]

3. 彰显城市的温度和底蕴

微信公众号“谷雨计划－腾讯新闻”说，“农民工留言东莞图书馆”这个偶然事件的背后，有着一片培育超过10年甚至20年的“土壤”，“培土人”有政府工作人员、图书馆从业人员、媒体人、社会工作者、公益组织志愿者以及开放包容的市民社会，正是他们的共同努力，再加上珠三角地区的社会历史文化氛围，才最终促成了这样的结果。[③] 微信公众号“人物”称，这个故事发生在吴桂春、东莞图书馆和“世界工厂”的落脚城市之上，它从开放、包容、务实、温暖的物候和土壤中长出，在依旧鼓呼和实践公共价值观的行业里被看见，击中了变幻时刻所有人群的心绪和时代的情绪。[④]

（二）网民观点摘要

1. 网民评论高频词分析

本研究抽取“@人民日报”“@央视新闻”“@侠客岛”“@广州日报”“@观察者网”5家新浪微博账号共400条网民评论进行关键词词频分析。“图书馆”“农民工”“东莞”是出现频率最高的词汇，这不仅直观地表明了网民对事件中的人物、地点、起因等关键要素的敏感度，也一定程度上反映出网民对城市农民工群体的关注度。“祝福”“希望”“加油”等词体现了网民对

① 《让更多的吴桂春和城市相互成就》，南方都市报客户端·南都评论，https：//m.mp.oeeee.com/a/BAAFRD000020200627339004.html。

② 潘铎印：《愿每一位吴桂春都被善待》，《河南日报》2020年7月3日，第15版。

③ 《安小庆：如何把已经写滥的选题尽量写得“开阔”｜谷雨计划》，微信公众号“谷雨计划－腾讯新闻”，2020年9月3日。

④ 《葬花词、打胶机与情书》，微信公众号“人物”，2020年7月20日。

吴桂春的美好祝愿，“温暖”“感谢”“人情味”等词是网民对东莞图书馆和东莞人社部门的积极肯定，“生活”“工作”“就业”“精神”“文化”等词反映出网民对农民工多元化需求的关注，“包容”“善待”“平等”“服务”等词传递出网民对农民工社会保障相关问题的态度和意见（见图3）。

图3　湖北农民工留言告别东莞图书馆事件网民评论高频词

2. 网民观点分析

（1）祝福吴桂春（27.50%）

27.50%的网民致敬并祝福吴桂春。网民用“字字真情”“真挚朴实”等语句评价吴桂春给东莞图书馆的留言，纷纷向他热爱读书的精神致敬。有网民说，现场临时写的这短短几行字，把要表达的情感写得清晰生动、深刻明了，只有真正的热爱才会有这样的真情流露，在琐碎和失意中也不忘追求精神富足，这样高尚的灵魂实在令人动容。还有网民称赞吴桂春是“最美丽的读书人”“腹有诗书气自华”，认为12年来的坚持阅读让他“眼里心里有光”“精神世界饱满”，并祝福他“往后平安顺遂”。

（2）点赞东莞有关部门（23.75%）

23.75%的网民对东莞图书馆和东莞人社部门的有效服务、积极行动予以充分肯定。有网民用“动作迅速”“高效率”等词评价东莞人社部门对吴桂春再就业过程中的帮扶，称“广东速度”很给力，“莞式服务”很暖心，东莞人社部门的这波操作值得点赞。有网民说，东莞图书馆的回复和提供的帮助令人感动，东莞图书馆工作人员的工作态度也是非常认真的，不然“留言”只能是流于形式，不会被发现和重视，“启人心智、润物无声”是图书馆这类公共资源带给社会最大的红利。还有网民感慨，这个故事中不仅有农民工的好学，也有东莞政府的人文关怀，浓浓的人情味，让人倍感温暖。

（3）关注农民工权益（19.75%）

19.75%的网民围绕农民工权益保障问题展开讨论。有网民关注农民工就业问题，认为因新冠肺炎疫情影响而失业的农民工不止吴桂春一人，那些没有被报道的“吴桂春”也同样需要各地政府部门实打实的就业服务。有网民关注了农民工融城问题，认为那些能够提供大量就业岗位的城市，往往意味着高房价和高生活成本，农民工想真正留下来存在很大难度。有网民列举了在图书馆、美术馆等文化场所遇到的农民工，称他们“历经沧桑仍心有所向”的生活点滴最为打动人心，认为农民工的精神文化需求同样需要被重视和满足。还有网民说，我们关注这个事件，不仅针对吴桂春一个人，而是关注农民工这个群体，希望他们生活更好。除了为“吴桂春”们鼓劲，还需考虑如何在现实层面让农民工得到实惠，接地气的实际行动远胜过一万句加油打气。

（4）感悟阅读（11.00%）

11.00%的网民表达了对读书的感悟。有网民说，读书是最经济实惠的快乐源泉，也是性价比最高的成长途径。读书不能暴富，但能营造一个精神花园，能让你面对人生残酷无情时释然转身，有书可读的地方就是心灵的归乡。有网民说，如果有天堂那一定是图书馆的样子，它的存在，不为媚众，不以利益最大化为计量，只为给寻找思想归属的人一个目的地，给厌倦喧哗的人一个避难所，愿每个善读者都有一席之地与书言欢。

（5）事件刷新城市印象（10.75%）

10.75%的网民因为这一事件增加了对东莞的好感度。有网民发出了“爱东莞”“东莞好样的”等评价，称“识惠东莞，名副其实”。有网民认为，这次事件是一次朴实无华却又深入人心的城市宣传，为东莞树立了新名片，东莞图书馆将成为真正的“网红”打卡点。还有网民说，这次事件改变了我对东莞的固有认知，冲着这个新闻，以后有机会也想去东莞这座城市看看。

（6）呼吁加强乡村图书馆建设（7.25%）

7.25%的网民关注乡村阅读保障，呼吁加强乡村图书馆建设。有网民说，城市有了图书馆就有了灵魂，农村有了图书馆就增强了活力。文化强国需要重视图书馆建设，增设图书馆网点布局，让图书馆深入社区和乡村。有网民说，像吴桂春这样爱读书的农民，是现代农村的希望，但愿农村图书馆也能普及，让那些返乡就业创业的农民工朋友能够在自己家乡的图书馆找到新的温暖和力量（见图4）。

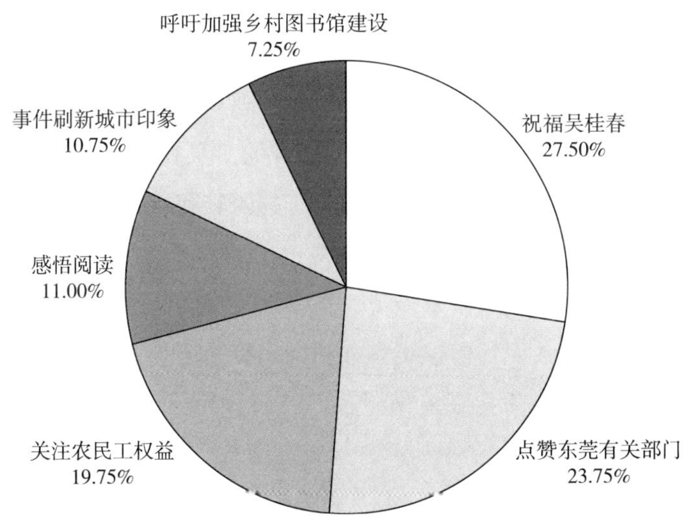

图4　湖北农民工留言告别东莞图书馆事件网民观点分布（抽样400条）

四　事件启示

2020年，农民工就业受新冠肺炎疫情影响较为明显，党中央、国务院有关部门和各地政府对此高度重视，媒体也予以持续报道，湖北农民工留言告别东莞图书馆事件就是在这样的客观环境和舆论环境下出现的。作为事件起因，吴桂春的失业问题广受关注，为相关话题延展性讨论提供了引子。对此，东莞市人社部门敏锐意识到问题所在，通过积极行动有效回应舆论关切，在事件发生的两天时间内即帮助吴桂春找到了新的工作，并且充分考虑了他“希望离图书馆近一些”等诉求。这种有温度的态度和真正解决问题的实际行动，消解了舆论中的一些负面情绪，让公众能够更为平和理性地看待事件，引导舆情势态向好发展，也为东莞树立了良好城市形象。吴桂春找到工作后，人社部门并未就此止步，而是主动设置议题，多渠道宣传就业帮扶途径和帮扶举措。人力资源和社会保障部专门发文“@吴桂春们”，强调“各地人社部门将提供不断线就业服务”[①]；东莞等地也表示建立了相应机制帮助“千千万万个吴桂春”。各级人社部门从聚焦个体上升至关注群体，不仅没有回避新冠肺炎疫情下农民工就业难的客观现实，还充分表达了政府部门保障就业的信心和底气，让舆论能够更为客观积极地关注此类问题。正如媒体所言，“让人更暖心的，是更多聚光灯外的‘吴桂春’们在被善待”。[②]

新冠肺炎疫情给复工复产带来前所未有的困难和挑战，也增加了出现相关舆情风险的可能性，舆论引导工作显得迫切而重要。通过事件可以看出，正确的舆论引导在于不回避、不掩盖、不夸大，直面问题并积极探寻解决方法，通过平等互动、共识互信连接官方和民间舆论场，让良好的舆论氛围在恢复“人间烟火气”中发挥积极作用。

① 《@吴桂春们，这份求职就业指南请收好》，人力资源和社会保障部网站，http://www.mohrss.gov.cn/SYrlzyhshbzb/dongtaixinwen/buneiyaowen/rsxw/202009/t20200923_391106.html。

② 龚名扬、吴擒虎：《让人更暖心的，是更多聚光灯外的“吴桂春”们在被善待》，东莞阳光网，http://news.sun0769.com/dg/headnews/202006/t20200629_16109848.shtml。

区 域 篇

Regional Public Opinions

B.12

河北省三农舆情分析

安军锋　郭振环　张晓俭　任　丽*

摘　要：2020年河北三农舆论关注热度较上年明显提升。主流新闻媒体引导舆论走向，微博成为舆论传播的重要渠道。“十三五”河北三农发展成果丰硕，舆论称赞托起群众“稳稳的幸福”；脱贫攻坚取得全面胜利，乡村振兴持续推进，燕赵大地绘制出一幅山乡巨变时代新画卷受到舆论聚焦；全力抓好新冠肺炎疫情防控和农业生产，粮食再获丰收，生猪产能恢复，特色产业助推农业高质量发展，农村人居环境整治三年行动圆满完成，舆论称赞，河北加快三农全面振兴步伐，兴产业，美环境，为建设经济强省提供重要支撑。

* 安军锋，河北省农业信息中心科长，高级工程师，主要研究方向为农业信息应用推广、涉农网络舆情；郭振环，河北省农业信息中心副科长，高级工程师，主要研究方向为涉农网络舆情；张晓俭，河北省农业信息中心，工程师，主要研究方向为农业信息应用推广；任丽，河北省农业信息中心，工程师，主要研究方向为农业信息综合管理。

关键词： 乡村振兴 脱贫攻坚 农村人居环境 农村疫情防控 农民丰收节

一 舆情概况

（一）舆情传播渠道

据监测，2020 年河北省三农舆情信息量 31.13 万条（含转载），同比增长 56.83%。其中，微博（含转发）16.29 万条，占舆情总量的 52.32%，居首位；新闻（含新闻客户端）14.11 万条，占比 45.33%；微信 5174 条，占比 1.66%；论坛、博客帖文合计 2168 条，占比 0.69%（见图 1）。总体看，新闻媒体是河北三农原创信息的主要发布载体，凭借其报道的权威性、专业性，成为三农舆论风向标。微博和微信等社交媒体对舆情信息进行二次转发传播。其中，微博以其快速高效的传播特点，成为舆论传播的重要渠道。

（二）舆情传播走势

从 2020 年舆情走势看，全年波动较大。受春节、新冠肺炎疫情影响，2 月河北三农舆情量居于最低点，为 1.49 万条。6 月，河北三夏生产、保定等多地遭遇风雹灾害、畅通绿色通道保障北京“菜篮子”等信息引发舆论较多关注，助推舆情量攀高，为年内月度最高值 4.05 万条。11 月，河北举办扶贫产业发布会及农村改革、农村危房改造等相关成果，媒体积极关注报道，助推舆情量达全年第二高峰 3.82 万条（见图 2）。

（三）舆情话题分类

从舆情话题分类来看，农村经营管理类舆情量比重最高，占比为

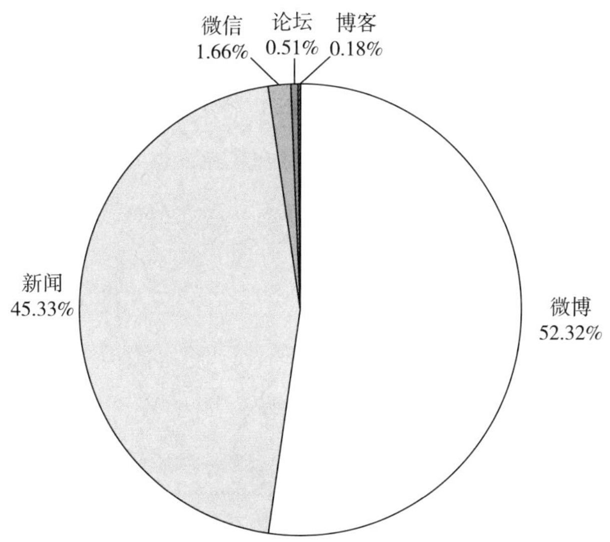

图1　2020年河北省三农舆情传播渠道

资料来源：农业农村部三农舆情监测管理平台、新浪舆情通。（下同）

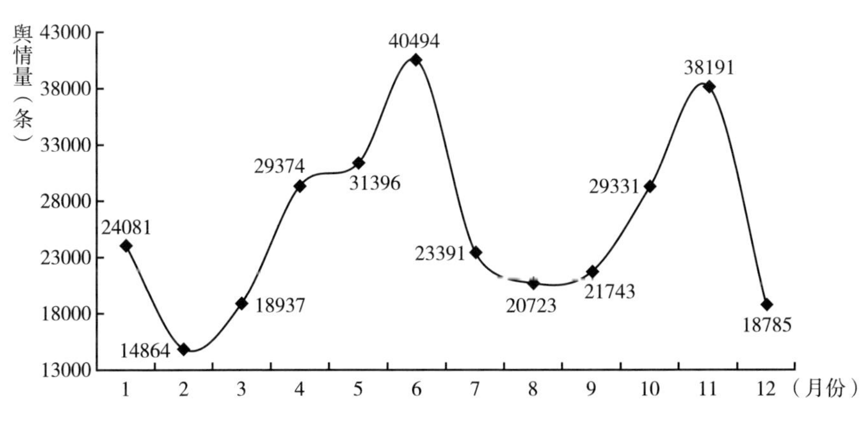

图2　2020年河北省三农舆情传播走势

40.25%；其次为种植业，占比15.65%；农产品市场、畜牧业、兽医、农垦4个话题占比在5%～10%，其他话题占比在5%以内（见图3）。

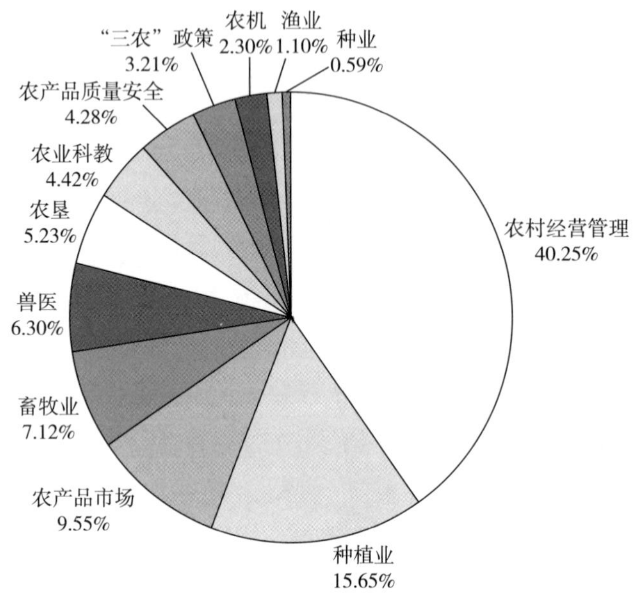

图 3　2020 年河北省三农舆情话题分类

（四）热点事件排行

从舆情热点事件排行看，全国性农事活动、重要行业会议舆论关注度高。其中，河北庆祝 2020 年中国农民丰收节最受舆论瞩目，舆情热度 1772.7，位居排行榜首位。第十一届中国奶业大会在河北石家庄举办也成为舆论关注的焦点，舆情热度 965.4，居排行榜第二位。涉农政策、重要会议及工作成绩受舆论瞩目，保障菜篮子供应、保春耕、战疫情等复工复产话题媒体参与度高，舆情热度高。此外，农业病虫害也是舆论关注的话题，河北发现草地贪夜蛾等农业灾害也被多家媒体报道传播（见表 1）。

表 1　2020 年河北三农舆情热点事件 TOP 15

排名	标　　题	首发媒体	月份	舆情热度
1	河北庆祝 2020 年中国农民丰收节	河北省人民政府网站	9	1772.7
2	第十一届中国奶业大会暨 2020 中国奶业展览会在河北石家庄举办	新华网	10	965.4

续表

排名	标　题	首发媒体	月份	舆情热度
3	河北畅通绿色通道保障北京“菜篮子”	人民网	6	405.8
4	河北支持带贫益贫经营主体尽快复工复产	《河北日报》	3	293.6
5	聚力全面收官！河北亮出脱贫攻坚成绩单	河北新闻网	10	217.7
6	河北战疫情　保春耕　促生产	河北新闻网	2	212.1
7	河北举办高质量发展扶贫产业发布会	新华网	11	198.2
8	河北三项政策推动农村人居环境整治	《农民日报》	8	172.0
9	河北29.5万户困难群众告别农村危房	《人民日报》	11	167.3
10	河北发现草地贪夜蛾成虫	河北新闻网	8	163.1
11	河北多地果区遭遇严重冻害	长城网	4	141.6
12	河北发布2020强农惠农政策	河北新闻网	8	127.9
13	河北召开重要农产品保供新闻发布会	河北新闻网	12	111.4
14	河北49034个村完成农村集体产权制度改革	河北新闻网	11	103.4
15	河北渤海环境明显改善	《新华每日电讯》	4	95.3

二　热点话题舆情分析

（一）脱贫攻坚创造崭新局面　特色扶贫助力农户幸福奔小康

2020年为脱贫攻坚的决胜年，河北各级各部门持续发力，积极克服新冠肺炎疫情影响，先后印发剩余贫困人口如期脱贫推进方案、脱贫攻坚挂牌督战实施方案等多个文件，召开推进会、新闻发布会等，坚决打赢脱贫攻坚这场“战役”。河北新闻网以《决战决胜脱贫攻坚》为题设置专题报道，聚焦全省产业扶贫等相关脱贫成就。河北博物院开办的《河北省脱贫攻坚成果展》展现河北脱贫攻坚战场上的生动图景。“脱贫攻坚全面胜利”“62个贫困县培育扶贫产业140个”[①]“建档立卡的贫困户人均产业收入5341元，同比增长35.3%”“全省扶贫小额信贷累计发放384.4亿元”等系列成果被

① 李会嫔：《62个贫困县网络零售额231亿元》，《燕赵都市报》2020年11月13日，第2版。

中国经济网等媒体报道。舆论称，脱贫攻坚创造美丽河北崭新局面，燕赵大地绘制出一幅山乡巨变时代新画卷！

一年来，河北在产业扶贫、消费扶贫、科技扶贫、金融扶贫等方面的成功实践受到舆论热情关注。产业扶贫方面，赤城县建立“2 环 3 带 18 个示范基地 50 家龙头企业”[①] 的长效产业扶贫格局；清河县将扶贫与现代农业结合，以龙头企业为引领发展特色养殖；张家口宣化区采取“公司 + 合作社 + 农户”经营模式建立现代农业观光园等典型案例被《经济日报》等媒体积极报道。媒体称，河北产业扶贫带动农户跑出脱贫致富加速度！消费扶贫方面，河北以市场化方式引导电商企业开展扶贫引发媒体关注热情，承德县“社会资本 + 专业团队运行 + 政府政策扶持”模式实施电子商务进村综合示范项目建设；邱县古城营镇引入拼多多等电商平台带火红薯“线上”销售等信息被《河北日报》等媒体聚焦关注。科技扶贫方面，长城网以《创新驿站：科技扶贫新模式》为题报道了河北农业大学太行山农业创新驿站案例，其开创的科技扶贫新型模式入选全球减贫案例，并被作为典型在全省推广。舆论称该驿站走出了一条科技扶贫的新道路。[②] 金融扶贫方面，河北不断强化金融扶贫的力度，采用“银行 + 担保公司 + 农户”模式，推动贫困县域的经济活力；涞源县推出的扶贫小额信贷政策有力带动贫困户增收。舆论称，河北把金融扶贫作为打赢脱贫攻坚战政策“重头戏”取得显著成效，助力农户幸福奔小康。

（二）全面打好农村疫情防控战　特色产业助推农业高质量发展

2020 年，我国突发新冠肺炎疫情，为防止疫情在农村传播，河北迅速通过召开视频会、印发通知等，安排部署并严格落实防控工作。各地防控亮点吸引舆论目光，“廊坊、沧州、邯郸等地农村大喇叭为疫情防控发声”“井陉县在各村重要路口设检查站”“临西县制定‘农村疫情防控工作标准

① 《科技力量让贫困县变了样》，《经济日报》2020 年 3 月 11 日，第 12 版。

② 《河北！从“新”出发 | 创新驿站：科技扶贫新模式》，长城网，http://report.hebei.com.cn/system/2020/12/18/100546340.shtml。

25条'”等防控措施被河北新闻网等媒体详细报道。媒体称，一场齐心协力、众志成城的疫情防控“战争”在河北全面展开。为力争防疫、农时两不误，河北接连下发工作方案、紧急通知等文件，部署应对新冠肺炎疫情全力抓好春耕春管、确保“菜篮子”产品和农业生产资料正常流通秩序等工作做到位，[①] 切实解决春耕生产、菜篮子供应和农牧业生产资料流通问题，媒体对此积极关注。春耕生产中的机械化生产、数字农业、科技农业成为网络媒体报道的重点。“网”上备耕、专家“在线”看田、“无接触”种地等成为媒体报道的重点。央视网称赞河北推广应用种地App和农资智慧管家让农民省心；《经济参考报》等媒体报道河北农业机械化助力春耕生产；长城网报道遵化、衡水冀州区通过微信群、直播等方式解决春耕难题；新华网关注报道曲周县为农资运输车辆办理“通行证”。媒体称，河北未雨绸缪，坚持疫情防控与春耕生产两手抓，力争全年粮食丰收的主动权。农业企业复工复产情况也被媒体积极关注，“668家养殖场全部复工复产”“农资货源较为充足”“蔬菜供应总量可超1000万吨”等内容被报道传播。舆论称，河北涉农企业开足马力，为疫情期间春耕生产、“米袋子”市场供应贡献力量。

河北集中资源要素、创新思路、谋划产业布局，推动全省粮食生产、生猪产业和农业特色产业发展再上新台阶受到舆论广泛关注。粮食生产方面，2020年，河北把粮食生产作为头等大事，通过制定方案、印发通知等措施部署推动，全年粮食产量、质量获得双丰收，媒体予以重点关注。2020年河北“新增高标准农田286万亩，总计达4982万亩”，全年“粮食播种面积9583.5万亩，总产量759.2亿斤，超额完成国家下达的目标任务”“全省粮食平均亩产396.1公斤，创历史最高水平，比上年增加10.7公斤”等粮食丰收喜讯被媒体争相报道。[②] 2020年河北省小麦整体质量创历史新高也被

① 《河北：准备充分　农资充足》，中国经济网，http：//district. ce. cn/zg/202002/25/t20200225_34342271. shtml。

② 《总产达759.2亿斤！今年河北粮食再丰产丰收》，新华网，http：//www. he. xinhuanet. com/xinwen/2020－12/26/c_ 1126909916. htm。

舆论积极关注，“小麦全部为三等以上，其中一等麦比重较上年提高 14.3 个百分点；平均容重 806 克/升，提高 11 克/升，质量全国最好”。媒体称，河北紧盯目标，坚持保粮食、调结构、促增收，粮食生产再获丰收！生猪产业方面，作为生猪养殖大省，稳产保供是河北 2020 年三农工作的一项重要任务，“2500 万元资金支持生猪养殖贷款贴息”“落实生猪产业‘两免五补一奖一贴息’政策”“生猪存栏量达 1679.8 万头，同比增长 21.9%”“存栏量和出栏量位居全国前列”等举措和成效被舆论广泛传播。舆论称，河北生猪扶持政策效应显现，生猪生产得到加速恢复！农业特色产业方面，“下达特色农业保险奖补金 7446 万元”“采取‘基地 + 合作社 + 农户’管理模式经营”等措施被媒体重点关注，“隆化县隆化肉牛等 4 地入选第三批中国特色农产品优势区”①“河北越夏食用菌产业集群上榜特色产业集群建设名单”②“河北新增望都辣椒等 45 个特色农产品优势区”等特色产业发展典型案例被媒体积极报道。河北新闻网报道威县等产业集群县推动河北梨果产业做大做强，中国农网聚焦广宗县重点建设蔬菜、中药材等七大类产业扶贫项目，③ 馆陶县“馆青”牌黄瓜获得第 16 届农交会金奖被邯郸广电网点赞。此外，河北大力推进奶业、渔业高质量发展的动态也被媒体关注，“中国奶业发展推进会在唐山召开”“丰宁举行奶业品牌推介会展现喜人成绩”“秦皇岛渔业生产稳步增长，水产品总产量 5597 吨”等内容被媒体报道。舆论称，河北瞄准京津冀高端市场需求，依托特色产业，着力推动农业产业化，带动农民增收致富！

（三）乡村振兴绘就新时代蓝图　特色趣味活动喜庆“丰收冀”

2020 年，河北全面抓实乡村振兴各项工作、任务，出台相关重点工作

① 《河北省 4 地入选第三批中国特色农产品优势区》，河北新闻网，http：//hebei. hebnews. cn/2020 – 02/28/content_ 7722192. htm。

② 《全国 50 个优势特色产业集群建设名单出炉 河北上榜 2 个》，新华网，http：//m. xinhuanet. com/he/2020 – 05/02/c_ 1125934790. htm。

③ 《河北广宗：特色农业　助农增收》，中国农网，http：//www. farmer. com. cn/2020/04/16/99851246. html。

实施意见、召开乡村振兴工作推进会等，强举措，补短板，激发三农活力，受到舆论持续关注。唐山迁安市聚焦乡村发展推出的“迁安样板”、正定塔元庄和同福集团联合打造的乡村振兴示范园入选2020年全国乡村振兴优秀案例，[①] 被舆论称赞为可学习参考、借鉴复制、交流推广的经验材料。产业振兴方面，河北全面强化牛奶、樱桃、梨、板栗等优势突出的特色农产品影响力，重点提升承德山水、永清胡萝卜等区域公用品牌，带动区域特色产业。“抓好10个系列‘河北品牌’、12个区域公用品牌建设”“唐山奶牛存栏量25.1万头”“赞皇樱桃年产量达到5000吨”“423种产品被纳入了‘承德山水’区域公用品牌平台”“永清萝卜种植面积近10万亩，年交易额超过10亿元”等举措和成效被媒体积极报道。舆论同时聚焦关注河北乡村旅游发展，“广宗‘采摘’经济”“滦平‘稻田画’”等特色乡村游被媒体竞相关注。舆论称，河北乡村旅游实现了生态、经济等多效益共赢，绘就了乡村振兴新蓝图！人才振兴方面，为人才强冀，河北部署开展了人才助力产业发展三年行动计划（2018～2020年）。截至2020年底，全省共在农业科技创新领域培养领军人才及团队126个，培训农村技能人才125万多人、新型职业农民20多万人，“‘三三三’机制”[②]“三个一批”[③] 等培育人才举措信息突出在报道的标题中。舆论赞称，河北大力培养农业现代化人才，厚植乡村振兴人才沃土！文化振兴方面，河北扎实推进移风易俗工作，村民文明意识得到提升。“河间市破除婚丧陋习入选全国乡村治理典型”“青龙县文明祭祀成为全县清流”等信息受到舆论称赞。媒体积极关注河北各地形式多样的文化活动，“三河市农民文化艺术节”“平乡县农民运动会”“清河县农村书屋”等信息频现报道标题中。媒体称，河北五彩缤纷的文化生活，为农民群众增加精气神，让农村焕发勃勃生机！生态振兴方面，河北深入推进

① 《河北两地入选“2020全国乡村振兴优秀案例”》，河北省人民政府网站，http://www.hebei.gov.cn//hebei/14462058/14471802/14471750/15063601/index.html。

② 《万全：“三三三”机制为乡村振兴提供人才支撑》，河北省人民政府网站，http://www.hebei.gov.cn/hebei/14462058/14471802/14471717/14471782/14911163/index.html。

③ 《开平区“三个一批”厚植乡村振兴人才沃土》，河北省人民政府网站，http://www.hebei.gov.cn/hebei/14462058/14471802/14471717/14471784/14912061/index.html。

美丽乡村建设、村庄清洁行动，兴隆县诗上庄村等 8 个村成功入选 2020 年中国美丽休闲乡村，村庄依托村落独特建造、生态资源等优势，积极挖掘新价值，呈现特色乡土风貌。南宫市、迁西县等 5 地荣获全国村庄清洁行动先进县，受到舆论肯定。舆论称，河北常态化推动农村清洁，乡村正在由“内在美”向“持续美”完美蜕变！组织振兴方面，河北不断强化基层党组织建设，各地党建引领助力乡村振兴典型案例被媒体广泛报道，“青龙县‘红色技术驿站’让群众致富路上走得稳健”“肥乡党建引领构建乡村‘网格化’治理机制”等内容被中国网等媒体予以关注。媒体称，河北“党建 +”工作体系深入推动党建与乡村振兴融合，燕赵大地呈现同频共振的美好局面！

9 月，中国迎来第三个“中国农民丰收节”，河北按照“1 + 10 + N”思路，以“迎丰收、促脱贫、奔小康”为主题欢庆丰收，[①] 引发媒体浓厚兴趣。央视《新闻直播间》、河北卫视《河北新闻联播》、河北网络广播电视台《走近美丽乡村》等栏目对相关活动进行了播报。人民网、《河北日报》媒体等以图文、视频等形式展示各地庆丰收欢乐景象。新浪微博设置的#丰收看河北#阅读量达 234. 8 万次。“河北活动主会场鼓声阵阵洋溢丰收喜悦”“39 条‘秋采摘’乡村旅游线路共享河北丰收冀”等信息被媒体重点报道。“石家庄丰收节成果展近千种产品让市民大饱口福”“承德果品擂台赛‘果王’山楂令人垂涎”“邯郸邱县漫画大展庆丰收”“黄骅农民趣味运动会体验‘农趣’”等特色活动被新华网等媒体推介报道。河北 2020 年中国农民丰收节开幕式当天，斗鱼“丰收看河北”扶贫助农直播也在线上同步开播，活动展示的骆驼湾村扶贫攻坚工作进展和成果吸引媒体聚焦，[②] 央广网评论称，该方式以“直播 + 公益”为桥梁，打破地域限制，让网民感受到了新农村新风貌！对于本届河北丰收节的举办，舆论赞称，各地亮点纷呈的庆丰收活动，体现了河北乡村振兴的发展成就，更加体现出了农业农村新气象！

---

① 邢乐伟：《我省庆祝活动主会场设在骆驼湾村》，《河北日报》2020 年 9 月 16 日，第 2 版。

② 《喜迎农民丰收节　斗鱼启动“丰收看河北”扶贫助农直播》，中国新闻网，http：//www.chinanews. com/business/2020/09 – 22/9297235. shtml。

（四）“十三五”三农建设成就托起群众“稳稳的幸福”改革激发农业农村发展新动能

自“十三五”规划实施以来，河北三农发展持续向好。几年来，通过出台实施强农惠农政策、防止耕地“非粮化”稳定粮食生产的意见、加强农业农村标准化工作方案等系列政策措施，全省农业综合产能稳步提升，各项目标任务全面完成。《经济日报》《河北日报》等媒体纷纷以数读、图文等方式晒出河北“十三五”建设成果。《河北日报》发布《“十三五”河北答卷》系列文章、河北新闻网设置专题《“十三五”河北奋斗足迹》，聚焦河北乡村振兴、粮食生产、农村人居环境、现代农业等方面的成就。新华网设置的话题《赞赞“十三五”变化在身边》展现河北脱贫攻坚等方面的显著成效，称赞河北“十三五”建设托起群众“稳稳的幸福”。“十三五”期间，河北“粮食总产连续保持700亿斤以上”“菜肉蛋奶果产量均居全国前6位”“62个贫困县全部摘帽”“农民人均收入较2010年翻一番多”“改造农村厕所905.74万座”等成果被媒体积极报道。《河北日报》赞称，河北加快三农全面振兴步伐，兴产业，美环境，为建设经济强省提供重要支撑。

2020年，河北持续深入推进农业农村改革，激发三农发展新动能，相关举措及成效受到舆论关注。农村土地制度改革方面，河北全面完成农村土地确权任务，沧州市、灵寿县等十地成为全国农村承包地确权工作典型，[①]舆论称赞河北承包地确权登记激活沉睡资源，保护了农民权益，激发了农村新活力。农村宅基地制度改革方面，2月，河北出台实施意见，部署抓好三农领域重点工作，《河北日报》、人民网等媒体予以报道，其中“争取国家宅基地改革试点”“盘活农村宅基地”等信息被集中关注；5月，河北印发通知要求各地加快办理宅基地和集体建设用地登记，“力争登记颁证率达90%以上”等信息吸引舆论目光。舆论评价称，河北宅基地制度改革举措

① 《河北十地上榜全国农村承包地确权登记颁证工作典型地区》，河北新闻网，http://hebei.hebnews.cn/2020-11/09/content_8196486.htm。

为农民合理用地提供了保障。农村集体产权制度改革方面，《河北日报》以《全省 49034 个村完成农村集体产权制度改革》为题总结报道相关工作成果，新华网、澎湃新闻网等媒体纷纷转载，“清查核实农村资产账面数 1860.8 亿元、土地面积 23886.8 万亩”“确认集体经济组织成员 5683.1 万人”等数据被媒体广泛传播。媒体称，河北农村集体产权制度改革实现了家底明、账目明、产权明。新型农业经营主体发展方面，河北着力培育农业龙头企业、合作社等新型经营主体，“宣化区农业产业园入选国家现代农业产业园创建名单”①“唐山百信花生种植专业合作社纳入全国农业社会化服务典型案例”“石家庄建成 14 个农业标准化示范区”“沧州市级及以上现代农业园区达 94 个”等各地可喜成绩被舆论聚焦。舆论称赞，河北新型经营主体助推农业高质量发展，成为农民增收“加速器”！

（五）农村人居环境整治三年行动圆满完成　村民乐享“净美”生活

2020 年是农村人居环境整治三年行动收官之年，河北扎实推进相关工作，圆满完成目标任务，得到国家验收组认可。一年来，河北先后印发农村人居环境整治工作要点、村庄清洁行动专项工作方案等文件，出台城乡生活垃圾分类管理条例，召开视频调度会，启动随手拍活动，开展省级抽查验收工作，相关部署及落实成效受到舆论肯定。“农村改厕 905.74 万座、普及率 72.2%”“城乡垃圾处理体系覆盖村庄 4.79 万个”“实现 3.6 万个村庄生活污水有效管控”“遵化市、邢台任泽区入围 2020 年农村生活垃圾分类示范名单”等成果被《农民日报》《河北日报》等媒体广泛报道。新浪微博设立的微话题#河北农村人居环境整治工作考核结果##河北农村人居环境整治工作考核结果公布#阅读量合计 466.5 万次，全省总体考核成绩优秀被网民点赞。舆论称赞，河北聚力农村人居环境整治，村民乐享“净美”生活。

---

① 《农业农村部　财政部关于公布 2020 年国家现代农业产业园创建名单的通知》，农业农村部网站，http://www.moa.gov.cn/govpublic/FZJHS/202004/t20200430_6342831.htm。

2020年，河北紧抓厕所革命、生活污水治理、农村垃圾治理等方面，全力改善农村人居环境，各地的实践亮点、治理成果被媒体积极关注。厕所革命方面，作为农村改厕质量提升年，河北通过抓台账完善、抓问题整改等“六抓”举措推动改厕，实现进度、质量管控到位，整村推进。“秦皇岛抚宁区创新推进厕所革命‘1234’工作法”[①]“廊坊完成农村厕所改造10万座”“邢台改造农村厕所12万座以上”“霸州改造农村厕所近4万户”等举措和成效被媒体关注。舆论称，河北厕所革命美化乡村，提升农民生活品质！农村污水治理方面，河北各地建立污水长效管护运行机制，“农村生活污水治理管控基本达到全覆盖”“石家庄2970个村庄实现生活污水管控”等成绩被媒体关注。邱县探索的农村污水治理模式被农业农村部等三部委推介为典型治理模式，媒体认为，该模式切实解决了农村厕所粪污处理问题。[②]舆论称，河北农村污水治理让农村告别“污水靠蒸发”时代，让老百姓获得真真切切的幸福感！农村垃圾治理方面，河北多措并举推动农村垃圾处理体系全覆盖，完善设施设备、强化卫星遥感监测等措施被人民网、长城网等媒体重点报道，河北新闻网点赞深州探索推行的“三链同转”农村垃圾污水模式，称其趟出了符合实际治理的新路子。“石家庄3859个村庄基本实现生活垃圾日产日清”被《燕赵都市报》、石家庄新闻网等媒体聚焦关注，媒体称赞，石家庄持续加强农村生活垃圾治理，村庄脏、乱、差的状态得到极大改善。村容村貌提升方面，“张家口推进‘空心村’治理”“兴隆县建设美丽庭院、精品庭院”“临漳县开展村庄休闲游园建设”等实践被舆论广泛传播。舆论称赞，河北统筹城乡发展新思路，突破村庄美化阻碍，村容村貌焕然一新！

三 舆情总结与展望

总体看，2020年，舆论对河北三农事业关注热度高。人民网、央广网、

---

① 《农户唱主角，资源化再利用……河北秦皇岛抚宁区“厕所革命”趟新路》，河北新闻网，http://qhd.hebnews.cn/2020-04/08/content_7793431.htm。

② 《邱县农村污水治理被三部委推介为典型治理模式》，《邯郸日报》2020年9月3日，第3版。

中国经济网等中央媒体密切关注河北三农重点工作进展及取得的成就，河北新闻网、长城网、《石家庄日报》等地方主流媒体是农村疫情防控、乡村振兴、农村人居环境整治等三农话题信息的主要来源。“两微一端”是三农舆情的重要传播渠道。展望 2021 年，主流传统媒体仍将是河北原创信息报道的主力军，“两微一端”影响力将持续提升，短视频等新媒体的影响力将不断增强。

2021 年是“十四五”开局之年，也是河北全面推进乡村振兴元年，在新冠肺炎疫情起伏不定状态下，如何统筹做好农村疫情防控和农业稳产保供、加快农业农村现代化将是河北三农工作的重点。相关舆情热点或将来自以下方面：一是乡村振兴。2021 年是河北实现脱贫攻坚成果同乡村振兴有效衔接的一年，相关工作决策部署、亮点成绩将成为媒体关注的重点。二是粮食生产。河北作为粮食主产省份，耕地保护和建设、粮食播种面积和产量以及优质粮食工程建设等相关信息将继续吸引舆论目光。三是农业高质量发展。“十三五”时期河北农业质量显著提升，2021 年农业产业体系现代化等农业高质量发展相关内容或将继续受到舆论关注。四是乡村建设。乡村建设是河北乡村振兴的一项重要工作，2020 年相关举措及成效被央视网、河北新闻网等媒体频频报道。新的一年，农村环境整治、乡村振兴示范区建设等相关信息也将持续被舆论聚焦。五是农业农村改革。河北进一步深化农村土地制度、宅基地制度、集体产权制度和农村金融改革等相关领域改革，为三农发展提供新动能，或将受到舆论持续关注。建议河北相关部门继续加强与传统媒体、自媒体合作，借助媒体的影响力宣传好河北三农工作新进展、新成效。加强负面舆情监测，出现负面舆情时不回避，及时通过官方渠道发布权威信息，提升舆论引导的话语权。

B.13
东北地区三农舆情分析

王玉娇　杨　捷　叶　庆*

摘　要： 2020年，东北三省深入实施乡村振兴战略，脱贫攻坚任务如期完成，现代农业扎实推进，粮食喜获丰收，农业农村经济稳步发展。全年三农舆情总体平稳，“两微一端”合计传播量占比超过八成。乡村振兴战略实施、“十三五”时期三农发展成就、黑土地保护、农产品品牌建设、特色产业扶贫、农村人居环境整治成效等话题受到舆论持续关注。中储粮黑龙江分公司肇东直属库储备玉米存在质量问题引发舆论热议。

关键词： 乡村振兴　农业农村改革　现代农业　产业扶贫　粮食安全

2020年是决胜全面建成小康社会、决战脱贫攻坚之年，也是“十三五”规划收官之年。东北三省坚持农业农村优先发展，乡村振兴扎实推进，现代特色农业提档升级，农民收入水平稳步提高。面对突如其来的新冠肺炎疫情、历史罕见的三场台风，东北三省抗疫情、战台风，迎难而上，共克时艰，确保粮食丰产丰收，充分发挥东北“粮仓”的作用，让“中国饭碗”端得更牢，为三农舆论形势向好奠定了坚实基础。

---

* 王玉娇，麦之云（北京）信息咨询有限公司舆情分析师，主要研究方向为网络舆情；杨捷，麦之云（北京）信息咨询有限公司舆情分析师，主要研究方向为涉农网络舆情；叶庆，麦之云（北京）信息咨询有限公司舆情分析师，主要研究方向为网络舆情。

一 舆情概况

(一)舆情传播渠道

2020 年，共监测到东北辽宁、吉林、黑龙江三省三农舆情信息 282.1 万条（含转载）。其中，客户端信息 125.9 万条，占舆情总量的 44.63%；微博帖文 60.9 万条，占 21.58%；微信 43.8 万条，占 15.52%；新闻舆情信息 32.5 万条，占 11.52%；论坛、博客帖文合计 19.1 万条，占 6.75%（见图 1）。总体看，“两微一端”信息量占舆情总量的八成以上，成为东北三省三农舆情的重要传播渠道，新闻媒体信息量虽然占比较低，但却是原创信息的主要发布渠道。

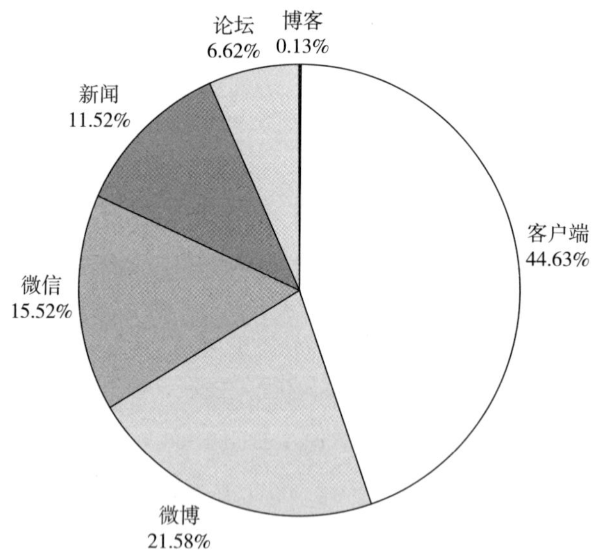

图 1 2020 年东北地区三农舆情传播渠道占比

资料来源：农业农村部三农舆情监测管理平台、新浪舆情通。（下同）

（二）舆情传播走势

从传播走势看，东北三省三农舆情热度整体呈波动式上升态势（见图2）。下半年各月舆情信息量较上半年增加明显。上半年，舆论集中关注新冠肺炎疫情背景下的春耕生产、野生动物保护、保障“菜篮子”供应、缓解农产品滞销、推进秸秆综合利用等议题。下半年，舆论聚焦习近平总书记赴吉林考察调研、东北三省“十三五”期间三农发展成就、庆祝第三个农民丰收节、第十九届长春农博会举办、中储粮黑龙江分公司肇东直属库被曝储备玉米存在质量问题等话题。9 月，东北地区遭遇台风“三连击”，各地各部门多措并举应对台风挑战，受到媒体高度关注。同时，胡春华副总理到黑龙江实地督导秋粮生产工作，东北地区庆祝中国农民丰收节等相关信息共同助推 9 月舆情量达到全年最高峰值。

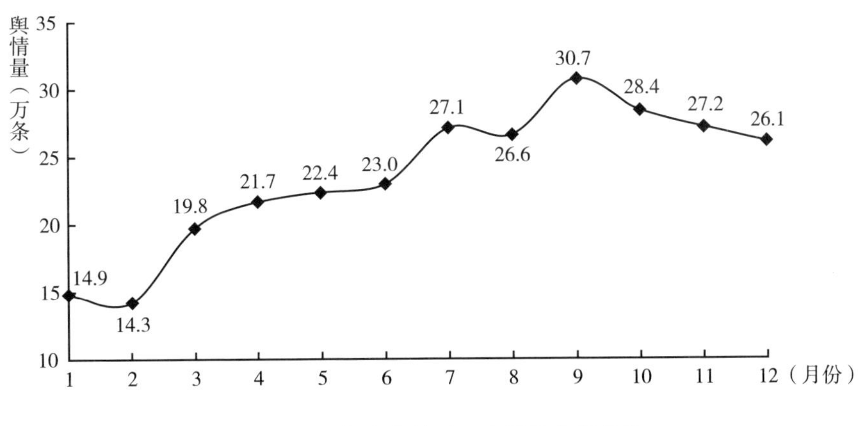

图 2　2020 年东北地区三农舆情传播趋势

（三）舆情话题分类

从舆情话题分类看，涉及东北三省农牧渔生产与粮食安全的舆情量最大，占比 33. 74%，其中黑土地保护、粮食生产等是舆论关注焦点。其次，产业扶贫相关舆情占比 13. 15%。居第三位的乡村振兴战略实施相关舆情占比 10.76%，其中东北三省发展特色农业产业、强化农村人才培养、推进农村精神文明建设等信息量较大。农产品市场相关舆情居第四位，占比 9.08%，其中，农产品品牌建设、第十九届长春农博会等信息较受关注。上述四个话题舆情量合计占比 66.73%。此外，农村环境、农业农村改革发展、农村社会事业等话题舆论关注度也较高（见图 3）。

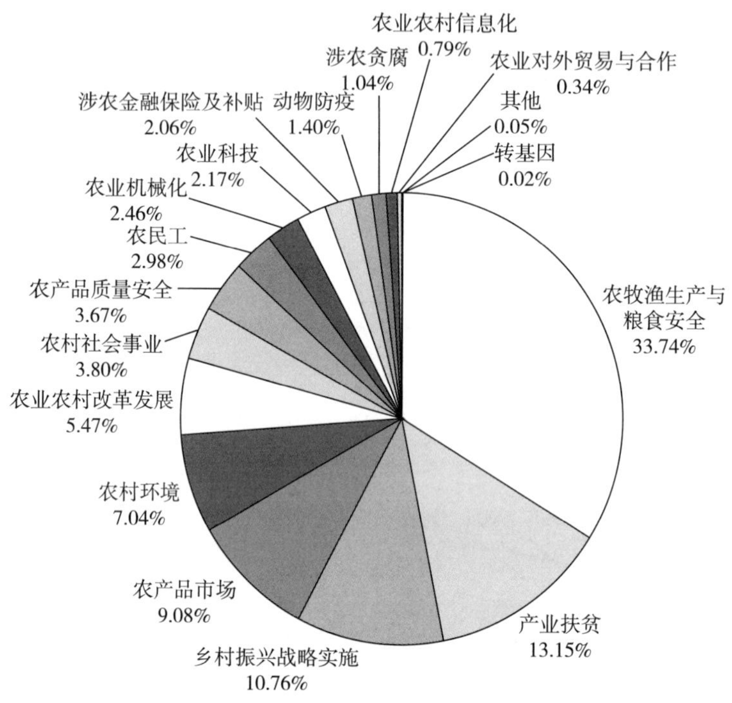

图 3　2020 年东北地区三农舆情话题分类占比

（四）舆情热度排行

从 2020 年东北三省三农舆情热点事件 TOP 20 来看，习近平总书记赴吉林考察调研舆论关注度最高，辽宁盘锦一村民家中自来水可以点燃居第二位。从内容来看，农牧渔生产相关信息是舆论关注焦点，东北地区应对台风"三连击"、全力确保春耕生产顺利进行、两部委印发《东北黑土地保护性耕作行动计划（2020～2025年）》等政策措施均位列热点榜单前20。此外，东北三省举办的农民丰收节、国际大米节、长春农博会等活动，以及涉及民生的粮食安全、农村饮水安全、危房改造等话题也受到舆论聚焦。从传播媒体看，人民网、新华网、央视网等中央媒体，《辽宁日报》《吉林日报》《黑龙江日报》等省属主流媒体及上游新闻等其他地方媒体，都是东北地区三农热点舆情传播的主要渠道（见表1）。

表1　2020年东北地区三农舆情热点事件TOP 20

排名	热点事件	月份	首发媒体	舆情热度
1	习近平赴吉林考察调研	7	央视新闻客户端	20430.4
2	辽宁盘锦一村民家中自来水可以点燃	11	上游新闻	13237.3
3	东北地区半月遭遇台风“三连击”	9	央视网	11877.4
4	东北地区全力确保春耕生产顺利进行	2～3	中国农网/《吉林日报》/《辽宁日报》	7157.4
5	网曝中储粮黑龙江分公司肇东直属库储备玉米存在质量问题	7	观察者网	6667.1
6	东北地区庆祝第三个“中国农民丰收节”	9	《黑龙江日报》/《吉林日报》/《辽宁日报》	5091.2
7	第三届中国·黑龙江国际大米节开幕	10	东北网	3247.7
8	农业农村部　财政部印发《东北黑土地保护性耕作行动计划(2020～2025年)》	3	中国农网	2459.1
9	第十九届长春农博会	8	吉林电视台	2199.0
10	吉林白城“城管执法,瓜农摔瓜”事件引热议	8	新浪微博“@沸点视频”	1194.7
11	辽宁省纪委监委通报丹东宽甸满族自治县长甸镇危房改造弄虚作假个案	6	中央纪委国家监委网站	346.6
12	第十一届吉林(长春)冬季农业博览会	1	中国吉林网	332.9
13	第七届吉林省农民文化节	8	中国吉林网	229.0
14	吉林市驻村第一书记协会代言产品推介会	10	彩练新闻	211.6
15	焦点访谈曝光黑龙江安肇新河斥巨资治理污水却越治越污	12	央视《焦点访谈》	179.6
16	辽宁省开通农村产权交易网络信息服务平台	4	新华网	170.3
17	首届辽宁(大连)国际渔业博览会	10	新华网	119.3
18	黑龙江省实施水产绿色健康养殖“五大行动”	6	人民网	117.4
19	吉林省全面启动鲜食玉米品牌建设	5	中国吉林网	100.0
20	黑龙江一屠宰厂被曝接收病死猪遭查封	11	上游新闻	82.0

二　热点话题舆情分析

（一）乡村振兴战略深入实施显成效　东北大地特色活动庆丰收

2020 年，东北三省深入实施乡村振兴战略，辽宁省出台《关于促进乡村产业振兴的实施意见》，吉林省设立省委实施乡村振兴战略工作领导小组，黑龙江省印发《关于新时代深入推行科技特派员制度的实施意见》等，着力推进农业高质量发展，加快实现农业现代化步伐。相关工作进展和成效受到舆论高度聚焦。产业振兴方面，东北三省依托资源优势，大力发展玉米、大米、大豆、红高粱、黑木耳等特色产业，取得良好效果。“黑龙江玉米产业欣欣向荣”“吉林鲜食玉米产业不断获得突破”“小木耳大产业，促进吉林乡村振兴发展”“哈尔滨食用菌产业集群基本形成”“辽宁朝阳推进红高粱产业转化促地区经济发展”等信息多次出现在报道标题中。东北三省积极响应国家号召，开展农业产业强镇、优势特色产业集群、“一村一品”示范村镇等建设，促进乡村产业振兴。“辽宁 11 个村镇入选全国‘一村一品’示范村镇”“辽宁 10 个村入选 2020 年全国乡村特色产业亿元村”“吉林发布 29 个特色产业小镇创建名单”“黑龙江省 12 个镇入选 2020 年农业产业强镇建设名单”等成果被媒体积极报道。人才振兴方面，各地大力开展培训促进农村实用人才和新型职业农民培养，并积极推进农村实用人才职称评审，建立人才评价制度，组织专业技术能力评定工作，取得明显成效。“辽宁省四年培养现代青年农场主超千名”“辽宁阜新市 115 名职业农民获得农村实用技术人才职称”“吉林省共评定出种植业、养殖业、农业工程和农业经营管理四个方面的高级农技师 241 人，中级农技师 1505 人，初级农技师 11884 人[①]”“黑龙江省培训高素质农民 2.5 万人”等成果被媒体积极报道。文化振兴方面，辽宁丹东东港（网络）第二届草莓文化节、鞍

① 《吉林省政府工作报告》，《吉林日报》2021 年 1 月 31 日，第 1 版。

山首届农民歌会、第七届吉林省农民文化节、黑龙江省第四届农民文化节等丰富多彩的文化活动受到媒体关注。其中，黑龙江省农民文化节被列为“全国十大群众文化活动”品牌，成为全国知名的特色乡村文化盛宴。[①] 舆论称，吉林省农民文化节增强了广大农民群众的文化获得感、幸福感。生态振兴方面，东北三省持续开展美丽乡村建设，相关成果受到舆论积极关注。“辽宁省 40 地入选全国美丽休闲乡村”“吉林省 8 地入选 2020 中国美丽休闲乡村名单”“黑龙江启动 113 个美丽乡村示范村建设”等信息多次出现在报道标题中。《人民日报》以《乡村更宜居　日子真舒心》为题，点赞辽宁盘锦美丽乡村建设，称其环境整治让乡村更宜居，产业兴旺让生活更富裕，真正实现村庄美、产业强、村民富、乡风好、治理优。组织振兴方面，各地积极探索乡村治理新办法，亮点频现，《辽宁日报》《吉林日报》等媒体对此积极报道。其中，辽宁海城市推进“阳光村务”，实现基层组织“三务”信息公开；吉林辽源市加强村规民约建设，不断提升村民自律、自治和自我监督能力；黑龙江佳木斯市推行村级小微权力清单，构建闭环运行监督管理机制。舆论称相关举措“解锁”了乡村治理“密码”。

作为集中展示乡村振兴成果的重要平台，9 月，东北大地迎来第三个“中国农民丰收节”，各地举办丰富多彩的活动，共庆丰年、分享喜悦，舆论对此积极关注。《人民日报》、新华网、央视网等中央媒体，《辽宁日报》《吉林日报》《黑龙江日报》等地方媒体通过专题报道、现场直播等方式，全方位呈现各地的庆祝活动。“晒丰收”“庆丰收”“喜迎丰收”成为媒体报道的高频表达。各地举办的文艺演出、农民趣味运动会、民俗文化活动、农特产品展示、农产品采摘、网络直播带货等活动生动展现了喜获丰收的节日气氛。辽宁蟹王蟹后争霸赛、营口海蜇节、东港海鲜文化节、铁岭榛子节、中国朝鲜族农夫节、辣白菜文化旅游节、取柴河蘑菇节、虎林水稻开镰文化节、延寿新米节等别具地方特色的活动吸引媒体聚焦。辽宁、黑龙江举

① 《黑龙江省第四届农民文化节开幕助力乡村振兴》，东北网，https：//heilongjiang. dbw. cn/system/2020/06/16/058440523. shtml。

办的金秋消费季大型活动也被舆论广泛关注，“辽宁丰收节活动助销近40亿元农货”“桦川农民丰收节22家企业签约额5.8亿元”等信息被媒体积极报道。舆论称，“天下粮仓”喜逢秋，东北大地描绘出一幅幅喜人的丰收画卷。

（二）“十三五”东北三农发展迎巨变　农业农村改革激发发展活力

“十三五”时期，东北地区农业农村发展取得积极进展，舆论对此予以高度肯定。央视《新闻联播》推出《“十三五”成就巡礼·坐着高铁看中国》系列报道、《吉林新闻联播》推出《“十三五”成就巡礼·走出发展新路》专栏对东北三省的粮食生产情况进行持续播报。《辽宁日报》连续刊发多篇文章、《吉林日报》推出《“十三五”，我们一起走过》专栏、东北网推出《辉煌“十三五”奋进新龙江》专题，对东北三省“十三五”时期农业农村发展成就进行盘点。作为全国粮食主产区之一，东北粮食生产取得的可喜成绩成为舆论关注焦点。“‘十三五’以来，辽宁省粮食综合生产能力稳定在2000万吨以上”“吉林省粮食产量连续8年稳定在700亿斤以上阶段性水平”“黑龙江粮食产量保持在1500亿斤以上”等数字信息被大量传播。舆论点赞东北三省筑牢国家粮食安全“压舱石”。东北地区在农业农村改革、农村人居环境整治、农村社会事业方面取得的成绩也被舆论集中关注。综合媒体报道，农业农村改革方面，“辽宁省颁发土地承包经营权证书500多万本，颁证率达98%”“辽宁省12352个村成立股份经济合作社，量化资产342亿元，确认成员2046万人”“黑龙江农村集体产权制度改革整省试点、农村土地确权登记全面完成”；农村人居环境整治方面，“辽宁省‘千村美丽，万村整洁’行动全面完成，共建成美丽示范村1337个”“吉林省村庄清洁行动覆盖面达到100%”“黑龙江4357个行政村农村生活垃圾治理基本达到‘五有’要求”；农村社会事业发展方面，“吉林五年新改建农村公路1.3万公里”“黑龙江省电力投资149亿元实施农村电网升级改造”等。舆论盛赞，东北大地走出发展新路，一幅农业强、农村美、农民富的时代画卷正缓缓绘就。

2020 年，东北三省积极推进农业农村改革，相关举措、成效受到舆论集中关注。土地制度改革方面，辽宁省重点开展农村宅基地和集体建设用地“房地一体”的确权登记颁证工作，出台《保障农村村民住宅建设合理用地实施细则》，吉林省紧抓农村承包地、宅基地和集体建设用地“三块地”改革，黑龙江省成立农村宅基地制度改革试点工作领导小组，相关工作取得明显成效。“辽宁省农村不动产登记已达九成以上”“辽宁农民可网上交易土地承包经营权”“吉林省农村承包地确权登记颁证工作获国家级表彰”“黑龙江农村承包地确权率为99.2%，颁证率为96.7%”“哈尔滨市颁发首批农村房地一体不动产权证书”等信息被多家媒体报道。农村经营制度改革方面，东北三省在农民专业合作社、家庭农场、龙头企业发展方面取得的成就被舆论积极关注。“辽宁省 11 家专业合作社获评‘全国农民合作社示范社’”“辽宁省家庭农场已发展到 11 万余家”“辽宁省评出 272 个省级示范家庭农场”“辽宁省内 46 家企业成国家农业产业化龙头”“吉林发展农民专业合作社近九万个”“全国最大规模生态无人农场落户吉林农安”等成为热门报道标题。农村集体产权制度改革方面，辽宁省开通农村产权交易网络信息服务平台，吉林省开展资源性资产、经营性资产和非经营性资产“三块资产”改革，黑龙江省出台《黑龙江省农村集体经济组织条例》，促进相关工作有序推进。“辽宁产权交易平台促进农村集体资产保值增值”“大连 195 个集体经济‘空壳村’成功摘帽”“吉林长岭‘三资清查’让村集体增收 8000 多万元”“大庆市农村集体产权制度改革基本结束”等各地改革成果被媒体大量报道。此外，东北三省为遏制乱占耕地建房行为做出的部署也受到舆论关注。舆论称赞东北三省农村改革盘活了沉睡的资源资产，最大化释放了发展动能和改革红利。

（三）抗疫保供现代农业结硕果　优质农产品品牌享誉全国

2020 年，东北三省全力克服突发新冠肺炎疫情对三农发展的影响，积极开展抗疫保供，扎实推进农业结构调整、优化升级，狠抓粮食、生猪生产等，受到舆论广泛关注。年初，为应对新冠肺炎疫情对农业生产的不利影响，东北三省积极筹措资金，打通农资运输梗阻，对复工复产农资生产企业发放用工补助，多措并举助力春耕顺利进行，受到舆论聚焦。“辽宁下达66.8亿元资金支持春耕备耕”“吉林春耕物资不缺货”“黑龙江省农资生产企业复工率达98.2%”“黑龙江所需120万吨种子已备足”等信息被媒体大量报道。东北三省在疫情防控期间全力做好农产品稳产保供和产销对接工作也被舆论高度关注。“截至2月9日，辽宁肉鸡屠宰企业开工率66.3%，日均屠宰量超过春节前日均屠宰量”“辽宁省通过实施网络营销滞销农产品专项行动帮助销售滞销农产品超过2.5亿元”“辽宁省沈阳市重点农业龙头企业复工率达75.2%”“吉林省吉林市涉农企业复工率近100%”“吉林动员全省1000多名第一书记和上万名村书记为当地滞销农产品代言”“黑龙江发布‘惠农黄金10条’支持农业稳产保供”等信息被大量报道传播。

经过东北各地广大干部群众齐心努力，全年现代农业发展取得明显成效，媒体予以积极报道。粮食生产方面，“467.8亿斤！辽宁粮食产量稳居全国第12名”“2020年辽宁省粮食总产量2339万吨”“吉林粮食产量连续八年超700亿斤”“2020年黑龙江省粮食生产再夺丰收实现‘十七连丰’”“黑龙江今年粮食产量7541万吨连续十年位列我国第一”。生猪生产方面，“辽宁生猪产能恢复到常年九成水平”“吉林生猪存栏达到960万头以上”“黑龙江省生猪存栏1321万头接近历史同期最好水平”等信息大量出现在报道标题中。为提高粮食综合生产能力，东北三省将黑土地保护和高标准农田建设作为重点工作加以推进，相关举措和成果受到舆论高度聚焦。黑土地保护方面，从中央到地方，相继启动东北黑土地保护性耕作行动计划、黑土地保护利用宣传活动，召开东北黑土地保护性耕作行动计划现场推进会，以实际行动做好黑土地保护利用工作。7月，习近平总书记在吉林考察时强调，一定要采取有效措施，保护好黑土地这一“耕地中的大熊猫”。[①]“黑龙

① 《新闻多一点丨总书记为何这样关心“耕地中的大熊猫”》，新浪微博“@新华视点”，https://weibo.com/1699432410/JcAkexndq。

江省黑土地试点面积已达 280 万亩，基本解决了黑土地‘变薄’‘变瘦’‘变硬’的质量退化问题”“黑龙江省黑土耕地保护示范区面积达 1000 万亩”“黑龙江省已有二十县试点黑土耕地保护，耕地质量平均提高 0.54 个等级”“黑龙江 5 年耕层平均变‘厚’3.5 厘米”等成果被媒体大量报道。高标准农田建设方面，辽宁省召开高标准农田建设任务工作调度会，吉林省将高标准农田列入农业农村现代化“十大工程”并实施高标准农田建设“秋冬大会战”行动，黑龙江省完善农田建设“项目＋资金”制度体系，各省因情施策加快推进高标准农田建设。“辽宁省建成高标准农田 2376 万亩”“吉林省高标准农田总面积达到 3230 万亩”“黑龙江高标准农田建设开局良好”等信息被媒体积极转载。舆论称赞东北稳住了农业基本盘，夯实了群众小康路。

2020 年，东北地区严守农产品质量安全，试行食用农产品合格证制度，加快推进可溯源农产品体系建设，开展“放心肉菜示范超市”创建、畜产品安全宣传周、有机产品认证宣传周等活动，启动农资打假专项治理、推进化肥农药零增长行动等，成效显著。人民网、《农民日报》等媒体对此积极报道。“辽宁省集中销毁 8 万斤假劣种子”“辽宁化肥使用量连续四年负增长”“辽宁 2000 余万亩耕地实现病虫害绿色防控”“吉林开出省内首张蛋品可追溯电子合格证”“黑龙江今年农业‘三减’[①] 面积将增至 4500 万亩”等信息被大量传播。东北三省注重农业品牌建设，积极推进农产品区域公用品牌、农产品品牌建设，着力打造出盘锦大米、大连大樱桃、吉林大米、长白山人参、五常大米、绥滨江鲤等一批知名品牌，受到舆论瞩目。“辽宁东港蓝莓入选第二批全国名特优新农产品名录”“‘吉林大米’入选新华社民族品牌工程”“鹤岗市‘萝北五味子’‘绥滨江鲤’获国家农产品地理标志登记保护”“新民小梁山西瓜入围‘中国特色农产品优势区’名单”等系列成果多次出现在报道标题中。东北三省还积极举办或参加多个农产品宣传推介会、博览会等活动，让好产品登上好平台，有效提升农产品的知名度、美

① “三减”：减化肥、减农药、减除草剂用量。

誉度。东北地区特色农产品在深圳绿博会、杨凌农高会、长春农博会等活动中取得不俗成绩。"'辽宁米'香飘世界高端米业大会开幕当日签约金额6.54亿元""2020吉林大米上海'云推介'成交2.25亿元""国际大米节签约金额达17.33亿元"等信息被媒体集中报道。"辽宁省农产品走南闯北叫响'辽字号'""吉林品牌农产品在陕西省'落地开花'""黑龙江优质农产品叫响重庆"等报道充分说明东北的品牌农产品在国内市场广受欢迎。

（四）精准帮扶全面打赢脱贫攻坚战　特色产业扶贫助农增收成色足

2020年，东北三省多次召开会议为脱贫攻坚圈定重点，从资金投入、政策支持、组织保障等方面给予保证，精准帮扶剩余贫困人口，着力防止已脱贫人口返贫致贫，全面打赢脱贫攻坚战，受到舆论高度关注。"辽宁15个省级贫困县全部摘帽""吉林省9个贫困县正式退出贫困序列""黑龙江28个贫困县全部退出摘帽"等可喜成绩被媒体广泛转载。舆论称赞东北三省高质量交出脱贫攻坚答卷，小康路上步伐坚实。

东北地区着眼长期稳定脱贫，加大产业扶贫力度，舆论对各地产业扶贫取得的成果和典型经验集中关注。综合媒体报道，辽宁省宽甸满族自治县虎山镇南岭外村将发展特色乡村旅游观光产业与中草药种植相结合，解决了无法离乡、无业可扶的村民就业问题；辽宁省清原满族自治县南山城镇三胜堡村成立养牛专业合作社，村民们不仅养牛有收入，每年还能领1500元分红；吉林省磐石市松山镇利用专项资金建成党群联建扶贫田种植中草药，采取"公司+合作社+农户"的形式，让贫困户不承担经营风险，带动全镇427户贫困户增收；吉林省东丰县那丹伯镇围绕当地黄牛产业，积极为养殖户和客户"牵线搭桥"规范销路，吸引各地客商前来交易，帮助村民致富；黑龙江省孙吴县依托智慧农业，创新"智慧农业+蓝莓产业+脱贫攻坚"模式，年扶贫综合收益率超过6%，实现蓝莓产业和脱贫攻坚一体化良性发展；黑龙江省讷河市兴旺乡永久村探索出"党支部+合作社+基地+贫困户"的经营模式发展食用菌产业，以合作栽培、吸收劳务、年底分红的方式，带动贫困户实现增收。

东北三省通过消费扶贫解决农产品卖难问题，带动贫困户增收，助力扶贫产业发展，取得明显成效，受到舆论积极关注。“辽宁787款扶贫产品带动19.5万贫困人口增收”“吉林省消费扶贫产品销售额超过54.2亿元”“截至8月底，黑龙江省通过线上线下渠道销售贫困地区农副产品51.02亿元”等信息被多家媒体报道。舆论对各地积极探索消费扶贫新模式集中关注。综合媒体报道，辽宁省沈阳市开设首家“机关扶贫助农爱心驿站”、乡村“第一书记”推荐产品工作站，供多个贫困村的质优价廉的特色农产品进站销售，给贫困村带来更多收益；辽宁省大连市创办首家以“助农+扶贫+帮困”为目的的农产品直营市场——“第一书记大市场”，让蔬果从农田直达城市百姓餐桌，增加农民收入；吉林省白城市创办“以购代捐”“以买代帮”的驻村第一书记代言产品专营店，让贫困村特色农产品走进城市，打通农户和市场之间的销售渠道；黑龙江省林甸县开办消费扶贫专馆，通过线上线下相结合模式，展示、推介、销售当地特色扶贫产品，拓宽贫困群众增收渠道。2020年，直播带货扶农助农成绩亮眼吸引舆论瞩目。“副县长做直播　土特产出深山”“大连市农业局携20余位驻村第一书记组团直播大连大樱桃”“牡丹江商务局长直播‘带货’不到两小时成交60万元”“虎林市副市长直播‘带货’农特产品2小时零售额53万元”“农安县委书记直播带货7万多人次参与”“吉林蛟河‘市长天团’直播带货22吨大米售罄”等信息广泛出现在报道标题中。

（五）农村人居环境整治聚焦重点难点　东北乡村“颜值”提升

为确保农村人居环境整治三年行动如期完成，东北三省多次召开相关会议，聚焦村庄清洁、垃圾治理、污水处理、厕所革命等重点工作，配套出台农村人居环境整治工作意见等文件，开展村庄清洁行动等系列活动，取得明显成效，受到舆论集中关注。“辽宁省90%以上自然村组农村生活垃圾基本得到有效处理”“辽宁省农村生活污水治理率提高到16.5%”“吉林省90%以上的行政村基本实现清洁干净目标”“吉林省1190处农村生活垃圾非正规堆放点整治完毕”“吉林省2020年完成改厕28.6万户，累计改造卫生旱厕45万户”“黑龙江省7983个行政村开展生活垃圾分类，占比88.99%”“黑龙江省8672个村完成农村生活垃圾收转运体系建设，占比达96.67%”等成果被多家媒体报道。东北各地在农村人居环境整治工作中不断进行有益尝试，促进整治工作顺利开展，媒体对此集中予以报道。吉林省主推的无害化卫生旱厕模式受到农民的欢迎，成为东北寒冷地区主推模式，在全国首届农村改厕技术产品创新大赛上荣获创新创意三等奖[①]；吉林省德惠市在每个乡镇村屯设立“小顺管家”平台，当农民使用厕所出现问题时可预约报修，解决农厕改造后的服务管理难题；辽宁省抚顺市通过“五指分类法”“两段式垃圾分类法”“‘网格化’包保责任制”等创新方法，使农村生活垃圾“户分类、户处理、不出院、零填埋”，形成户分类、村收集、镇转运、县处理的处置运行方式，垃圾治理成效显著；辽宁省丹东市颁布《丹东市农村垃圾管理条例》，填补了辽宁省在农村生活垃圾管理方面的立法空白；黑龙江省哈尔滨市通过“财政补贴+农户自建、农户合建、乡村统建”等方式进行试点，探索水冲管网式、水冲下瓮式、清洁循环式等改厕模式，实现科学治厕；黑龙江省富裕县龙安桥镇兴裕村打造“农村厕所改造示范一条街”，在沿街农户家中建设试点样板，详细介绍改厕模式及企业报价，拓宽农户自主选择面，调动农户改厕积极性。

受益于农村人居环境整治，东北乡村“颜值”明显提升。辽宁省本溪市南芬区思山岭街道甬子峪村通过乡村整治，生态环境改善，成为“春可赏花、夏沐清泉、秋观枫叶、冬戏白雪”的花园村落，平均每年吸引近2.5万人次前来看风景。[②] 吉林省吉林市永吉县口前镇歪头村修村道、建广场，农户院落铺上方砖，房前屋后干净整洁，成为当地各乡镇学习典型。黑龙江省七台河市铁山乡四新村村庄环境和公共基础设施得到极大改善，入选全国乡村治理示范村名单。当地百姓纷纷感叹，村子从“脏乱差”变身“洁净美”，环境越来越好，日子越过越火。

---

① 《我省农村人居环境整治成效显著》，《吉林日报》2021年1月15日，第1版。

② 《本溪市南芬区甬子峪村从“脏乱差”变身“洁净美”——环境越来越好　日子越过越火》，《辽宁日报》2020年8月31日，第1版。

三　热点事件舆情分析

网曝中储粮黑龙江分公司肇东直属库储备玉米存在质量问题受舆论关注

2020 年 7 月 8 日，网络上一段短视频爆料称，中储粮黑龙江分公司肇东直属库储存玉米为“水泡粮”、有“筛下物”，存在质量问题，引发舆论热议。7 月 12 日，中储粮集团派出调查组开展调查。7 月 14 日，中储粮发布说明称，视频反映的玉米数量质量问题与事实基本不符，仓内个别点位的质量问题不代表整仓玉米质量状况。7 月 19 日，中储粮黑龙江分公司相关负责人表示，目前肇东直属库三名涉事管理人员已被停职，这批问题玉米已被其他商贩收购。

（一）舆情概况

截至 2020 年 12 月 31 日，相关舆情总量 5.72 万条。其中，《光明日报》、《经济日报》、人民网等 860 家新闻媒体发布和转载相关报道 3158 条，客户端 7015 条，微信 2128 条，微博 4.44 万条，论坛、博客 476 条。新浪微博设置的“网传国家储备粮出现严重质量问题”“中储粮公布玉米变质调查结果”等 10 个微话题合计阅读量达 1.3 亿次。媒体报道的主要标题有《网友举报买到劣质储备玉米含有水泡粮和大量筛下物》《储备玉米变筛糠？中储粮集团回应：与事实基本不符》《肇东中储粮玉米举报事件后续：三名管理人员被停职》《国家储备粮的质量和数量必须有保证》等。

（二）媒体评论

媒体纷纷担忧我国粮食安全，认为有关部门应该对事件反映出的监管不到位问题高度重视。有媒体表示，国家储备粮是国家政治建设、经济发展的强劲动力和前行大后方，绝不能敷衍塞责。作为我国粮食战略储备机构，中储粮更应严格落实党中央各项管理制度、纪律和要求，坚决防止出现管理上松懈、制度上漏洞和责任落实不到位现象。也有媒体认为此次事件可能涉及贪腐问题。有媒体称，粮仓乱象皆与“鼠患”腐败有关。一个粮库，有老鼠并不可怕，可怕的是有硕鼠，更可怕的是让硕鼠看粮库。专家指出，对中储粮的管理控制要严于普通公司，应设置更低的监管安全阀压力点，并形成监督合力，守好大国粮仓。

（三）网民观点

网民通过新闻跟帖、微博、微信留言等方式展开热议，其观点主要包括三个方面。一是认为粮食安全关系重大，呼吁严查。有网民表示，国家有必要对粮食系统进行彻底摸查。二是质疑调查结果的部分内容。有网民表示，这个调查结果真的难以服众，掩饰、推脱、抵赖，就凭这种态度，我都不信我们的储备粮还是安全的。三是认为要严打腐败问题。有网民表示，要完善相关法律法规、重点监控，杜绝仓鼠。

四　舆情展望

总体看，2020 年，东北地区三农舆情热度高，涉及面广，态势向好。中央媒体及省内主流媒体对三农工作部署、成绩、亮点等进行了全方位报道展现，是原创信息的主要发布平台，客户端等新媒体成为舆情传播的重要渠道。2021 年是“十四五”开局之年，东北三省三农发展将奋力开创新局面新气象，舆情热点或来自以下方面。一是脱贫攻坚全面完成，如何巩固脱贫攻坚成果与乡村振兴实现有效衔接，将受到舆论重点关注；二是如何稳步提升粮食产能将受到舆论关注，尤其在黑土地保护、种业振兴等方面，极易引发舆论聚焦；三是全面推进乡村振兴方面，乡村建设、农村人居环境整治提升等将是舆论热议话题。建议：一是加强舆情监测，提高舆情发现、处置能力，降低舆情风险；二是充分利用全媒体矩阵做好政策宣贯，提升舆论引导能力。

B.14 江苏省三农舆情分析

傅铭新　王平涛　徐月洁　赵　霞*

摘　要：　2020年江苏全面实施乡村振兴战略，着力打造优质稻麦、规模畜禽、现代种业、农业电子商务等八个千亿级的航母产业，推动农业农村经济发展再上新台阶。全年三农舆情数量继续大幅增长，主流新闻媒体及其客户端仍旧占据引导舆论风向标的地位。江苏持续推进乡村振兴、推动乡村特色旅游发展、部署长江"十年禁渔"、恢复生猪产能、抓好农村人居环境整治、信息化保障新冠肺炎疫情防控和农业发展"两手抓"等工作取得实效，受到舆论积极关注。太湖启动十年退捕引发舆论热议。

关键词：　乡村振兴　长江"十年禁渔"　农村人居环境整治　农村疫情防控

一　舆情概况

（一）舆情传播渠道

据监测，2020 年江苏省三农舆情信息量 11.76 万条（不含转载），同比

* 傅铭新，江苏省农业信息中心主任，高级农经师，主要研究方向为农业农村信息化；王平涛，江苏省农业信息中心副主任，研究员，主要研究方向为农业农村大数据；徐月洁，江苏省农业信息中心舆情分析师，主要研究方向为涉农网络舆情；赵霞，江苏省农业信息中心科长，高级农艺师，主要研究方向为涉农网络舆情。

增长 42.86%。其中，新闻（含新闻客户端）8.25 万条，占舆情总量的 70.15%；微博（不含转发）2.81 万条，占比 23.91%；微信 3817 条，占比 3.24%；博客和论坛合计 3180 条，占比 2.70%（见图 1）。总体看，新闻媒体是江苏三农原创信息的主要发布者，客户端则成为扩大内容影响力的主渠道，主流媒体掌握着舆论场的主要话语权。微博和微信等社交媒体依托自身强大的用户黏性和用户群，进一步扩大信息传播范围。

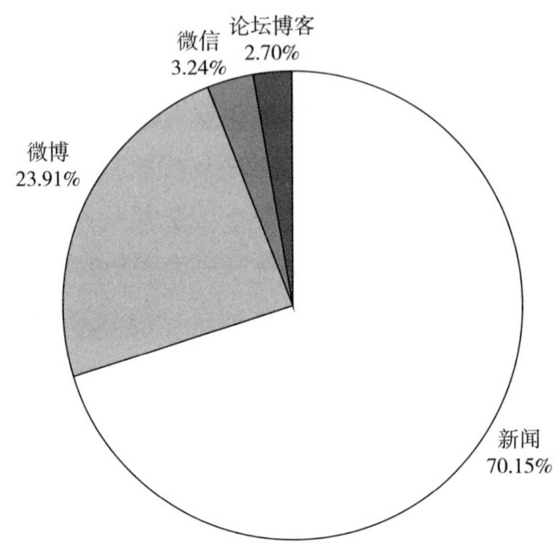

图 1　2020 年江苏省三农舆情传播渠道占比

资料来源：江苏省三农舆情监测管理平台、农业农村部三农舆情监测管理平台。（下同）

（二）舆情传播走势

从全年舆情走势看，总体呈波浪形走势，第一季度和第三季度波动明显。受元旦和春节双重影响，1 月舆情量最少，2 月、11 月分别出现舆情高峰（见图 2）。2 月，江苏紧抓农村疫情防控、多项措施支持农业经营主体复工复产、各地进入春耕备耕、切实解决各地滞销难题、保障“菜篮子”供应等引发舆论高度关注，助推舆情量攀高，为年度最高值。11 月，江苏加速农业农村现代化发展、各地多措并举保障“三秋”进度、深入推进退捕渔民安置工作、猪肉价格一年来同比首降等信息助推舆情量达全年第二高峰（见图2）。

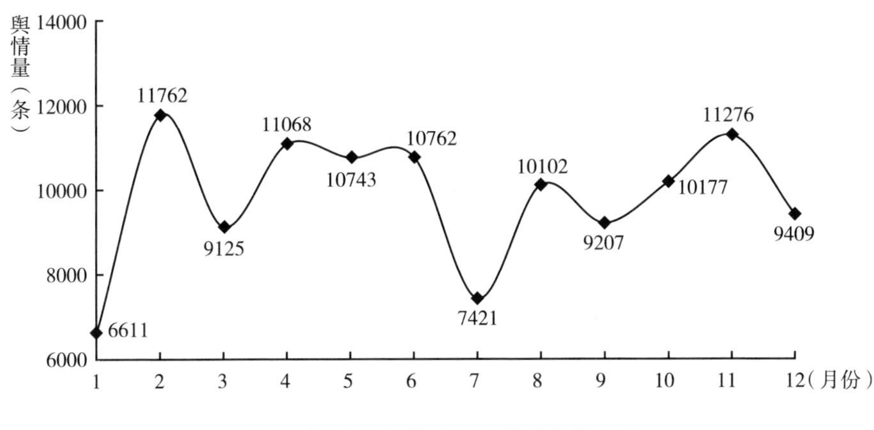

图2　2020年江苏省三农舆情传播走势

（三）舆情话题分类

从舆情话题分类看，农村经营管理相关舆情量比重最高，占比为34.12%；其次是种植业和兽医相关话题舆情量，分别占比13.86%和9.00%；农产品市场、畜牧业、渔业、农垦4个话题占比在5%～10%，其他话题占比在5%以内（见图3）。

（四）舆情热点事件排行

从舆情热度排行前20的事件看，农业农村节庆活动及三农相关会议动态是舆论关注的重点。“江苏举办2020年中国农民丰收节”和“2020年全国新农民新业态创业创新大会在南京举行”两个事件舆情热度高居排行榜第一、第二位。由于江苏水系发达，渔业资源相对丰富，“太湖进入十年退捕期”“江苏修订渔业管理条例”“洪泽湖干旱蓝色预警”等相关地方特色话题也是舆论关注的热点。此外，“南京村民院子里被建公厕”“泗洪红薯收购风波”等民生话题也引发媒体聚焦（见表1）。

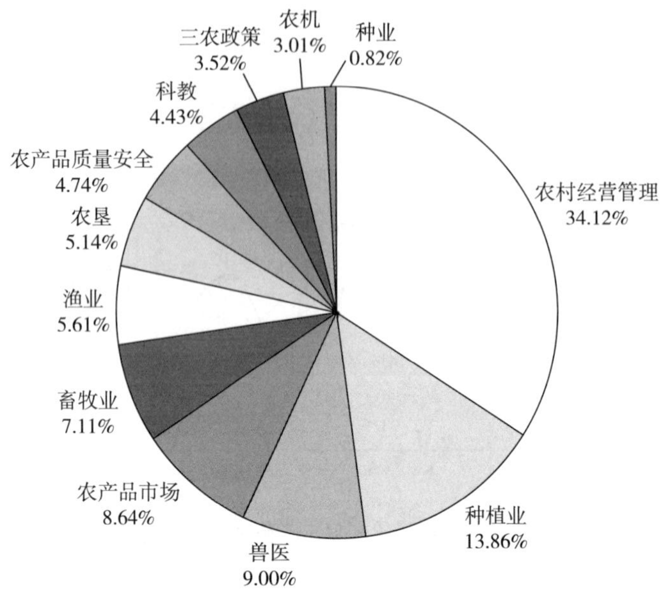

图 3　2020 年江苏省三农舆情话题分类

表 1　2020 年江苏省三农舆情热点事件 TOP 20

序号	标　　题	月份	首发媒体	舆情热度
1	江苏举办 2020 年中国农民丰收节	9	中国江苏网	5552
2	2020 年全国新农民新业态创业创新大会在南京举行	9	中国新闻网	2348
3	江苏剩 17 人未脱贫	1	新浪微博“@国是直通车”	1948
4	太湖进入十年退捕期	10	百家号“央视新闻”	1847
5	江苏开展“百道乡土地标菜”推介活动	7	《南京日报》	1284
6	江苏公布首批 107 个省级传统村落	4	中国江苏网	1068
7	洪泽湖干旱蓝色预警	5	中国江苏网	835
8	江苏修订渔业管理条例	8	交汇点客户端	623
9	全国人大常委会执法检查组在江苏山东检查土壤污染防治法实施情况	8	新华网	606
10	江苏沭阳从外省违规调入生猪中排查出非洲猪瘟疫情	4	农业农村部网站	579

续表

序号	标　　题	月份	首发媒体	舆情热度
11	江苏省委书记进村检查疫情被拦下	1	荔枝网	560
12	南京村民院子里被建公厕	12	荔枝网	377
13	江苏省禁食陆生野生动物	8	《现代快报》	372
14	泗洪红薯收购风波	11	《新华每日电讯》	365
15	2020 中国农业农村科技发展高峰论坛暨中国现代农业发展论坛在南京举办	11	央广网	328
16	寒流大风吹翻鸡舍棚膜，养殖户跪地祈祷	12	抖音客户端	328
17	江苏部署万企联万村共走振兴路行动对接工作	6	《新华日报》	321
18	江苏省委 1 号文件关注三农问题	3	新华网	319
19	南京江面出现成群江豚	6	新浪微博“@荔枝新闻”	245
20	江苏完成长江干流及保护区退捕任务	10	《新华日报》	236

二　热点话题舆情分析

（一）“八大产业”撑起乡村振兴梦　“苏韵乡情”书写乡村旅游新篇章

2020 年是“十三五”收官之年，媒体以数读等多种形式梳理江苏“十三五”时期三农发展的各项成就。“粮食年产量稳定在 700 亿斤以上”“建成高标准农田 2070 万亩”“2020 年农村居民人均可支配收入达到 2.42 万元，居全国前列”等成绩共同书写了三农领域高质量答卷。中国江苏网推出《数说“十三五”》专题，多角度报道了江苏“乡村旅游总收入年均增长 11%”“农业劳动生产率提升 20%”“农业科技进步贡献率年均提高 1 个百分点”等亮眼成就。为确保“十三五”圆满收官，2020 年江苏大力推进乡村振兴战略实施。各地各部门推进乡村振兴的举措及成果受到媒体积极关注。新华网以特稿形式报道了江苏省狠抓三农各项硬任务落实，乡村振兴工作全面开花，重点布局打造绿色蔬菜、现代种业、休闲农业、农业电子商务

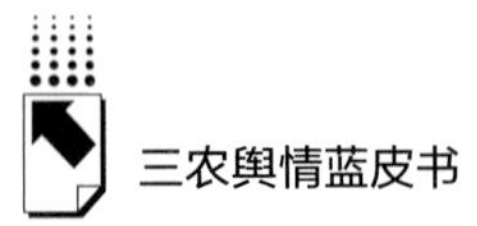

等八大千亿元级产业。全省现代种业取得“四个增强”和“三项突破”[①]，绿色蔬菜产值超过600亿元，休闲农业及农产品电商等新型产业年增速在20%左右等成绩被央视网、人民网等媒体持续报道。产业振兴方面，新华报业网等媒体报道，江苏“万企联万村、共走振兴路”行动共签约1万多个企村合作项目；“花木之乡”沭阳将花木产业与电商、旅游融合发展，打造出助农增收的“金字招牌”；句容推出一批主打“优势特色”的鲜果、粮油、茶叶、草坪苗木等产业，实现农民收入持续高于城镇居民等。人才振兴方面，央视网等媒体报道了江苏发布打造乡土人才的“新农菁英”培育发展计划，并为227名乡土人才授予高级职称；苏州吴中区持续培养苏作工艺人才，致力兴盛传统乡土工艺等。文化振兴方面，新华社等媒体关注了南京江宁区推进文化活动阵地“乡村书屋”建设、常熟支塘镇蒋巷村建立各种文化学习场所等。生态振兴方面，《人民日报》、荔枝网等媒体关注了宜兴为发展绿色生态农业打造番茄小镇、邳州以“生态+特色”提升农业农村高质量发展等。组织振兴方面，《新华日报》等媒体报道了江苏举办乡村振兴暨美丽乡村建设专题研究班，以强大合力实施乡村振兴战略；镇江千名政协委员带着“金点子”进入基层建设乡村振兴；无锡出台43项措施固优提质，激活乡村振兴的党建“引擎”等。舆论点赞称，江苏大地上，乡村振兴的梦想照进现实。[②]

近年来，江苏大力发展休闲旅游农业，并将其作为三农发展和乡村振兴的重要举措。2020年4月，江苏推出的休闲旅游农业品牌“苏韵乡情”受到舆论关注，中国网等媒体聚焦各地举办的“苏韵乡情”系列推介会，“100个省级主题创意农园”“100条休闲旅游农业精品景点线路”“100道乡土美食地标菜”[③] 等信息成为报道高频表达。我苏网称赞，美景与美食的

---

① 即供种保障能力明显增强，科技创新能力明显增强，产业综合竞争力明显增强，监管服务能力显著增强；种业体制改革有突破，重大科技平台建设有突破，政策扶持有突破。

② 吴琼：《田畴披锦绣　沃野奏欢歌——江苏实施乡村振兴战略三周年综述》，中国江苏网，http://jsnews.jschina.com.cn/jsyw/202010/t20201018_2647486.shtml。

③ 《我省开展2020“苏韵乡情”乡村休闲旅游农业推介活动》，江苏省人民政府网，http://www.jiangsu.gov.cn/art/2020/4/24/art_64343_9058869.html。

结合驱散了酷暑，将游客带入诗和远方。9月，2020年中国农民丰收节到来，江苏开展系列庆丰收活动，荔枝网、宿迁网等本地媒体纷纷报道各地借此契机推介当地农村旅游项目。此外，新浪网、网易新闻网等媒体转发了第五届中国（南京）国际智慧农业博览会的盛况，《江苏经济报》称，博览会现场展现了智慧农业促进美丽乡村振兴腾飞的盛景。

（二）紧抓长江“十年禁渔”目标任务　多措并举确保“退得出、禁得住”

江苏响应国家号召，紧抓长江“十年禁渔”目标任务，一年来先后发布长江流域禁捕退捕四个专项行动方案，召开专题会议统筹落实长江流域禁捕退捕工作，出台全国首个省级文件以河湖长制推进长江禁捕退捕等。“退捕推进”“社会保障”“执法整治”“市场监管”等方面内容被媒体广泛传播。沿江各地锁定工作目标，打出一系列“十年禁渔”的组合拳，受到媒体关注。新华网报道了苏州沿江三市联动巡查长江打击非法捕捞；《江苏法制报》报道了南通构建打击整治长江非法捕捞犯罪协同机制①；《南京日报》报道了南京雨花台区启动“智慧巡防”禁渔。媒体评论称，江苏争分夺秒地“干”、快马加鞭地“赶”、动真碰硬地“抓”，在实践中探索出“禁”“退”之道、发展之方。

退捕渔民安置也是江苏禁渔的主要工作内容。6月召开全省长江流域禁捕和退捕渔民安置保障工作会议，要求落细落实禁捕退捕、渔民转产安置和生计保障工作②，10月召开会议对船网处置、补偿安置等重点工作再部署，引发人民网、新华网等中央媒体聚焦。“深入部署推进禁捕退捕船网处置补偿安置工作”“‘退得出’还要‘禁得住’”等内容被光明网、交汇点客户端等媒体广泛传播。荔枝网、南报网、西楚网等本地媒体关注各地的渔民安

---

① 俞春梅：《南通重拳合力打击长江非法捕捞》，《江苏法制报》2020年8月3日，第A04版。

② 《全省长江流域禁捕和退捕渔民安置保障工作会议召开　提高站位压实责任标本兼治综合施策　把为全局计为子孙谋重大决策部署抓出成效》，江苏省人民政府网，http：//www.jiangsu.gov.cn/art/2020/6/29/art_60095_9264036.html。

置举措，镇江举办“长江退捕渔民转产转业专场招聘会”，泰州帮助退捕渔民尽快就业的“1131”[①] 援助行动等被媒体重点报道，南京、泰州、苏州、扬州等地出台促进渔民上岸的政策以及成效也备受舆论肯定。10 月，江苏开启全面部署处置船网、补偿安置渔民工作，“上岸”“再就业”“创业”“转产”等一度成为热词。10 月 11 日，太湖保护区宣布辖区水域渔船全部退出，江苏省内长江流域退捕任务宣告完成，中国经济网、中国江苏网等媒体转载发布相关报道 109 篇，“7392 艘渔船、14887 名渔民全部退捕上岸”等数据信息成为报道主流表达。舆论称，禁捕退捕工作开展以后，以“渔”谋生的渔民们一批批上岸，就业与生活有了新的保障，日子也有了新奔头。

（三）坚决打赢农村人居环境整治收官战“内外兼修”美丽乡村新图景受肯定

2020 年是农村人居环境整治三年行动收官之年，江苏重点部署农村“厕所革命”、农村生活污水治理、农村生活垃圾治理、农业废弃物资源化利用等工作，受到舆论好评。3 月，江苏省委发布一号文件，部署抓好三农领域重点工作确保如期实现高水平全面小康，要求扎实推进农村人居环境整治，突出抓好生活垃圾“日产日清”、改厕和污水处理等重点工作，确保完成三年行动目标任务。[②] 4 月，江苏印发农村人居环境整治工作要点，细化一系列举措。6 月，江苏召开全省农村人居环境整治现场推进会，部署持续推进农村人居环境整治工作。8 月，江苏出台《关于深入推进美丽江苏建设的意见》，强调持续提升农村人居环境质量。[③]《人民日报》评论称，江苏的农村人居环境整治工作，改善了城乡卫生条件、整洁了生产生活环境，也推

---

① “1131”即对有劳动能力且有就业意愿但未就业的退捕渔民，至少提供 1 次政策宣讲、1 次就业指导、3 次职业介绍和 1 次职业技能培训等就业创业服务。

② 《中共江苏省委　江苏省人民政府关于抓好“三农”领域重点工作　确保如期实现高水平全面小康的意见》，中共江苏省委新闻网，http：//www. zgjssw. gov. cn/fabuting/shengweiwenjian/202003/t20200316_ 6560795. shtml。

③ 《江苏出台〈关于深入推进美丽江苏建设的意见〉》，中共江苏省委新闻网，http：//www. zgjssw. gov. cn/fabuting/shengweiwenjian/202008/t20200812_ 6765002. shtml。

动了经济社会发展转型升级。江苏还推出信息化平台，支持群众以“问题随手拍”方式监督农村人居环境整治，新华网、《新华日报》、扬子晚报网等媒体纷纷报道。各地不断探索，涌现出一批范例，被媒体积极关注。其中，新华网客户端专篇报道了响水县小尖镇出台村庄环境长效管理办法；扬子晚报网重点报道了南通市海门区着力整治提升“城乡道路沿线、农村水环境、田园生态、村庄面貌”的“海门模式”；我苏网详细报道了昆山将农村人居环境整治成效纳入村干部考核，形成“红黑榜”制度在苏州广泛推广。

江苏农村人居环境整治工作取得积极成效，《江南时报》等媒体于2020年6月集中报道了全省农村人居环境整治工作的阶段性成果：农村无害化卫生户厕普及率超95%，农村生活垃圾收运处理体系苏南苏中实现全覆盖、苏北超96%，农村生活垃圾集中收运率已超98%，农村生活污水治理行政村覆盖率达65%等。① 江苏以农村人居环境根本改善为目标，因地制宜探索出的“1+4+1”乡村治理模式②被江苏电视台《新闻空间站》节目、《新华日报》等媒体聚焦，其中南京江宁区对农村生态治理工作加以创新，被列为榜样重点报道。舆论赞称，江苏2020年不断出硬招、出实招，完成农村人居环境整治年度指标任务、乡村善治成效显著，描摹出美丽乡村里一幅“内外兼修”的新画卷。

（四）密集出招恢复生猪产能　狠抓落实动物疫病防控见实效

江苏是生猪生产和猪肉消费大省，针对生猪稳产保供，江苏推出多项政策和举措，受到媒体持续关注。2020年2月出台促进恢复生猪生产的“新九条”，3月发布省委一号文件重点部署生猪生产工作，4月、5月、6月分别召开视频调度会持续推进生猪复产工作，7月印发相关实施细则，10月发布通知要求进一步做好生猪生产恢复工作……其中，媒体重点关注“新九

---

① 吴琼、颜颖：《对标找差，坚决打好三年收官战》，《新华日报》2020年6月8日，第2版。

② 即党建引领、自治法治德治智治融合、村级集体经济充分发展的乡村治理“菱形模式”。

条”首次将恢复生猪生产目标列入2020年高质量发展考核。人民网评论称，“新九条”是江苏近年来出台的含金量最高、创新突破最大、针对性最强的生猪产业政策措施。一年来，江苏生猪稳产保供工作取得实效，从年初生猪和能繁母猪存栏数环比持续增加，到年末猪肉价格一年来同比首降，获得舆论肯定。产能“环比增加”“持续增加”“连续回升”等信息成为媒体报道标题高频词句，猪肉价格“下跌”“回落”“走低”也一度成为舆论热词。有网民说，可以买猪肉做腊肠了。也有网民反映称，还是觉得很贵，希望可以回到从前十几块钱一斤的价格。

作为生猪复产的重要环节，江苏在非洲猪瘟防控方面的工作部署也受到关注。2020年3月江苏发布紧急通知，要求进一步抓紧抓好生猪调运监管和运输过程中非洲猪瘟疫情处置，随后在全省范围内集中开展违法违规调运生猪专项整治行动。①《扬子晚报》评论称，全省各地积极建立多部门高效协查的工作机制，严厉打击违法违规调运生猪行为，有力震慑了不法分子。此外，宿迁、扬州等地将非洲猪瘟防控工作写进生猪生产政策措施中，泰州针对非洲猪瘟成立防控技术联盟等，各地举措得到速新闻客户端等媒体肯定。4月，中国新闻网报道称，农业农村部派出督导组赴江苏督促指导，进一步落实生猪生产和非洲猪瘟防控政策措施，督导组反映随着政策措施落地见效，江苏省生猪生产恢复发展势头良好，非洲猪瘟疫情总体平稳，口蹄疫等疫病免疫进度与往年基本持平。②

（五）紧盯农村地区疫情防控不放松　信息化保障防疫发展“两手抓”

2020年初，面对突如其来的新冠肺炎疫情，江苏各级部门开展严密有序的农村地区疫情防控工作，受到舆论聚焦。从1月明确提出“十个要”

① 《关于进一步抓紧抓好生猪调运监管和运输过程中非洲猪瘟疫情处置的紧急通知》，江苏省农业农村厅网站，http：//coa. jiangsu. gov. cn/art/2020/3/18/art_ 11977_ 9014999. html。

② 《农业农村部派出督导组深入重点省份督促非洲猪瘟防控》，中新网，http：//www. chinanews. com/gn/2020/04 - 15/9158144. shtml。

工作要求①，到2月召开会议统筹抓好农村疫情防控和三农重点工作，再到3月省委印发一号文件关注农村疫情防控。新华报业网、《姑苏晚报》等媒体对江苏农村疫情防控工作做出详细报道，“全力以赴”“众志成城”“坚决打赢”等词汇成为报道中的高频词。苏州封闭51条农村交通要道的管控措施、无锡的群防群治“五五”行动、南京江宁区的“四包一”负责制、淮安盱眙县的县镇村三级落实“三包机制”等典型做法，被中国江苏网称赞为“联防联控36计”。江苏发动全省农村七万多个“大喇叭”，用广播宣传疫情防控工作，得到群众积极响应，“江苏大喇叭宣传新型冠状病毒”一度登上百度搜索热榜，搜索结果达481万条。荔枝网评论称，这些广播各具特色、别出心裁，在疫情期间成为重要的宣传阵地，也为抗击疫情提供良好氛围。江苏省委书记到南京某村查看疫情防控情况，被值班的村民大爷劝阻在村口不得进村，在网络上引发热议。新浪微博“@人民日报”设置#江苏省委书记进村检查被拦下#的话题，阅读量达到2.5亿次，评论5万条。网民夸赞这位村民大爷做法“硬核”的同时，也纷纷为江苏农村地区严格的管理模式和到位的宣传工作点赞。

江苏多措并举积极应对疫情影响，“两手抓”疫情防控和农业发展受到媒体关注。疫情期间，各地出台惠农政策，确保农业有序复产，“超六成”“超过75%”“97.4%复工复产”“基本全面复工复产”等词汇在媒体的报道标题中持续出现。结合疫情形势变化，江苏以信息化手段助力春耕、三夏、三秋等工作。“云春耕”“农业主播”等成为媒体报道的新兴热词，植保无人机在农业生产中的亮眼表现也被媒体频频报道。人民网评论称，植保无人机按下春耕备耕“加速键”，成为农民争相追捧的“香馍馍”。同时，江苏将农业农村高质量发展列为工作重点，在推进重大项目建设方面取得实效，“在建农业农村重大项目近1000项”“总投资超2200亿元”等数据性成果被新华网、ZAKER新闻网等媒体大量报道。《新华日报》赞称，2020

---

① 《江苏加强农村地区疫情防控　提出“十个要”要求》，人民网，http：//m.people.cn/n4/2020/0129/c3607－13631140.html。

年，江苏的农业生产遭受了百年不遇的疫情冲击，经受了非比寻常的旱情考验，接受了历史罕见的洪水洗礼，全年粮食总产有望达到740亿斤以上的目标，不仅乡村产业培育壮大，高效特色产业也做强做优。

三　热点事件舆情分析

太湖开启“十年退捕”引热议

（一）舆情概述

太湖水域的生态压力日益紧迫，江苏省农业农村厅2020年8月7日发布公告，决定于2020年10月1日前收回太湖渔业生产者捕捞权。[①] 该举措意味着太湖即将进入十年退捕期，影响重大，引发舆论广泛关注。央视新闻客户端9月10日首次做出报道，人民网、新华网等媒体转发相关报道104次，秒拍视频用户“新京报动新闻”发布的“10月起太湖将停止渔民捕捞 官方：将有组织适当捕捞出台补偿政策”视频内容，播放量超过58万次。“太湖10月1日进入退捕期”“政府将出台补偿实施安置意见”等成为媒体的主要报道内容。9月14日，第一财经网报道梳理长江流域各大水域禁渔情况，指出我国五大淡水湖将共同开启史上最长禁渔期，并就大闸蟹未来市场趋势采访业内专家，引起网民热议。新浪微博相关话题“中国五大淡水湖将全面禁渔十年”“下一捕，十年后”“10月起太湖将停止渔民捕捞”等合计阅读量超150万次。

（二）媒体评论

舆论普遍对太湖实施十年退捕表示支持。有媒体指出，“退捕”与“禁

---

① 《江苏省农业农村厅公告（第12号）》，江苏省农业农村厅网站，http：//coa. jiangsu. gov. cn/art/2020/8/7/art_ 11977_ 9358127. html。

捕”意义不同，今后还是会有组织地进行适当捕捞，并不是十年中从此不再捕捞，担心太湖退捕后吃不到湖鲜的市民大可放心。有媒体说，太湖退捕，十年“无渔”换年年有鱼，是为子孙计、为生态谋，渔民都表示支持。也有媒体表示，十年时间能为以“四大家鱼”为代表的长江渔业资源提供至少2～3个世代的保护期，使自然种群得以恢复，而对于江豚等以鱼为食的大型动物来说，禁渔十年是它们长久生存的希望。

（三）网民评论

网民对该话题展开积极讨论，主要有以下观点。一是对太湖退捕政策表示理解。有网民说，早就应该这样做，中国已经没有干净的湖泊了。还有网民说，这次过后不止禁渔七个月了，而是禁捕十年，渔民的捕捞证都被回收了，能给太湖生态一个休息的时间了。二是对渔民生计表示关切。有网民说，太湖禁渔退捕力度之大也是超乎想象，十年之内个体渔民片帆不得入内，多少人生计有碍，当是不得不为。也有网民说，渔民不捕鱼后日子很苦，他们造价十几万的船，政府只给3万～5万元补偿，工作也要自己找。三是为退捕及禁渔政策提出建议。有网民说，建议20年或者35年禁止捕鱼，禁止捕鱼解除后可5～10年捕鱼，再如此轮流循环。也有网民提出，禁渔十年时间太长，好似不太切合实际，两年的鱼已又大又胖，禁渔两年为好。

四　舆情展望

2021年是“十四五”开局之年，江苏三农工作重心将转向全面推进乡村振兴，要在构建长江禁渔长效机制、实施乡村建设行动和推动城乡深度融合发展上起好步，全面提升乡村产业发展水平、农业绿色发展水平、农村改革集成运用水平和乡村治理水平。2021年，热点话题或来自以下几个方面。

一是乡村振兴。过去一年，江苏相继出台《2020年度江苏省推进乡村振兴战略实绩考核实施方案》等乡村振兴战略实施相关方案、意见和规划，

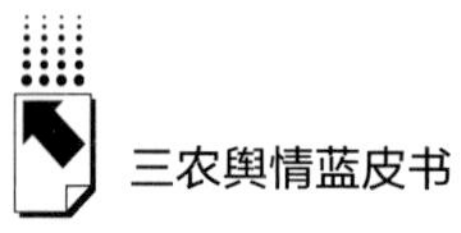

发布《关于贯彻〈中国共产党农村工作条例〉实施办法》等政策文件，建立乡村振兴投资基金，重点工程不断落地，乡村振兴督查和实绩考核同步启动，乡村振兴制度思路基本清晰。未来一年，乡村“五大振兴”的新举措、各项重点工程实施取得的新进展等将依旧是媒体关注的重点。

二是长江“十年禁渔”。长江江苏段的禁捕退捕工作成绩突出，一年来被《人民日报》、新华网等中央媒体频频关注，本地媒体也实时关注并做出报道。2021 年，长江禁捕退捕工作即将进入全面“禁”的新阶段，江苏在长江“十年禁渔”方面的动态、工作举措、政策以及退捕渔民的转产就业等情况将依然被媒体关注。

三是粮食安全。党中央、国务院高度重视粮食安全问题，多次提出相关工作要求。作为粮食主产省，江苏 2021 年将紧抓粮食产量和面积，聚焦种源自主可控和农机装备自主研制两个重点，确保粮食稳产高产和重点农产品有效供给，相关举措和成果将被舆论重点关注。

四是生态环境和绿色发展。进入乡村振兴全面推进阶段，农村群众对人居环境的要求进一步提高，生态保护和修复、推进农业污染集中治理、推进农村“厕所革命”、绿色生态农业发展等重点工作将被舆论持续关注。

五是农村改革。江苏着力加强农村改革系统集成，推动改革在广度和深度上拓展，系统重塑、集成运用，进一步释放农业农村发展潜力和动能。其中，农村土地制度改革、农村集体产权制度改革和农村金融服务创新等，将是媒体持续关注的话题。

参考文献

许海燕、朱璇：《稳产保供，守好百姓“菜篮子”》，《新华日报》2020 年 11 月 13 日。

吴琼：《争创“国字号”荣誉，培育特色典型》，《新华日报》2020 年 4 月 9 日。

B.15

山东省三农舆情分析

任万明　王 钧　王丽丽　杜文逊*

摘　要：　2020年，山东各级农业农村部门聚焦聚力乡村“五大振兴”，积极打造乡村振兴齐鲁样板，并将乡村振兴作为新闻发布会和宣传工作常设议题，持续推介乡村振兴进展成效，舆论氛围积极向好。主流媒体积极报道山东省“十三五”时期三农工作成果，包括统筹农村疫情防控和农业生产、粮食产量再创新高、海洋牧场数量全国居首、生猪存栏连续增长等。新型农业经营体系构建、乡村“头雁”培育、金融助农、农产品电商等新亮点广受舆论赞誉。同时，山东稳妥处置违规养殖用药、乡村建设操之过急、非法捕捞等敏感舆情，赢得公众信任。

关键词：　山东　三农舆情　乡村振兴　农业生产

一　舆情概况

（一）主要舆情梳理

据全网监测，2020 年山东省涉农舆情信息 20.3 万条，舆情数量自 2 月

---

* 任万明，山东省现代农业农村发展研究中心主任，研究员，主要研究方向为农业农村信息化；王钧，山东省现代农业农村发展研究中心高级工程师，主要研究方向为涉农网络舆情；王丽丽，山东省互联网传媒集团舆情服务部主任，主要研究方向为舆情处置与引导；杜文逊，山东省互联网传媒集团舆情分析师，主要研究方向为网络舆情。

份之后整体呈明显波动下降态势。疫情防控、春耕备耕、“三夏”生产等热点话题集中在上半年，舆情数量明显多于下半年（见图1）。

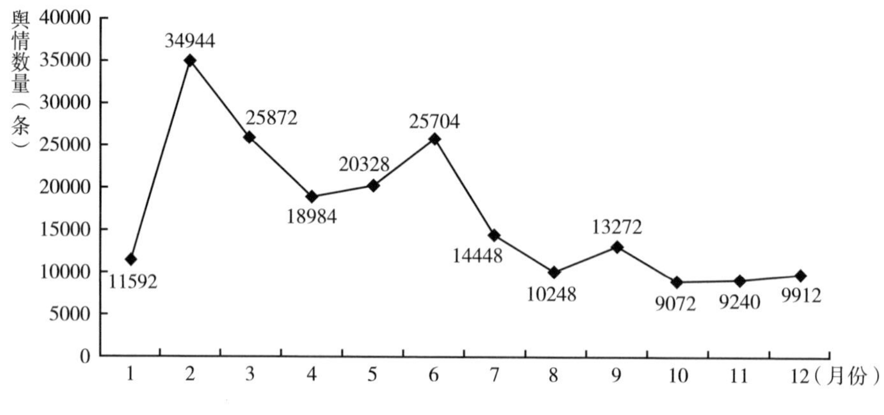

图1　2020 年山东省涉农舆情走势

资料来源：大众舆情中心。（下同）

从各月舆情主要内容看，1 月至 2 月，山东省农业农村系统为做好春耕备耕，统筹疫情防控和农业生产，做到疫情防控和农业发展两不误。山东确保“菜篮子”产品产得出、运得出、供得上，彰显农业大省责任担当。3 月至 4 月，全省有序推进春耕春播，农业农村部门切实解决复工复产紧急之需；山东书写“五大振兴”的两周年答卷，媒体纷纷进行总结和报道。5 月至 6 月，全国“两会”召开，乡村振兴齐鲁样板再次成为“两会”热词，委员代表建言献策；山东电视台《问政山东》栏目推动美丽乡村建设相关问题整改。强对流天气带来的大风、冰雹导致多地农作物受损，省农业农村厅第一时间派出工作指导小组，赴山东多地进行灾后指导；专家学者和媒体围绕“美丽宜居乡村建设”持续发声，观点多样，舆情持续发酵；山东夏粮总产量创历史最高水平，全国超强筋小麦单产纪录诞生，冬小麦单产纪录再次被刷新，媒体进行高频次报道。7 月，围绕稳妥有序推进美丽宜居乡村建设，主流媒体积极报道山东省政策部署，传递主流声音，有效引导舆论。农业农村部及山东各级部门快速处置海参养殖违法违规清塘用药问题，媒体跟进报道各个环节的整改结果。8 月至 9 月，媒体曝光荣成休渔期非法捕捞问题，舆论呼吁加强监管；全省各地欢庆“中国农民丰收节”，媒体聚焦齐鲁大地丰收的喜人成绩。10 月，山东秋粮再获丰收、生猪存栏量连续七个月增长、涉海省级部门开展联合巡航执法等农业生产成绩被媒体积极报道。10 月底至 12 月，省政府新闻办举办“‘十三五’成就巡礼”主题系列新闻发布会，舆论反响热烈。同时，该时间段内，全省农村假冒伪劣食品专项执法行动开始进行，“乡村振兴齐鲁论坛 2020”顺利举办，这两项重点工作也受到舆论较多关注。

（二）热点舆情排行分析

从 2020 年山东省排行 TOP 20 的涉农热点舆情看，山东打造乡村振兴齐鲁样板、农产品稳产保供、美丽宜居乡村建设等话题受到高度关注（见表 1）。

表 1　2020 年山东省涉农热点报道 TOP 20

序号	标　题	月份	首发媒体	舆情热度
1	山东强化协调做好服务：保供应　稳生产	4	《人民日报》	758
2	始终把人民群众的利益放在首位	7	《人民日报》	652
3	山东：描绘“三生三美”的斑斓画卷	3	新华社	647
4	山东全面开展海参养殖排查整治	7	新华社	536
5	刘家义调研美丽宜居乡村建设并召开座谈会	9	《大众日报》	451
6	山东稳步推进海洋牧场建设　积极探索安全管理有效措施	11	人民网	385
7	山东亮出乡村振兴齐鲁样板“成绩单”：乡村焕发新气象	6	人民网	380
8	疫情导致山东农产品滞销	2	海报新闻客户端	361
9	山东推进乡村振兴：农村美起来　农民富起来	6	《人民日报》	341
10	山东：围绕“五大振兴”打造乡村振兴齐鲁样板	5	新华社	289
11	山东粮食总产量连续七年稳定在千亿斤以上	12	新华网	227
12	山东推动农村各项产业融合发展，为乡村振兴夯实基础：产业兴旺　日子红火	8	《人民日报》	189
13	山东：强降雨造成全省 66.59 万亩农作物受灾 706 人转移	8	央广网	183
14	山东农业农村“十四五”规划，2021 年初发布实施	8	《大众日报》	167

续表

序号	标　　题	月份	首发媒体	舆情热度
15	山东夏粮总产量达 513.84 亿斤小麦单产创三个全国纪录	8	人民网	165
16	保障首都蔬菜供应，河北山东出手！	6	新华社	153
17	山东：山海同庆　喜迎丰收	9	《光明日报》	143
18	警惕激进“拆村并居”给农村带来系统性风险	6	新华社	124
19	大葱价格涨幅大　春节前供应偏紧	12	中央电视台	100
20	《问政山东》聚焦美丽乡村建设问题	5	山东电视台	95

（三）舆情话题概要分析

全年舆情话题相对集中。热点舆情主要集中在农业生产、农产品市场、乡村振兴、美丽宜居乡村建设、抗灾救灾、农产品质量、农村土地、农资产品质量八大类（见图 2）。

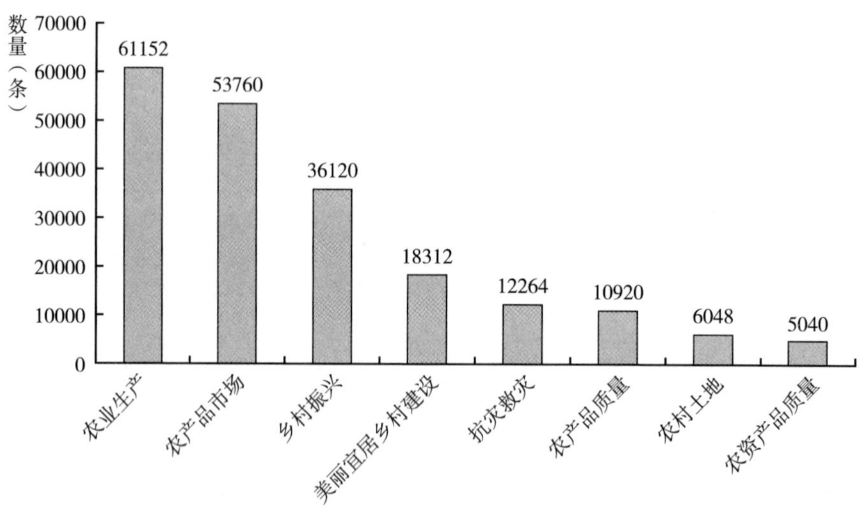

图 2　2020 年山东省涉农舆情热点分布

1. 农业生产相关信息6.1万余条，占舆情总量的30.03%

2020 年，山东粮食丰收，春耕春播、“三夏”生产、“新六产”蓬勃发展以及农业生产具体数据引发舆论关注。其中，一季度，为有效应对疫情影响，山东省农业农村厅印发了《2020 年全省小麦春季管理技术意见》《关于印发 2020 年全省小麦春季管理技术意见的通知》，全省农业农村部门创新技术指导形式，有序推进春耕备耕。4 月，生猪产能止跌回升。4 月底，海洋伏季休渔开始，媒体报道相关执法行动。5 月底至 6 月，主流媒体持续关注山东省“三夏”生产动态，发布多篇麦收数据“喜报”，营造浓厚舆论氛围，其中新型农业社会化服务组织起到重要作用，成为媒体报道的典型和亮点。7 月，山东省农业农村厅高素质农民培育工作得到多家媒体报道。8 月，全省海洋牧场建设现场推进会。9 月，黄渤海伏季休渔期结束，新华网、央视等媒体报道渔民收获场景。9 月底，媒体关注秋粮长势，感叹新技术助力丰产丰收。10 月，省政府新闻办召开“乡村振兴”系列新闻发布会，会议透露，山东夏粮又喜获丰收，小麦单产、总产双创历史新高，秋粮丰收在握，全年粮食丰收已成定局。11 月初，山东省海洋渔业管理工作新闻发布会召开，省级以上主流媒体发布的相关报道达 30 余篇，取得良好宣传效果。

另外，农业生产负面舆情主要源于地市电视台问政栏目以及网民举报，主要涉及渔业捕捞“绝户网”、休渔期非法捕捞等问题。

2. 农产品市场相关信息5.3万余条，占26.40%

其中，一季度，受疫情影响，媒体和网民集中反映农产品滞销问题，涉及的地区和品类较多，造成负面影响。山东农业农村部门积极响应，打造服务平台，规范生产流通秩序，解决滞销问题，保障“菜篮子”供应，引发舆论关注，《大众日报》报道《山东四部门联合下发紧急通知：确保“菜篮子”产品和农牧业生产资料正常流通》。同时，省农业农村部门探索电商直播平台，利用多种途径拓宽农产品销路，新华社报道《抗疫助农，山东省商务厅、山东省农业农村厅齐行动!》。此外，省农业农村部门主办、参与了多场展销活动，8 月召开中国（山东）农业创富大会，9 月举办中国品牌农产品展销庆丰收活动，10 月举办潍坊国际食品农产品博览会，12 月举办中国 · 山东出口欧盟农产品云展会等。这些活动吸引了全国乃至世界媒体的注意，助力提升山东农业品牌知名度。山东积极利用主流媒体传播优势，打造农产品品牌，《大众日报》报道《第五批山东省知名农产品区域公用品牌和企业产品品牌名单公布!》。

3. 乡村振兴相关信息3.6万余条，占17.74%

2018年3月8日，习近平总书记参加十三届全国人大一次会议山东代表团审议并发表重要讲话，强调要深刻认识实施乡村振兴战略的重要性和必要性，扎扎实实把乡村振兴战略实施好。2020年，全国多家主流媒体记者深入齐鲁大地的阡陌乡村，对山东交出的这份两周年答卷，进行了深入探访。人民网、新华社、《农民日报》、《大众日报》等媒体报道《山东：描绘"三生三美"的斑斓画卷》等。同时，媒体以打造乡村振兴齐鲁样板为主线，从宏观角度分析山东"三农"重点工作，对农村基层组织工作、集体产权制度改革、三产业融合发展等领域典型经验，进行深度报道，人民网报道《山东：组织振兴促进乡村振兴，打造乡村振兴齐鲁样板》等。

2020年是"十三五"收官之年，媒体回顾五年来山东三农工作成绩，相关报道有《大众日报》的《山东"十三五""三农"工作巡礼——勇立潮头，奋力打造乡村振兴齐鲁样板》《这份"十三五"山东"三农"答卷，请收下!》等。

另外，针对农村基础设施建设、移风易俗、民生保障等领域的问题，部分网民发表见解，呼吁提高乡村治理能力。

4. 美丽宜居乡村建设相关信息1.8万余条，占8.99%

2020年，山东农村人居环境整治工作动态受到媒体持续关注，新华社报道《山东：对各类生产生活场所和重点场所进行环境整治》等。同时，媒体点赞相关工作，《大众日报》报道《良好生态支撑山东乡村振兴》等。另外，《问政山东》《问政临沂》等电视问政栏目曝光农村厕改、地膜回收、农药废弃物处理存在短板，农业农村部门深入整改，完善美丽乡村建设长效机制。关于村庄布局调整，相关规划曝光后，山东省各部门积极回应公众关切，坚持把人民群众的利益放在首位，获得舆论认可，焦点报道有《人民日报》的《始终把人民群众的利益放在首位》、《大众日报》的《不搞强迫命令"一刀切"，山东新型农村社区建设分四类稳妥进行》等。

5. 抗灾救灾相关信息1.2万余条，占6.02%

2020年，山东发生多起自然灾害，引发舆论担忧。其中包括：1月寒潮；4月低温霜冻灾害，个别地区出现旱情、小麦病虫害；5、6月冰雹天气；7月多地旱灾；8月暴雨等。省内各级农业农村部门第一时间发布通知，指导抗灾救灾工作，主流媒体积极传播相关举措，央视发布《山东多举措抢救返潮粮　减少农户粮企损失》的视频报道。

6. 农产品质量相关信息1万余条，占5.36%

2020年，山东出台的农产品质量安全政策以及执法行动得到充分宣传，典型报道如新华社的《山东“产管追”并重保障农产品质量安全》等。针对央视“3·15晚会”曝光青岛即墨海参养殖违规用药清塘舆情，农业农村部、山东省农业农村厅以及各级农业农村部门第一时间进行处置和回应，及时公布调查结果，挽回了养殖户的潜在损失，主流媒体亦持续报道各单位的调查整改工作，赢得舆论理解，将事件的影响限制在合理范围。

7. 农村土地相关信息6050条，占2.97%

媒体持续报道山东严守耕地保护红线，高质量推进高标准农田建设。6月，山东省农业农村厅召开新闻发布会介绍相关工作。人民网刊文《集中连片旱涝保收　山东力争2025年建成8000万亩高标准农田》、新华社刊文《山东建设高标准农田保障粮食生产》等进行报道。11月初，中央农办、农业农村部通报表扬全国承包地确权工作典型地区、先进集体和先进个人，山东多家单位和个人上榜。另外，也有个别媒体、网民反映农田非粮化现象、土地确权等问题。

8. 农资产品质量相关信息5050条，占2.48%

春耕时节，农业农村部门严查农资质量问题，保障农业生产，《农民日报》刊发《山东：优质农资网上买　农资打假保春耕》的报道。同时，山东积极推广新型农资、绿色农资，保障农业可持续发展，《农民日报》报道《坚持堵疏结合把牢生产源头关》。

二　山东三农舆情特点

（一）打造乡村振兴齐鲁样板成为媒体报道主线

2020年，山东省农业农村厅把打造乡村振兴齐鲁样板作为重大政治任务，建立体系、完善机制，各项工作全面起势，引发舆论高度关注。媒体在报道山东涉农工作中，紧扣这一主题，宣传各地、各部门“五大振兴”成果，“乡村振兴齐鲁样板”成为高频词，也是贯穿全年舆论宣传的核心点。新华社、人民网、《农民日报》等多家国内主流媒体，多角度、全方位的报道，多篇重量级报道掀起舆论关注热潮，相关话题阅读均超过5万次。2020年全年，山东召开十余场“‘十三五’成就巡礼”主题系列新闻发布会，舆论氛围浓郁。

（二）积极引导舆论，有效化解危机

2020年，山东农业农村领域出现多起敏感舆情，如农村疫情防控、电视问政、即墨海参养殖问题、自然灾害等。山东农业农村系统妥善处置、化解危机，并积极利用主流媒体发声，向公众展现职能部门的积极作为。如中国新闻网《粮食大省山东探索“线上春耕”新模式　防疫期间不误农时》，央广网《山东即墨海参养殖户使用敌敌畏　当地回应：迅速调查、依法处理》，《大众日报》报道《省农业农村厅：党建统领抓稳产　扎实作风促保供》等，取得较好传播效果。

（三）主动做好新闻发布工作

2020年，山东省农业农村厅共召开、参与14场新闻发布会，与历年相比，发声频次显著提高。全年先后就统筹抓好疫情防控和春季农业生产、农产品稳产保供等工作进展情况、打造乡村振兴齐鲁样板、解读《关于切实加强高标准农田建设提升国家粮食安全保障能力的实施意见》、“扛牢粮食

安全责任　做大做强粮食产业”有关情况、“普查污染源头　服务绿色发展”相关情况、乡村产业振兴、生态振兴、组织振兴工作情况、省海洋渔业管理工作、“十三五”时期三农工作推进情况等主题召开或参与新闻发布会。中央媒体和山东主流媒体参与报道和传播，营造出强大舆论声势，山东省农业农村领域的重要政策和重点工作成效得到充分宣传。

三　热点话题分析

（一）山东书写乡村“五大振兴”两周年答卷引发舆论关注

2018 年 3 月 8 日，习近平总书记参加十三届全国人大一次会议山东代表团审议并发表重要讲话，强调要深刻认识实施乡村振兴战略的重要性和必要性，扎扎实实把乡村振兴战略实施好。2020 年 3 月，全国多家主流媒体记者深入齐鲁大地，对山东交出的这份两周年答卷进行了深入探访。

1. 报道特点

中央媒体多方式、融媒体报道，营造良好宣传效果。从报道形式和内容来看，新华社、人民网等中央媒体采用图文并茂、视频直播、App 短视频等方式，网端微一体化，集中报道山东推动乡村振兴“四大体系”、科技赋能现代农业、建设海洋强省等方面成果。省内媒体成为宣传主阵地，《大众日报》、山东新闻联播等省内主流媒体纷纷通过数字图解、短视频、直播、漫画等多种形式，集中进行专题报道。

2. 媒体聚焦

国内主流媒体主要聚焦以下几点：一是山东沿着习近平总书记擘画的蓝图笃定前进，如新华社报道《山东：描绘“三生三美”的斑斓画卷》《乡村振兴“园”舞曲》；二是山东健全“四大体系”推动“五大振兴”，媒体聚焦山东建立健全了乡村振兴组织领导体系、政策支撑体系、标准监测体系和考核督导体系，推动“五大振兴”，打造齐鲁样板取得显著成效；三是山东乡村振兴大事记“向总书记说说心里话”，《大众日报》刊发多篇实地探访报道《向总书记说说心里话　乡村振兴，沃野千里风光好》等，新华网短视频报道《60秒看山东丨打造乡村振兴齐鲁样板》；四是媒体高度评价相关工作成果，《大众日报》连续刊发评论文章《打造乡村振兴齐鲁样板——山东深入贯彻落实习近平总书记重要指示要求述评》《风云一举到天关——山东深入贯彻落实习近平总书记重要指示要求述评》表示，山东打造乡村振兴齐鲁样板，就要锐意创新、勇探新路、形成示范，推动农业农村各项工作走在前列，再创农业农村发展新优势。[①]

（二）山东推进村庄布局规划引发舆论热议

1. 舆情回顾

2020年5月，山东省自然资源厅召开《山东省村庄布局专项规划》等项目和技术规程专家研讨会，引发舆论热议，网民纷纷发表相关评论，以质疑声音为主。随后，学界专家发表评论，直指合村并居不符合农村生产生活实际，舆情热度走高。随后，《人民日报》《经济日报》等主流媒体参与评论，呼吁要稳妥推进合村并居，充分听取农民意见。

2. 舆论引导

6月17日，省政府新闻办召开新闻发布会，邀请省农业农村厅等部门相关负责同志介绍打造乡村振兴齐鲁样板有关情况，省自然资源厅与农业农村厅就乡村振兴中如何推进农村社区建设问题回答提问，积极回应公众关切，正确引导舆论走向。回应引发高度关注，多数媒体以“山东新型农村社区建设不搞一刀切，不存在运用土地增减挂钩政策增加地方财政收入”为主题报道。同时，媒体、专家发表评论，认可山东尊重农民意愿的立场。

3. 山东召开美丽宜居乡村建设视频会议

6月27日，山东召开美丽宜居乡村建设视频会议。会议强调，必须在现有基础上，稳妥有序推进各项工作。要更加注重维护群众利益，始终把人

---

① 赵洪杰、付玉婷、李子路、张国栋：《风云一举到天关——山东深入贯彻落实习近平总书记重要指示要求述评》，《大众日报》2020年3月8日，第1版。

民群众的利益放在首位，绝不能因为搞美丽宜居乡村建设增加农民负担，损害农民利益。会议精神获得舆论广泛肯定，《人民日报》等媒体发布了《始终把人民群众的利益放在首位》[①] 等报道。

4. 舆情分析

作为村庄布局规划先行先试的省份之一，相关工作的推进一直伴随着各种不同声音。面对争议，省委、省政府及各部门主动回应公众关切，展现正确面对舆情的开放态度，有力引领舆论走向，为相关工作的推进营造健康舆论环境。

（三）“雷霆手段”挽回消费者信任——央视曝光海参养殖违法违规用药行为舆情分析

1. 舆情概述

2020 年 7 月 16 日晚间，央视“3·15 晚会”曝光青岛即墨区不少海参养殖户使用敌敌畏杀虫剂清理水塘，对海参质量和海水水质造成影响，引发舆论高度关注，媒体、网民纷纷讨伐违规养殖人员和企业，海参产品销售即将遭遇巨大影响。事件曝光后，山东省农业农村厅连夜派出由厅负责同志带队的调查组赶赴即墨，督导青岛当地严惩违规养殖行为、规范养殖用药，并配合农业农村部开展综合整治行动，之后省市县出动检查人员 1400 余人进行拉网式检查，未发现在清塘和养殖过程中违法违规使用投入品问题。人民网、央视、《新京报》、大众网等媒体报道、转载查处情况。“山东连夜派出调查组赶赴即墨”“山东全省排查海参养殖企业”等话题成为媒体报道重点。随着海参等水产品质检结果的公布，舆论转向积极正面，公众逐渐恢复对海参产品的认可。

2. 舆论声音

调查结果公布前，媒体发布评论文章呼吁加强监管问责，如新京报网刊文《海参池塘放敌敌畏，真不把消费者健康当回事》等。[②] 调查结果发布

---

① 刘家义：《始终把人民群众的利益放在首位》，《人民日报》2020 年 7 月 13 日，第 5 版。

② 蒙柯：《海参池塘放敌敌畏，真不把消费者健康当回事》，新京报网，https://www.bjnews.com.cn/detail/159496396115296.html。

后，多家媒体和自媒体刊发评论文章，直指央视报道片面、失实，如《山东即墨66批次海参样品均未检出敌敌畏，界定农药使用范围需进一步完善法规》《媒体调查的不专业，差点毁了整个海参产业!》《请还海参养殖户一个清白！养殖过程中不曾使用“敌敌畏”!》。

3. 舆情分析

事件发生后，农业农村部、省农业农村厅、青岛市、即墨区等多层级、多部门联动处置，持续、动态性进行信息发布，积极回应舆论关切，迅速在舆论场中占据主动，及时将舆论导向理性轨道。相关部门对违规事件进行有效处置，以“雷霆手段”严惩违纪违法违规单位和个人，并且建立长期机制，进一步提高水产品质量安全管理力度，最大程度控制了舆情的不利影响，挽回了消费者群体对海参产品的信任。可见，在“失准”报道引发舆情后，政府部门以端正的态度、得当的措施和灵活的方法，沉着冷静应对，以理性、恰当的方式“据理力争”，是有效应对“舆论监督失准”的正确举措。另外，从央视调查内容看，存在一定的瑕疵，报道模糊关键事实留下炒作空间，造成某些主流媒体的转载或评论也产生偏差，将海参产品与敌敌畏剧毒药剂关联，造成恶劣影响。针对此类敏感话题，建议相关部门加强与媒体的沟通、交流，普及行业常识，保证新闻报道真实、有效，提高舆论监督的精确性。

（四）《问政山东》聚焦美丽乡村建设问题

1. 舆情概述

5月21日，山东电视台《问政山东》栏目邀请山东省农业农村厅负责同志围绕美丽乡村建设问题进行问政。栏目曝光农村厕改、地膜回收和利用存在短板。节目播出后，针对曝光的问题，省农业农村厅连夜召开《问政山东》反映问题整改落实专题会议，开展督导整改。之后，各级农业农村部门积极整改，完善美丽乡村建设长效机制，获得舆论认可。

2. 媒体报道与舆论观点

栏目播出后，主流舆论纷纷关注整改工作。如，山东农业信息网报道

《省农业农村厅召开〈问政山东〉反映问题整改落实专题会议》，山东电视台《民生直通车》栏目报道《直播问政　狠抓落实——莱西：改厕走形式“走”给谁看?》等。另闪电新闻、齐鲁壹点等媒体转载《问政山东》报道内容，对相关问题予以关注。多数网民认为现有的改厕方式不适合实际情况，少数网民建议严查改厕工作中的违规人员，个别网民对地膜回收利用提出建议。

3. 舆情分析

针对《问政山东》曝光的问题，山东省农业农村厅第一时间督导整改工作，相关责任单位及时进行处置，其他地市的农业农村部门也针对焦点问题进行排查，建立长效机制，获得舆论肯定。从具体的问题来看，改厕工作中形式主义问题反复出现，受到网民诟病。除了客观因素之外，一线工作人员作风不实、政绩观偏差也是造成厕所“中看不中用”的重要原因。

（五）荣成渔民在休渔期非法捕捞被曝光、追责

1. 舆情曝光

8 月 26 日，新京报网站发布视频报道，记者在荣成看到，休渔期内渔民、商贩在偷捕、偷卖，一些船员违规出海。记者向渔政部门举报后，号码被泄露，接到了被举报船只的“平事”电话。[①] 光明网、澎湃新闻发表评论认为，违法捕捞大张旗鼓地进行，本就是对地方监管效力的直接拷问，这种执法不力的背后，不仅是相关部门工作的怠惰，还不排除暗中有利益链存在。[②] 网民亦普遍认为应严格调查此事，部分网民质疑监管不到位问题。

2. 舆情处置

山东省农业农村厅高度重视此事，在获悉消息后第一时间开展工作，并通过官网及时发布回应，得到了多家主流媒体报道、转载。如中国新闻网报

---

① 《山东荣成休渔期非法捕捞怪象：码头深夜卸鱼　举报后接电话求了事》，新京报网，https：//www. bjnews. com. cn/detail/159840226915025. html。

② 于平：《荣成休渔期非法捕捞，为何监管看不见》，光明网，http：//share. gmw. cn/m/2020 -08/27/content_ 34126006. html。

道《山东荣成回应“休渔期非法捕捞”：全面调查严肃处理》，文章被环球网、中国经济网、新华网客户端等多家媒体转载250余次。

3. 舆论反映

处理情况发布后，多家媒体报道、转载省内有关部门后续的回应内容。如中国新闻网报道《荣成“休渔期非法捕捞”处理情况：9人被追责》，央视新闻客户端报道《山东“休渔期非法捕捞”问题后续：9人被追责》等。舆情热度趋稳，涉及监管方面的网民跟评逐渐减少。

4. 舆情分析

这一舆情事件的主要敏感点是直接暴露了监管人员不作为，甚至存在利益输送的问题。在休渔期捕捞舆情中，渔政部门本身就容易被质疑监管不力，此次事件更是出现了记者向渔政部门举报后接到被举报船只“平事”电话的情况，更是暴露出监管人员自身存在较大问题，给事件处置和回应带来更大被动，对相关部门公信力带来更多损害。

四　舆情展望与建议

2020年山东省各级农业农村部门全力以赴保供给、攻脱贫、促振兴，积极应对新冠肺炎疫情及自然灾害的不利影响。农业生产克难前行，农产品供给稳定提升，全省粮食生产喜获丰收，打造乡村振兴齐鲁样板取得显著成效，为“十三五”画上圆满句号。展望2021年，是中国共产党成立100周年，也是我国实施“十四五”规划、开启全面建设社会主义现代化国家新征程的第一年。疫情仍存在不确定性，还可能冲击全球粮食供应链，保障国家粮食安全和重要农产品有效供给是三农工作的头等大事，也是加快农业农村现代化的首要任务。为营造山东农业和农村经济发展良好的舆论环境，对今后舆情工作的开展提出以下建议。

（一）提高舆情协调联动和应对处置能力

农业农村部门职责范围广，与其他部门交叉职能多，过去一年有多起舆情形势复杂、影响深远，农业农村部门积极协调处置，取得良好效果。然而，对于有些涉农话题，如移风易俗、兜底保障、基础设施建设、农村生态环境等，公众也容易将农业农村部门作为首要的责任单位，在一定程度上这些领域具体问题也都和乡村振兴事业有着密切联系。因此，各级农业农村部门应勇于担当，因势而谋、应势而动、顺势而为，增强主动性、针对性和有效性，加强农业农村工作的协调、联动能力，充分收集涉农舆情线索，及时转办、督导处置、妥善回应，提高舆情应对质效，为全力做好农业农村发展提供良好舆论环境。

（二）充分运用新媒体平台和技术，增强政策宣讲和知识科普传播效果

随着新媒体平台和技术发展，短视频等新媒体进一步下沉到乡村受众，应当善用这些通俗易懂的信息形式，更好地服务农村人口。利用短视频、图解、H5 等形式，加强对粮食生产安全、高标准农田建设、美丽乡村建设等方面的宣传力度，取得更好的传播效果。对于一些紧急事件的通知，首发渠道除了新闻网站、电视等传统媒体外，也可以尝试通过抖音、快手等传播速度快、传播范围广的短视频平台，让群众更形象地接收和理解。

（三）提高舆情意识，完善重大政策风险评估机制

涉农政策影响面广，对于涉及广大群众切身利益的重大政策，发布前一定要做好舆情风险评估，预判可能引发的各种风险，进行科学预测、综合研判，确定风险等级并制定相应的处置预案。加强舆情处置机制建设，压实地方和相关职能部门责任，强化业务工作和宣传引导工作“一岗双责”、同步推进，不能简单“就舆情谈舆情”，避免“网上来网上去”的治理模式和“舆情并非真相、线上任其发展”的鸵鸟心态。重大舆情应对中，线下具体问题的处置整改是第一位的，只有针对舆论反映的问题精准发力，切实解决现实问题，同步开展舆论引导，才能从根本上消除风险隐患。

（四）紧抓舆论导向，规划长远布局

2020 年存在诸多不稳定因素的情况下，部分社会群体安全感缺失，情绪波动较大，导致在不了解事件前因后果的情况下出现跟风评论、罔顾事实等问题。同时，2021 年国际形势将更加复杂多变，疫情对全球粮食供应链带来更多挑战和不确定性，“粮食短缺”“粮价大涨”“粮食危机”等国际声音都可能对国内市场造成传导效应。因此，要加强对涉农网络舆情内容、走势、个人情感等方面的监测与引导，紧抓舆论关注的热点、难点问题，主动回应群众意见和诉求，避免网络谣言产生和传播。要按照积极开放、及时准确、公开透明的要求，第一时间发布权威信息，抢占舆论制高点，牢牢把握舆论引导的主动权和话语权，及时以科学数据和权威解读消释舆论恐慌情绪，以正能量信息引导舆论空间，建立良好的舆论阵地和稳定的社会风向。

B.16
江西省三农舆情分析

陈 亮 陈勋洪 钟志宏 熊倩华 时 黛 樊首品*

摘 要： 2020年，江西省深入实施乡村振兴战略，持续抓好农业稳产保供和农民增收，推进农业高质量发展。全年三农网络舆情生态总体平稳向好，受新冠肺炎疫情和鄱阳湖流域洪涝灾害等因素影响，三农话题社会关注度较上年显著提升。全省在脱贫攻坚、早稻种植、农业防汛救灾、高标准农田建设、农村人居环境治理、优质“赣字号”农产品推广等方面取得积极成效，引发舆论广泛关注。

关键词： 三农舆情 脱贫攻坚 农业防汛救灾 高标准农田建设

一 舆情数读

（一）舆情传播渠道

据监测，2020年涉赣三农网络舆情总量达9.01万条（不含转载），与2019年5.55万条舆情总量相比，增长62.34%（见图1）。2020年舆

* 陈亮，江西省农业信息中心副编审，主要研究方向为三农网络舆情；陈勋洪，江西省农业信息中心主任，研究员，主要研究方向为农业农村信息化；钟志宏，江西省农业信息中心副主任，主要研究方向为农业农村信息化；熊倩华，江西省农业信息中心农艺师，主要研究方向为三农信息宣传；时黛，江西省农业信息中心农艺师，主要研究方向为三农信息宣传；樊首品，江西省农业信息中心农艺师，主要研究方向为三农信息宣传。

情量增长很大程度与贯穿全年的新冠肺炎疫情和7月鄱阳湖流域特大暴雨洪涝灾害高度相关。其中，新闻媒体舆情量同比增长近1倍。从传播渠道分布看，新闻媒体稳居传播渠道首位，其在重大事件报道方面具有较强的传播力和影响力。随着互联网技术的发展，移动新媒体的便捷性为微博、微信等自媒体平台的快速发展提供了有力技术支撑，加之其不断扩充的用户群，以及不可小觑的引发“蝴蝶效应”的能力，成为新兴舆论场。

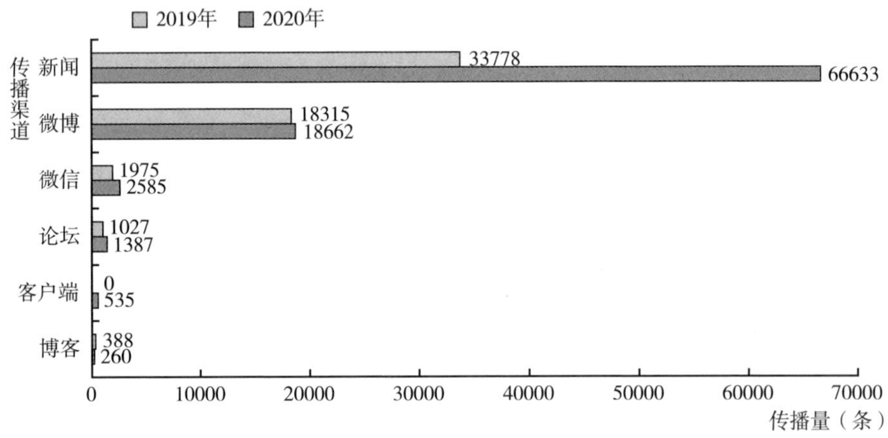

图1　2019～2020年江西省三农网络舆情传播渠道分布

资料来源：江西省三农舆情监测管理平台。（下同）

（二）舆情传播走势

2020年江西整体舆情走势波动不大，在全年春种、夏耘、秋收等关键农时节点，网络舆情传播量均处于年度高位，说明舆情量变化与农时农事时序特点高度相关。2月，正逢疫情防控和春耕备耕关键时期，全省各地抗疫情、备农资、保春耕、促生产的报道不断见诸媒体报端，推动当月舆情量达到全年峰值，同比增长266%。6月早稻拔节孕穗期、7月中旬到8月初的“双抢”时节，江西省却遭遇持续强降雨，鄱阳湖流域更是发生超大洪水，农业生产受灾严重。各大媒体密切关注灾情进展和影响，纷纷对全省农业抗灾救灾部署和生产自救措施进行宣传报道，6 月、7 月、8 月舆情传播量同比增幅分别达 56%、54%、124%。

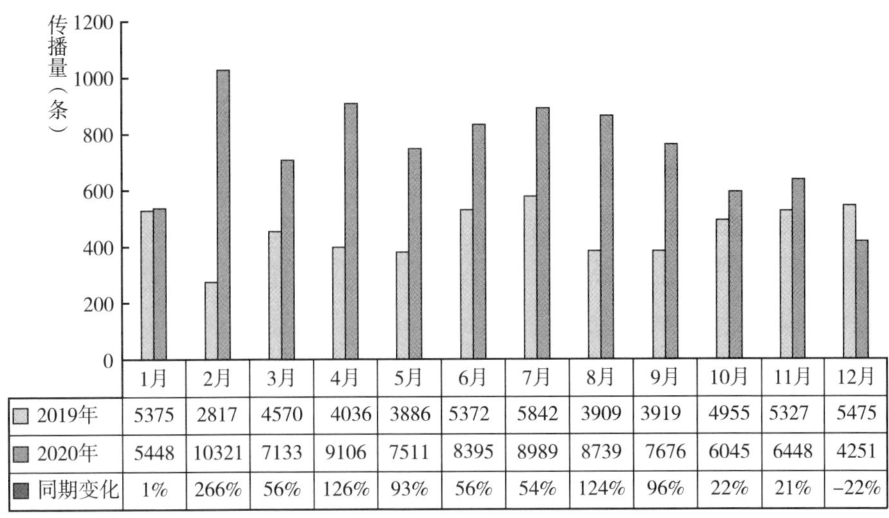

	1月	2月	3月	4月	5月	6月	7月	8月	9月	10月	11月	12月
2019年	5375	2817	4570	4036	3886	5372	5842	3909	3919	4955	5327	5475
2020年	5448	10321	7133	9106	7511	8395	8989	8739	7676	6045	6448	4251
同期变化	1%	266%	56%	126%	93%	56%	54%	124%	96%	22%	21%	-22%

图 2　2019～2020 年江西省三农网络舆情月度走势对比

（三）舆情话题排行

江西作为农业大省，有关三农的话题始终都是舆论关注的焦点。农村经营管理涉及农村经济、土地承包、产业化、农产品加工及销售、合作社、信贷、农业保险等诸多方面，这些都与农民收益息息相关，在近年的农业农村改革中也有较多的部署和实践，2020 年相关信息量以 40.00% 的占比稳居话题榜首。种植业是赣鄱农业的支柱和基础，2020 年全省除大力发展优质水稻外，还不断进行种植业结构调整，加快种植业提质增效，相关信息量继续位居第二。受非洲猪瘟和新冠肺炎疫情影响，全省包括生猪养殖在内的畜牧业发展和农产品市场均遭受严重冲击，致使近两年畜牧业和农产品市场类话题量增加，分别位居第三、第四位。农垦、农业科教、农产品质量安全、渔业、三农政策分别位列第 5～9 位，占比分别为 5.60%、4.40%、3.36%、2.44%、2.07%（见图 3）。

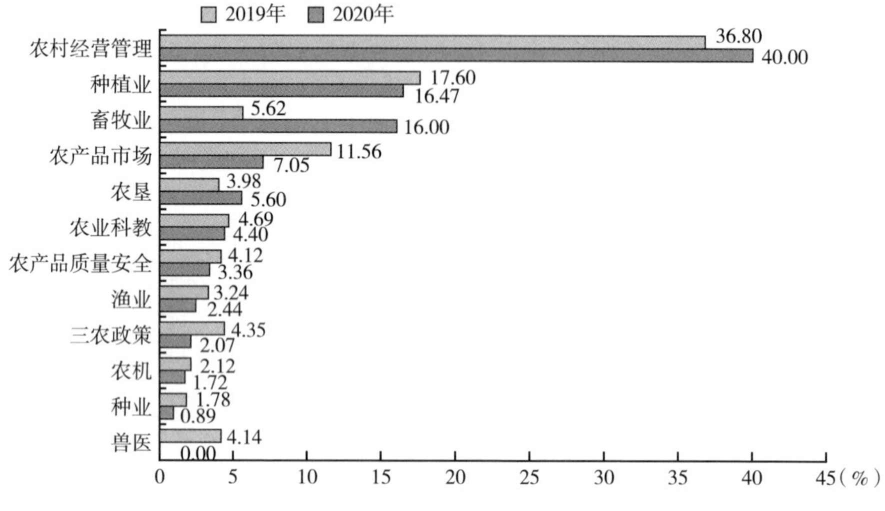

图 3　2019～2020 年江西省三农网络舆情话题排行

（四）舆情热点事件排行

从全年热点事件 TOP 15 排行来看，赣鄱三农舆情热点作为农时农事在网络舆论场的映射，两者保持高度相关。6 月江西洪涝灾害情况、9 月江西系列活动庆祝“中国农民丰收节”舆情热度居排行榜前两位。韩正副总理在江西调研、江西推出“生猪企业贷”、赣南脐橙网络博览会以及江西搭建农村人居环境治理“万村码上通”平台舆论关注度也较高，位列排行榜前 6 位。此外，江西对新增乱占耕地建房行为“零容忍”、上饶一村民晒“高价彩礼”被通报批评相关信息传播量也较多。

从热点事件首发媒体来看，不仅有中国江西网、《江西日报》等省级媒体，也有如新华网、中国新闻网等中央媒体。可见江西省的三农网络舆情热点事件不仅在省内具有一定的影响力，其传播范围也辐射到了全国。从热点事件首发媒体的类型看，既涵盖报纸等传统媒体，也包括客户端、微信等移动新媒体平台，但以新闻网站的发布量居多。新闻网站兼具传统媒体和新媒体之所长，在传播力、引导力、影响力等方面仍保持较为明显的优势，三农宣传要充分用好网站这一重要的传播阵地，着力营造重农、爱农、敬农的大氛围（见表1）。

表1　2020年江西省三农网络舆情热点事件TOP 15

序号	热点事件	月份	首发媒体	舆情热度
1	洪涝灾害致江西11个设区市75个县(市、区)80.1万人受灾	6	中国江西网	2763
2	9月22日,“中国农民丰收节”江西活动等你来!	9	微信公众号“赣州发布”	1039
3	韩正副总理在江西调研	11	新华网	381
4	江西推出“生猪企业贷”最高单笔可贷1000万元	8	中国新闻网	356
5	2020赣南脐橙网络博览会11月15日在赣州举办	11	大江新闻客户端	354
6	江西搭建“万村码上通”平台　长效管护农村人居环境	9	中国新闻网	351
7	江西对新增乱占耕地建房行为“零容忍”	10	中国江西网	327
8	第二届江西“生态鄱阳湖·绿色农产品”博览会11月13日开幕	11	中国江西网	289
9	江西农大一教授将彩色油菜花从童话种进现实22种花色成旅游新产品	3	江西新闻网	268
10	上饶一村民晒“高价彩礼”被通报批评	10	上饶之窗	263
11	江西禁止在天然水域使用32种渔具和捕捞方法	9	新华网	241
12	我省高标准农田建设获国务院督查激励	5	《江西日报》	227
13	江西:到2022年基本建成农业全产业链标准体系	10	新华网	225
14	江西省10个地理标志产品荣登区域品牌	5	《江西日报》	212
15	《江西经济社会发展报告(2020)》发布	8	江西省人民政府网站	199

二　热点舆情回顾

（一）三农政策：谋篇布局开好头　脱贫小康“赣”劲足

农为邦本，本固邦宁。三农政策稳了，农业才有奔头、农民才有干头、农村才有看头。2020年2月5日发布的中央一号文件明确提出，“脱贫攻坚最后堡垒必须攻克，全面小康三农领域突出短板必须补上”。“两个必须”剑之所指，亦为江西全体三农工作者心之所向。在“做示范、勇争先”的目标定位引领下，江西省委一号文件于2020年2月19日出台。省委一号文件围绕六大方面，共推出了30条强农、惠农、富农措施。在打赢脱贫攻坚战方面，省委一号文件强调了三点，即“如期完成”“巩固成果”“建长效机制”。在“加快补上农村基础设施和公共服务短板”和“着力建设现代农业强省”两方面，推出“提升农村人居环境”“提高农村教育质量”“毫不动摇抓好粮食生产”“千方百计恢复生猪生产”等15条措施，充分显示全省三农工作从顶层设计出发将重中之重立足于“补短板”“强农业”。舆论指出，找准短板，补足弱项，才能更快更好地向农业强省迈进。

《江西日报》、江西省人民政府网站分别于19日、24日全文刊发了省委一号文件。28日，省政府网站更是以图解形式进一步明确2020年省委一号文件要点，从聚焦两个目标、明确两大任务、强化政策举措、突出抓好落实等几方面提纲挈领地解读了文件精神。中国江西网、江西网络广播电视台、《江南都市报》、手机江西网、“江西发布”官方微博等多家媒体也对省委一号文件进行了相关报道。多渠道媒体联动，打造了省委一号文件的宣传矩阵，让更多群众全方位了解新时期全省三农工作的方向和重点，营造出全省上下共擘赣鄱三农美好画卷的舆论场。

为了不辜负习近平总书记两次视察江西时“让革命老区父老乡亲过上好日子”的嘱托，江西在脱贫攻坚方面实施了“四大决战”，即防疫的“阻击战”、脱贫的“歼灭战”、攻垒的“强攻战”和减贫的“接续战”，举全省之力向解决老区群众的绝对贫困问题发起全面总攻。2020年4月26日，江西省人民政府发布了关于于都县等7个贫困县脱贫退出的公告，“至此，全省25个贫困县全部脱贫退出，标志着全省区域性整体贫困问题得到基本解决。”① 5月8日，中国政府网发布通报，江西在脱贫攻坚成效考核中获综

① 《江西省贫困县脱贫退出新闻发布会在南昌举行》，江西省人民政府网站，http://www.jiangxi.gov.cn/art/2020/4/26/art_5862_1761720.html。

合好评，并获3亿元奖励。[①] 5月15日，《江西日报》报道了江西在脱贫攻坚工作实践中的积极探索，部分成效显著的做法获多部委肯定并鼓励全国推广，包括巩固提升脱贫成果的“五项机制”、《江西省产业扶贫运行机制管理办法》、江西扶贫扶志工作举措等。[②] 6月3日，江西网络广播电视台《整点新闻》播报，江西通过综合施策，确保6月底前剩余9.6万贫困人口全部达到脱贫标准，年内实现稳定脱贫。[③] 10月9日，《江西日报》发文称赞，近五年时间，江西以近乎平均每分钟减贫1人的速度迅速实现“中部突围”。[④] 综观全年，全省脱贫攻坚的成就和措施多次引发舆论聚焦，成为高热话题，宣传与舆论引导效果显著。

（二）农业生产和疫情防控：在“两手抓、两手硬”中展现江西农业人的责任担当

2020年初，新冠肺炎疫情来袭。因各项防控措施有力，疫情传播被迅速阻断，但不可避免地波及农业生产，带来农资流通受阻、鲜活农产品滞销、养殖业供应链断裂、消费市场低迷、劳动力不足等问题，一度影响了农业生产活动的正常开展。对此，全省各地出台多项应对措施，确保农业生产平稳发展。2月10日，省农业农村厅印发了《关于有效应对疫情稳定农业农村经济增长若干措施》，围绕保供给、稳增长、补短板、促增收四方面制定了18条措施（见图4）。

疫情之下，发挥科技和信息化优势为春耕备耕生产保驾护航，是农业人于特殊时期的责任和担当。各大媒体对科技和信息化助力江西春季农业生产给了高度关注。文字报道中有力的数据信息成为重要支撑，在抚州，“216名

---

① 《国务院办公厅关于对2019年落实有关重大政策措施真抓实干成效明显地方予以督查激励的通报》，中国政府网，http://www.gov.cn/zhengce/content/2020-05/08/content_5509889.htm。

② 陈仕先：《在2019年脱贫攻坚成效考核中综合评价好》，《江西日报》2020年5月15日，第1版。

③ 《江西：9.6万贫困人口六月底前全部达到脱贫标准》，江西网络广播电视台，http://v.jxntv.cn/2020/0603/9401726.shtml。

④ 陈仕先：《脱贫攻坚的“中部突围”》，《江西日报》2020年10月9日，第2版。

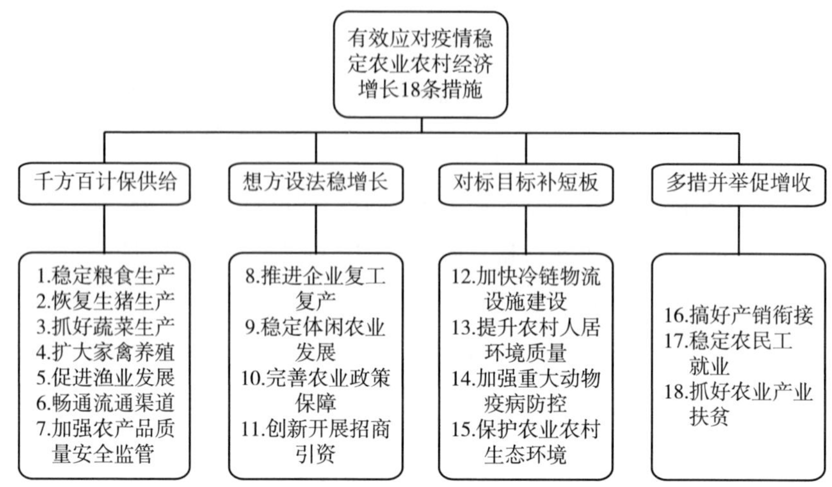

图4　江西省农业农村厅《关于有效应对疫情稳定农业农村经济增长若干措施》的18条措施

科技特派员结对帮扶110余家农业企业、合作社等，1.5万余人次的农民得到帮助"①；在丰城，"人工抛秧被机器抛秧所取代"；"今年江西预计投入农机装备达60万台套"等。② 而视频报道中，用于播种的早稻直播机、播撒除草剂无人机等一系列信息化装备成为常客。舆论盛赞，科技兴农生态美。③

作为粮食主产区，早稻生产情况关系全年粮食生产的稳定大局。2020年，江西及早谋划部署早稻生产，层层落实责任，多举措提高农户种粮积极性。5月2日《江西日报》发布可喜进展，截至4月30日，全省早稻种植面积超额完成1800万亩目标任务，连续8年早稻播种面积下滑的趋势得到

① 《江西抚州：撒播春耕生产"及时雨" 科技特派员成为科技助农生力军》，新华网，http://www.jx.xinhuanet.com/2020-03/08/c_1125680509.htm。

② 《保障农资供应　科技助力生产》，江西网络广播电视台，http://news.jxntv.cn/2020/0406/9368085.shtml。

③ 《江西新余：农民使用高科技开展春耕生产》，江西网络广播电视台，http://v.jxntv.cn/2020/0417/9374617.shtml。

有效遏制。[①] 早稻生产的胜利告捷，为2020年的农业生产奠定了全胜的基础。

6月，江西省进入汛期。受持续强降雨及长江上游水情影响，鄱阳湖流域发生超大洪水，全省防汛形势异常严峻。通过大量报道，课题组梳理了2020年江西洪涝灾害发展的时间线（见图5），可以看到各类预警和应急处置举措在与洪水进行赛跑。媒体对洪涝灾害对全省农业农村造成的损失予以报道。据人民网报道，截至7月22日，江西省农业农村因洪涝灾害造成的直接经济损失100.7亿元，受灾面积1316.9万亩。[②] “大面积农田不同程度被淹”“受灾稻田急待补救”“防汛抗洪进入相持胶着阶段”等成为报道的主流表达。为降低洪涝对农业造成的损失，保障粮食安全和农业生产稳定，省农业农村厅组织各级农业农村部门有序推进农业生产自救行动，做到早稻“能抢尽抢”，早稻损失晚稻来补。面对严峻的防汛形势，各大媒体记者深入抗洪抢险一线，聚焦抗洪抢险、生产自救、灾后重建，发出多篇报道，如“江西早稻基本实现应抢尽抢应烘尽烘”“农业防汛救灾，复产技术措施一码通”“江西：水退到哪里水稻就抢种到哪里”等。抗灾自救系列举措也取得实效，央广网9月10日报道，“江西晚稻种植面积达1922.2万亩，较上年增加100万亩以上”。[③] 从省政府网站发布的消息来看，2020年全省粮食总产量达432.8亿斤，较上年增加1.3亿斤，实现了连续8年稳定在430亿斤以上的可喜成绩。[④]

2020年，面对新冠肺炎疫情和突发洪涝灾害的考验，全省农业人以责任和担当稳住了农业基本盘，守住了三农压舱石，交出了令人振奋的成绩。媒体高度评价，这份来之不易的成绩单，是江西农业人自力更生、艰苦奋斗绘就的。

---

① 钟金平：《我省早稻种植面积达到1833万亩》，《江西日报》2020年5月2日，第1版。

② 秦海峰：《洪涝灾害致江西农业直接经济损失100.7亿元》，人民网，http：//jx. people. com. cn/n2/2020/0723/c190260－34178003. html。

③ 谢元森：《江西今年晚稻种植面积比去年增加100万亩以上》，央广网，https：//baijiahao. baidu. com/s？id＝1677437835215855338&wfr＝spider&for＝pc。

④ 《江西经济社会发展成就新闻发布会在南昌举行》，江西省人民政府网站，http：//www. jiangxi. gov. cn/art/2021/1/20/art_ 5862_ 3069656. html。

2020年

6月23日 省气象局启动重大气象灾害（暴雨）Ⅳ级应急响应

7月08日 省防指将防汛Ⅳ级应急响应提升至Ⅲ级

7月10日 省防指启动防汛Ⅱ级应急响应;省应急管理厅、省水利厅将防汛响应级别提升到Ⅰ级；鄱阳湖2处圩堤（问桂道、中洲圩）决口

7月11日 省防指启动防汛Ⅰ级应急响应

7月13日 鄱阳问桂道圩堤成功合龙

7月18日 鄱阳中洲圩成功合龙

7月25日 省水利厅将防汛应急响应由Ⅰ级调整为Ⅱ级

8月03日 省水利厅将防汛应急响应由Ⅱ级调整为Ⅲ级

8月15日 省水利厅将防汛应急响应由Ⅲ级调整为Ⅳ级

图5　2020年江西省洪涝灾害的发展时间线

（三）高标准农田建设：“三变三创三保障”提供新思路　连续两年获国家督查激励

手中有粮、心中不慌。新冠肺炎疫情全球蔓延影响国际粮食供应，但对我国影响甚小。在国际社会上，我们展现出了端稳“自己饭碗”的“硬气”。江西当仁不让扛稳国家粮食安全重任，高质量推进高标准农田建设，确保粮食主产区地位不动摇。2020年4月15日，《关于切实加强高标准农田建设巩固粮食主产区地位的实施意见》出台。舆论聚焦意见中江西高标准农田建设的具体要求，“到2020年年底，建成2825万亩高标准农田”“集中连片”“旱涝保收”“节水高效”“稳产高产”“生态友好”成为媒体报道的关键信息。

作为自新中国成立以来两个从未间断向国家贡献粮食的省份之一[①]，关于如何建好高标准农田，江西率先提出“三变三创三保障”新思路。“变县

① 罗锋：《江西：高质量推进高标准农田建设》，《农民日报》2020年1月7日，第6版。

级整合为省级整合”“变低标准为中高标准”“变部门验收为统一验收”破局“五牛下田”带来的低层次建设，“创新资金筹措方式”“创新建设布局”“创新考核办法”的探索实践带来了“截至2020年1月，江西已建成高标准农田2251.5万亩，2017年以来共投资270余亿元”的成绩，“保障粮食产能”“保障生态环境”“保障农民权益”诠释高质量建设的内涵。[①] 江西高标准农田建设成绩可谓是走在全国前列。“国务院将我省列为高标准农田建设成效明显的激励省份”“2019年7月，发行了全国首只高标准农田专项债券。截至2020年1月，已累计发行78.39亿元，获中央高度关注和充分肯定”“江西成为全面完成高标准农田上图入库的3个省份之一”[②]，《江西日报》、江西省人民政府网站、新华网、光明网、人民网等多家媒体对此积极报道。2020年10月，在农业农村部开展的高标准农田建设实地评价中，“江西省近两年高标准农田建设管理工作总体很好[③]”的信息被媒体置于报道标题中。

推进高标准农田建设以来，江西通过探索长效管护机制、创新资金来源渠道、建设生态农田、延伸产业链等举措，改善了农业生产条件，提高了农业综合效益，经受了2019年洪涝干旱并存、2020年鄱阳湖流域超历史洪水等灾害考验，为“仓廪实，天下安”贡献了江西力量。舆论称赞，江西着力将高标准农田建设与规模化经营、壮大集体经济等有机连接，鼓了农民钱袋子，也让更多农民再吃“种田饭”。

（四）农村人居环境：“万村码上通”实现智慧治理　五级行政共建共治共享

改善农村人居环境，与农民福祉、农村文明和谐和全面建成小康社会密

① 罗锋：《江西：高质量推进高标准农田建设》，《农民日报》2020年1月7日，第6版。

② 钟金平：《高标准农田建得好　江西获国务院督查激励》，中国江西网，http：//jx.cnr.cn/2011jxfw/xwtt/20190513/t20190513_524610150.shtml。

③ 《农业农村部对我省开展2020年度高标准农田建设实地评价》，江西省人民政府网站，http：//www.jiangxi.gov.cn/art/2020/10/28/art_5218_2878711.html。

切相关。2019年，习近平总书记视察江西时，对江西农村予以“气象新、面貌美、活力足、前景好”的肯定。2020年是农村人居环境整治三年行动的收官之年。全省各地对标行动目标，不断推动整治工作迭代升级。6月30日《江西日报》刊发的新闻特稿中对江西省农村人居环境整治情况进行梳理，从创新管理手段、探索建立长效管护机制，摒弃陈规陋习、让健康卫生理念深入人心，富民兴产业、保障人居环境更亮更美等三个方面，肯定了“开展三大行动，江西农村实现了从‘清脏’到‘治乱’的华丽转身”。[①] 9月1日，中国新闻网报道了江西农村人居环境治理“万村码上通”5G+长效管护平台启动情况。报道指出，平台融合了物联网、云计算、5G等技术，意味着江西农村环境整治进入智慧治理阶段。“到2022年，94个涉农县（市、区）环境治理将全面纳入平台管理”[②] 也让舆论充满期待。人民网、中国江西网、江西网络广播电视台、搜狐网、新浪网、网易等媒体都对此进行了报道传播，“江西：率先搭建‘万村码上通’平台　开启农村人居环境整治新格局”“让群众参与监督　江西建‘万村码上通’管护平台”等标题不断见诸报端。全省农村人居环境的综合成效可以从以下数据一窥全貌。据央广网2020年9月1日报道，“2017年以来，江西省财政每年拿出30亿元，市县财政筹措30亿元，用于实施新农村建设四年行动规划”。[③]《江西日报》9月2日在《乡村更宜居　美丽入画来》一文中指出，“截至目前，全省已累计完成13万个村组村庄整治建设”“全省99.56%的行政村、99.37%的自然村纳入城乡一体化生活垃圾收运处置体系”“68个县（市、区）实现城乡环卫‘全域一体化’第三方治理”“武宁县、婺源县等5个县（市、区）入选全国村庄清洁行动先进县”“在农业农村部“千村万寨展新颜”活动中，江西有159个村庄入选，占全国评选总数的三分之一”……

① 《更亮更美迎小康——江西省农村人居环境整治见闻》，《江西日报》2020年6月30日，第5版。

② 《江西省农村人居环境治理“万村码上通”5G+长效管护平台》，中国新闻网，http://www.chinanews.com/sh/2020/09-01/9280030.shtml。

③ 王一凡、朱悦勤：《江西：农村人居环境整治基本实现“走前列”“拔头筹”目标要求》，央广网百家号，https://baijiahao.baidu.com/s?id=1676609031411318859&wfr=spider&for=pc。

近几年，赣鄱乡村在人居环境整治过程中留住了乡愁和赣味，于变化和发展中打造出了农村人居环境的“江西样板”，红土地上一幅幅像遂川梯田般的美景正不断入眼来。

（五）多彩农事：丰收节、农博会共助绿色农产品走出赣鄱红土地

2020 年“稻花香里说丰年”的胜景确实来之不易。9 月 22 日，“中国农民丰收节”江西活动在于都启动，引发媒体广泛关注。《信息日报》、中国江西网、江西头条、大江网、江西文明网、江西手机报等媒体联合以“喜丰收　奔小康——2020 年中国农民丰收节”为题开辟了专题进行全方位多视角的宣传报道。媒体报道称赞，活动“接地气、聚人气”，能让“城里人看山望水忆乡愁”，这是“一次三农转型发展的集中展示”，这是“见证全面小康的历史时刻”，这是“一次重塑乡村价值魅力的集中展示”。其中“云上·乡村”农民丰收电商节、全省 93 件地理标志农产品推介会等系列活动，吸引媒体集体为赣鄱绿色品牌农产品打 call，为赣鄱绿色农产品走遍全国、迈出国门呐喊助威。

2020 年 11 月 13 ~ 16 日，南昌举行第二届江西“生态鄱阳湖·绿色农产品”博览会，“现场观展人数达 5 万余人次”“现场零售额 900 多万”“签约销售额 9000 多万元”的成绩大获舆论肯定。此外，主办方通过举办绿色食品产业招商会、发布江西农产品“二十大区域公用品牌”等活动，推广江西农产品品牌，助推赣鄱绿色农产品唱响全国。“打造永不落幕的‘线上农博会’”“5G 农业、农业区块链、农业大数据等，让人们感受到了‘黑科技’与传统农业深度融合的魅力”“建立江西农业品牌目录制度，打造一批叫得响、过得硬、有影响力、有国际竞争力的江西农业品牌”“成功、精彩、难忘的农业盛会”等评价信息被媒体广泛传播，提振江西农人精神。2020 年的丰收节、农博会等农业领域的推广活动，为生态绿色这一江西农产品最亮的底色增添了浓墨重彩的一笔，进一步提升了赣鄱绿色农产品的影响力。

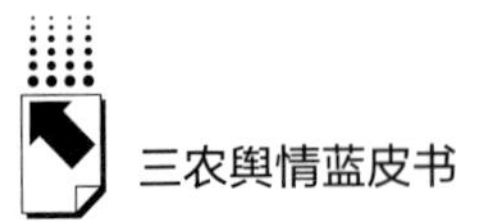

三　2021年舆情形势展望

上下同欲者胜。2020年，江西战胜了新冠肺炎疫情和洪涝灾害的影响，赢得了三农工作稳中向好的局面，为2021年“十四五”开局奠定了坚实的基础。2020年12月，习近平总书记在中央农村工作会议上强调，“坚持把解决好三农问题作为全党工作重中之重，举全党全社会之力推动乡村振兴”。[①] 江西深入贯彻落实中央精神，全面部署“十四五”期间乡村振兴工作，建设新时代“五美”乡村，坚持走出一条具有赣鄱特色的乡村振兴之路。

2020年，涉赣三农负面网络舆情较少，舆论生态相对清朗。然而，舆情无小事。对三农领域网络舆情仍需保持审慎态度，尤其对某些负面网络舆情所折射出来的三农问题更要高度重视。为进一步做好舆情工作，课题组梳理了粮食生产、农村集体产权制度改革、农村人居环境整治等三农领域潜在的舆情风险点（见表2）。

表2　三农领域潜在的舆情风险点

三农领域	舆情风险点
粮食生产	①种粮效益偏低，粮食种植面积存在被经济作物蚕食的风险； ②农田水利等农业生产基础设施薄弱的地方存在耕地抛荒现象。
集体产权制度改革	①农村集体经济组织成员资格认定难度因社会经济发展而加大，易引发纠纷； ②土地流转不规范且监管不到位，土地流转收益无法保障。
高标准农田建设	①规划设计与实际脱节，影响项目的农业产出效益； ②项目与农业产业发展结合度不高，影响实施效果。
农村人居环境整治	①缺乏因地制宜的规划，整治流于表面； ②缺乏长期管护机制，整治效果难以保障。

① 《习近平：坚持把解决好“三农”问题作为全党工作重中之重　促进农业高质高效乡村宜居宜业农民富裕富足》，中国政府网，http：//www. gov. cn/xinwen/2020－12/29/content_5574941. htm。

未来5年，全面推动乡村振兴，建设“五美”乡村将是江西省三农工作的主基调，相关的举措和成果将成为媒体持续关注的热点。在此过程中，如舆情工作稍有懈怠，那些被网络“蝴蝶效应”放大的非主流、非理性的声音，就可能会扰乱网络舆论生态秩序。网情虽然并不完全代表现实民意，但却是反映民众情绪的“晴雨表”和“风向标”。所以，舆情工作者要保持清醒的头脑，认清三农领域网络舆情生态的脆弱性和复杂性，不被网络舆情貌似风平浪静的表面现象所迷惑。同时，还须增强舆情工作的责任感，提升舆情工作水平，熟悉党和政府的三农政策，掌握网络舆情的传播规律，建立完善的网络舆情处置机制，切实做好网络舆情工作，为全省三农工作营造更为良好的网络舆论生态。

B.17
广西三农舆情分析

吴炳科　饶珠阳　黄腾仪　梁贻玲*

摘　要：　2020年，广西统筹做好新冠肺炎疫情防控和农业农村经济社会发展，脱贫攻坚目标任务如期完成，现代特色农业发展迈上新台阶。三农舆论形势不断向好，舆情热度再攀新高。媒体积极报道广西脱贫攻坚取得重大胜利，多维度展现“十三五”期间三农发展成就。广西大力推动现代特色农业提质升级、纵深推进乡村五大振兴、做大做强数字农业等也被舆论聚焦。广西全面禁止野生动物非法交易引发网民多角度讨论。

关键词：　脱贫攻坚　现代农业　“十三五”　乡村振兴　野生动物

一　舆情概况

（一）舆情传播渠道

据监测，2020 年广西三农舆情信息 59.71 万条，较上年增长 1.30 倍。

* 吴炳科，广西壮族自治区农业信息中心主任，高级农业经济师，主要研究方向为农业农村信息化；饶珠阳，广西壮族自治区农业信息中心副主任，高级农艺师，主要研究方向为农业农村信息化及农业新闻宣传；黄腾仪，广西壮族自治区农业信息中心信息科科长，农业经济师，主要研究方向为农业农村信息化及涉农网络舆情；梁贻玲，广西壮族自治区农业信息中心舆情分析师，主要研究方向为涉农网络舆情。

其中，客户端信息 21.17 万条，占 35.45%，为广西三农舆情信息第一大传播渠道；新闻舆情信息 18.71 万条，占 31.34%；微博帖文 9.23 万条，占 15.45%；微信信息 7.70 万条，占 12.90%；论坛、博客帖文合计 2.90 万条，占比 4.86%（见图 1）。新华社、人民网等中央媒体和腾讯、网易等门户网站成为广西三农成就的吸睛大屏幕，广西新闻网、广西好嘢、当代广西等区内媒体客户端则是传播八桂乡村资讯的新闻早班车。新闻媒体作为传统的宣传手段仍然保持较高的传播比重，“两微一端”等新媒体平台借助“短平快”优势已经成为信息传播的重要渠道。

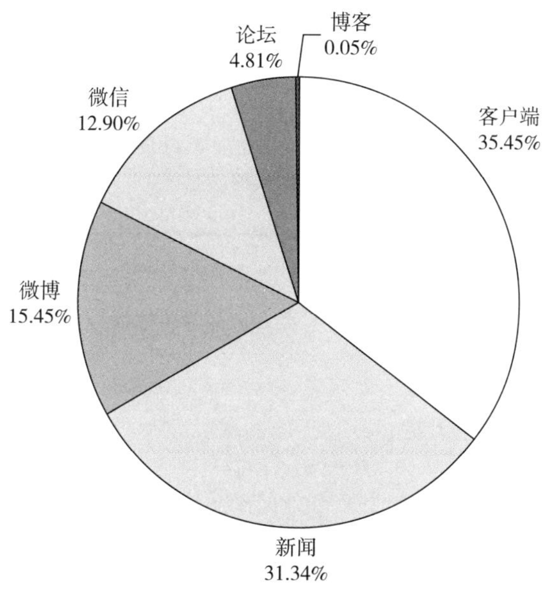

图 1　2020 年广西三农舆情传播渠道

资料来源：农业农村部三农舆情监测管理平台、新浪舆情通。（下同）

（二）舆情传播走势

从全年舆情走势看，2020 年 2 月受新冠肺炎疫情和春节假期影响，舆情量相对较少，3 月开始，舆情量明显增加，且其后整体处于高位。3 月，广西全面禁止非法野生动物交易、各地加快产业扶贫力度等信息推动舆情量陡然升高；5月和6月，《习近平对毛南族实现整族脱贫作出重要指示》《黄文秀获颁感动中国2019年度人物》等重大新闻推动舆情出现高峰；8月，广西海关销毁走私榴梿做成有机肥、北海侨港由“泥岸荒滩”变为“渔业重镇”等信息推动舆情达到年内月度最高峰值（见图2）。

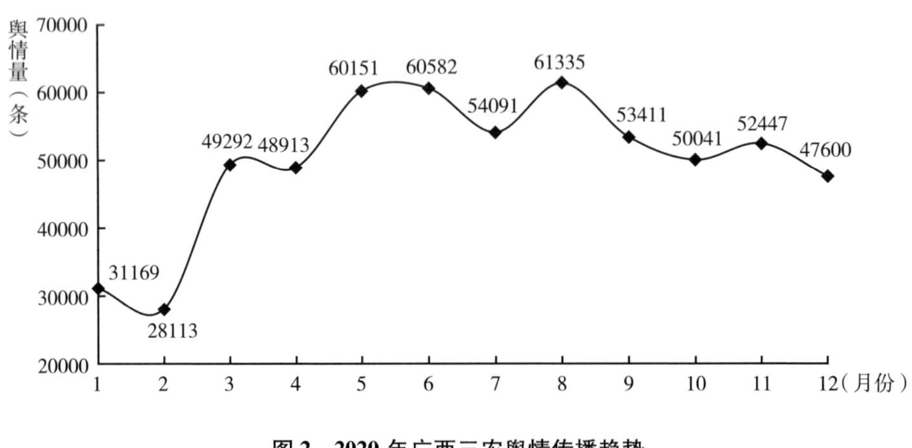

图2　2020年广西三农舆情传播趋势

（三）舆情话题分类

从舆情话题分类看，产业扶贫、农牧渔生产与粮食安全、乡村振兴战略实施三类话题热度最高，分别占广西2020年三农舆情信息总量的32.66%、21.22%、9.95%，三类合计占比达63.83%。农业农村改革发展、农产品市场、农村社会事业、农产品质量安全、农民工、农村环境等话题分别位列第4~9位，占比在3%~6%。其他话题关注度相对较低，占比均在3%以内（见图3）。

（四）舆情热点事件排行

从舆情热点事件排行看，习近平总书记对广西环江毛南族整族脱贫做出重要指示引发舆论高度关注，舆情热度高居首位；黄文秀获颁感动中国

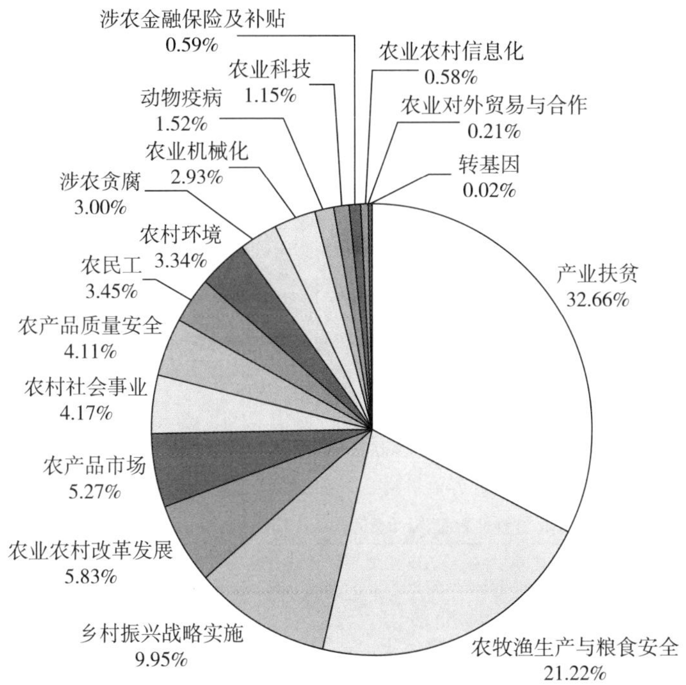

图 3　2020 年广西三农舆情话题分类

2019 年度人物、广西全面禁止非法野生动物交易被广泛传播；“1800 万只竹鼠被判死缓”“南宁高峰市场硫磺八角二氧化硫超标 16 倍”等涉农舆情事件也被舆论重点关注（见表 1）。

表 1　2020 年广西三农舆情热点事件 TOP 20

序号	热点事件	月份	首发媒体	舆情热度
1	习近平对毛南族实现整族脱贫做出重要指示	5	新华网	23667.85
2	黄文秀获颁感动中国 2019 年度人物	5	央视网	7465.00
3	深山生 9 娃“90 后”夫妻已搬新居	6	《新京报》	5958.70
4	广西全面禁止非法野生动物交易	3	《广西日报》	3734.45
5	国务院同意设立广西百色重点开发开放试验区	4	中国政府网	3271.20
6	一人任残联理事长　全家 10 人有“残疾”	6	中央纪委国家监委网站	2935.70
7	李克强要求广西扎实做好“六稳”“六保”工作	5	新华网	2714.80
8	广西实现所有贫困县脱贫摘帽	11	新华网	1257.65

续表

序号	热点事件	月份	首发媒体	舆情热度
9	5300余名驻村书记提前返岗投身“两线作战”	3	新华网	1124.45
10	涨价了！广西最新征地补偿标准出炉！	3	搜狐网	980.65
11	广西海关销毁超18吨走私榴梿做成有机肥	8	好看视频	959.75
12	1800万只竹鼠被判死缓	4	新浪微博“@新浪财经”	852.90
13	胡春华在广西百色调研督导脱贫攻坚工作	1	中国政府网	815.55
14	南宁高峰市场硫磺八角二氧化硫超标16倍	9	《新京报》	725.80
15	广西岑溪:石材产业升级助力脱贫攻坚	6	新华网	619.55
16	小伙田间走红毯代言家乡农产品	3	新浪微博“@人民视频”	576.85
17	广西提高农村低保标准	4	《人民日报》	469.85
18	谣言称80亩萝卜免费拔致损失20多万元	2	新浪微博“@梨视频”	463.65
19	北海侨港:变“泥岸荒滩”为“渔业重镇”	8	新浪微博“@merry爱发呆”	385.05
20	广西今年下达农村危房改造补助12.25亿元	12	广西新闻网	255.65

二　热点话题舆情分析

（一）产业帮扶脚步多铿锵，壮乡儿女昂首奔小康

2020年，决战决胜脱贫攻坚在广西取得重大胜利引发媒体高度关注。2020年11月20日，新华社报道称广西最后8个贫困县脱贫摘帽，至此，54个贫困县全部退出贫困序列。新浪微博设立的“广西54个贫困县全部脱贫摘帽”“广西实现所有贫困县脱贫摘帽”等微话题阅读量合计达2078万次。《人民日报》认为，作为我国脱贫攻坚主战场之一，广西及早部署谋划，采取有力政策措施，落实挂牌督战要求，成功攻克最后贫困堡垒。媒体对广西如期完成脱贫攻坚任务的举措和经验进行了深入报道。新华网以图文结合方式从党建引领、产业帮扶、易地搬迁角度全面展示八桂大地的脱贫成就；《广西日报》认为，“参与式扶贫”“整村推进”等广西扶贫经验立得住、叫得响、推得开；《南国早报》报道称，“公司+产业+金融+贫困户”产业模式即将在泰国落地，“农民田间学校”普遍被印尼借鉴，广西脱贫经验

成为中国特色扶贫的“海外样板”。

一年来，广西精准部署产业扶贫工作，集中资源扩大产业扶贫优势，获得舆论好评。1 月，政府工作报告中明确提出要加快农产品加工集聚区、农业产业化龙头企业、六大千亿元产业等农业特色产业发展重点任务。6 月，自治区扶贫办印发《产业扶贫全产业链扶持路径》，推进产业扶贫项目系统升级换代、加快发展。舆论认为，广西各级产业发展部门靠前站位，立足本职、扩大优势，结合行业特点精准施策，强化了政策扶持力度。2020 年，广西持续发展特色支柱产业，聚力“5 +2”“3 +1”县村级特色农业产业，构建形成“县有扶贫支柱产业，村有扶贫主导产业，户有增收致富产业”的产业扶贫格局。[①] 各地依托特色农业资源，创新产业扶贫实践。大化瑶族自治县“七百弄鸡”借助冷链物流“飞”出大山，那坡县养蚕女凭借对口帮扶织就“致富网”，三江侗族自治县文旅结合延长扶贫产业链、增加产品附加值等一系列典型经验被媒体积极报道。《人民日报》报道称，广西特色农业产业品牌影响力显著，产业扶贫成为贫困群众脱贫的主要措施。“广西县级特色产业覆盖率 96. 36%”“广西富硒产业带动 2. 17 万贫困户致富”“钦州五大产业机制助力脱贫有成效”等各地取得的显著成绩被舆论广泛传播。

（二）抗疫保供双管齐下，现代农业提质增效

2020 年，广西积极应对新冠肺炎疫情冲击的不利影响，多措并举确保农业复工复产，舆论对此高度关注。抗击疫情方面，1 月，《广西日报》《南国早报》等媒体密集报道自治区党委部署并赶赴一线检查指导疫情防控工作。3 月，新华网、中国青年网等网络媒体对自治区打击野生动物非法交易的有力举措进行聚焦，“清查市场店铺 2. 54 万家次、收缴野生动物 5458 头（只）、野生动物制品 1080 件，猎具 798 件、查处网上贩卖信息 18 起”[②]

① 《广西发展特色产业助力脱贫攻坚》，《人民日报》2020 年 5 月 12 日，第 14 版。

② 《广西全面禁止非法野生动物交易　收缴野生动物 5000 多头》，中国新闻网，http://www.gx.chinanews.com/sh/2020-03-12/detail-ifzumzav7889516.shtml。

等整治举措及成效信息获媒体积极转载。三江县侗乡巾帼战“疫”筑堡垒、右江区民族方言广播助科普，广西各地农村特色有效抗疫措施被多家媒体以图文并茂的方式报道。复工复产方面，《广西日报》报道称，自治区为进一步抓好农产品稳产保供，通过出台政策措施，指导督促各地加强复产保供；农业农村系统及时开展“春耕一线党旗红”，防疫科普“六进村”，努力确保疫情防控和春耕生产两不误。广西新闻网等媒体以《百万农机八桂大地显身手》为标题关注广西全面落实中央“抓紧组织好春管春播”要求的火热场面。舆论点评，广西多措并举紧抓抗疫，组织生产不误农时，生动描绘了战疫情闹春耕的壮美画面。此外，南宁提供针对农产品运力下降、低价出售、需求不足的财政补贴，贺州积极协调解决农副产品产销对接重大问题等各地推动复工复产的实际行动获得舆论一致肯定。

一年来，广西提升现代特色农业发展质量，农业现代化发展成色更足，引发媒体广泛关注。媒体报道称，广西聚焦现代农业全产业链条，通过技术支撑、生产组织和市场营销，大力推动特色农业提质换代，加快农业由大向强转变。技术支撑方面，媒体聚焦广西实施科技强农“八大工程”的重要意义、行动目标、重点任务、保障措施等。舆论认为，“八大工程”将有力推动广西农业科技创新迈上新台阶，打通农业重大关键技术瓶颈，为农业现代化发展注入新动能。生产组织方面，媒体报道称，广西在国内首创的“现代青年农场主学院”“农业经理人学院”，先后培养高素质农民、现代青年农场主、农业经理人等近10万农业人才，涌现出“全国十佳农民”赖园园等一批优秀新型农民。《广西日报》报道称，2020年，广西持续加大对农民专业合作社的支持推广力度，“合作社+农户”方式成为八桂乡村大地喜闻乐见的脱贫法宝。市场营销方面，媒体对广西加大示范园区建设、精心培育特色品牌、积极拓宽农产品销售渠道给予充分肯定。“示范区（园、点）13851个”“经营总收入1686亿多元”“带动贫困户超28万”等多项成绩被媒体积极转载，“桂系”农产品品牌，“广西好嘢”品牌总标识，横县打造“中国·茉莉小镇茉莉花交易市场”，崇左市扶贫农产品摆上市民餐桌，兴安县拓宽特色农产品销售渠道等信息吸引舆论广泛关注。

（三）纵深推进乡村振兴，持续改善农居环境

2020 年，广西推动乡村振兴战略扎实深入实施，相关工作部署和进展成效受到舆论高度关注。新年伊始，“深入实施乡村振兴战略”作为 2020 年重点工作之一在政府工作报告中明确提出；4 月，自治区召开乡村振兴领导小组会议及新闻发布会被媒体全程报道，乡村振兴战略在八桂大地广泛实施、成效喜人被重点强调。围绕乡村振兴战略推进方向，媒体报道称广西将及时填补三农领域明显弱项，做大做强现代特色农业，通过优化农村环境基础和盘活乡村发展资源，促进乡村振兴与脱贫攻坚衔接过渡，开拓一条具有地方特色的乡村振兴道路。

产业振兴方面，广西摆脱新冠肺炎疫情干扰，调整结构布局，促进特色农业产业取得显著发展。部署现代特色农业产业“10 + 3”方案、引导特色优势农业产业提质增效、逐步构建千百亿元农业产业体系等受到舆论肯定。北海市谋篇布局“陆、海”五个“万亩产业”，鹿寨县指引农民改种金橘规避滞销风险，平南县推广“葛根 + 花生”“葛根 + 沙姜”等多地发展农业产业的特色做法和有益经验被积极关注。人才振兴方面，广西发布《关于加强村级后备人才队伍建设的指导意见》《激励脱贫攻坚（乡村振兴）工作队员在决战决胜脱贫攻坚中担当作为的若干措施》，“现代青年农场主学院”“农业经理人学院”……广西多项有力的乡村人才振兴措施被媒体广泛宣传；东兰县那烈村老黄的“养牛经”，武宣县金鸡乡“80 后”当“鸡司令”，柳城县甘蔗研究中心的潜心“糖专家”……八桂大地上一个个鲜活的乡村振兴人才被媒体敏锐捕捉。舆论称赞，广西充实基层农技人员队伍，加大创新团队建设，精心打造了拥有文化技术、善于经营管理的乡村人才队伍。文化振兴方面，禁食野生动物、使用公勺公筷等公益宣传栏目在八桂乡村逐步推广，民族歌舞《扶贫路上》、黄文秀事迹题材影片《秀美人生》在广西各地上映，全区竞相开展县级文明村镇评比活动、各地密集扎实开展文化活动，人民网、新华网等中央媒体对此给予积极关注。生态振兴方面，广西全面开展农村环境整治，有条不紊创建宜居村落，用“高颜值”扮靓千山万水新生

态，靠“旅游饭”发动乡村振兴新引擎，引发舆论浓厚兴趣。作为集中展示乡村振兴成果的“中国农民丰收节”广西系列庆祝活动中，中央媒体、地方媒体、行业媒体进行了矩阵式传播。《中国青年报》等媒体以专题报道的形式关注全州、蒙山、宾阳等地举办的稻田摸鱼、扛谷闯关、民族丰收歌舞等极具地方民俗特色的活动；丰收节与直播带货首次联袂亮相，“书记县长说农业品牌”“百县千村带货达人直播助农活动”等创新举措被多家媒体热情报道。舆论认为，广西将“中国农民丰收节”与农产品电商推广活动有机结合，生动呈现了农民幸福满满、田间硕果累累、乡村喜气洋洋的八桂丰收全景风貌。

2020 年是农村人居环境整治三年行动收官之年。一年来，广西各地先后开展“双护一创”“三美”“三清三拆”等专项整治活动，以“厕所革命”、垃圾治理和污水处理为抓手，切实推动广西农村地区环境持续改善，获得舆论一致好评。“厕所革命”方面，“恭城沼改厕模式”得到农业农村部全国改厕专家的充分肯定，百色深山瑶寨“改厕记”获新华社积极报道，柳州粪污后端无动力处理系统、玉林“三水分流”+湿地农田自然吸收降解系统等农村厕改的节能环保模式得到舆论普遍认可。媒体以《方寸之间　获益无穷》为题，对广西农村厕改成果进行宣传报道。农村垃圾治理方面，媒体报道称，保山市自然村生活垃圾有效治理率达九成，基本建立保洁员制度和收费制度，改善农村人居环境步伐铿锵；贺州平桂区加大投入治理农村生活垃圾，“三筹一补”“三清二改一管护”深得民心，崇左扶绥县清理乡野村庄垃圾 3.35 万吨，农村环境持续改善。农村污水处理方面，广西玉林市周垌村、十丈村等 2 处试点已被生态环境部列入农村生活污水治理典型案例向全国推广，全区“建成集中式生活污水处理设施 3000 余套”“村庄生活污水处理率达 70% 以上”等成效信息被媒体转载。

（四）“十三五”期间三农成绩斐然，农业农村改革发展蒸蒸日上

“十三五”规划目标实现之年，广西坚持三农优先发展，取得骄人成绩。媒体以“综述”“纪实”“专题报道”等形式对“十三五”期间广西三

农成就进行总结归纳和全面展示。人民网刊登的相关图文报道被多家网络媒体转载，广西卫视播出的《收官“十三五”精彩看广西》系列电视报道受到网民高度称赞，《广西日报》、广西新闻网发布的《广西“十三五”发展成就综述之三农篇》获得社会广泛认同。农业生产方面，2020 年，广西粮食产量接近 1400 万吨，并且已形成粮、糖、果、蔬、渔、畜等千亿级产业，蚕桑、中药、休闲农业等百亿级产业，横县茉莉花和花茶产量占全国 80% 以上、占世界 60% 以上，蚕茧产量占全国 50%、占世界 40%，蔗糖产量占全国 60% 以上。[①] 农业现代化方面，南宁市横县打造茉莉花 + 文旅、保健等“1 +9”产业集群，柳州市柳南区创建螺蛳粉全产业链现代园区，媒体聚焦农产品增值加工、产业链延伸扩容、全产业深度融合，多角度呈现广西提高农业现代化质量水平的系列举措。舆论称赞，广西潜心打造体制健全、特色浓郁、实力超群的农业产业集群，现代特色农业渐入佳境。农业机械化方面，媒体以图文形式全景再现了百万农机驶向八桂大地的火热场面，并从推广力度、实际效果和补贴政策方面对广西农业机械化发展进行了全面报道。舆论认为，广西投入农机具上百万台，机耕面积上千万亩，聚焦特色产业机具示范推广，为保质保量实现“十三五”规划目标奠定了坚实基础。

广西扎实推进农业农村改革，取得积极成效，受到媒体聚焦，农村土地制度改革方面，“十三五”期间，广西先后出台涉农土地制度改革措施 26 条，在 107 个县（市、区）的农村地区成立产权交易中心 97 个，流转农村土地 1409.6 万亩，一系列数据信息引发媒体跟进报道。舆论认为，农村土地的有效流转，激活了农村沉睡资源，调动了农民生产积极性，增强了农民存在感和归属感。《广西农村土地确权档案迈向数字化》《广西统一农村产权流转交易平台》《广西分类推进农村不动产登记工作》等改革实践被多家媒体报道转载。农村集体产权制度改革方面，“平南县、荔浦市被列为全国农村集体产权制度改革典型”“景华村、泗洲村等被推荐为全国改革典型村”“南宁‘一村

① 《广西“十三五”发展成就综述之三农篇》，广西新闻网，http：//www.gxnews.com.cn/staticpages/20200930/newgx5f73c87c－19852850.shtml。

一策'推进农村集体产权制度改革"等各试点市县取得的成绩受到舆论肯定。广西各地因地制宜发展壮大村集体经济，"贺州市23个村村集体经济达50万元""玉林市村级集体经济总收入达2.41亿元，同比增长132.81%""凭祥市集体经济收入村村超5万元""天峨县实现村级集体经济翻一番目标"等成果被媒体大量报道。农村经营制度改革方面，广西不断加大对新型农业经营主体的扶持力度，取得不俗成绩。"广西农业产业化重点龙头企业达1453家，农民专业合作社超5.6万个"①"广西家庭农场总数达到4.49万家，比2019年底增加3倍多"②"桂林市6家农民合作社入选'全国500强'""桂林市新增17家自治区级农业龙头企业""玉林市8家企业被认定为2020年自治区级农业龙头企业"等信息多次出现在报道标题中。

（五）品牌强农全面推动桂品出乡，信息引领做大做强数字农业

2020年，广西推进现代特色农业品种、品质、品牌持续提升，农产品交易额持续增长，引发舆论高度关注。品牌强农方面，新华社、《经济日报》等中央媒体报道称，广西悉心培育知名农业品牌近200个，在首批中国农产品公用品牌榜上抢占一席之地，"壮美广西、生态农业""广西好嘢"等知名农业品牌登陆央视并得到社会认可。舆论称赞，广西加快推进现代特色农业品牌强农战略，桂系农业品牌美誉度逐年攀升，广西农业品牌叫响全国。此外，自治区加快创建第四批特色农产品优势区，"南宁火龙果""横县甜玉米""百色芒果"获农产品地理标志认证等广西深化农产品品牌建设的举措和成果也被媒体积极报道。农产品交易方面，媒体重点关注广西充分利用国际国内交流平台，开展形式新颖的推广活动，打响广西农产品品牌。在农业对外贸易合作上，广西借助"2020中国（广西）—东盟蔬菜新品种博览会""第17届中国东盟博览会""中国（广西）—越南系列商品网上交易会"系列国际交流平台，推动八桂优品在世界舞台上精彩亮相。另外，

---

① 陈静：《1453家　全区农业龙头企业不断涌现》，《广西日报》2020年7月26日，第2版。

② 《广西家庭农场培育工作典型经验获全国会议推广交流》，广西壮族自治区农业农村厅网站，http：//nynct. gxzf. gov. cn/xwdt/ywkb/t7364529. shtml。

为了壮大“桂”系品牌价值，广西力挺茶酒果菜粉等“桂字号”品牌全面出乡，媒体如数家珍，热情盘点广西丰富多彩的农产品推荐活动，为广西农产品交易取得可喜成绩点赞。

2020 年，广西农业农村信息化加快发展，益农信息社覆盖面广、农村电商发展迅速、农村直播带货成绩骄人，数字农业在八桂大地开花结果，成为吸睛亮点。益农信息社建设方面，自治区农业农村厅数据显示，截至 2019 年底，广西加快布局“一村三站”，在 12997 个行政村建设益农信息社 38989 万个，2020 年基本完成益农信息社全区行政村 100% 覆盖的目标。[①] 特别是新冠肺炎疫情发生以来，针对农产品销售的堵点，广西益农信息社强化“助农、战疫、保成果、促脱贫”四项服务，获得媒体积极认可。农村电商方面，舆论对近年来广西农村电商的发展速度和规模成效予以充分肯定。54 个县 57 次获批“国家电子商务进农村综合示范县”，网络零售额接近 170 亿元，带动贫困群众就业 8.63 万人等成效信息被广泛关注。农村直播带货方面，广西利用“壮美广西　三月三暖心生活节”开展农产品电商直播取得骄人成绩，在手机客户端和社交平台引发高度关注，新浪微博设立的微话题“三月三暖心生活节”阅读量达 85 万人次，网民对广西特色农产品种类丰富、质优价廉给予高度评价。此外，《大数据构建防贫返贫“隔离墙”》《大数据为脱贫攻坚装上“助推器”》《网络连接起边境脱贫路》《大数据打通扶贫“最后一公里”》，广西各地借助数字动力为脱贫攻坚保驾护航的得力举措也得到舆论广泛认可。

三　热点事件舆情分析

广西全面禁止非法野生动物交易引发广泛关切

为杜绝和惩戒野生动物非法交易行为，贯彻落实 2020 年 2 月 24 日第十

① 《关于广西建设益农信息社进村的相关情况》，人民网领导留言板，http://liuyan.people.com.cn/threads/content?tid=6904446。

三届全国人民代表大会常务委员会第十六次会议通过的《关于全面禁止非法野生动物交易、革除滥食野生动物陋习、切实保障人民群众生命健康安全的决定》精神，广西全面部署野生动物管控工作，加强监测巡护，对野生动物繁育场所实施封闭管理，提高野生动物传播疫病风险教育，全面禁止非法野生动物交易，革除滥食野生动物陋习。针对人工繁育野生动物的转产问题，广西为养殖户量身定制转型方案，采取兑现补偿款、小额信贷扶持、产业奖补等措施，指导帮助养殖户转型转产，成效显著。截至 2020 年底，广西累计完成蛇类综合处置 1501 万公斤，综合处置率 100%；处置除蛇类以外的野生动物 384 万只（头），处置率 100%。同时，广西全面完成人工繁育野生动物补偿处置工作，全区人工繁育陆生野生动物补偿处置资金兑付总额 16.5 亿元，兑付率 100%。[①] 广西 2 万多养殖户、5 万多从业人员正走在合法合规经营、有序有效转产转型的路上。[②]

1. 舆情概况

据监测，截至 2020 年 12 月 31 日，相关舆情总量 10157 条。媒体报道的主要标题有《广西全面禁止非法野生动物交易》《广西全面禁止非法野生动物交易　收缴野生动物 5000 多头》《南宁市严厉打击野生动物违规交易行为》《“禁野令”后，野生动物养殖转型之困，怎么破?》等。新浪微博用户@生态环境部、@新浪财经等发布的相关微博阅读量合计达 720.5 万次，“广西打击野生动物违法犯罪”“广西查获 336 只野生动物”“广西人工繁育陆生野生动物补偿标准”等相关微话题阅读量合计达 6712.7 万次。

2. 媒体评论

一是肯定落实禁养措施得力。《广西日报》等媒体认为，广西及时有效阻断野生动物传染源，强调保护野生动物重大意义，增强公众环保防疫自觉性，有力地打击野生动物非法交易。有专家指出，只有打击“非法”，才能

① 《广西全面完成人工繁育野生动物补偿处置兑付超 16 亿元》，中国新闻网，http：//www.chinanews.com/gn/2021/01－12/9385003.shtml。

② 《“腾笼换鸟”奔小康——广西人工繁育陆生野生动物转产转型处置工作纪实》，八桂小林通客户端，http：//bg.gxly.cn：9000/app/info.html? id＝5526。

保护“合法”，让驯养繁殖产业得以健康发展。二是担忧冲击养殖农户生计。中新网等媒体报道，广西是人工繁育野生动物的主要地区之一，人工繁育产业曾是广西农民增产增收、脱贫的重要产业，目前全区有 70 个贫困村、8037 户贫困户将养殖作为扶贫特色产业，其中从事竹鼠养殖人数占全国 70%。舆论认为，在疫情和禁令的双重冲击下，如果人工饲养繁育产业得不到妥善安置，养殖户特别是贫困养殖户的生计将受到直接影响。三是提出野生动物养殖发展建议。《南国早报》客户端提出，通过制定养殖补偿处置办法，拟定综合利用措施，有序引导养殖户转型转产。

3. 网民观点

网民以微博发帖、新闻跟帖等方式对该事件展开热议。从网民评论看，主要观点有以下四个方面：一是对政府的举措表示理解和支持。有网民说，那些埋怨政府“一刀切”的，大概忘记人的贪婪和狡猾了，总有不良分子会钻空子的，为了便于管理只能这样。二是呼吁加大对野生动物非法交易链的打击力度。有网民说，买卖和食用野生动物都应以最高规格的刑罚量刑，没有买卖就没有伤害，不能只抓源头！三是担忧“一刀切”让养殖户蒙受巨大损失。有网民说，野生是在野外生长的，而人工饲养的是经过几年甚至更长时间圈养的，是人工帮其繁育的，既然是人工饲养的就不是野生动物，做什么都不应该“一刀切”；有网民说，本来养殖是可以维持生活，“一刀切”养殖户亏死，不知道广西十几万养殖户该何去何从，他们要多少年才能缓过来。四是呼吁加快出台引导养殖业健康发展的配套措施。有网民说，很多养殖户投入所有收入甚至还贷款去养殖，需要进行政策调研并设立过渡期，首先明确野生和人工饲养界限，然后提高饲养企业标准和门槛，通过问责制确保利益最大化和生产安全，无资质养殖和贩卖必须严惩。

四　舆情总结与展望

2020 年，舆论对广西三农发展的关注热度继续高涨，总体积极正面。客户端成为第一大传播平台，信息量占舆情总量的 35% 以上；社交媒体也已经成为网民关注和参与热点话题讨论的重要平台。主流媒体高度聚焦广西圆满完成脱贫攻坚任务，深入实施乡村振兴战略，特色农业发展、抗疫保供两不误、农村人居环境整治等重点工作中的实践和经验。围绕广西全面禁止野生动物非法交易，网民在社交媒体平台展开热烈讨论，肯定和支持政府举措的同时积极建言献策，舆论氛围良好。2021 年是“十四五”规划开局之年，广西将继续坚持农业农村优先发展，坚定不移全面推进乡村振兴，加快农业农村现代化，为“十四五”规划目标的实现打下坚实基础。舆情热点或集中在以下几个方面：一是实现巩固拓展脱贫攻坚成果同乡村振兴有效衔接的广西探索和地方特色举措；二是确保粮食、生猪等重要农产品供给保障、现代特色农业品种品质品牌发展的措施及成效；三是深化农村土地制度改革等农业农村重点领域改革的试点实践及经验；四是实施乡村建设行动、补上三农短板的创新举措等。建议主管部门继续加强三农舆情监测分析工作，及时发现研判负面、敏感舆情，第一时间回应公众关切，做好舆论引导。同时，强化建设正面舆论场，充分宣传广西全面推进乡村振兴的创新实践和成绩，讲好广西三农故事。

B.18
陕西省三农舆情分析

艾 青 王晓坤 邸 芳 殷 华*

摘 要： 2020年，陕西省脱贫攻坚取得决定性胜利，粮食、生猪等重要农产品实现稳产保供，农村改革持续深化，乡村振兴稳健推进。全年三农领域网络热点多，舆情总量较上年小幅增长。媒体积极报道陕西多举措推进脱贫攻坚取得决定性胜利，点赞全省抗疫保供交出的亮眼答卷和热卖全国的柞水木耳等陕西农产品，肯定乡村振兴稳健迈进、通过改善农村人居环境绘就美丽乡村新画卷。“十三五”期间陕西农业农村发展成就也是舆论关注的焦点。西安幼童喝现挤羊奶感染布病事件受到舆论高度关切。

关键词： 脱贫攻坚 疫情防控 乡村振兴 柞水木耳 农村人居环境

一 舆情概况

（一）舆情传播渠道

2020年，共监测到陕西省三农舆情信息52.7万条（含转载），同比增

* 艾青，陕西省农业宣传信息中心舆情分析师，高级农艺师，主要研究方向为三农舆情；王晓坤，陕西省农业宣传信息中心编辑，主要研究方向为网站建设、信息采集分析；邸芳，陕西省农业宣传信息中心舆情分析师，农艺师，主要研究方向为三农舆情；殷华，陕西省农业宣传信息中心副主任，经济师，主要研究方向为农业农村信息化。

长 16.08%。其中，客户端信息 20.9 万条，占舆情总量的 39.60%；新闻舆情信息 15.4 万条，占 29.26%；微博帖文 8.2 万条，占 15.52%；微信信息 6.6 万条，占 12.53%；论坛、博客帖文合计 1.6 万条，占 3.09%（见图 1）。

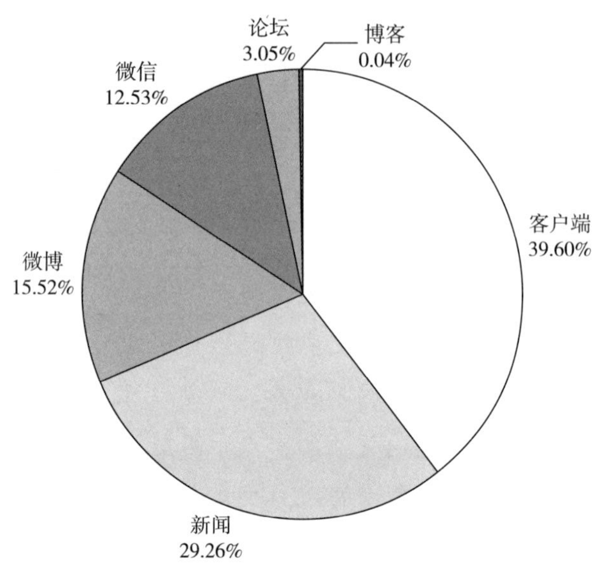

图 1　2020 年陕西省三农舆情传播渠道占比

资料来源：陕西省三农舆情监测管理平台、农业农村部三农舆情监测管理平台。（下同）

（二）舆情传播走势

从传播走势看，2020 年陕西省三农舆情高峰出现在 4 月和 10 月，其他月份舆情传播走势较为平稳，舆情量保持在 3 万～4 万条。4 月，习近平总书记在陕西考察调研，产业扶贫工作相关报道量大幅增加，推动当月舆情量达到上半年峰值，为 4.98 万条。10 月，杨凌农高会开幕、陕西举办“决战脱贫攻坚”系列发布会等热点事件引发舆论聚焦，推动当月舆情量达到全年峰值，为 7.68 万条（见图 2）。

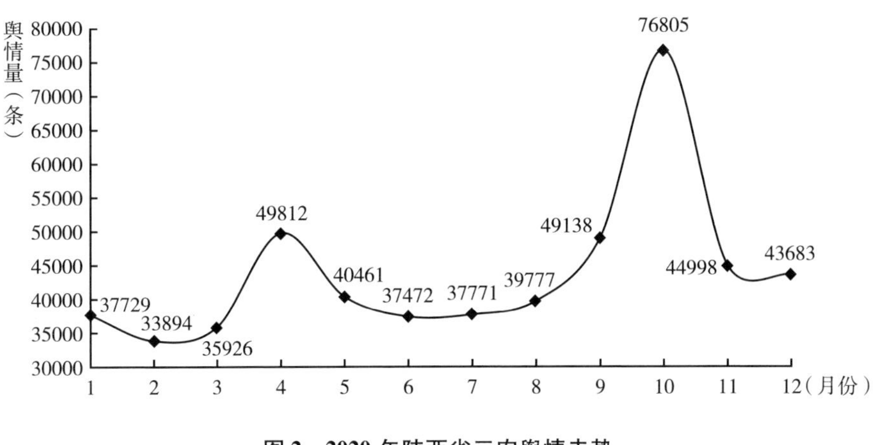

图 2　2020 年陕西省三农舆情走势

（三）舆情话题分类

从舆情话题分类看，产业扶贫、农牧渔生产与粮食安全、乡村振兴战略实施舆情量分别占全年三农舆情总量的 24.14%、22.48%、10.01%，三者合计占比超过一半，为 56.63%。占比在 5% ~10% 的有农产品市场、农业科技两个话题，农村环境、农业农村改革发展、农民工等话题舆情量占比均在 5% 以内（见图 3）。

（四）舆情热点事件排行

从 2020 年陕西省三农舆情热点事件 TOP 20 来看，习近平总书记考察陕西省产业扶贫工作登上热点事件排行榜首位，相关信息受到舆论的高度关注。与农业展览、农产品营销推介相关的活动也是舆论关注的热点，全年有 9 个事件进入 TOP 20 榜单（见表 1）。此外，农业农村领域涉及民众切身利益的事件舆情热度也较高。从信息来源看，新华社、《陕西日报》、《西安晚报》等具有权威性的传统媒体是热点新闻首发的主力，微博大 V 账号、微信公众号等社交媒体账号也是重要的消息源头。

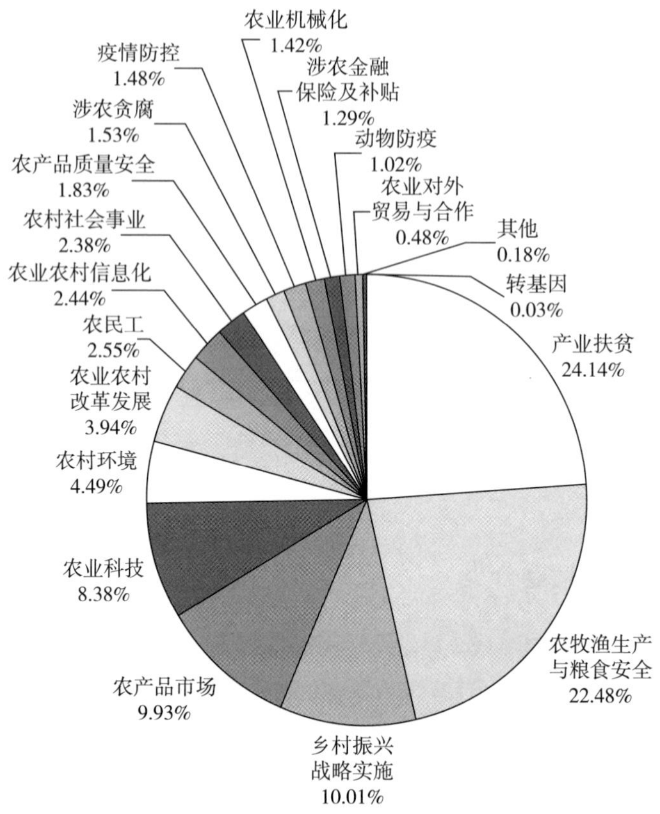

图 3　2020 年陕西省三农舆情话题分类占比

表 1　2020 年陕西省三农舆情热点事件 TOP 20

排名	热点事件	月份	首发媒体	舆情热度
1	习近平总书记考察陕西产业扶贫工作	4	新华社	30936
2	第 27 届中国杨凌农高会开幕	10	《陕西日报》	14347
3	陕西女工程师举报家乡污染获刑案再次开庭	6	上游新闻	7485
4	陕西庆祝第三个中国农民丰收节	9	《陕西日报》	5534
5	西安女童喝现挤羊奶得布病	9	微信公众号“西安交大二附院”	3505
6	白鹿原民俗文化村被拆除	3	新浪微博“@陕西旅游头条”	2605
7	首届陕西网上茶博会开幕	4	央广网	2271
8	陕西 80 岁崔奶奶直播卖杏引舆论关注	6	《西安晚报》	1986

续表

排名	热点事件	月份	首发媒体	舆情热度
9	“陕耀·网络扶贫 e 起来”活动启动	8	新浪微博“@陕西日报”	1659
10	陕西 56 个贫困县(区)全部实现脱贫摘帽	2	陕西省人民政府网站	1496
11	陕西城固“县长直播带货”活动要求最低消费	5	新浪微博“@新京报我们视频”	1075
12	央视与淘宝联手开启史上规模最大的陕西农产品公益直播	4	新浪微博“@天下网商”	1015
13	第十三届中国·陕西(洛川)国际苹果博览会开幕	9	《延安日报》	1006
14	陕西农产品参展第十八届中国国际农产品交易会	11	《三秦都市报》	942
15	陕西乡村大喇叭用秦腔宣传防疫	2	新浪微博“@华商网”	941
16	陕粤特色农产品(广州)展销推介活动举行	12	西部网	809
17	陕西榆林土地海则村给村民每人发 1000 元疫情补助	5	三秦网	569
18	陕西省委一号文件发布	3	陕西省人民政府网站	485
19	咸阳武功县下寨村为环保封堵村民火炕	12	新浪微博“@金口娱言”	333
20	2020 苏陕优质农产品消费扶贫展销会开幕	10	紫金山新闻网	313

二　热点舆情分析

（一）脱贫攻坚取得决定性胜利　因地制宜产业造血拔穷根

2020 年，陕西向剩余脱贫任务发起总攻，56 个贫困县实现全部摘帽。[①] 一年来，全省各级、各部门采取的脱贫举措及成效受到舆论高度关注。4 月，习近平总书记在陕西考察调研，对脱贫攻坚相关工作做出的重要指示被媒体和网民积极传播。截至年末，新浪微博设立的“习近平点赞柞水木耳”“电商在农副产品销售方面大有可为”“史上最强带货”“五级书记同框是无声的动员”四个微话题合计阅读量达 7026.1 万次。习近平总书记在

① 程伟：《陕西所有贫困县（区）实现脱贫摘帽》，《陕西日报》2020 年 2 月 28 日，第 1 版。

柞水县金米村对柞水木耳的夸奖引发全网抢购热潮，被网民称为“史上最强带货”，成为各大媒体平台的热门话题，“小木耳、大产业”成为媒体报道的高频词。新闻媒体还对习近平总书记在平利县蒋家坪村考察茶产业发展成果的情况予以关注，并称赞该县“因茶致富、因茶兴业、因茶而美”。

产业扶贫是实现稳定脱贫的根本之策。3 月，《陕西省 2020 年产业扶贫工作要点》印发，媒体称陕西以十方面举措推进产业扶贫与乡村振兴有序衔接。经过全省一年以实施“3 + X”[①] 工程为抓手，持续强化主体带贫等工作，产业扶贫取得积极成果，媒体进行总结性报道。“截至 2020 年 12 月底，全省累计 126.8 万户、409 万贫困人口享受了产业帮扶措施”“有劳动能力、有发展意愿的贫困户实现了特色产业 100% 覆盖”“2020 年共销售扶贫产品 122.2 亿元”“2.06 万户产业脱贫任务全部完成”等具体的成果信息被媒体广泛转载传播。[②] 全省全力推进产业扶贫工作积累的经验也是媒体报道的焦点。陕西省通过壮大各类经营主体来提升产业带贫益贫效果，引导带贫主体与贫困户建立“先借后还”“托管经营”“订单生产”等利益联结机制广受关注，一年来各类经营主体带动 46.5 万贫困群众实现稳定增收。陕西省还促进村级集体经济发展，夯实农村产业基础，让贫困群众共享发展成果，目前全省已成立 1.7 万个集体经济组织，6462 个贫困村实现全覆盖。[③] 各市县因地制宜，在产业扶贫工作中探索的有效模式、有益经验也被舆论积极关注：西安市建立了完善的产业脱贫技术服务 110 指挥体系以及产业脱贫技术服务专家库，确保产业脱贫技术服务对贫困村贫困户全覆盖；汉中市在农业特色产业发展上努力做到“一村一品”，已经培育“洋县有机米”“略

---

① “3 + X”：2018 年，陕西出台《关于实施“3 + X”工程加快推进产业脱贫夯实乡村振兴基础的意见》提出，大力发展以苹果为代表的果业、以奶山羊为代表的畜牧业、以棚室栽培为代表的设施农业三个千亿级产业，因地制宜做优做强茶叶、魔芋、核桃、红枣和有机、富硒、林特系列农产品等区域特色产业。

② 吴莎莎、王宁：《为脱贫致富奔小康打造坚实基础——陕西推进产业扶贫工作纪实》，《陕西日报》2021 年 1 月 20 日，第 1 版。

③ 吴莎莎、刘斌、王旭：《产业造血拔穷根　因地制宜久为功——陕西省产业扶贫工作纪实》，陕西省农业农村厅网站，http：//nyt. shaanxi. gov. cn/www/nyyw1141/20210120/9747855. html。

阳乌鸡”“汉中仙毫”等优质农业品牌；咸阳市各地的产业扶贫市场主体积极与贫困户建立利益联结关系，彬州市的“三变双五”[①] 模式、双矮苹果“乾县模式”、中药材种植“永寿模式”等一批益贫带贫新模式积累了成功经验，媒体对此积极报道传播。

此外，地方协作扶贫、消费扶贫等也取得积极成效，媒体进行追踪报道。6~8 月，陕西、江苏两省先后互派党政代表团进行考察调研，并举行苏陕扶贫协作工作座谈会，共商加强苏陕扶贫协作和经济合作举措。舆论称赞，两地携手种下的扶贫攻坚之树不断结出累累硕果。9 月，全省消费扶贫工作推进电视电话会召开，明确将加速推进消费扶贫专柜、专馆、专区建设。同月，陕西全面开展消费扶贫月系列活动，力争完成全年销售扶贫产品 50 亿元的目标，各市县开展特色农产品展销推介活动。10 月的 2020 苏陕优质农产品消费扶贫展销会，12 月的陕粤特色农产品展销推介活动，陕西省和合作省份的特色农产品集中展示展销，舆论称合作各方在农业产业领域合作、助力消费扶贫方面不断走深走实。10~12 月，省农业农村厅指导举办“消费扶贫 e 起来”第一季百名主播入百企产地行活动和第二季陕西猕猴桃主产区全媒体宣传营销活动。有媒体表示，别具生面的网络代言活动为陕西果业高质量发展注入了新的活力。

（二）抗疫保供交出亮眼答卷　陕西农产品一朝成名热卖全国

2020 年，面对突如其来的新冠肺炎疫情，陕西在加强农村地区疫情防控的同时，积极做好农产品市场供应及农业复工复产，相关工作部署、举措及成效被媒体集中关注。1 月，陕西省农业农村厅下发紧急通知，要求各级农业农村部门做好疫情防控工作，并停止所有野生动物检疫出证；2 月，省农业农村厅等部门相继下发《关于确保“菜篮子”产品和农业生产资料正

---

① “三变双五”模式：彬州市积极探索实践产业脱贫新模式，围绕农村资源变资产、资金变股金、农民变股东和“党组织+企业+基地+合作社+农户（贫困户）”五联经营模式与“土地入股、贷资入股、资源入股、管理技术入股、集体资源入股”五种参股模式，以扶贫产业园为载体，实现建档立卡贫困户分红增收的扶贫模式。

常流通秩序的紧急通知》和对疫情防控期间蔬菜规模经营移栽定植实施专项补助的相关通知，以确保农产品运输畅通、持续供应；3 月，陕西省政府出台八条政策措施应对新冠肺炎疫情影响，支持农业稳产保供，农业生产总体恢复。疫情期间，陕西农村特色防疫举措受到舆论热议。渭南等地用乡村大喇叭吼秦腔宣传防疫政策，引发网民点赞；各地利用无人机等设备对乡村公共场所进行消杀，积极助力农村疫情防控，被媒体积极报道。

一年来，陕西始终把抓生产、保供给当作首要任务，全省力克新冠肺炎疫情、小麦条锈病和旱情等影响，重要农产品生产形势向好，媒体积极报道传播。全省粮食产量创二十年来新高，“全年粮食产量 1274.83 万吨，同比增长 3.6%”；生猪产能恢复提前一年完成三年行动目标任务，年末全省生猪存栏增加到 850 万头，产能恢复水平位居全国第二位。“3 + X”产业方面，“苹果栽植总面积达到 945 万亩，增长 23.2 万亩，产量 1130 万吨”“奶山羊存栏 280 万只，比上年增长 40 万只”“全省设施农业总面积达到 362 万亩，总产量 1260 多万吨，全产业链产值实现千亿元目标”①，洛川苹果、眉县猕猴桃、富平羊奶粉、柞水木耳、平利茶叶等品牌价值不断提升。舆论称赞，陕西省农业农村部门盯重点、疏堵点、破难点，为稳定全省疫情防控的大局做出了突出贡献，农业“压舱石”更加稳固。

2020 年，陕西省通过举办和组织参加多场农业展会大力推介本地农产品，其中网络销售成绩表现抢眼，屡屡出现全网热点。4 月，央视主持人与众多淘宝主播齐聚直播间，共同开启史上规模最大的陕西农产品公益直播活动，柞水木耳在获习近平总书记称赞后“一朝成名天下知”，各类陕西农产品在网络平台的销售量暴增，被全网热情关注。5 月，首届陕西网上茶博会启动，常态化展示销售各地区品牌茶产品，舆论称赞陕西茶产业富了百姓，绿了山乡。6 月，央视报道西安 80 岁“杏奶奶”直播销售红杏引发网络关注热潮，网民点赞“杏奶奶”有亲和力，带货能力一点也不输给年轻人。9 月在洛川县开幕的第十三届中国 · 陕西（洛川）国际苹果博览会为苹果销

① 文晨：《陕西苹果和设施农业产值突破千亿》，《三秦都市报》2021 年 2 月 5 日，第 2 版。

售牵线搭桥、为产业发展出谋划策，以果为媒、市场主导、政府搭台、经贸唱戏的展会模式被媒体广泛报道。10 月，第 27 届中国杨凌农业高新科技成果博览会隆重开幕，媒体认为展会打造的“云上农高会”平台实现了永不落幕的乡村振兴成果云上展示，也对陕西在特殊之年举办特别盛会的积极意义予以肯定。11 月，陕西展团参展中国绿博会、中国农交会，在全国各地摆下特色农产品“盛宴”。舆论对近年来“陕农”品牌迅猛发展的势头予以高度评价，称陕西已经实现特色农产品产得出、供得优、卖得好。年末，全省农产品网络销售额在 2020 年同比增长 41.7% 的消息被广泛转载传播，舆论称电商直播带货已成为新热点。[1]

（三）乡村振兴稳健迈进　“五大振兴”亮点纷呈

2020 年，陕西强产业、促脱贫，奔小康、谋振兴，积极部署乡村振兴各项工作，持续受到媒体关注。1 月，陕西召开省委农村工作领导小组会议，要求扎实推进三农领域各项工作以确保全面建成小康社会目标如期实现。3 月，陕西省委发布“一号文件”，舆论称其具有突出重要农产品供给、突出农民增收、突出要素保障、突出问题导向、突出省情实际的五大特点。8 月，《陕西省加快数字乡村发展三年行动计划（2020～2022 年）》印发，其中，推进农业农村数字化发展的乡村信息基础设施提升行动、乡村数字经济提振行动等任务被舆论关注。全年来看，陕西三农工作亮点频现，乡村振兴稳健迈进，“稳产保供三秦父老餐桌更丰盛，特色产业铺就千家万户致富路，深化改革激活农村发展新动能”，媒体评价称，在 2020 年“不平凡的时光”，陕西取得了“不一般的收获”。

一年来，陕西各级各部门推进乡村“五大振兴”的相关举措和成效持续被舆论关注。产业振兴方面，2020 年陕西苹果、奶山羊产业入选全国优势特色产业集群，产业发展优势不断增强。各地以地理标志产业推动发展，

① 崔春华：《2020 年我省农产品网络零售额增长 41.7%》，《陕西日报》2021 年 2 月 18 日，第 2 版。

富平县政府为贫困户购买奶山羊并由红星美羚等龙头企业托管养殖，周至县90万亩耕地中有43.2万亩用于猕猴桃种植，柞水将打造百亿级柞水木耳产业集群。舆论点赞称，陕西坚持把发展乡村产业作为首要任务，持续深化供给侧结构性改革，乡村产业蓬勃发展。人才振兴方面，陕西省出台26项举措鼓励三类重点群体（农民工、高校毕业生和退役军人）返乡入乡创业、成立首个乡村振兴培训学院、计划用三年时间培育上万名高素质农民、4名高素质农民作为扶贫先锋获农业农村部项目资助等消息被媒体积极报道，并强调建设高素质农村带头人队伍的重要性。文化振兴方面，《陕西省"十四五"文化和旅游发展规划（征求意见稿）》首次吸纳关于"加强农村文化建设"的建议，媒体评价这一规划将进一步完善陕西农村的文化基础设施网络。有舆论支持陕西对丰富的红色文化遗产进行活化、利用来提振乡村经济，发挥其在乡村振兴中的引领作用。生态振兴方面，绿色循环高效发展是陕西三农工作的亮点，全省新增宝鸡凤翔县城关镇六营村等9个村庄入选中国美丽休闲乡村名单，总数达34个，畜禽粪污、农作物秸秆综合利用率达到90%，一系列成果引人瞩目。组织振兴方面，全省2194个软弱涣散基层党组织全部整顿完成，基层党组织建设质量显著提升；印发《关于加强和改进乡村治理的若干措施》，以18项举措加强乡村治理工作，全省善治乡村格局初步形成，乡村治理体制机制进一步健全、村民自治能力不断增强，相关成效成为媒体报道的重点内容。

2020年9月第三个中国农民丰收节期间，陕西各地举办了一系列丰富的庆祝活动，集中展示乡村振兴成果，媒体予以精彩呈现。在宝鸡金台区西府老街举行的丰收节启动仪式上宝鸡消费扶贫生活馆揭牌，在延安南泥湾、杨凌教稼园、柞水金米村等地举办的体育健身活动、后稷农耕文化传承大典、植保无人机竞赛等特色活动不断掀起舆论关注热潮。丰收节期间还举办多场农产品展销活动，取得丰硕成果，媒体予以积极评价。截至2020年底，新浪微博设立的"丰收陕西2020""陕西农村广播丰收节""聚焦杨凌2020中国农民丰收节""打卡西府老街　分享农民丰收喜悦"4个微话题合计阅读量达1317.7万次。

（四）高质量发展绘就“十三五”新篇章　深化农业农村改革陕西经验获推广

2020 年是“十三五”规划收官之年，媒体积极刊发报道，以“回眸‘十三五’”“‘十三五’我们这样走过”等为主题多角度介绍陕西三农发展成就。“这 5 年，全省新型城镇化建设速度最快、质量最好，城乡居民消费支出不断增加”“农村居民人均生活消费支出从 2015 年的 7901 元增长到 2019 年的 10935 元”“113 个村被列入中国传统村落名录，93.42% 的行政村实现生活垃圾有效治理”等情况被转载传播。[①] 农业生产成就是媒体关注的焦点话题，“粮食生产实现‘十七连丰’，产量连续十七年稳定在千万吨以上”“粮食年平均产量为 1238.1 万吨，较‘十二五’时期增长 2.1%”等信息被聚焦。与此同时，全省“3 + X”产业扎实推进，优势农产品竞争力不断增强。水果产量稳居全国前列，2020 年达到 1808.03 万吨，较 2015 年增长 20.2%；苹果产量连续稳定在千万吨以上，占世界产量的 1/7；洛川苹果远销东南亚、欧洲等 20 多个国家和地区，猕猴桃产量达到 115.83 万吨，较 2015 年增长 28%。耕地保护工作也是舆论关注的重点，省政府新闻办 2020 年 11 月举行的发布会对此进行了介绍，“全面完成耕地保护目标任务”的信息多次被设置在报道标题中。农业农村改革方面，五年来，陕西省加大改革创新力度，成为全国率先完成农村承包地确权登记颁证的省份，在推进农村产权制度改革整省试点方面也取得了明显成效，超过 1.8 万个村集体经济组织完成了产权改革的任务。脱贫成就方面，媒体聚焦了陕西“56 个贫困县新增龙头企业 739 家、农民专业合作社 1.6 万家、家庭农场 3716 家”“各类带贫主体累计带动贫困群众 110 万人次”等工作成果。[②] 此外，全省农村基础设施明显改观，自来水普及率、建制村通硬化路比例、供电可靠率等全面达标，舆论称，民生福祉更有保障。

---

① 张维：《陕西城乡居民消费水平年均增长 7.5%》，《三秦都市报》2020 年 12 月 27 日，第 2 版。

② 李宛嵘：《陕西大力发展优势特色产业夯实脱贫基础》，《陕西日报》2020 年 10 月 17 日，第 2 版。

2020年，陕西省不断深化农业农村改革，努力激活农村发展新动能。遏制耕地非农化、坚决守住耕地保护红线是陕西农业农村改革中的一项重要工作。9月，全省农村乱占耕地建房问题整治工作会议强调要坚决守住耕地保护红线；年末，省政府印发《关于严格耕地保护坚决制止耕地“非农化”行为的实施意见》，明确了坚决制止耕地“非农化”行为的6种情形，相关内容被媒体多次转载传播；省纪委监委等部门部署开展大棚房、挖湖造田、违建别墅等问题专项整治工作，推动耕地保护措施落地见效，事件处理成效获得舆论肯定。舆论还聚焦陕西农村集体产权制度改革整省试点基本完成的成果及经验，“99.8%的村完成改革任务，登记农村集体经济组织20181个”等数据被强调，具体做法受到农业农村部肯定，并在全国交流传播。在推动农民合作社发展方面，陕西省农业农村厅等部门4月印发《关于推动农民合作社高质量发展的若干措施》，提出20项措施促进农民增收致富。年末，陕西省三家合作社入选全国农民合作社典型案例，陕西网等媒体称他们为全省农民合作社发展树立了榜样。此外，全省8地区2单位5人在全国农村承包地确权登记颁证工作总结会议上受到农业农村部表扬表彰；礼泉县袁家村、汉台区花果村和延川县梁家河村作为国家级农村综合性改革试点试验片区形成了可复制、可推广、可借鉴的乡村振兴模式，取得的显著成效被舆论肯定。

（五）收官之年农村人居环境改善获好评　三秦做精做好美丽乡村大文章

在农村人居环境整治三年行动收官之年，陕西各地乡村不断落实完善厕所改造、垃圾清理、污水处理等相关工作并取得重要阶段性成果，受到舆论持续关注。“全省卫生厕所累计普及率达68.76%，改厕任务全部完成”“全省93.42%的行政村农村生活垃圾得到有效治理，超额完成任务”“排查整治农村生活垃圾非正规堆放点2041个，并全部确认销号”等整治成效被媒体聚焦。[①]

① 秦骥、刘枫：《我省农村人居环境整治工作取得重要阶段性成果》，《陕西日报》2020年11月25日，第4版。

综合媒体报道：西安全市农村厕所改造提升率达到80%，生活垃圾收集覆盖率达99%，生活污水得到有效治理的行政村比例达到43%；宜君县近三年累计投入1.07亿元用于农村人居环境整治工作，全县无害化卫生厕所普及率达88.38%，生活垃圾得到有效治理的行政村占比92.3%，生活污水有效治理和有效管控的村占比分别达44.4%和60.6%，所有行政村均达到干净整洁标准；合阳县三年间逐步推进改厕、污水、垃圾三大革命，公共场所卫生厕所实现了全覆盖，90%以上的村庄垃圾得到有效治理，全县农村污水基本得到管控。全省各地农村人居环境整治各方面成果在2020年多次受到国家部门的表扬、激励，被媒体积极报道传播：西安高陵区因农村人居环境整治工作成效明显受到国务院办公厅的通报表扬，同时获得2000万元激励支持；西安灞桥区、延安黄龙县、安康石泉县和商洛丹凤县作为全国2020年开展村庄清洁行动先进县区，被农业农村部通报表扬；住建部在工作简报中推广陕西省推进农村生活垃圾治理工作的经验做法，并称赞其是民生工程、民心工程。

一年来，各地探索形成农村人居环境治理有效模式、建设美丽乡村的实践也被新闻媒体积极推介报道。兴平市率先成立优化农村人居环境工作总站，成功建立“村级常态化运转、镇办网格化监管、市级精准化督导”的卫生管理体系，实现了街道有人扫、垃圾有人运、遇事有人管、责任有落实。媒体对此评价称，长效管理机制能够确保村庄实现“常态美”。留坝县以“三精准”为抓手推进厕所革命，确保改一户、达标一户、满意一户，该县在厕所革命工作推进中的好经验好做法作为典型范例在全省推介。城固县健全县镇村三级基础设施管护服务体系，对纳入管护范畴的九大类基础设施设置环境保洁管理岗、农村道路管理岗、水利设施管理岗等5类岗位，舆论认为该县实施的常态机制能巩固提升农村人居环境整治成果。此外，人居环境整治与乡村旅游产业有机结合成为各地乡村发展可借鉴的路径。太白县近年来进行的“全域景区化”建设已建成鹦鸽唐风小镇等特色集镇，打造了药王仙居柴胡山等一批“一村一景、一村一韵”的美丽乡村，做精做美乡村旅游大文章收获广泛认可。黄龙县白马滩镇以“美丽庭院”建设为抓手，鼓励村民自己动手美化庭院、扮靓家园，严格落实家户“门前三包”制，对最美庭院及存在“脏乱差”的家户现场拍照并整理上报至行政村，激发人人爱护环境的动力，绘就了村村优美、家家整洁、处处和谐的美丽乡村新画卷。舆论赞叹，人居环境整治在唤醒沉睡乡村的同时更激活了乡村产业发展的“一池春水”。

三　热点事件舆情分析

2020 年 9 月 3 日，微信公众号“西安交大二附院”发布文章称，该院收治了一名 2 岁儿童，因喝街头售卖的鲜羊奶被确诊为布氏杆菌病，该患儿病情趋于平稳。事件发生后，西安市场监管局联合市农业农村局在全市范围内展开排查工作。舆论对此高度关注。

1. 舆情概况

据监测，截至 2020 年 12 月 31 日，相关舆情总量 18130 条。其中，新华网、《北京青年报》等 656 家新闻媒体发布及转载相关报道 1702 条，客户端 6389 条，微信 2213 条，微博 7313 条，视频 133 条，论坛、博客 380 条。新浪微博设立的“两岁幼童喝街头现挤羊奶得布病”“饮新鲜羊奶有感染布病风险”“喝羊奶得布病幼儿已转院治疗”等 9 个微话题合计阅读量达 2.95 亿次。媒体报道的主要标题有《2 岁女童感染“布病”街头“现挤羊奶”背后有何隐患》《两岁幼童喝街头现挤羊奶得“布病”，医生：饮新鲜羊奶有风险》《“现挤羊奶”背后：信奉“新鲜即营养”与感染“布病”的隐患》《“现挤羊奶”感染布病　再敲食品安全警钟》等。

2. 媒体评论

多家媒体报道认为，因饮用生乳感染布病的事件提醒我们，普及健康常识，消除误区是当务之急。《新京报》称，从现有的研究来看，尚未有权威结论足以证明现挤奶比商业加工奶更具有营养，其风险反而是“看得见”的，消费者应走出对“零添加”的过度迷信。《北京青年报》表示，一些消费者目前还对“新鲜”“绿色食品”存在误解，偏好“现挤羊奶”等天然食品，信赖更“原始”的食品生产方式，他们忽略了工业化生产方式、食品安全检验的必要性。消除诸如此类的误区，需要在加强健康教育、遏制民众对“纯天然食品”盲目消费的同时，做好产品市场的安全管理工作。有媒体就加强鲜奶监管、堵塞漏洞展开讨论，并建议，我国食品安全监督管理部门要加大检查与打击力度，避免让一些无良商家利用民众错误的观念进行欺诈，最终造成食品安全之痛。《检察日报》称，市场上、街区里直接向消费者销售散装鲜奶的商贩是有关部门的监管盲区，相关部门应加大排查力度，对那些没有检验检测报告，还流动售卖现挤奶制品的商家，予以坚决取缔。

3. 网民评论

一是表示饮用新鲜奶存在风险。有网民说，未灭菌的生牛奶即使烧开也不一定100%灭杀布鲁氏杆菌，因为牛奶会假沸，国内有饮用烧开生鲜乳仍感染病菌后患布病的案例。有网民说，不要再说小时候喝过没事了，这个真的说不准，而且没有经过检测的牛，万一有病怎么办？二是认为现挤的奶高温加工后可以饮用。有网民说，我们小时候也喝过现挤牛奶，烧开后味道很好，周围的弟弟妹妹们喝过也都没事。有网民说，昨天刚喝两斤牧场买回来的奶，煮开沸腾三次才喝，这种鲜奶就是比外面卖的好喝。三是表示现挤羊奶在市场上普遍存在，应该加强监管。有网民称，经常看到有人拉着几只活羊在市场挤奶卖，排队的人还很多。有网民表示亲眼看到有人用三轮摩的拉羊卖现挤奶，还有很多老年人买。有网民说附近小区也有，但城管对小贩拉羊到城市马路上来没有尽到管理责任。

四　舆情总结与展望

回顾2020年陕西省三农舆情，各领域热点事件密集，新闻媒体参与度高，社交媒体对事件舆情的影响力不断增大。新华社、《陕西日报》、《三秦都市报》等具有权威性传统媒体是重大消息发布的第一来源，西部网、上游新闻等网络媒体是热点事件扩散及传播的重要渠道，新浪微博、微信公众号等自媒体平台更加积极地参与三农话题，常常成为话题性事件的首发来源。

2021 年是“十四五”开局之年，也是中国共产党建党一百周年，陕西将全面推进乡村振兴，加快农业农村现代化。涉农热点舆情或将集中在以下几个方面：一是做好脱贫攻坚同乡村振兴有效衔接的举措、机制及成效等；二是稳定提升粮食、生猪等重要农产品供给保障能力、种业振兴、提高农业质量效益和竞争力的陕西实践及成功经验；三是推进乡村建设、农村人居环境整治提升、农业农村改革创新等方面的探索、有效模式等。建议陕西相关部门：一是持续加强日常舆情监测，特别是要强化社交媒体信息监测，及时把握舆情发展态势，提高对热点事件、敏感事件的反应速度，重视农民群众和网民群体真正关心的问题，积极回应相关诉求；二是着力培养基层干部的舆情素养，提高各级涉农部门舆情应对能力；三是积极利用全媒体渠道，充分宣传党的三农政策、全省各级各部门全面推进乡村振兴的实践及农业农村发展成就，为新时代陕西三农健康发展营造良好舆论环境。

B.19 甘肃省三农舆情分析

程小宁　张生璨　刘　莉　赵　婧*

摘　要： 2020年，甘肃省统筹抓好新冠肺炎疫情防控和三农工作，决战脱贫攻坚取得决定性胜利，农业农村发展稳定向好。三农舆情热度再攀新高，信息量同比翻倍增长。甘肃高质量交出脱贫攻坚战答卷、粮食产量再创新高、特色农业产业发展势头良好、扎实推进乡村全面振兴、顺利完成农村人居环境整治三年行动任务以及“十三五”农业农村发展取得显著成就等话题受到舆论积极关注。靖远县贫困村民捐17吨黄瓜支援湖北抗疫引发舆论高度赞赏，部分地区居民恐慌性抢购囤积米面事件引发热议。

关键词： 脱贫攻坚　乡村振兴　“十三五”　农村人居环境整治

一　舆情概况

（一）舆情传播渠道

2020年，共监测到甘肃省三农舆情信息89.14万条（含转载），同比增长108%。其中，客户端信息39.45万条，占比居首，达44.26%；新闻信息

* 程小宁，甘肃省农业信息中心副主任，高级农经师，主要研究方向为农业农村信息化；张生璨，甘肃省农业信息中心副主任，高级农艺师，主要研究方向为农业农村信息化；刘莉，甘肃省农业信息中心网络舆情分析科科长，主要研究方向为涉农网络舆情；赵婧，甘肃省农业信息中心网络舆情分析科副科长，主要研究方向为涉农网络舆情。

24.28 万条，占 27.24%；微信信息 11.72 万条，占 13.14%；微博帖文 11.59 万条，占 12.99%；论坛、博客合计 2.11 万条，占比 2.37%。总体看，2020 年甘肃省三农舆情信息中，客户端信息量的增速依然迅猛，较 2019 年翻倍增长。新闻信息量增速居首，同比增长 3.3 倍，为第二大传播渠道（见图 1）。

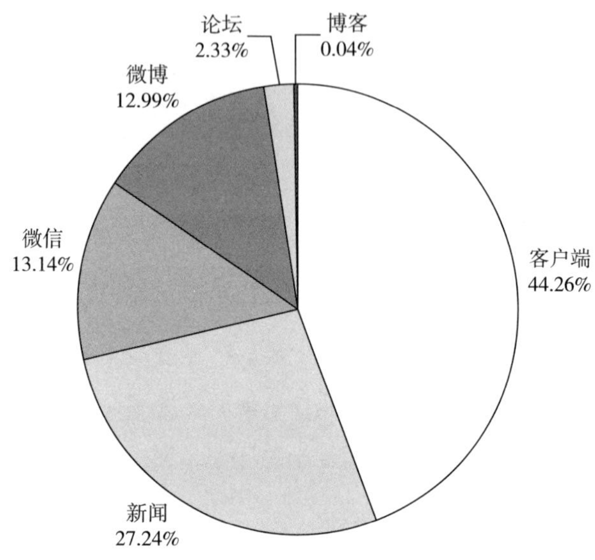

图 1　2020 年甘肃省三农舆情传播渠道

资料来源：甘肃省三农舆情监测管理平台、农业农村部三农舆情监测管理平台。（下同）

（二）舆情传播走势

从全年舆情走势看，1 月、2 月受春节等因素影响，舆情量相对较低。3 月、4 月舆情量猛增且成为舆情高峰，此后舆情量下降并保持相对平稳（见图 2）。3 月，临夏粮食抢购事件、甘肃苹果首次出口墨西哥、天津对甘肃受援地区精准帮扶等信息吸引舆论目光，月度舆情量猛增至 9.04 万条，推动舆情出现第一个高峰。4 月，甘肃开启 I@ 甘肃 2020 网络扶贫博览会、开发乡村公益性岗位、陇南市康县寺台镇田坪村告别“吃水难”、敦煌市深入推行科技特派员制度等信息推动当月舆情高达 10.99 万条，为全年舆情最高峰值。11 月，胡春华副总理到甘肃调研巩固拓展脱贫攻坚成果同乡村振兴有效衔接工作、甘肃 75 个贫困县全部脱贫摘帽、兰州布病事件 8 名责任人被处理等信息引发媒体大量转载，当月舆情量达 8.48 万条，为全年第三个舆情高峰。

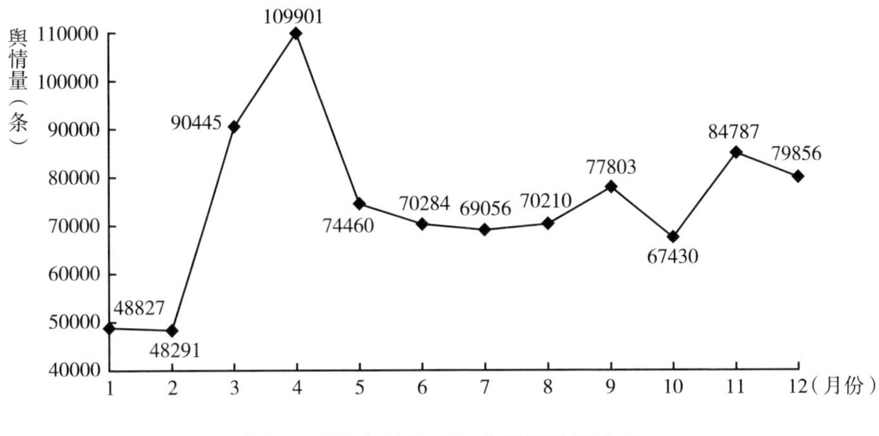

图 2　2020 年甘肃省三农舆情传播趋势

（三）舆情话题分类

从舆情话题分类看，农牧渔生产与粮食安全、产业扶贫、乡村振兴战略实施是甘肃三农舆情热度排行前三的话题，分别占舆情总量的 25.17%、24.18%、10.67%，三者合计占舆情总量的 60.02%。农业农村改革发展、农产品市场、农村社会事业、农村环境、涉农贪腐、质量安全、农业科技等话题的热度排行分列第 4 ~ 10 位，占比分别为 6.26%、5.84%、5.03%、4.57%、2.88%、2.86%、2.41%。其他话题占比均在 2% 以内（见图 3）。

（四）舆情热点事件排行

从本文整理的排行前 20 的舆情热点事件看，下半年发生的舆情事件较多，排行榜中有 14 个事件发生在下半年。从舆论关注内容看，“明星助力消费扶贫”“I@ 甘肃 2020 网络扶贫博览会”“武威着力打造‘三大特色产

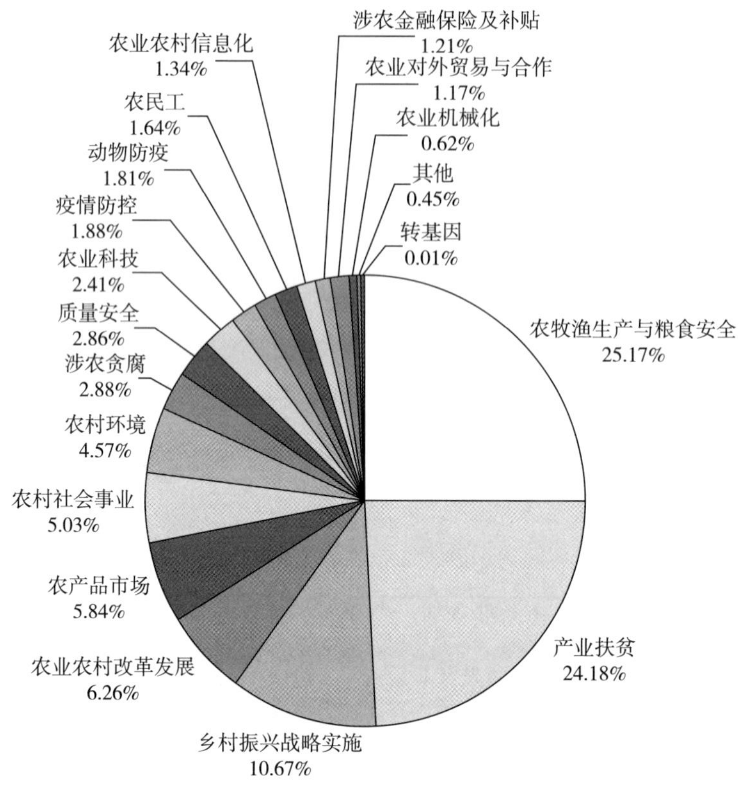

图 3　2020 年甘肃三农舆情话题分类

业带’发展‘八大产业’”等甘肃推进脱贫攻坚的话题成为舆论关注焦点；“兰州兽研所布鲁氏菌抗体阳性事件处置工作情况通报”“临夏群众请注意了　粮油市场物资储备充分”等关系公共卫生安全以及民众生活的事件也被舆论重点关注（见表 1）。

表 1　2020 年甘肃三农舆情热点事件 TOP 20

排名	热点事件	月份	首发媒体	舆情热度
1	明星助力消费扶贫　60 多吨兰州百合被抢购一空	4	中国甘肃网	8759. 95
2	兰州兽研所布鲁氏菌抗体阳性事件处置工作情况通报	9	兰州市卫生健康委员会网站	1877. 80

续表

排名	热点事件	月份	首发媒体	舆情热度
3	第三届中国(甘肃)中医药产业博览会开幕	8	新华网	1823.10
4	甘肃贫困村民捐17吨黄瓜给湖北医院	2	新浪微博“@人民日报”	1468.35
5	I@甘肃2020网络扶贫博览会,直播间里剁手又跺脚!	4	中国甘肃网	1024.90
6	11岁男孩暑假每天下地搬瓜400个:心疼爷爷奶奶太累	7	秒拍“一手Video”	961.80
7	武威着力打造“三大特色产业带”发展“八大产业”	7	《兰州晨报》	585.75
8	胡春华强调　抓紧谋划好巩固拓展脱贫攻坚成果同乡村振兴有效衔接	11	新华网	542.80
9	临夏群众请注意了　粮油市场物资储备充分　大家理性购买	3	微信公众号“临夏市融媒体中心”	503.70
10	2020甘肃特色农产品贸易洽谈会举行	8	《甘肃日报》	381.50
11	全国政协在甘肃临夏召开巩固脱贫攻坚成果重点提案督办协商会　汪洋主持并讲话	8	新华社客户端	284.90
12	甘肃省人民政府关于公布甘肃省征收农用地区片综合地价标准的通知	8	甘肃省人民政府网站	281.25
13	“悬崖边”的扶贫车间	8	新华网	276.85
14	甘肃民乐县因地制宜推进戈壁农业项目建设——生态农业富农家(走向我们的小康生活)	9	《人民日报》	275.90
15	甘肃75个贫困县全部脱贫摘帽	11	人民日报客户端	243.50
16	从帮人养羊到带贫致富——羊倌马大五德“变身记”	8	中国甘肃网	241.85
17	“荒凉”土地掘金记——甘肃旱作农业发展“变奏曲”	9	新华网	225.45
18	甘肃开发乡村公益性岗位　贫困户变身“工薪族”	4	新华网	218.00
19	全省农业农村重点工作调度会召开	8	《甘肃日报》	208.25
20	甘肃陇南市发生非洲猪瘟疫情	4	农业农村部网站	181.20

二 热点话题舆情分析

（一）高质量交出脱贫攻坚答卷，“县长直播天团”成网络带贫带货新热点

2020 年是全面建成小康社会的决胜之年，甘肃举全省之力向绝对贫困发起总攻。一年来，甘肃省相关部门先后召开全省农业生产暨产业扶贫工作视频会议、深度贫困地区脱贫攻坚现场推进会、全省扶贫产业体系建设现场会等会议，组织全省“两不愁三保障”产业发展专题培训班等，相关工作部署被媒体积极报道，“持续提升脱贫攻坚质量”“集中力量打好脱贫攻坚战”“确保如期打赢脱贫攻坚战”“挂牌督战坚决完成决战决胜脱贫攻坚任务”等成为媒体报道的关键信息。扶贫资金投入方面，央广网等媒体对甘肃省的地方财政专项扶贫资金投入进行报道，“5 年投入 836.8 亿”“省级财政专项扶贫资金绝对数名列全国前茅”“为全省打赢打好脱贫攻坚战提供了坚实的财力支撑”等信息被媒体大量报道。舆论称，甘肃以“砸锅卖铁”的勇气保证脱贫攻坚的投入。① 面对新冠肺炎疫情“加试题”，甘肃加大扶持力度、落实优惠政策，积极推进“扶贫车间”恢复运营，对吸纳本地贫困劳动力的企业给予相应的补贴，有效促进了各地扶贫车间复产复工和贫困群众就近就地就业。舆论称，甘肃一手防治斗“疫魔”，一手抓产业脱贫就业脱贫，夺取战疫战贫“双胜利”。4 月，“甘肃省决战决胜脱贫攻坚主题全媒体集中采访活动”深入 13 个市州脱贫攻坚一线进行采访。新华网、《甘肃日报》等多家媒体发表“决战决胜脱贫攻坚”系列文章，通过图文、视频、音频等多种形式进行报道，推出“成就巡礼”“市州领导访谈”“扶贫人的一天”等特色栏目。舆论称，甘肃持续推进产业扶贫，高质量交上脱贫攻坚答卷。

---

① 《甘肃：全力保证脱贫攻坚投入　省级财政专项扶贫资金绝对数名列全国前茅》，央广网，http：//m. cnr. cn/news/20201110/t20201110_ 525324561. html。

甘肃各地因地制宜实施“一户一策”精准脱贫计划，大力发展六大特色产业和“五小”产业，构建扶贫产业“四大体系”，产业扶贫“产”出的新成果被舆论积极关注。媒体用图解、数说、视频等方式展示甘肃产业发展的进展情况，央视网等媒体评价称，甘肃构建产业扶贫体系取得决定性进展，成效显著。在甘肃全力攻坚之下，11 月，甘肃省人民政府批准最后8 个未脱贫县脱贫摘帽。[①]“最后 8 个贫困县脱贫”“75 个贫困县全部摘帽”“实现贫困县全部摘帽”“贫困县脱贫质量超出预期”等信息被新华社等媒体积极转载传播。中国甘肃网以图文形式整理出具有甘肃特色的“扶贫词典”，将“‘3 +1’冲刺清零行动”“三大革命”“六大行动”等内容进行总结梳理。舆论评价称，甘肃苦瘠不再，绝对贫困问题得到历史性解决。贫困县全部摘帽退出不等于脱贫攻坚画上句号，甘肃巩固脱贫成果、防止返贫等工作也被舆论广泛关注。截至 2020 年 12 月，甘肃省将 413. 7 万人纳入困难群众动态管理监测预警。[②] 各市州方面，平凉市不断完善防止返贫监测帮扶工作，动态了解掌握群众生产生活变化，做到精准帮扶；庆阳市严格落实“四个不摘”要求，保持现有帮扶政策、资金稳定；陇南市礼县设立“礼县脱贫攻坚防返贫保险”机制，有效解除了困难家庭后顾之忧，且该模式作为可借鉴扶贫模式被中国扶贫网推广；武威市凉州区让脱贫群众继续聚集在产业链上，以项目带产业，保障脱贫不返贫。舆论评价称，甘肃筑牢兜底扶贫网，让群众“放心养、放心种”，确保贫困群众“脱得了、稳得住”。

疫情下，电商直播成为“新农活”，甘肃各地的扶贫农产品通过直播带货拓宽销售渠道，助力脱贫攻坚。市长、县长们纷纷参与直播带货，为当地特色农产品代言，各地农产品成为网民追捧的热销产品，在直播的短短时间内就能售罄，甚至“秒空”。有舆论表示，市县区长直播带货已成为疫情下甘肃的一种新业态、新模式。其中，“I@ 甘肃 2020 网络扶贫博览会”被舆

① 《甘肃 75 个贫困县全部脱贫摘帽》，人民日报客户端，https：//wap. peopleapp. com/article/6043465/5957003。

② 《甘肃有 413. 7 万人纳入困难群众动态管理监测预警》，新华社客户端，https：//xhpfmapi. zhongguowangshi. com/vh512/share/9614888。

论高度关注。“县长直播天团”“甜蜜故事”“甘货春之声”“直播间里剁手又跺脚”成为媒体报道的高频词。“百万网友围观热络互动”“受百万网友点赞”等直播效果被媒体广泛报道。2020 年 9 月，“I@ 甘肃 2020 网络扶贫博览会”入选全国扶贫典型案例，这份荣誉被中国甘肃网等媒体积极转载。舆论评论称，甘肃吹响网络扶贫的集结号，助农直播玩出“新花样”，“I@ 甘肃 2020 网络扶贫博览会”成为网络扶贫的“顶梁柱”。中国网发布文章称，甘肃通过“县长 + 直播 + 扶贫”的模式，以“县长直播天团”的形式打造了“I@ 甘肃 2020 网络扶贫博览会”，网络扶贫和网络扶智成效明显。[①]

（二）抗疫保供解决农户“燃眉之急”，现代农业特色产业发展势头良好

2020 年初以来，面对突发新冠肺炎疫情不利形势，甘肃出台一系列政策措施，统筹抓好疫情防控和农业农村工作，“坚持两手抓　夺取双胜利”成为舆论关注的焦点。省委农办、省农业农村厅多次召开新冠肺炎疫情防控工作相关会议，对联防联控、生猪和蔬菜等“菜篮子”产品稳产保供、春耕备耕等工作进行部署，并在网站上发布《致全省广大农民群众的一封信》，提出六点倡议做好疫情防控和春耕备耕、畜牧业生产等。舆论称，甘肃不误农时有序开展春季农业生产，让战“疫”更有底气。畅通农产品销路方面，省农业农村厅建立主要农产品价格监测预警机制，确保“菜篮子”农产品流通顺畅。中国农网等媒体报道称，甘肃积极应对新冠肺炎疫情对农产品销售的不利影响，使“甘味”特色农产品外销市场进一步扩大，销量持续增加。[②] 疫情期间，民勤县出台蔬菜销售运费补贴办法，对地头运输到县外销售的果蔬每吨补贴 20 元；肃南县联合流通企业帮助本地滞销农产品“出村进城”；成县县内多家电商平台共同进行线上推广活动，通过同城

① 《I@ 甘肃　2020 网络扶贫博览会》，中国网，http：//www. china. com. cn/opinion/2021 – 01/10/content_ 77099740. htm。

② 《甘肃积极应对疫情不利影响力推“甘味”走出去》，中国农网，http：//www. farmer. com. cn/2020/08/13/99857957. html。

“无接触配送”解决农户销售的“燃眉之急”。舆论评价称，甘肃多方联动解决农产品滞销难题，农产品流通不断档、不脱销。

抓好疫情防控的同时，甘肃继续抓好粮食、生猪等重要农产品稳产保供，持续推动特色农业产业发展，注重高标准农田建设，获得不俗的发展成果。2020 年甘肃粮食总产量再创历史新高，“喜讯”“创历史新高”“首次突破 1200 万吨大关”成为媒体报道的关键词，“粮食播种面积 3957 万亩”“总产量 1202 万吨，较 2019 年增长 3.4%”等数字信息被《甘肃日报》等媒体积极转载。[①] 舆论称，丰收的喜悦弥漫陇原田野。生猪稳产保供方面，甘肃出台了对符合条件的生猪养殖企业提供贷款贴息等政策，降低养殖成本。庆阳市生猪现代养殖全产业链项目开工、酒泉市加强生猪重点项目建设、金昌市永昌县推进生猪养殖全产业链项目、张掖市临泽县万头生猪养殖场完成主体工程等各地养殖项目进展情况受到舆论关注。媒体报道称，甘肃省狠抓生猪稳产保供，着力提升生猪产能。2020 年甘肃省猪肉产量同比增长 2.5%，年末生猪存栏增长 29.5%，其中能繁殖母猪存栏增长 26.6% 等信息被媒体积极报道。实施质量兴农、绿色兴农、品牌强农方面，甘肃印发《甘肃省食品安全信息追溯管理办法》，建立健全食用农产品生产经营全链条可追溯体系；创建 30 个化肥减量增效示范县，全省化肥施用量较 2019 年减少 5.2 万吨，在 8 个县区开展粮食绿色高质高效创建行动，创出了一批高产典型[②]；酒泉市“三品一标”认证增速全省第一，培育出了敦煌葡萄、玉门枸杞等 150 多个优质品牌农产品；兰州市地理标志保护产品“兰州百合”在“中国农产品地域品牌价值授牌仪式”上获得授牌，品牌价值评价达 53.39 亿元。各地推进特色产业发展方面，兰州市设立马铃薯种薯生产基地建设专项补助资金 1500 万元，有力助推全市马铃薯产业发展；白银市培育形成了六大特色产业加小杂粮、黑毛驴、水产养殖、文冠果的“十大特色产业”；庆阳市推进“四区四带”产业区域布局，大力发展肉羊、苹果、饲

---

① 王朝霞：《甘肃粮食总产量首次突破 1200 万吨大关》，《甘肃日报》2020 年 12 月 15 日，第 1 版。

② 王朝霞：《仓满廪实话丰收》，《甘肃日报》2020 年 12 月 17 日，第 4 版。

草等八大主导产业。舆论称，甘肃特色农业发展势头良好，一批特色农产品叫响全国。甘肃开展高标准农田建设被媒体集中关注。9 月，省农业农村厅动员全省掀起高标准农田建设“百日大会战”；11 月，全省高标准农田建设现场推进会召开。“今年完成建设 260 万亩以上”“累计建成高标准农田 312.67 万亩”“完成撂荒地复耕复垦 160.67 万亩”等建设进度信息被媒体积极报道。舆论称，甘肃开创高标准农田建设新局面，让百姓“饭碗”端得更稳。

（三）绘制乡村振兴“甘肃篇章”，基层探索实践亮点频出

2020 年，甘肃省统筹衔接脱贫攻坚与乡村振兴，全面落实乡村振兴战略实施规划，开启乡村振兴新征程，绘制乡村振兴“甘肃篇章”。1 月，甘肃省人民政府印发《关于促进乡村产业振兴的实施意见》；5 月，全省推进新型城镇化和乡村振兴电视电话会议召开，对全省促进乡村振兴做出全面部署。舆论称，实施乡村振兴战略让千里陇原成为生产美、生活美、生态美的“三美”家园。

各地协同推进“五个振兴”，探索实践及发展成果被媒体积极报道。产业振兴方面，“牛羊菜果薯药”六大特色产业被舆论广泛报道传播，具有“甘味”特色的现代丝路寒旱农业被媒体频频提及。环县通过“龙头企业 + 合作社 + 农户”编制出“环县羊经”模式、定西安定区构建“龙头企业 + 联合社 + 合作社 + 农户（贫困户） + 银行 + 电商平台”“六位一体”的“蓝天模式”等典型模式被媒体多次报道。舆论称，牛产业“牛劲十足”，羊产业“扬眉吐气”，“戈壁蔬菜”鲜艳夺目，特色产业形成大气候。人才振兴方面，省农业农村厅开展共 5 个类型 2 万人的培育；张掖市制定相关方案，推动形成高端人才把脉会诊、经营人才营销运作、技能人才生产管理的乡村产业人才格局。舆论点赞称各项举措为乡村振兴提供强有力的人才保障和智力支撑。文化振兴方面，舆论对甘肃治理高价彩礼依然十分关注。多地出台“限高标准”，倡导健康婚姻观，推动农村移风易俗，平凉、庆阳等地的彩礼价格下降被《人民日报》等媒体积极报道。舆论称，甘肃连出“组合拳”抵制高价彩

礼，“天价彩礼”渐“走低”。生态振兴方面，“减肥控药”被舆论积极关注。与2019年相比，“全省化肥施用量减少5.2万吨”“废旧农膜回收率达到80%以上”等信息被媒体频频转载。舆论称，甘肃坚持农业绿色导向，向绿色高质量迈进，引领乡村生态振兴。组织振兴方面，省民政厅制定印发《村民委员会能力提升专项行动方案》，让农民自己的事儿自己办；张掖市深化“党建+产业”融合发展模式，强化党建引领乡村振兴工作。舆论称赞党建引领激发乡村振兴新活力，基层党组织成为乡村振兴“主心骨”。

9月22日，甘肃各地开展了缤纷多彩的活动庆祝我国第三个“中国农民丰收节”，集中展示乡村振兴硕果，受到舆论高度关注。媒体纷纷以视频、图文等多种形式对崇信县苹果小镇庆丰收、甘谷县脱贫村尉坪新村近千农民庆丰收、康乐县赛牛相牛大会等庆祝活动的生动场面进行报道。舆论称，陇原喜迎2020年中国农民丰收节，绘就丰收美景，奏响增收乐章。

（四）“十三五”农业农村发展成就显著，改革改出农民增收致富路

2020年是“十三五”规划目标实现之年，甘肃农业农村在五年间的发展成就受到舆论高度关注。媒体用回眸、图解、“数说”、晒“成绩单”等形式对甘肃三农发展取得的丰硕成果进行盘点，“辉煌‘十三五’”“成就显著”“完美收官”成为媒体报道的关键词。其中，《甘肃日报》刊发《回眸“十三五”喜看新变化》系列报道，中国甘肃网、每日甘肃网开设“回眸‘十三五’喜看新变化”专题。“‘两不愁三保障’全面完成”“完成易地扶贫搬迁49.9万人”“农村环境整治任务超额完成”“农村危房改造任务全部完成”“农村公路实现大发展”“农村集中供水率达91%”“2020年全省农村居民人均可支配收入首次突破万元大关较‘十二五’末增长49%”“依靠‘产业和劳务+产业’脱贫的人口占到总脱贫人口的73.6%”“农产品出口总值98.7亿元”等成绩被媒体大量报道。各市州的发展变化也被媒体点赞，“兰州农村居民人均可支配收入‘十三五’期间增加3954元”“张掖每年建立各类农业科技示范点近200个”“酒泉市农业总产值年均增速5%

以上”“定西实现特色产业对贫困村、脱贫人口的全覆盖”等信息被媒体积极报道。舆论称，甘肃农业农村工作取得丰硕成果，交出了一份亮眼“成绩单”，为“十四五”开局创造了良好条件。

2020 年，甘肃深入推进农业农村改革，农村集体产权制度改革、农村土地制度改革、新型农业经营主体发展等方面取得显著效果，受到舆论积极关注。农村集体产权制度改革方面，兰州华家井村村集体抱团发展，成立村集体领办合作社 7 个，村民全部入股，闯出规模化致富路；武威市公开出让集体建设用地，敲响新修订的《土地管理法》实施后全省农村集体经营性建设用地入市“第一槌”。舆论称，农村集体产权制度改革增加集体经济收入，打通“造血大动脉”，让农户增收更有保障。农村土地制度改革方面，定西安定区鲁家沟镇通过“反租倒包”模式，吸纳农户进入产业园生产经营，实现农户脱贫并持续增收；张掖肃南县积极推进“三变”改革，在“‘三变’+现代农业”“‘三变’+乡村旅游”等方面积极探索，让贫困人口的就业与增收得以保持长期稳定。舆论称，“三变”改革激发新活力，“变”出乡村好生活。农村承包地流转方面，敦煌市鼓励引导土地经营权流转至专业大户、农民专业合作社等经营主体，促进土地规模化经营；张掖市形成“企业+基地+种植大户”等三种土地流转经营模式，带动农村土地流转收益提升。舆论称，土地流转转出致富路，使现代农业的道路越走越宽。农村宅基地制度改革方面，甘肃印发《关于保障农村村民住宅建设合理用地的通知》，专项保障农村村民住宅建设合理用地；兰州市近郊四区农村“房地一体”不动产权证书进入颁发阶段。舆论称，农村住宅建设更合理。此外，舆论对新型农业经营主体发展也予以重点关注。甘肃按照有种养基地、有良种供给等“五要素”要求办好合作社，推动合作社规范运营水平不断提高；省农业农村厅制定《2020 年一乡一农机合作社建设试点实施方案》，在 11 县区试点一乡一农机合作社建设；召开全省家庭农场培育发展工作视频推进会，促进家庭农场的数量、质量双提升；陇南宕昌县探索出“金字塔”形产业发展体系，实现合作社覆盖带动全部贫困户增收。舆论称，合作社助农有新招，铺就家门口致富路。

（五）人居环境整治让农村旧貌换新颜，各地因村施策共建美丽家园

2020年是农村人居环境整治三年行动收官之年，甘肃通过推进农村厕所、垃圾、风貌“三大革命”和农村生活污水治理、村庄规划编制等“六项行动”让农村旧貌换新颜。年初，广大农村地区开展与疫情防控工作相结合的爱国卫生运动；4月，省农村卫生旱厕改造暨村容村貌整治现场推进会召开；5月，省农业农村厅召开全省推进打赢净土保卫战和农业农村污染治理攻坚战视频会议。舆论称，甘肃着力消除视觉污染，建设生态宜居家园。经过三年持续努力，全省农村人居环境整治取得积极成效，媒体予以广泛报道。“创建国家部委命名的各类美丽乡村示范村212个”“建成农村户用卫生厕所162.7万座”“97.8%的行政村建成卫生公厕”“累计创建清洁村庄1万个”“配备各式农村垃圾保洁、收集、运输车3.8万辆”等数据信息被新华网等多家媒体转载。[①] 中央电视台、《人民日报》还对甘南州“全域无垃圾”治理经验进行专题报道，《甘肃日报》等媒体对天水市清水县、陇南市康县、临夏州积石山县被评为2019年全国村庄清洁行动先进县等成绩进行转载传播。10月，中央改革办专项督查时，充分肯定了甘肃省农村人居环境整治三年行动开展情况。舆论称，全省美丽乡村蓬勃涌现，形成了一道道“风景”，实现从“局部美丽”向“全域美丽”的蝶变。

舆论对各市州推进农村人居环境整治的成果也予以关注。3年来，兰州市因村因户施策，探索推广十多种农村厕改模式，建立“10+X+Y”的农村环卫保洁资金筹措机制；甘南州持续改善农村人居环境，助推乡村旅游升级，建成1303个生态文明小康村；酒泉市梳理出17大类“视觉贫困”问题，通过“三清一改”、户厕改造、利用村喇叭宣传等方式，引导发动群众形成良好生活习惯；肃北县“厕所革命”优化牧区人居环境，让广大农牧

① 薛砚：《乡村蝶变图景新》，《甘肃日报》2021年3月12日，第8版。

民用上干净卫生的厕所。舆论评价称，各地开启乡村“美颜”模式，共建美丽整洁家园。

三　热点事件舆情分析

（一）贫困村民捐17吨黄瓜支援湖北抗疫

2020 年 2 月 7 日，新浪微博“@人民日报”发帖称，7 日上午，甘肃省靖远县新坪村村民争先恐后自发捐赠的 17 吨优质黄瓜抵达湖北省仙桃市第一人民医院。这批价值十多万元的黄瓜是村民捐赠给一线医务工作者的。村民的善举引发社会高度赞赏，截至 2020 年 12 月 31 日，该条微博收获 13.2 万次的点赞。

1. 舆情概况

截至 2020 年 12 月 31 日，相关舆情总量 2305 条。其中，央视网、央广网等 221 家新闻媒体发布和转载相关报道 306 条，客户端 872 条，微博 976 条，微信 137 条，博客、论坛 14 条。2 月 7 日，央视《新闻联播》以《同舟共济　各地积极支援湖北》为题对此进行播报。媒体报道的主要标题有《〈人民日报〉点赞靖远县北湾镇花儿新村》《八方驰援　我省派出医护人员、送设备送物资援助武汉》《甘肃贫困村民捐 17 吨黄瓜给湖北医院》《战“疫”众志成城　陇鄂兄弟情深甘肃全力支援湖北抗击疫情纪实》等。

2. 媒体评论

“感动”“泪目”成为媒体报道的关键词。人民日报客户端评论称，村民们积极踊跃，有多大力就出多大力，涓涓细流汇成江河，凝聚起抗击疫情的人民力量，彰显了中国人民先国后家的民族情怀。[①] 福建文明网发文称，靖远县北湾镇新坪村村民们的举动让人心生暖流，为之动容。[②] 有舆论用

① 《甘肃：贫困村村民自发组织 17 吨爱心黄瓜驰援湖北》，人民日报客户端，https：//wap. peopleapp. com/article/5124045/5021166？from = timeline。

② 《温暖相伴“疫”起同行》，福建文明网，http：//fj. wenming. cn/bmrp/202002/t20200212_5417014. htm。

“兄弟情深”“相互帮扶”形容此举。《甘肃日报》报道称，该村是甘肃岷漳地震灾后重建的异地安置村，村民们表示，当年受到过包括湖北在内的全国人民的援助，现在湖北有难了，他们绝不能袖手旁观。[①]

3. 网民观点

网民通过新闻跟帖、微博、微信留言等方式对此展开热议，其观点主要包括以下三个方面。一是为自己的家乡骄傲。有网民说，夸夸我的甘肃，我奶奶这边都在送苹果给武汉，前几天卡车刚走，真的很棒。有网民说，甘肃人民永远是淳朴善良的，虽然我们经济落后点，但我们的洋芋、蔬菜、苹果捐到需要的地方可以填饱肚子，武汉加油！中国加油！二是建议给村民适当的经济补偿。有网民说，现在一根黄瓜卖 4 元多钱啊，建议还是低价买入吧，毕竟是贫困县。有网民说，付钱吧，咱湖北人菜钱还是有的，不能让别人没了血汗钱，谢谢甘肃。三是呼吁政府多关注贫困地区农民。有网民说，等国家好了，请帮助这些贫困的地方，它们不易，但是把最好的给了国家，国家不能忘记它们。有网民说，希望疫情结束，政府多让主播带动贫困地区经济，很多人也想买的，只是大家都缺少渠道！

（二）新冠肺炎疫情引发部分地区居民恐慌性抢购囤积米面

2020 年 3 月以来，新冠肺炎疫情在全球快速蔓延，部分国家禁止粮油出口，联合国粮农组织等国际机构发出全球面临粮食危机的预警，消息传至国内，引发部分地区出现民众恐慌性抢购粮油现象。网传视频显示，2020 年 3 月 28 日前后，临夏自治州有部分市民扎堆前去超市、粮油店购买米面粮油。随后兰州亦出现市民抢购米面现象。3 月 29 日，微信公众号“临夏发布”发布通报，称当地米面油备货充足，价格平稳。4 月 1 日，兰州市相关部门表示粮食库存可供全市 240 天以上。政府回应后，记者调查报道称米面油价格持续平稳。

---

① 齐兴福：《战“疫”众志成城　陇鄂兄弟情深》，《甘肃日报》2020 年 2 月 17 日，第 4 版。

1. 舆情概况

截至2020年12月31日，相关舆情总量1455条。其中，《新京报》《南方都市报》等115家新闻媒体发布和转载相关报道118条，客户端958条，微信226条，微博64条，论坛19条。媒体报道的主要标题有《“防粮食危机囤米囤面”：2011年抢购的盐吃完了吗》《防粮食危机囤米囤面媒体：别让恐慌带乱了节奏》《甘肃部分市民抢购囤积米面，官方回应：粮食库存可满足8个月以上供应》《临夏群众请注意了　粮油市场物资储备充分　大家理性购买》等。新浪微博设置微话题“甘肃临夏回应市民抢购米面油”，阅读量达234.5万次。

2. 媒体评论

有媒体关注甘肃粮食库存情况。《甘肃日报》报道称，当前全省粮油库存充足、价格平稳，省政府储备和企业商业粮食库存可满足全省240天以上市场供应量。有媒体发文劝民众不要囤积粮食。① 《新京报》发文呼吁大家理性购买，别让恐慌带乱了节奏，表示相信在有关部门及时回应后，各地“囤米囤面”的风潮会很快被摁下。② 《南方都市报》表示，在国家层面已经给出“定心丸”的情况下，公众没有必要去抢购粮食。抢购多了既占地儿，又容易产生浪费，且疫情期间扎堆抢购粮食反而产生了新的风险。③

3. 网民观点

网民通过新闻跟帖、微博、微信留言等方式对此展开热议，其观点主要包括以下三个方面。一是对抢购米面的行为表示不解。有网民说，买来干吗呢这是？疫情严重的时候可以理解一下，都结束了抢来干吗？有网民说，没必要啊，国家储备都够你们吃啦。有网民说，春耕都完成了，还有四五个月就收粮食了。粮食国家一直有储备，怕啥呀。二是表示理解囤积粮食的行为，认为粮价会上涨。有网民说，多买点粮食吧，今年世界粮食大涨价不可避免。有网民说，不是怕没有粮，是怕涨价，而且涨价几乎是绝对的。有网

---

① 薛砚：《我省粮油库存充足价格平稳》，《甘肃日报》2020年3月31日，第1版。

② 《防粮食危机囤米囤面：别让恐慌带乱了节奏》，《新京报》2020年4月2日，第A02版。

③ 《抢粮囤粮没有必要，粮食还是吃新的好》，《南方都市报》2020年4月5日，第A02版。

民说，全球经济危机通货膨胀，各国禁止出口粮油，粮食危机必定会导致物价上涨。三是认为有谣言才导致出现抢购现象。有网民说，又有什么谣言吗？现在情况完全没必要啊！有网民说，朋友圈传当地政府就粮食问题开了会，说今年有减产、进口受限、疫情等因素，鼓励百姓备点粮，所以疯抢。

四 舆情总结与展望

总体看，2020 年甘肃省三农舆论关注度继续上升，舆情信息量较上年翻倍增长，其中农业生产、产业扶贫、乡村振兴话题相关信息量占比居前三。客户端和网络新闻媒体分别是第一、第二大传播平台，两者信息量合计占全年舆情信息总量的七成以上。《甘肃日报》、《甘肃经济日报》、中国甘肃网等地方权威新闻媒体是原创新闻的发布主力，在脱贫攻坚、乡村振兴战略实施等重点工作的宣传中引导舆论走向，传播正能量。展望 2021 年，甘肃三农舆情或将呈现以下特点。从传播渠道看，在防控新冠肺炎疫情的大背景下，手机作为“新农具”的使用增强了“两微一端”的影响力，直播作为“新农活”使得小视频平台及视频直播的影响力也将持续上升：从舆论关注话题看，巩固脱贫攻坚成果与乡村振兴有效衔接、提升粮食和生猪等重要农产品供给保障能力、推动种业大省向种业强省迈进等将成为媒体关注重点，坚决遏制耕地“非农化”、推进现代农业特色产业发展、开展乡村建设、实施农村人居环境整治提升五年行动等将被舆论持续关注。建议相关部门进一步加强舆情监测能力建设，及时了解网络民意，回应社会关切。同时，加强微博、微信、客户端以及头条号、短视频抖音号、快手号等新媒体建设和应用，充分宣传党和国家的三农政策、充分宣传基层在推进乡村全面振兴、农业农村现代化等工作中的创新实践和典型经验，为三农发展营造良好舆论氛围。

B.20
宁夏三农舆情分析

陈荣鑫　郭　涵*

摘　要： 2020年，宁夏三农舆情热度较高，客户端是传播主渠道，新闻媒体居第二位，两者合计传播量占比超七成。宁夏脱贫攻坚任务圆满收官，多项“硬核”扶贫举措获得舆论肯定。媒体聚焦农村新冠肺炎疫情防控成果、特色产业提质增效、乡村振兴扎实推进、农业农村现代化建设取得新成就等。同时，“十三五”期间宁夏三农发展硕果累累，第三个中国农民丰收节系列活动等话题吸引舆论目光。

关键词： 产业扶贫　疫情防控　乡村振兴　农业农村改革　农村人居环境整治

2020年是决胜全面建成小康社会、决战脱贫攻坚的收官之年，也是实现“十三五”规划目标的攻坚之年，极不平凡。一年来，宁夏全区农业农村系统认真贯彻落实习近平总书记视察宁夏重要讲话精神，坚决落实中央和自治区各项决策部署，全面推进乡村振兴，奋力开创农业农村现代化新局面，“十三五”各项指标全面完成，农村、农民与全区同步迈入全面小康社会。相关工作及成效引发媒体持续跟进报道，为宁夏三农发展营造了良好的舆论环境。

* 陈荣鑫，宁夏回族自治区农业农村厅信息中心副主任，主要研究方向为农业农村信息化；郭涵，宁夏回族自治区农业农村厅信息中心工程师，主要研究方向为涉农网络舆情。

一 舆情概况

（一）舆情传播渠道

2020 年，共监测到宁夏三农舆情信息 45.54 万条（含转载），同比增长 21.33%。其中，客户端舆情信息 18.49 万条，占舆情总量的 40.60%；新闻 14.34 万条，占 31.50%；微信信息 7.48 万条，占 16.42%；微博帖文 3.86 万条，占 8.47%；论坛、博客帖文合计 1.37 万条，占 3.01%（见图 1）。总体看，随着移动互联网普及，以客户端为代表的信息聚合平台逐步成为传播主渠道，新闻媒体则凭借其权威性和专业性继续占据着宁夏三农舆情的重要传播渠道的地位，二者合计占比达七成。随着用户群体的不断扩大，微信、微博等社交媒体在涉农舆情传播方面的作用日渐显著，信息体量也较大。

（二）舆情传播走势

从传播走势看，2020 年全年除 6 月外，宁夏三农舆情走势整体较为平稳。2 月，宁夏农业农村部门积极应对新冠肺炎疫情，保障春耕顺利开展、农业企业复工复产等工作备受好评，推动舆情量大幅增加；6 月，习近平总书记赴宁夏考察调研当地脱贫攻坚等情况，受到舆论高度关注，助推当月舆情达到全年舆情最高峰；7 月，宁夏硒砂瓜、中宁枸杞等特色农产品成熟上市，发展相关产业的举措受到舆论持续关注；9 月，宁夏各地举办丰富多彩的活动庆祝第三个中国农民丰收节，相关信息被媒体积极传播，舆论点赞宁夏农民丰收节看点十足，上述内容推动全区三农舆情热度高位运行（见图 2）。

（三）舆情话题分类

从舆情话题分类看，产业扶贫、农牧渔生产及粮食安全、乡村振兴战略实施三大话题受到媒体关注较高，占比均在 10% 以上。农村环境及农产品市场话题也是舆论关注重点，占比在 5% ~10%。农村社会事业、农业农

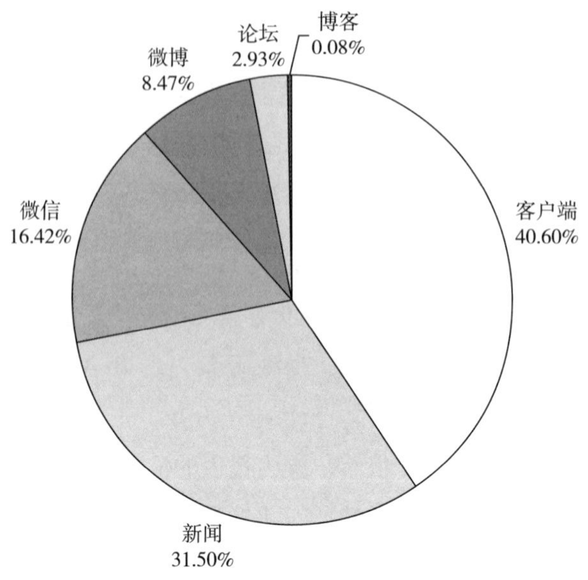

图1　2020年宁夏三农舆情传播渠道

资料来源：农业农村部三农舆情监测管理平台、新浪舆情通。（下同）

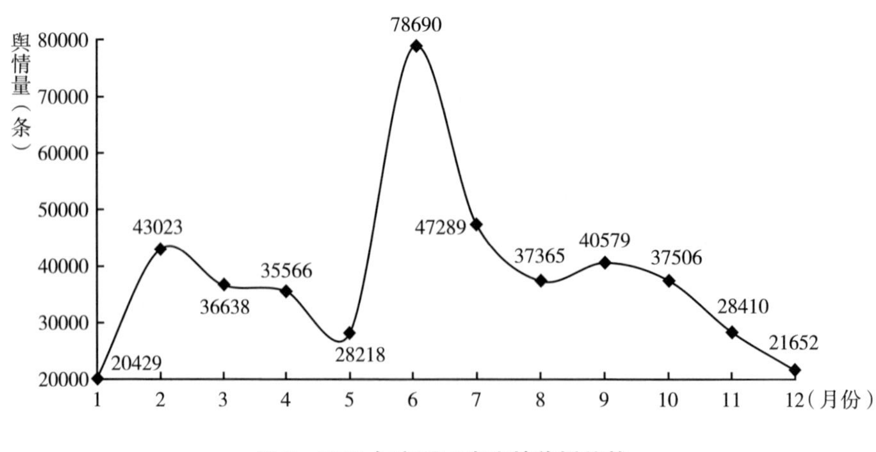

图2　2020年宁夏三农舆情传播趋势

村改革发展、疫情防控等其他话题舆情量相对较少，占比均在5%以内（见图3）。

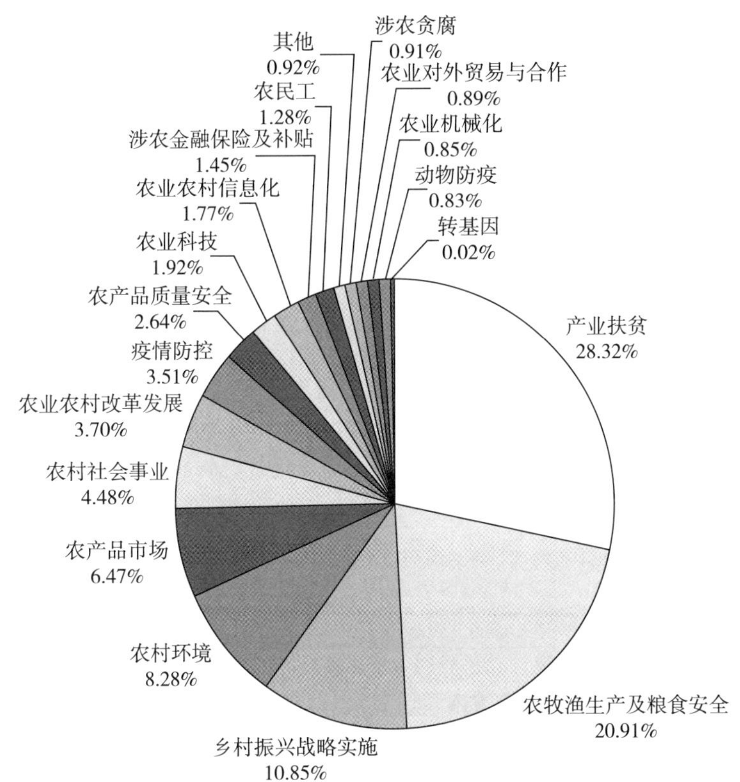

图3　2020 年宁夏三农舆情话题分类

（四）舆情热点事件排行

从2020年宁夏三农舆情热点事件TOP 20来看，下半年热点舆情事件明显多于上半年，榜单中有15个热点事件发生在下半年。从舆情热度看，全年有三个事件的舆情热度超过1000。其中，习近平总书记在宁夏考察调研最受舆论瞩目，舆情热度高达20457.30，居排行榜首位。第九届宁夏贺兰山东麓国际葡萄酒博览会的举办被中国新闻网、央广网等多家媒体报道转载，舆情热度达1900.80，居第二位。宁夏庆祝第三个中国农民丰收节举办的一系列活动也是媒体关注的重点，舆情热度达1888.10，居第三位。从内容上看，节庆活动、展销活动等事件是舆论关注的重点话题，舆情热点事件TOP 20中有6个事件与之相关（见表1）。

表1　2020年宁夏三农舆情热点事件 TOP 20

排名	热点事件	月份	首发媒体	舆情热度
1	习近平在宁夏考察调研	6	新华网	20457.30
2	第九届宁夏贺兰山东麓国际葡萄酒博览会喊你来凑热闹	10	宁夏新闻网	1900.80
3	宁夏2020年中国农民丰收节系列活动线上线下齐发力	9	《银川日报》	1888.10
4	阻疫情,战春耕!宁夏安排部署春耕备耕各项工作	2	《宁夏日报》	770.32
5	宁夏农产品驰援湖北	2	人民网	498.18
6	中卫鲜牛奶首次乘包机远销上海	11	《中卫日报》	389.70
7	宁夏盐池县探索建立脱贫攻坚动态监测预警机制	11	新华网	293.85
8	第七届宁夏种业博览会在平罗开幕	7	新华网	248.75
9	第三届枸杞产业(云)博览会开幕　宁夏百余种枸杞产品竞秀“云端”	7	《宁夏日报》	195.30
10	宁夏与拼多多打造中国西部首个省级农特产品“云上”展台	8	中国网	190.85
11	宁夏召开全区脱贫攻坚工作新闻通气会	12	《宁夏日报》	147.85
12	云推介+直播带货　宁夏启动蔬菜线上推介模式	7	人民网	130.10
13	宁夏惠农渠节水改造工程正加紧施工	10	新华网	110.00
14	银川贺兰山东麓葡萄酒产业数字化服务平台建设正式启动	8	宁夏新闻网	98.95
15	中卫市沙坡头区举办第二届宁夏苹果大赛	10	新华网	95.80
16	银川警方破获一起特大“假水稻种子”案件	5	中国新闻网	93.71
17	宁夏发布乡村旅游发展三年行动方案	3	《银川日报》	88.59
18	宁夏中卫:近30万亩瓜地为何“撂荒”?	5	新华网	78.90
19	宁夏盐池县借滩羊产业与京东开启全面战略合作	9	宁夏新闻网	76.80
20	“国字号”枸杞种质资源库落户宁夏	12	《宁夏日报》	76.70

二　热点话题舆情分析

（一）宁夏脱贫攻坚圆满收官　特色扶贫点亮村民小康梦

2020年，宁夏全区农业农村系统认真落实中央和自治区全面建成小康社会工作会议精神，坚持把培育产业作为脱贫攻坚的根本出路，先后召开了应对疫情扶贫专题新闻发布会、全区脱贫攻坚重点工作推进会、扶贫开发领导小组会议等，印发了《关于新冠肺炎疫情防控期间推进脱贫攻坚的通知》《关于自然资源系统助力脱贫攻坚推进乡村振兴若干政策通知》等文件，深入实施“四个一”示范带动工程[①]，扎实推进产业扶贫“六项行动”，农村、农民与全区同步迈入全面小康社会。相关成果备受舆论好评。“9 个贫困县全部摘帽”“累计建设产业扶贫示范村 150 个”“培育扶贫龙头企业 166 家”“规范培育扶贫产业合作社 1066 家”“提升发展致富带头人 10434 名”“有劳动能力的贫困户实现产业扶贫政策全覆盖”“贫困地区农村居民人均可支配收入达到 11624 元，增长 11.6%”等一系列可喜成绩被媒体积极传播。舆论称赞宁夏产业扶贫覆盖面广、成效好。在 2020 年 10 月 17 日国际消除贫困日当天，宁夏举行了《中国脱贫攻坚的宁夏样本》融媒图书暨《拥抱小康》微纪录片的发布仪式，纪录片全景式呈现了宁夏脱贫攻坚的实践与取得的成就。[②] 舆论认为，微纪录片对讲好宁夏扶贫故事具有积极作用。为巩固脱贫成果，防止贫困户返贫及发生新的贫困，宁夏“探索建立脱贫攻坚动态监测预警机制”“研发脱贫攻坚动态监测预警系统”等举措也受到舆论关注。

宁夏在产业扶贫、消费扶贫、金融扶贫、科技扶贫等方面的有益实践引发舆论聚焦。产业扶贫方面，泾源县采用社会保障及产业扶持相结合的“双兜底”模式，鼓励养殖户养牛，激发产业发展动力；隆德县采取“三带四联”和“大户绑带”的方式吸引贫困户发展设施农业；“华润基础母牛银行”等 13 个案例入选了全国产业扶贫“双百”典型案例。[③] 舆论点赞宁夏以产业立村，点亮小康梦。消费扶贫方面，全区开展了消费扶贫月活动，还

---

① “四个一”示范带动工程，即建设 100 个产业扶贫示范村、培育 100 家扶贫龙头企业、规范培育 1000 家扶贫产业合作社、提升发展 10000 名致富带头人，与贫困户建立紧密利益联结机制。

② 《〈中国脱贫攻坚的宁夏样本〉融媒图书暨〈拥抱小康〉微纪录片首发》，新华网，http://www.nx.xinhuanet.com/newscenter/2020-10/18/c_1126625051.htm。

③ 《产业扶贫解锁“脱贫密码”》，宁夏新闻网，http://www.nxnews.net/cj/tptt/202104/t20210427_7121742.html。

与拼多多合作培养电商“新农人”，探索系统化消费扶贫模式；同心县也与银川新华百货商业集团签署消费扶贫农产品采购合作协议，助农增收。科技扶贫方面，宁夏出台了《关于坚持和完善科技特派员制度的意见》，加大科技特派员支持力度；海原县建立了“龙头企业＋基地＋农户”的经营模式，打造小杂粮科技成果转化示范基地，通过科技实现产业提档升级。舆论称，宁夏开启了科技扶贫新局面。金融扶贫方面，宁夏黄河农村商业银行在全区启动整村授信工程，扩宽可贷款人群，解决农户致富路上的资金难题；盐池县建立了建档立卡户评级授信系统，让金融扶贫惠及更多农民。舆论称，在金融活水的浇灌下，宁夏实现了产业发展和贫困户增收双赢。

（二）“严防死守”抓好农村疫情防控　特色产业开辟发展新天地

2020 年，新冠肺炎疫情来势汹汹，宁夏各级农业农村部门全力抓好农村地区疫情防控，第一时间做出安排部署、组建专门机构、落实应急响应，受到媒体聚焦。贺兰县设卡防控，加大疫情防控宣传力度；吴忠市组建疫情防控宣传队，通过喇叭宣传防疫知识；银川市坚持地毯式排查、网格化管理等举措筑牢了宁夏农村疫情防控的铜墙铁壁。为统筹做好疫情防控和农村经济发展，宁夏印发了《关于切实做好疫情防控和春耕生产工作的紧急通知》等文件，分区分类推进复工复产。北斗导航、物联网等农业“黑科技”齐上阵，助力宁夏春耕。“春耕面积 104.3 万亩”“春小麦种植 60.1 万亩”“组织 13 万台农机具投入春耕备耕生产”等信息被媒体积极报道。央视《新闻联播》栏目点赞宁夏抢抓农时，春播全面展开。农业企业复工复产的情况也是媒体关注的重点。“宁夏 24 家国家级农业龙头企业全部复产复工”“202 家贫困村扶贫车间复工复产”“6 成以上饲料生产企业复工复产”“中卫涉农企业复工率达 93%”等情况被舆论集中关注。此外，宁夏全力保障重要农副产品供应的举措，各地组织向湖北捐送粮食、蔬菜等农副产品等行动也大获媒体好评。

2020 年，宁夏加快农业产业结构调整，发展壮大特色产业，相关举措、成果被媒体积极报道。畜牧业方面，宁夏“尝试‘托管+架子牛培育’肉牛养殖模式”“推进滩羊产业标准化生产、质量追溯、品牌宣传保护、市场营销四大体系建设”“新建规模养殖场234个”“肉牛、滩羊饲养量分别达到192万头和1221万只，同比增长13.6%和6.3%”等举措和成果被媒体积极报道。奶业方面，《经济日报》、新华网、中国新闻网等中央媒体多次发文，关注宁夏建立奶业研究院、打造高端乳制品生产基地，深入实施“引牛上山”等举措。“建设标准化规模养殖场62个”“奶牛存栏57.4万头”“奶产量达到215万吨，增长17.5%”等成绩让媒体津津乐道。舆论为宁夏作为全国黄金奶源基地所取得的成绩点赞。葡萄酒产业方面，《宁夏日报》、宁夏新闻网等多家媒体对宁夏葡萄及葡萄酒产业发展情况予以报道。“葡萄生产80%实现机械化”“新建标准化酿酒葡萄基地2.6万亩”“改造提升低产低效葡萄园4.1万亩”“第九届宁夏贺兰山东麓国际葡萄酒博览会签订合作协议68个，签约金额达155.6亿元”等成果被媒体积极传播。舆论称宁夏是世界葡萄酒版图上崛起的“新星”。[①] 枸杞产业方面，宁夏出台《中宁枸杞控销方案》、探索现代枸杞产业链整合模式、启动无碱枸杞自动化生产线等举措备受舆论瞩目。媒体报道指出，宁夏引领枸杞消费“鲜”时尚。舆论称赞，枸杞产业、葡萄酒产业、奶产业、肉牛和滩羊产业等是宁夏农业的标杆，让宁夏农业更高质高效、农民更富足富裕。

（三）“硬核”举措奏响乡村振兴最强音　五大振兴成果绘就美丽塞上江南

2020年，宁夏认真谋划部署乡村振兴战略实施工作，受到舆论高度关注。自治区委一号文件在打赢脱贫攻坚战、建设宜居美丽乡村、加强农村基层治理、推进农业高质量发展等各个方面提出具体要求；宁夏自然资源厅还印发了18项“硬核”政策，为推进乡村振兴提供自然资源要素保障。舆论

① 《外媒：宁夏获赞世界葡萄酒“新星”》，新华社客户端，https：//xhpfmapi.zhongguowangshi.com/vh512/share/8999627。

认为，相关部署为全面推进乡村振兴厘清了方略、指明了方向。宁夏扎实推进盐池县等“一县六镇”乡村振兴试点示范，落实财政奖补资金7800万元，与12家金融机构签订服务乡村振兴战略合作协议等举措被媒体积极报道。人民网还以《宁夏奏响乡村振兴最强音》为题，通过视频的形式展现乡村振兴成果①，“品牌价值不断攀升”“农民安居乐业”“村容村貌焕然一新”等是媒体的核心表达。舆论称，在宁夏这片希望的田野上正释放着乡村振兴的无限可能。

一年来，宁夏各地创新推进乡村振兴战略实施，形成的典型做法及成效被舆论积极关注。产业振兴方面，宁夏全力推进特色优势产业发展，涌现出滩羊、肉牛、枸杞、葡萄酒等一批享誉全国的特色产业，乡村产业不断发展壮大，绘出农业高质量发展的“上扬线”。宁夏银川市灵武市梧桐树乡、中卫市沙坡头区镇罗镇、平罗县红崖子乡还入选了2020年农业产业强镇建设名单。人才振兴方面，银川市科技特派员彭秋菊创办宁夏海永生态渔业有限公司，发展现代渔业养殖示范园；科技特派员包立新建立有机水稻种植示范基地，带动周边农民增收致富等事迹受到舆论聚焦，媒体称他们是乡村振兴的“领头羊”。文化振兴方面，银川市开启首届乡村文化旅游节等活动被媒体关注。生态振兴方面，宁夏致力于改善农村人居环境，建设宜居美丽乡村，银川市金凤区良田镇园子村等4个乡村还入选了2020年中国美丽休闲乡村。舆论点赞宁夏村容村貌焕然一新，精致乡村有“面子”更有“里子”。组织振兴方面，宁夏制定了《关于完善乡村治理体系提高治理能力的实施意见》，制定5张清单，将83项事权下放乡镇，推动乡村治理重心下移、资源下沉、服务下延；深入实施“一村一年一事”行动，征集办理基础设施、产业发展、公共服务、乡村治理等农民群众关心关切事项1890件，完成投资19.6亿元。固原市通过“基层党建+基层治理”的深度融合，形成共建共治共享乡村治理格局；银川市大力实施“三大三强”行动和“两

① 《宁夏奏响乡村振兴最强音》，人民网，http://nx.people.com.cn/n2/2020/1215/c192509-34475378.html。

个带头人”工程，开展党员党组织“星级化”管理；石嘴山市通过乡村积分超市推进乡村治理体系和治理能力现代化，各地提升乡村治理的举措也被《人民日报》《宁夏日报》等多家媒体积极报道。

（四）“十三五”宁夏三农晒出亮眼成绩单　改革激活农业农村发展“内动力”

2020 年宁夏巩固发展了农业农村持续向好势头，“十三五”各项指标全面完成。五年来，宁夏全区农业综合产能稳步提升，农业农村发展取得新成就，《宁夏新闻联播》、《科技日报》、人民网、中国青年网等多家媒体纷纷以数读、组图等方式晒出宁夏“十三五”成绩单。人民网以《宁夏盐池：回眸“十三五”奋进新征程》为题设置了专题报道，对盐池滩羊品牌建设、产业扶贫情况等进行关注；宁夏新闻网以《“十三五”我们这样走过》为主题，发布多篇系列文章，展现宁夏现代农业亮点，串起宁夏农民“满满的幸福”。“十三五”期间，宁夏“累计建设高标准农田 478 万亩”“划定粮食生产功能区 644. 4 万亩”“粮食播种面积稳定在 1000 万亩以上，粮食产量连续 9 年超过 370 万吨”“耕种收综合机械化率提高 11 个百分点”“农村集体产权制度整省试点任务全面完成”“农村居民人均可支配收入净增 4770 元，增长 52. 3%”“城乡居民收入差距由 2015 年的 2. 76∶1 缩小到 2020 年的 2. 57∶1”“完成 11. 7 万户危窑危房改造”等成果被媒体积极报道。舆论称，乡村振兴加速跑，美丽新宁夏建设迈出坚实步伐。

2020 年，宁夏深化农业农村改革，不断激发农村发展活力，受到舆论聚焦。农村土地制度改革方面，宁夏全区新增确权面积 35 万亩，平罗县、灵武市、沙坡头区等国家和自治区第二轮农村土地承包到期后再延长 30 年试点稳步推进。舆论点赞宁夏承包地确权登记让农民吃上长效“定心丸”。[①] 农村宅基地制度改革方面，宁夏出台了《关于进一步加强农村宅基地管理

① 《宁夏银川：承包地确权登记让农民吃上长效“定心丸”》，光明网，https：//difang. gmw. cn/nx/2020 - 11/11/content_ 34360277. htm。

与改革的实施意见》，严格落实农村宅基地供应审查，石嘴山市、沙坡头区农村闲置宅基地和闲置住宅盘活利用试点工作稳步推进，贺兰县被确定为新一轮国家级农村宅基地制度改革试点单位。农村集体产权制度改革方面，宁夏建立了自治区扶持壮大村级集体经济联席协调机制，选择388个行政村实施扶持壮大村集体经济项目，全区86.7%的村有稳定的经营性收益，圆满完成农村集体产权制度改革整省试点任务。新型农业经营主体发展方面，宁夏推动家庭农场和农民合作社高质量发展，“创建国家级农民合作社示范社47个”“新认定自治区级农民合作社示范社64个、四星级家庭农场50家”“农民合作社和家庭农场分别达到6116个、15817家”等成果被媒体积极报道；宁夏圣缘菌类专业合作社、隆德县兴德家庭农场等12家生产经营主体入围全国试点榜单。舆论称，宁夏新型农业经营主体挑大梁，为农业增加了新的亮点。

（五）全区村庄新颜迎小康　农村人居环境整出“品质”

2020年，宁夏精心谋划、周密部署，扎实推进农村人居环境整治工作，连续两年综合评价位居西部前列，圆满完成了三年行动各项目标任务。年内，宁夏先后召开了农村人居环境整治现场推进会、全区农村生活污水治理工作现场推进会、改善农村人居环境工作领导小组会等，组织编制了2020年全区农村污水治理项目实施方案，发布了《宁夏农村生活污水处理设施水污染物排放标准》，还以“干干净净迎小康”为主题，开展了村庄清洁行动，相关整治成果受到舆论广泛关注。“改造农村户厕10.5万座，整村推进350个村”“农村卫生厕所普及率达到58%，其中一、二类县达到89%”“全区生活垃圾得到治理村庄达到95%”“开展垃圾分类和资源化利用村庄川区达到43%、山区达到19%”“绿化美化村庄400个”“利通区、西夏区被评为全国农村人居环境整治激励县”等成果被中国新闻网、宁夏新闻客户端等多家媒体积极报道。[①] 宁夏新闻网认为，改善农村人居环境质量，对推动美丽乡村建设具

① 《宁夏农村卫生厕所普及率达到58% 4G网络覆盖率达到98%》，宁夏日报客户端，http：//www. nx. chinanews. com/sh/2020 - 11 - 27/doc - ihaehxeq1802427. shtml。

有重要意义。舆论称，宁夏农村的人居环境实现了脱胎换骨的巨变。

2020 年，宁夏紧紧围绕“厕所革命、垃圾处理、污水治理、村容村貌提升”四大主攻方向持续发力，超额完成既定目标任务。在整治过程中涌现的新经验、新模式、新成果被媒体重点关注。厕所革命方面，宁夏因地制宜进行改厕，按照环保型、资源型、人工资源型等改厕模式有序推开。为保障改厕质量，宁夏通过实施农村改厕月调度制度、建立自治区改厕产品合格名录、探索多元化的农村厕所管护模式等方式，确保如期完成农村改厕目标任务，全面提升农村改厕质量。媒体点赞宁夏厕所革命为农民生活增加了“品质”。农村污水治理方面，“中卫市农村生活污水处理率达到 26%”“平罗县农村污水处理率达到 40% 左右”等成果被媒体重点关注。“金凤区协同推进污水治理和‘厕所革命’，整村集中上楼安置”“贺兰县用‘特许经营 + 政府补贴’模式引入社会资本运作解决改水改厕后续运维服务难题”“永宁县闽宁镇依托‘三管入地’工程，整村推进实施水冲式卫生厕所建设”等举措受到舆论好评。农村垃圾治理方面，宁夏开展的村庄清洁行动取得实效。“累计清理生活垃圾 220 万吨以上”“清理农业生产废弃物 180 万吨以上”“发动群众投工投劳 260 万人次以上”“银川市金凤区和固原市隆德县被评为村庄清洁行动先进县”等成果被媒体积极报道。舆论称，村庄“颜值”和气质不断提升，既“留得住乡愁”，还“看得见发展”。村容村貌提升方面，原州区发展庭院经济、平罗县优化调整村庄规划布局等实践格外吸睛。舆论称，宁夏农村基础设施越来越好，村容村貌焕然一新，农民的幸福感、获得感越来越强。

三　热点事件舆情分析

舆论聚焦宁夏庆祝第三个中国农民丰收节

2020 年 9 月 22 日，在第三个“中国农民丰收节”到来之际，宁夏以

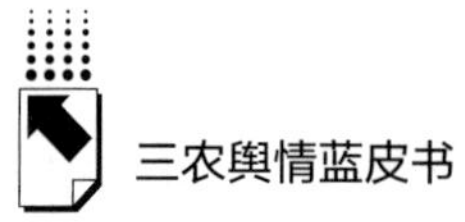

“庆丰收　迎小康——塞上江南美　特色农业优”为主题开展了农民文艺汇演、农产品展销、技能比赛等多项庆丰收活动。当天，宁夏在银川市永宁县闽宁镇举办了丰收节开幕式，9 月 1 日至 10 月 15 日，宁夏各地、各部门组织的各具特色的丰收节系列活动也陆续开展，真正实现了农民唱主角、社会齐参与。银川市永宁县举办的特色农产品推介会，石嘴山市举办的特色农产品和地方美食品尝及展示展销、农民趣味运动会，吴忠市举办的奶牛评选大赛、盐池滩羊美食文化旅游节，固原市举办的冷凉蔬菜订货大会，中卫市举办的宁夏（海原）第五届高端肉牛大赛庆丰收等活动被各大媒体积极报道。“看点十足”“盛装相迎”“精彩来袭”“精彩纷呈”等成为舆论报道的关键词。

1. 舆情概况

截至 2020 年 12 月 31 日，相关舆情总量 6856 条。媒体报道的主要标题有《中国农民丰收节又来了！宁夏这样欢庆》《“相聚闽宁　喜庆丰收”宁夏第三届中国农民丰收节精彩纷呈》《宁夏 2020 年中国农民丰收节等你来庆!》《五大主会场将同步启动　宁夏“2020 年中国农民丰收节”看点十足》等。

2. 媒体评论

媒体肯定了宁夏举办庆祝丰收节活动的积极意义。有媒体认为，宁夏在活动期间接连上演的精彩好戏，既展示了宁夏农业农村发展的新成就，也展现了现代农民的新生活，使牛产业更牛劲，冷凉蔬菜产业更绿色，中药材产业更地道，休闲农业与乡村旅游更红火，真正让农民做主角！有媒体认为，宁夏举办的活动充分结合民俗文化、农事体验、乡村旅游、塞上风情、名优特产等，展示了浓浓的宁夏特色，对促进宁夏乡村文化繁荣，提升乡村治理，激发农民积极性、创造性、主动性具有重要意义；对克服新冠肺炎疫情影响、恢复提振信心等也发挥了独特作用。①

① 《宁夏“2020 年中国农民丰收节”主会场活动 22 日启动》，新华网，http：//www.nx.xinhuanet.com/newscenter/2020 -09/07/c_ 1126462709.htm。

3. 网民观点

网民通过新闻跟帖、微博、微信留言等方式展开讨论，其观点主要包括四个方面。一是为农民丰收节的举办点赞。有网民说，最质朴的节日，这才是中国的味道！有网民说，这个节日创建得好！挺热闹的。二是为宁夏的发展成就点赞。有网民说，我的家乡宁夏真美啊。有网民说，塞外江南，我们宁夏日子也是挺美的。三是为宁夏农产品叫好并祝愿农民增收。有网民说，龙德县杨河乡、张程乡的牛羊好，勤劳的人民。有网民说，这一桌子的丰收果，丰收年的到来是每个辛勤劳作人的回报。有网民说，愿我们宁夏的农产品通过网络渠道更多走出去，让宁夏的农民都富起来。四是认为农民没有获得真正的丰收。有网民说，粮食年年减价，丰收不增收。有网民说，两元多钱一斤的化肥，种出来的玉米、麦子一元多钱一斤，怎么幸福快乐？

四　舆情总结与展望

总体看，2020 年，舆论对宁夏三农工作保持较高关注热度。人民网、新华网、中国新闻网等多家中央媒体积极报道宁夏三农工作的成绩和亮点。《宁夏日报》、《银川日报》、宁夏新闻网等地方媒体从工作部署、典型做法、成就综述等多个角度对宁夏三农发展进行报道。展望 2021 年，宁夏推进脱贫攻坚同乡村振兴有效衔接，发展壮大重点产业，加快“葡萄酒之都”、“高端奶之乡”、“高端肉牛生产基地”、“中国滩羊之乡”和“全国重要的绿色食品加工优势区”建设，加快建设现代农业经营体系，实施农村深化改革行动等工作将持续吸引舆论目光，相关实践探索、典型经验及优秀案例将成为媒体争相报道的舆情素材。建议在舆情工作上，一是要布局建设专业的舆情监测管理平台，打造专业人员队伍，提高政府对三农舆论动态的实时感知能力；二是要正确认识网络舆论监督，建立预警机制，对负面敏感舆情进行准确研判和妥善应对，切实提高舆情应对和舆论引导能力；三是要及时公开政府三农相关工作举措、成效，寻找好的三农故事进行宣传，主动设置关注点，为全面推进乡村振兴营造良好的舆论氛围。

境外篇

Overseas Public Opinions

B.21 港澳台媒体涉大陆三农舆情分析

边隽祺　欧阳子涵*

摘　要：2020年，港澳台媒体涉及大陆三农舆情的信息量较上年有所减少。台湾《中时电子报》、香港经济通通讯社、台湾“中央社”、香港《文汇报》、台湾《联合报》是报道量居前五位的媒体。港澳台媒体关注的领域相对比较集中，农业贸易、农业生产与粮食安全、农业合作、涉农政策相关的报道量居前四位。中美第一阶段经贸协议中的涉农议题以及新冠肺炎疫情背景下大陆的粮食生产、脱贫攻坚、乡村振兴等话题是港澳台媒体报道的热点。

关键词：港澳台媒体　农业贸易　粮食生产　脱贫攻坚

* 边隽祺，环球舆情调查中心舆情分析师，主要研究方向为境外舆情；欧阳子涵，环球舆情调查中心舆情分析师，主要研究方向为境外舆情。

一　舆情总体概况

（一）舆情走势分析

2020年，环球舆情调查中心共监测整理20家港澳台媒体涉及大陆三农的报道2181篇，较2019年下降45.4%，也是2017年以来报道量最少的一年（见图1）。报道总量中，中文报道2169篇，英文报道12篇。

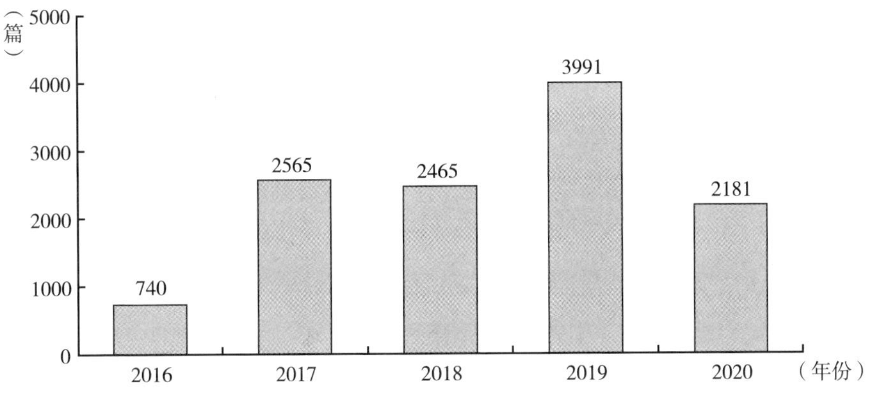

图1　2016～2020年港澳台媒体涉及大陆三农议题的报道量变化趋势

资料来源：环球舆情境外媒体版权数据库。（下同）

综观2020年，港澳台媒体涉大陆的三农舆情总体呈波动下降的趋势。其中1月舆情量246篇，是全年舆情最高峰值（见图2）。2020年1月，中美双方签署《中华人民共和国政府和美利坚合众国政府经济贸易协议》，即《中美第一阶段经贸协议》，涉及双方食品和农产品贸易，引起多家港澳台媒体的重点关注。2月，新冠肺炎疫情对国内农产品供应链以及中美第一阶段经贸协议落实情况的影响成为热点新闻。此外，周边国家的蝗灾和湖南、四川禽流感疫情也受到台湾《中时电子报》和香港《东方日报》《香港经济日报》等多家媒体关注。6月，台湾“中央社”、《中时电子报》，香港《星岛日报》《明报》等多家媒体聚焦中美两国下一阶段的农产品贸易，推动当月舆情量攀升至240篇，为第二峰值。8月，大陆粮食生产经受住洪涝灾害冲击，夏粮生产再获丰收，台湾《旺报》、香港《星岛日报》、经济通通讯社等多家媒体对相关情况进行报道，推动当月舆情再次出现一个小高峰。

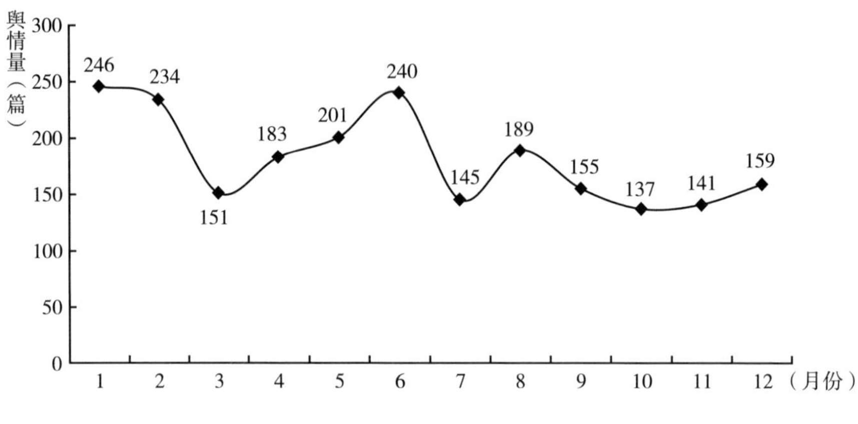

图2　2020年港澳台媒体涉及大陆三农议题的舆情走势

（二）媒体报道概况

在所有2181篇报道中，台湾媒体报道量为1050篇，占比48.1%；香港媒体报道1009篇，占46.3%；澳门媒体报道122篇，占5.6%。在报道量排行前10位的媒体中，台湾、香港、澳门媒体的数量分别为4家、5家与1家。其中，台湾《中时电子报》继续保持第一，全年发布涉大陆三农报道468篇；香港经济通通讯社的报道量为307篇，列第二位；台湾"中央社"、香港《文汇报》、台湾《联合报》的报道量分别为174篇、170篇和147篇，分列第三、第四、第五位；台湾《旺报》、《澳门日报》和香港《东方日报》报道量也均在百篇以上（见图3）。

（三）关注内容分析

从关注内容看，在2181篇报道中，农业贸易相关的报道量最多，达728篇；农业生产与粮食安全350篇，农业合作329篇（见图4）。涉农政

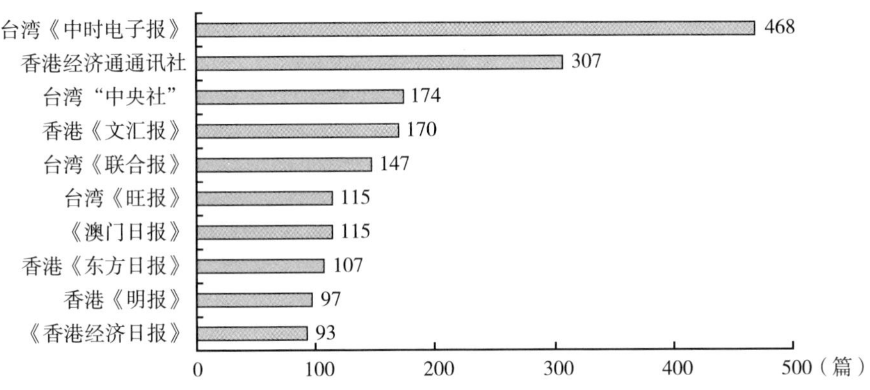

图3 2020年港澳台媒体涉及大陆三农议题的报道量TOP 10

策、农村社会事业的报道量分别居第四、第五位。在港澳台媒体所有涉及大陆的三农报道中，重点关注大陆三农动态的报道1416篇，占64.9%，其中疫情下的粮食生产以及脱贫攻坚战是媒体关注重点；而重点关注国际农业的报道765篇，占35.1%，其中中美第一阶段经贸协议是关注重点。

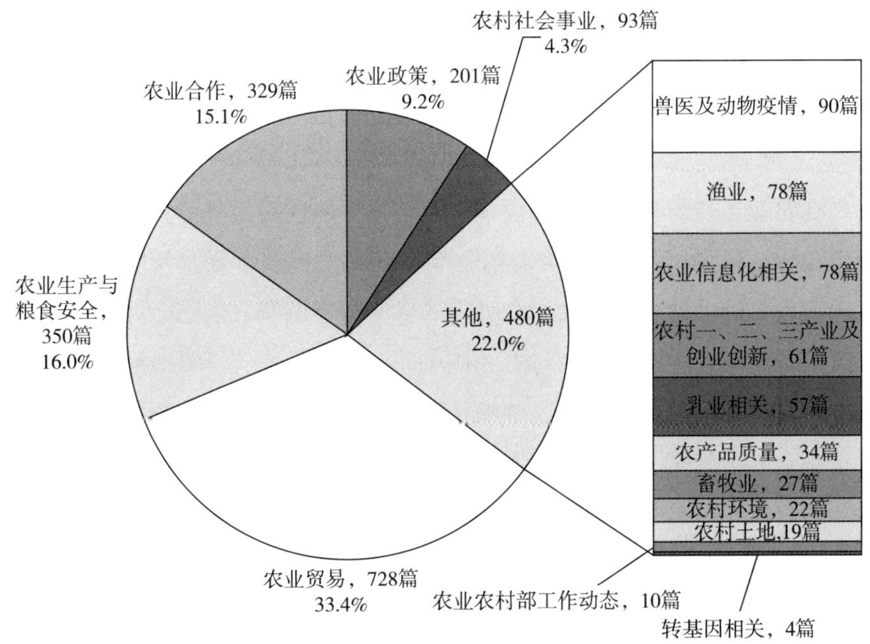

图4 2020年港澳台媒体涉及大陆三农报道的议题分布

二　主要议题分析

本研究对港澳台媒体涉大陆三农报道量排名前五位的议题分析如下。

（一）农业贸易

2020年港澳台媒体报道的农业贸易相关内容重点是中美农产品贸易。在新冠肺炎疫情突发、中美关系波动、中美第一阶段经贸协议签署的背景下，中国对美国农产品采购计划被多家媒体追踪报道。6月初，有海外媒体报道称中国政府或将停购美国农产品，引发港澳台媒体关注。香港《星岛日报》《明报》、台湾“中央社”等媒体报道称，美国大豆出口协会中国首席代表表示，中国采购美国大豆目前正在按部就班推进，似乎并未受到外部因素的影响。7月，台湾《中时电子报》报道称，中国大规模采购美国的玉米和大豆，7月中旬美国玉米和大豆的周度出口销售量增长，受益于中国的大规模采购。12月，《香港经济日报》报道称，中国经济正从新冠肺炎疫情中复苏，对大豆的需求非常旺盛，中国正在大量进口玉米、大豆等美国农作物。

（二）农业生产与粮食安全

在农业生产与粮食安全方面，多家港澳台媒体对大陆的粮食生产与供应予以关注。4月，受新冠肺炎疫情影响，多国出现粮食紧张及囤粮恐慌。多家港澳台媒体关注有关粮食生产稳定和供应充足的官方表态，并在报道中充分援引各项官方数据。4月2日，中国商务部官员表示，中国粮食生产连年丰收，库存充裕、储备充足，价格长期稳定，国际市场对中国粮食供应的影响很小；4月4日，中国农业农村部相关司局负责人表示，中国粮食产量丰、库存足，民众不必囤积抢购粮食。国家统计局7月15日公布的数据显示，2020年全国夏粮总产量14281万吨，比2019年增长0.9%。香港《文汇报》报道称，尽管2020年面临新冠肺炎疫情等多因素影响，中国夏粮生产仍获丰收，产量创历史新高。8月13日，国家防汛抗旱总指挥部秘书长、应急管理部副部长兼水利部副部长周学文表示，通过各项救灾措施，加强种植管理，再通过一些农业技术手段，2020 年的洪涝灾害对中国的粮食安全不会有影响。台湾“中央社”、香港《星岛日报》和《澳门日报》等多家媒体均对周学文的发言进行报道。8 月，《星岛日报》又评论称，“今年疫情与汛情叠加，令粮食安全话题成为近期内地舆论场的热点。未雨绸缪固然需要，专业人士认为恐慌大可不必。国际环境的不确定性是为中国重视粮食安全提供‘远虑’”。12 月，香港《文汇报》《东方日报》等媒体对国家统计局公布的“2020 年全国粮食总产量为 13390 亿斤，比上年增加 113 亿斤，增长 0.9%”等大陆粮食生产情况进行报道。

（三）农业合作

2020 年港澳台媒体报道的农业合作相关新闻主要包括国际农业合作、港澳台与大陆的农业合作。国际农业合作方面，中美双方于 1 月 15 日在美国华盛顿签署中美第一阶段经贸协议，引发港澳台媒体关注。台湾“中央社”、《中时电子报》，香港《明报》等媒体报道称，中国政府此次做出了很大让步，同意了多项美方提出的要求，包括在未来两年增加购买 320 亿美元的美国农产品。此外，2020 年 11 月 15 日，第四次区域全面经济伙伴关系协定（RCEP）领导人会议也受到媒体关注。香港《东方日报》称，《区域全面经济伙伴关系协定》是亚洲最大的自由贸易协定，RCEP 成员国会降低或取消工业与农产品关税，并制定数据转移规则。港澳台地区与大陆的农业合作方面，在 2020 年 9 月《海峡两岸经济合作框架协议》（ECFA）生效实施 10 周年之际，有关这一协议的讨论也引发港澳台媒体关注。台湾《旺报》报道称，两岸已签署《海峡两岸经济合作框架协议》10 周年，协议对台湾经济贡献重大，尤其是对农渔产品及传统制造业，助益更大。台当局“陆委会”主委陈明通还表示，《海峡两岸经济合作框架协议》整体而言对台湾有益，希望持续下去。

（四）涉农政策

2020 年 2 月，中共中央一号文件公布。台湾《中时电子报》、《旺报》

以及“中央社”报道称，2020 年中央一号文件强调 2020 年的重点任务是打赢脱贫攻坚战，以及补齐全面小康的三农短板。4 月 17 日，中共中央政治局召开会议，在重申“六稳”的同时，政治局首次提出“六保”——保居民就业、保基本民生、保市场主体、保粮食能源安全、保产业链供应链稳定、保基层运转。香港《东方日报》和《文汇报》、台湾《中时电子报》等媒体对此进行报道。10 月 26 日至 29 日，中共十九届五中全会在北京举行，会议提出 12 项重要举措，其中包括优先发展农业农村，全面推进乡村振兴。香港经济通通讯社、《澳门日报》等媒体转述会议主要精神，称全会明确提出全面实施乡村振兴战略，强化以工补农、以城带乡，推动形成工农互促、城乡互补、协调发展、共同繁荣的新型工农城乡关系，加快农业农村现代化。

（五）农村社会事业

关于农村社会事业，港澳台媒体较为关注农村环保、农民工就业培训、留守儿童、乡村脱贫等议题。2020 年 1 月，台湾《旺报》报道称，为了治理雾霾，降低空气中的 PM2.5 数值，同时确保寒冬的供暖，原本烧煤取暖的华北地区，近年来力推煤改天然气和煤改电工程。但天然气的成本相对较高，而煤改电的方案不仅能使用可再生的电源，污染很小，配合热能转换效率高的加热器，更是大大降低民众冬天的采暖成本。目前气、电供暖的比例约为 2∶8。6 月，台湾《联合报》报道称，中国人力资源和社会保障部决定实施《农民工稳就业职业技能培训计划》，明确“今明两年，每年培训农民工 700 万人次以上。职业技能培训对象包括在岗农民工、城镇待岗和失业农民工、农村新转移劳动力、返乡农民工和贫困劳动力等”。9 月，台湾《中国时报》在文章《我见我思　留守儿童也有春天》对考上北京大学考古系的湖南留守儿童钟芳蓉进行报道。报道称，“她为大陆 3 亿农民工及 3000 万留守儿童点燃了希望，也颠覆外界对留守儿童绝望的看法。环境虽恶劣，但事在人为，钟芳蓉证明了这一点”。同月，《澳门日报》报道称，因地制宜的特色农产品是宁夏固原人民的“致富宝”，葡萄酒、土豆淀粉、茶籽油、石磨面粉、手工醋、原生态蜂蜜等生产、加工和销售一体化的乡镇企业让农民切实增加了收入、改善了生活。12 月，台湾《联合报》对云南省墨江县雅邑村的脱贫事迹进行报道。墨江哈尼族自治县贫困面广，贫困程度深，雅邑村是全县 144 个贫困村之一，山高、坡陡、路险，脱贫难度大。云南省台办帮助该村进一步做优、做强生猪、茶叶等产业。

三　热点事件解读

2020 年港澳台媒体涉及大陆的三农舆情热点事件涉及农业贸易、农业生产与粮食安全、农村社会事业在内的多个领域，大陆的农业农村发展引发港澳台媒体持续跟进报道（见表 1）。针对本研究所采集的 2169 篇港澳台媒体关于大陆的三农中文报道标题做词频分析（见图 5）发现，高频词主要是名词类词汇，港澳台媒体对大陆的重大农业贸易与合作事件有较高关注度。其中“中美签署第一阶段经贸协议涉农议题”报道量较高。同时，在新冠肺炎疫情形势下，多家港澳台媒体聚焦大陆统筹疫情防控与三农发展，促进农业生产与粮食安全、打赢脱贫攻坚战、推进乡村振兴的措施与成果。

表 1　2020 年港澳台媒体涉及大陆的三农舆情热点事件 TOP 10

序号	事件	报道数量（篇）	报道媒体数量(家)	所属领域
1	中美农产品贸易	614	20	农业贸易
2	新冠肺炎疫情下的大陆三农	210	20	农业生产与粮食安全/农业贸易/农村社会事业
3	跨国农业合作	113	14	农业合作
4	非洲猪瘟疫情防治	81	17	兽医及动物疫情/农业贸易
5	大陆粮食生产总体稳定	73	16	农业生产与粮食安全
6	脱贫攻坚	66	14	涉农政策/农村社会事业
7	农民工就业	65	17	农村一、二、三产业及创业创新/农村社会事业
8	蝗虫灾害预防措施	50	14	农业生产与粮食安全/农业农村部工作动态
9	乡村振兴	44	13	农村一、二、三产业及创业创新/涉农政策
10	禁止野生动物交易	35	12	涉农政策

图 5　2020 年港澳台媒体涉及大陆的三农中文报道标题词云（2169 篇）

（一）积极评价大陆统筹抓好新冠肺炎疫情防控和农业生产

2020 年，新冠肺炎疫情突发初期，部分地区的粮食流通和春耕生产面临一些困难，多国出台禁止或限制本国粮食出口措施，一些国家出现抢购食物现象。在这一特殊背景下，大陆迅速采取措施，稳定农业生产，促进粮食丰收，受到港澳台媒体高度关注。2 月 10 日，农业农村部印发《2020 年种植业工作要点》。香港经济通通讯社当日对要点内容进行报道，提到该文件要求 2020 年种植业坚持稳字当头，稳政策、稳面积、稳产量，确保三大谷物面积稳定在 14 亿亩以上、口粮面积稳定在 8 亿亩以上，确保 2020 年粮食产量稳定在 1.3 万亿斤以上。台湾《旺报》2 月 15 日报道称，新冠肺炎疫情突发后，为确保并满足居民正常生活必需品需求，大陆 31 省区市纷纷出台措施，通过鼓励线上销售、畅通运输“绿色通道”等方式，全力稳住各地“菜篮子”的供应无虞。3 月 2 日，中央应对新冠肺炎疫情工作领导小组就统筹抓好新冠肺炎疫情防控和春季农业生产，推动各地分区分级恢复春耕生产秩序，印发《当前春耕生产工作指南》。台湾“中央社”报道称，该文件明确要求各省区的粮食播种面积和产量“要稳定在上年水平”，疫情高风险地区在继续抓好防疫的同时，要根据疫情态势逐步恢复春耕生产，组织农民“错时下田、错峰作业”。

港澳台媒体也对2020年涌现出的一些具有特殊时期特点的三农事件进行报道。香港《文汇报》2月29日报道称，在新冠肺炎疫情防控的关键期和春耕备耕的“节骨眼”，河南各地农民在“硬核防疫”的同时，也积极想办法克服缺短工、缺农资等困难，实现了特殊时期的特殊农忙。台湾《中时电子报》8月25日对大陆农产机械相关销售量大幅回暖的情况进行报道，提到疫情后大陆官方大力抓粮食生产，特别是南方水田区要求种双季稻，农机作业面积、作业收益都有增加，并拉动农机需求，销售额相比2019年同期增长20%。香港《东方日报》12月11日对大陆2020年粮食生产情况进行报道。该报道援引国家统计局相关负责人的发言称，尽管部分农区出现洪灾和台风，但各地积极抗灾，灾情对粮食产出影响有限，2020年粮食产量属丰收，连续6年保持在1.3万亿斤以上。

（二）聚焦大陆脱贫攻坚，点赞互联网扶贫模式

2020年，港澳台媒体持续关注大陆脱贫攻坚，并聚焦报道中央一号文件和习近平主席在脱贫攻坚座谈会上的重要讲话。2020年2月5日中共中央一号文件发布，强调要确保脱贫攻坚战圆满收官。多家港澳台媒体对该文件进行深入解读与分析。台湾“中央社”2月5日报道称，新冠肺炎疫情肆虐，让2020年中国经济成长预期雪上加霜，但2020年中共中央一号文件仍不放松目标，强调2020年重点任务是打赢脱贫攻坚战，以及补足三农领域在全面小康方面的不足。台湾《中时电子报》2月6日称，与往年不同，此次一号文件立下了两大“军令状”，明确了2020年三农工作两大目标任务：脱贫攻坚最后堡垒必须攻克，全面小康三农领域突出短板必须补上。3月6日，习近平主席在京出席决战决胜脱贫攻坚座谈会并发表重要讲话，强调

各地区各部门要坚定不移把党中央决策部署落实好，确保如期完成脱贫攻坚目标任务。台湾《旺报》3 月 7 日称，讲话显示，即使新冠肺炎疫情严重，大陆 2020 年实现全面脱贫的任务目标也仍不变。

此外，港澳台媒体还多次对大陆的具体扶贫措施进行报道，分析脱贫攻坚战取得重大胜利的原因，其中电商扶贫、直播带货等通过互联网开展的扶贫方式成为多家港澳台媒体的关注焦点。香港《星岛日报》5 月 11 日报道称，防疫期间，网络成为各地特别是一些贫困地区拓宽农产品销售渠道的新途径。在电商平台、“网红”助力下，农产品“走”出了乡村，使得“战疫”“战贫”两不误。香港《文汇报》9 月 19 日报道称，“互联网 +”已成为扶贫的重要助力，如今网络购物已经成为现代人的一种生活方式，“消费扶贫”也成为人人都可以参与的公益新模式。台湾《联合报》11 月 12 日报道称，电商扶贫是消费扶贫的重要实现途径，其不仅是把农产品搬到网上，而且是深层次助力农业产业转型升级，规模化、品牌化、产业化对实现电商扶贫的可持续发展至关重要。

（三）关注大陆乡村振兴战略实施，肯定地方典型案例

2020 年，随着大陆脱贫攻坚战取得重大胜利，港澳台媒体也开始更多地关注到大陆乡村振兴战略的实施。7 月 14 日，中央农办、农业农村部等 7 部门联合印发意见就扩大农业农村有效投资加快补上三农领域突出短板做出部署。台湾《联合报》报道称，在新冠肺炎疫情对农业农村投资造成进一步冲击的背景下，《意见》提出要加快高标准农田、农产品仓储保鲜冷链物流设施等 11 个方面的重大工程项目建设，为提振农业农村投资，推进乡村振兴注入强心针。12 月 1 日，中央政治局委员、国务院副总理胡春华在《人民日报》发表《加快农业农村现代化（学习贯彻党的十九届五中全会精神）》一文。台湾《中时电子报》在该文基础上评论称，大陆将加速推进脱贫与乡村振兴的有效衔接，实现三农政策方向转轨，大陆处理三农问题的政策连贯性、灵活性及针对性由此可见一斑。大陆农村拥有巨大的发展潜力，可成为台商台企发展农业技术合作、拓展新商机的广阔市场。针对 12 月底

召开的中共中央农村工作会议，台湾“中央社”报道称，在宣布脱贫攻坚战取得胜利后，三农治理工作重心将转移至全面推进乡村振兴，作为新一阶段的重要国家议程，将农村问题与安全挂钩。虽然脱贫攻坚战已取得全面胜利，但农村人口收入与生活水准普遍偏低，如何进一步提升农村生活水准，与城市看齐，难度更高。

大陆各地乡村振兴典型案例也是港澳台媒体报道的热点。《澳门日报》对 4 月 28 日在江苏举办的“苏韵乡情”乡村休闲旅游农业专场推介会进行报道，并称该活动旨在让乡村休闲旅游“热”起来，让乡村的人气“旺”起来，让农民的钱袋子“鼓”起来，既是积极应对疫情影响，夺取疫情防控和经济社会发展“双胜利”的一项具体行动，也是加快推动乡村休闲旅游农业转型升级，带动城乡消费扩容，促进农民增收的一项重要举措。香港《文汇报》5 月 7 日报道称，大陆不少乡村古镇古城依托“绿水青山”的环境优势，将农村闲置住宅逐步改造成特色民宿，通过特色民宿带动乡村旅游，为古城乡村振兴注入活力。台湾《旺报》11 月 17 日报道称，天津市宁河区在做好疫情防控和经济社会发展“双胜双赢”的基础上，多次召开全面实施乡村振兴战略专题会议，按照“五级书记抓乡村振兴”要求，组织区、镇、村领导干部围绕促进农民增收致富，增加村集体收入，改善村庄环境展开讨论。

四　舆情总结及展望

总体看，2020 年港澳台媒体涉及大陆三农的舆情热点多，范围广。在中美签署第一阶段经贸协议、新冠肺炎疫情突发、夏季洪涝灾害严重等多重背景下，港澳台媒体高度关注大陆三农在各方面、各阶段的表现，关注内容既包括国际视角下的农业贸易与合作，也涵盖国内视角下的粮食生产和脱贫攻坚等重大议题。台湾《中时电子报》、“中央社”、香港经济通通讯社、《文汇报》等媒体依旧是相关舆情的传播主力。

2021 年是“十四五”规划开局之年，也是巩固拓展脱贫攻坚成果与乡村振兴有效衔接的重要一年。预计 2021 年港澳台媒体将持续关注新阶段大陆三农议题，其中农业现代化重要举措、国际农业合作、海峡两岸农产品贸易、全面推进乡村振兴等议题或将成为报道热点。此外，港澳台农产品市场同大陆市场联系紧密，乡村振兴所带来的农产品品质和市场的变化、农产品新的行业标准、农业生产同电子商务相结合新的生产－营销模式、港澳台企业同大陆企业在三农领域的商贸、技术、产业等合作，以及乡村旅游康养新产业形态等一系列新进展新成效，或将成为 2021 年港澳台涉大陆三农议题的报道热点。

B.22

国外媒体涉中国三农舆情分析

边隽祺　欧阳子涵*

摘　要：2020年环球舆情调查中心监测40个国家99家权威媒体发布关于中国三农的报道3293篇，同比减少4.8%。农业贸易、农业生产与粮食安全、乳业、兽医及动物卫生、农业合作是报道量前五的话题，美国、澳大利亚、俄罗斯是媒体报道中提及量居前三的国家。国际舆论聚焦中美经贸关系中的涉农议题、新冠肺炎疫情对跨国农产品贸易的影响等，积极评价中国脱贫攻坚的举措和成就。

关键词：国外媒体　新冠肺炎疫情　农产品贸易　农业合作　脱贫攻坚

一　舆情总体概况

（一）舆情走势分析

2020年，环球舆情调查中心监测整理40个国家99家权威媒体涉及中国三农的报道3293篇，监测媒体较上年减少12家，报道量较上年减少167篇，下降4.8%（见图1）。

从全年舆情走势看，年初舆情热度高涨，而后迅速下滑并总体稳中波

* 边隽祺，环球舆情调查中心舆情分析师，主要研究方向为境外舆情；欧阳子涵，环球舆情调查中心舆情分析师，主要研究方向为境外舆情。

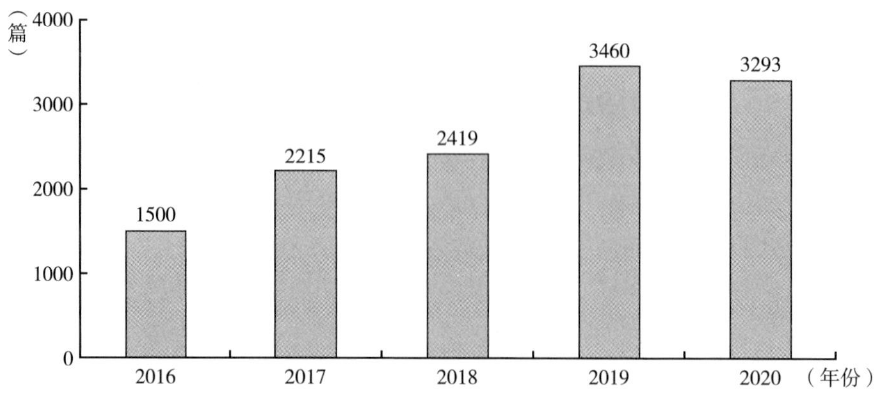

图 1　2016～2020 年国外媒体涉及中国三农议题的报道量变化

资料来源：环球舆情境外媒体版权数据库。（下同）

动。年度舆情高峰出现在 1 月，相关报道量达 426 篇，2 月的报道量为 369 篇（见图 2）。从国外媒体各月重点关注内容看，新冠肺炎疫情对中国三农的影响和中美经贸摩擦涉农议题是全年的舆情热点。1 月，中美第一阶段经贸协议的最新进展是关注热点，中国将大幅增加美国大豆进口的资讯被国外媒体较多关注。2 月中下旬，随着新冠肺炎疫情蔓延，国外媒体的关注焦点转移到与疫情相关的三农问题，集中在农业贸易方面，如新冠肺炎疫情影响中国的肉类进口和食品供应、中国和加拿大关于油菜籽贸易谈判因疫情而停滞等。9 月和 11 月舆情量分别居全年第 3、第 4 高位。9 月，国外媒体聚焦中国与多个国家的农产品贸易问题，例如中国暂停从一家澳大利亚企业进口大麦，中国对澳大利亚葡萄酒发起调查，以及中国因非洲猪瘟对德国猪肉实施进口禁令等；11 月，澳大利亚向中国出口龙虾、木材、大麦等农产品贸易相关信息受到国外媒体关注。

（二）媒体国别分布

在监测整理的 3293 篇报道中，英文报道 3121 篇，占比 94.8%；中文报道 172 篇，占比 5.2%。在参与报道的 99 家国外媒体中，共有 94 家媒体做

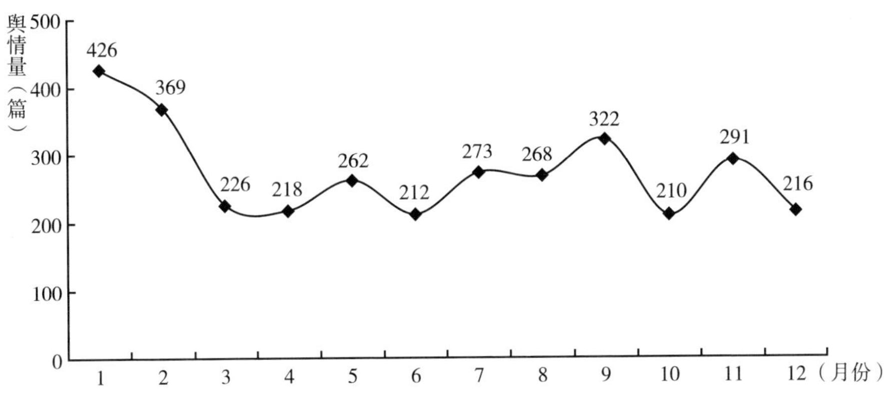

图 2　2020 年国外媒体涉及中国三农议题的舆情走势

出英文报道，平均每家媒体报道量 33.2 篇；10 家媒体做出中文报道。①

上述 99 家媒体共来自 40 个国家。② 其中，有 11 个国家的媒体报道量超过 35 篇。从各国的报道量排名情况看，英国排第一，10 家媒体共发出 1695 篇报道，仅路透社一家就报道 1605 篇。澳大利亚和新西兰的报道量分居第二、第三位，分别为 363 篇和 203 篇；澳大利亚媒体该年度涉及中国三农议题的报道总量与 2019 年（258 篇）相比明显增加，增幅 40.7%。澳大利亚媒体更加关注其本国农产品与中国的农产品贸易问题，涉及澳大利亚向中国出口龙虾、牛肉、大麦、小麦、奶制品、葡萄酒、棉花、鱼类、原木制品、蜂蜜、水果、羊肉等农产品。新西兰媒体比较关注中美第一阶段经贸协议中的涉农产品议题，以及中国乳业相关信息，如新西兰国外事务网于 2020 年 9 月就中国向世界贸易组织卫生与植物卫生措施委员会（WTO/SPS）通报《食品安全国家标准调制乳》征求意见稿一事进行了报道。涉及农业贸易的相关报道均占据澳新两国媒体对中国三农议题报道量的八成以上。

① 英国广播公司（BBC）和德国之声（DW）等国外媒体分别发布英文和中文涉农报道，这些媒体分别计入英文媒体和中文媒体的统计中。

② 此处指发文媒体的所属国家。

表 1　2020 年国外媒体涉及中国三农议题报道的国别分布及数量统计

所属国家	媒体数(家)	报道量(篇)	所属国家	媒体数(家)	报道量(篇)
英　国	10	1695	加拿大	4	74
澳大利亚	8	363	德　国	2	69
新西兰	3	203	新加坡	3	40
美　国	11	185	乌克兰	2	39
俄罗斯	4	144	法　国	1	34
哈萨克斯坦	5	133	印　度	4	33
马来西亚	3	89	其　他	39	192
合计媒体数(家)	99		合计报道量(篇)	3293	

（三）报道媒体排行

从媒体的报道量排行看，位列前 10 的媒体来自 8 个国家。英国路透社以 1605 篇的报道数量，占据榜首，与上年的 1138 篇相比增加 41%。新西兰国外事务网位居第二位，报道量为 172 篇；《澳大利亚人报》、哈萨克斯坦新闻专线、俄罗斯国际文传电讯社分列第三、第四、第五位；美国《华尔街日报》和澳大利亚 ABC 新闻的报道量分别为 70 篇、51 篇，分列第六、第七位；澳大利亚《金融时报》、德国之声和马来西亚《南洋商报》的报道量也均超过 40 篇（见图 3）。

（四）关注议题分析

2020 年监测国外媒体涉及中国三农的报道中，农业贸易类信息共计 2089 篇，占报道总量的 63.4%。中美经贸摩擦的涉农议题仍是农业贸易类新闻中的重点。此外，新冠肺炎疫情对中国同哈萨克斯坦、阿根廷、巴西、韩国、俄罗斯农产品贸易的影响也被国外媒体关注，但报道内容较为分散，并没有集中于某一个国家。农业生产与粮食安全相关信息（186 篇）较上年（107 篇）增长 79 篇，占 2020 年报道总量的 5.6%。农业合作相关信息仍受国外媒体关注，总计 143 篇，其中中国同东欧和东南亚国家的三农合作等新闻在国际舆论场有较大声量（见图 4）。

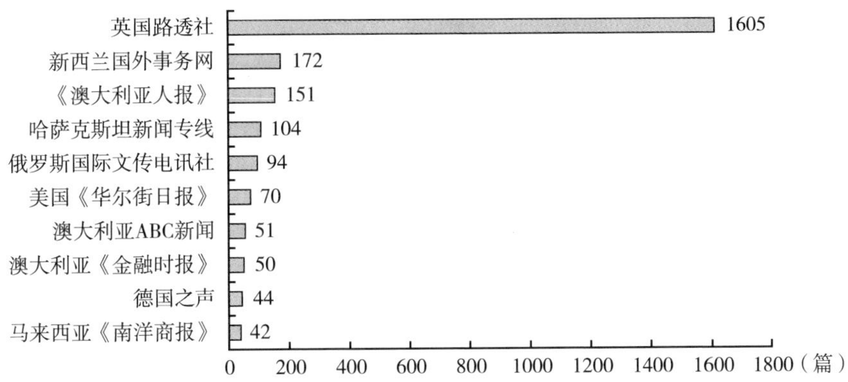

图 3　2020 年报道中国三农议题数量 TOP 10 的国外媒体

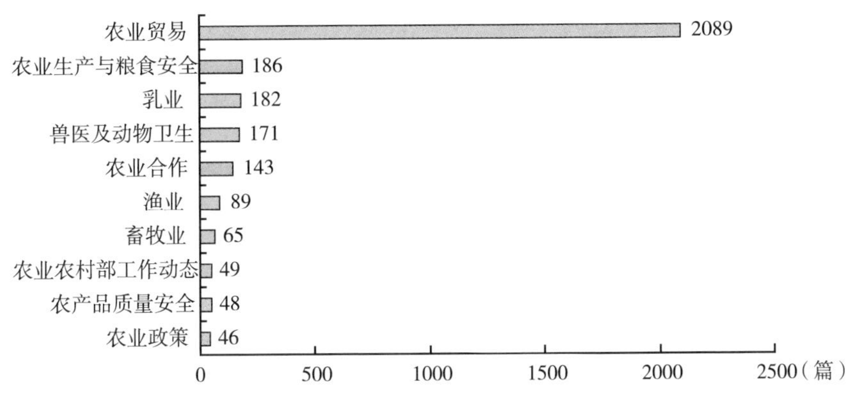

图 4　2020 年国外媒体报道涉及中国三农议题的排行 TOP 10

上述信息共涉及 68 个国家。[①] 其中，涉及美国、澳大利亚、俄罗斯、巴西、日本、哈萨克斯坦、德国、墨西哥、菲律宾、新西兰的内容报道量居前 10 位。美国方面，“中美经贸摩擦涉农业谈判走向”和“美国谷物、玉米和大豆向中国的出口”是国外媒体报道的重点；澳大利亚方面，媒体聚焦中澳贸易局势下的两国各类农产品贸易最新政策，如“中国对澳大利亚葡萄酒展开反倾销调查”被媒体重点关注报道；俄罗斯方面，“俄罗斯对华

① 此处为新闻报道中提及的国家，而非发文媒体的所属国。

牛肉和葵花籽油出口量增加”“俄罗斯解除因新冠疫情而限制从中国进口水产品的禁令”“新冠疫情可能导致中国对俄罗斯大蒜的出口减少”等话题受到较多关注；巴西方面，媒体重点关注巴西粮食出口中国的相关信息，其中“巴西对中国的大豆出口额增加”较受关注。此外，国外媒体也提到，巴西农业部门担心因新冠肺炎疫情影响中巴农贸，中国对巴西的农业供应可能中断。英国路透社 2020 年 3 月报道称，2019 年巴西进口的农药中有 38% 来自中国；日本方面，“中日大豆贸易”被媒体较多提及；哈萨克斯坦方面，“哈萨克斯坦肉制品寻求进入中国市场”“哈萨克斯坦积极寻求扩大对华农产品贸易丰富性的机会”等农业贸易议题成为媒体关注热点；德国方面，“非洲猪瘟对德国向中国出口猪肉产品的负面影响”受国外媒体关注较多；墨西哥方面，“高粱、玉米、大豆的贸易信息”被关注；菲律宾方面，“菲律宾对中国的大米出口量会增加”和“中菲大豆贸易资讯”受关注较多；新西兰方面，国外媒体关注“新西兰和中国的肉类贸易已经恢复到疫情前水平”“随着中国经济的复苏，中国乳制品进口量上升”“中国从新西兰进口奶牛”等。

二　主要议题分析

本文就 2020 年国外媒体关于中国三农报道量排名前五位的话题分析如下。

（一）农业贸易

2020 年监测的 2089 篇国际农业贸易相关报道涉及 40 个国家。其中，中美、中澳涉农贸易的内容分别以 740 篇和 263 篇居前两位。中国与俄罗斯涉农贸易相关报道量列第三位（86 篇）。中美经贸摩擦涉农议题是 2020 年上半年国外媒体的关注重点之一。在中美经贸谈判过程中，大豆等农产品贸易仍然是两国争论的焦点，两国农产品贸易的趋势被国外媒体关注。1 月，英国路透社、美国《华尔街日报》、法新社、马来西亚《南洋商报》均对中美第一阶段经贸协议中中国承诺大幅增加对美国农产品（玉米、大豆、谷物）的购买进行了关注，并看好经贸谈判下两国农产品贸易的前景。之后，部分国外媒体开始关注新冠肺炎疫情的突发对中美农产品贸易带来的负面影响。6 月，路透社报道称，中国企业进口了 18 万吨美国大豆，这仍然无法满足中国企业对大豆的需求，整体的贸易形势仍然不是十分明朗；德国之声则认为，中国在第一阶段经贸协议中承诺大幅增加对美国农产品的购买力度，但并未及时兑现，如今两国关系因新冠肺炎疫情和香港局势进一步紧张。11 月，美国《华尔街日报》则报道称，自上半年中美两国签订经贸协议以来，美国出口中国的大豆数量增长了 1 倍。中国需要大量的粗粮产品以作为猪饲料来弥补非洲猪瘟带来的影响。

澳大利亚媒体关注中澳农产品贸易争端，重点是澳大利亚向中国出口牛肉、葡萄酒、大麦、龙虾、木材等问题农产品的相关新闻。澳联社、《悉尼先驱晨报》、澳大利亚 ABC 新闻网和《世纪报》等先后就上述话题做出报道。关于中俄农产品贸易，路透社、俄罗斯国际文传电讯社等媒体均对俄罗斯向中国出口牛肉、葵花籽油、家禽、小麦、大豆等农产品进行报道。虽然年初新冠肺炎疫情导致中俄两国农产品贸易量暂时下跌，但两国的农产品贸易形势仍然整体向好。2020 年 1 月，俄罗斯卫星通讯社报道称，俄罗斯农业监管机构 3 月起将限制从中国进口和转运鱼类、昆虫等动物；4 月报道称，俄罗斯已经开始向中国出口牛肉，4 月 7 日首批八个装有俄罗斯牛肉的集装箱将运抵中国，对中国的出口也将推动俄罗斯的肉牛养殖业。哈萨克斯坦新闻专线报道称，俄罗斯农业专家表示未来五年俄罗斯对中国的葵花籽油出口增加具有“良好的前景”，年均增长率近 1.7%；虽然由于新冠肺炎疫情的负面影响，2020～2021 年的增长率会略低于预期，但增长的趋势不会变，2022 年的市场增长率将恢复。俄罗斯国际文传电讯社 12 月报道称，对于俄罗斯农产品出口来说，中国依然是最有前景、增长最快的市场之一。俄罗斯农业部表示，前 11 个月俄罗斯和中国农产品双边贸易同比增长 11%；而在俄罗斯农产品出口额中，中国占 13.9%，在俄罗斯农产品出口国中排名第一。路透社则在 12 月就“俄罗斯对大豆征收出口税”一事进行报道。

俄罗斯经济发展部为保证国内的大豆产品供应，将在2021年2月1日至6月30日对大豆征收出口税，税率为30%，但每吨不会低于165欧元（200美元）。出口税将打击远东地区的俄罗斯农民及远东地区的经济，但出口税有利于降低俄罗斯畜牧业的生产成本。

（二）农业生产与粮食安全

2020年共有43家国外媒体对中国农业生产与粮食安全相关动态进行报道，报道侧重于中国的粮食安全、农业生产有序进行以及夏粮丰收三方面。4月，针对新冠肺炎疫情全球蔓延导致中国国内出现恐慌性抢购粮油现象，路透社报道称，中国政府表示中国粮食供应足以满足国内的粮食需求，即使不进口粮食，也不会出现粮食短缺的现象。《联合早报》报道援引新华社采访"杂交水稻之父"袁隆平的观点称，"中国完全有实现粮食生产自给自足的能力，不会出现粮荒"。加拿大通讯社报道称，中国在实现地方粮食生产目标的同时，还制定了严格的耕地保护计划，可耕地已经得到了很好的保护。美国有线电视新闻网对中国农业生产做出报道称，为了减轻新冠肺炎疫情对农业的负面影响，中国政府已经发放了农业补贴，并积极引进无人机等高新技术，保证农业生产的有序性。

中国全年粮食生产和丰收也被国外媒体关注。7月，路透社和新西兰国外事务网报道称，尽管全球范围的新冠肺炎疫情仍在蔓延，但疫情并没有对中国夏粮的生产产生任何重大影响。根据中国国家统计局数据，2020年中国夏季粮食产量达到14281万吨，创历史新高，比2019年增产120.8万吨。虽然2020年夏粮播种面积26172千公顷，比2019年减少181.6千公顷，下降0.7%，但每公顷的产量增长了1.6%，所以总产量增加。播种面积的下降是种植结构调整的结果，由于市场需求的变化，一些地区更多地种植蔬菜而不是粮食作物。新西兰国外事务网还于12月对中国全年粮食产量进行报道，2020年全国粮食总产量为13390亿斤，比上年增加113亿斤，增长0.9%。

（三）乳业

在182篇涉华乳业报道中，国外乳企在中国的生存与发展以及疫情下的乳产品贸易是国外媒体关注的重点。1月，澳大利亚《世纪报》报道称，目前澳大利亚40亿美元规模的乳制品行业正在寻求打入中国市场的机会。《新西兰先驱报》报道称，中国婴幼儿配方奶粉市场总体上呈进一步扩大的趋势，而成年人则更加倾向于购买A2型奶粉，雀巢、达能、惠氏以及后劲十足的中国乳制品企业君乐宝都在计划生产A2型奶粉及相关产品。报道表示，新西兰企业生产的A2型牛奶虽然目前在中国市场上处于领先地位，而且在16400家母婴店进行销售，但竞争对手的线上销售势必挤压利润空间，从而给新西兰乳制品企业带来压力。11月，《新西兰先驱报》再次报道称，新西兰企业仍然致力于向中国销售婴幼儿配方奶粉，但新冠肺炎疫情封锁措施使得短期内收益下降，也使得未来的销售前景具有很大的不稳定性，但从长期来看中国市场对于奶粉的需求依然强劲。

（四）兽医及动物卫生

2020年，兽医及动物卫生相关报道集中关注非洲猪瘟影响德国猪肉向中国的出口，以及中国对非洲猪瘟的防控措施。4月，美国《华尔街日报》报道称，中国正在积极防备非洲猪瘟疫情，中国政府实施了一系列财政激励措施，鼓励养猪户重建养猪场。5月底至6月初，路透社对中国西部两省出现非洲猪瘟疫情情况进行了简要报道。9月，德国之声报道称，勃兰登堡州的一头野猪被证实感染非洲猪瘟，令德国养猪场和肉类加工业如临大敌：如果停止向中国出口猪肉，德国农业会深受打击。德国养猪场协会的负责人托斯滕·施达克表示，德国和中国等国签订的猪肉贸易协议中有一个卫生方面的条款，即要求德国不能出现非洲猪瘟。按照检疫协议，应该采取封锁措施。中国检疫部门对是否进口德国猪肉将做出何种官方决定对德国猪肉制品出口贸易至关重要。10月初，路透社报道称，据中国农业农村部证实，重庆市动物疫病预防控制中心查获70头非法运输的仔猪，其中2头死亡，14头患有非洲猪瘟。针对该情况，当地已按照要求启动应急响应，对所有仔猪进行扑杀和无害化处理，对相关场所、沿途道路及运输车辆等进行彻底清洗消毒。

（五）农业合作

2020年，中国同共建“一带一路”国家的农业合作，受到国外媒体关注。哈萨克国际通讯社、白俄罗斯通讯社、乌克兰《全球商业》杂志等媒体对跨国农产品的商贸往来较为关注，并看好农产品贸易和未来跨国企业合作的美好前景。1月，据哈萨克斯坦国际通讯社和《哈萨克斯坦真理报》报道，哈萨克斯坦阿塔梅肯国家企业家协会董事会主席表示，对华出口食品将带动哈萨克斯坦农业生产大幅增长，进入中国食品市场对哈萨克斯坦而言具有非常重要的意义。按照哈萨克斯坦目前能够生产的食品种类（包括油料、肉类、乳制品、糖果等）统计，中国每年上述商品的进口额高达170亿美元。农产品销售的跨国平台和跨国合资企业是未来农业合作的重点。2月，巴基斯坦国际新闻网报道称，中国正在考虑向巴基斯坦提供抗击蝗灾的技术支持，并向蝗灾区派出技术团队，以研究蝗灾治理问题。5月，俄罗斯国际文传电讯社报道称，哈萨克斯坦农业部部长称，哈萨克斯坦正在积极打开中国的肉制品市场，正在对肉类生产商的认证进行谈判。

三 热点事件解读

对2020年采集的3121篇英文报道的标题进行词云图分析，结果如图5所示。从出现频率来看，农业贸易相关动态是国外媒体关注的主要内容，“大豆”“粮食”“玉米”“牛奶”等农产品品类名词是报道的高频词，“贸易”“出口”“进口”“下降”“冲击”等动词也有较高的出现频率。

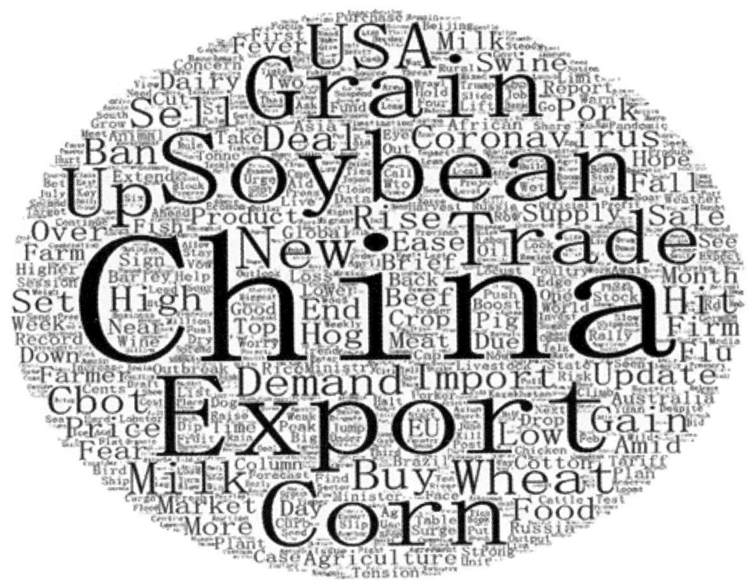

图 5　2020 年国外媒体涉及中国三农议题的英文报道标题词云（3121 篇）

表 2　2020 年国外媒体涉及中国三农议题十大热点事件

序号	事件名称	报道数量（篇）	报道媒体数量（家）	所属领域
1	中美经贸摩擦涉农议题	808	40	农业贸易
2	新冠肺炎疫情与中外农产品贸易议题	345	62	农业贸易
3	跨国农业合作	268	58	农业合作
4	2020 年中国的粮食安全	187	49	农业生产及粮食安全
5	中国乳制品市场变化	182	34	乳业相关
6	非洲猪瘟与禽流感	154	33	兽医及动物卫生
7	中国加大猪肉的市场投放	90	17	畜牧业
8	中澳两国的葡萄酒贸易	53	16	农业贸易
9	农业病虫害议题	34	15	农业生产及粮食安全
10	禁止野生动物交易	28	17	农业贸易/畜牧业

（一）国外媒体关注全球新冠肺炎疫情形势下的中国三农议题

2020 年新冠肺炎疫情突发，对中国三农发展造成一定冲击，但中国为

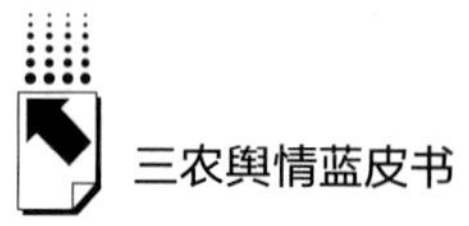

抗击新冠肺炎疫情做出不懈努力，三农领域仍然取得积极成效，受到国外媒体持续关注。1月，路透社报道称，恐慌性购买和疫情防控封锁措施导致的交通中断，使得中国一些城市的食品价格上涨和供应不足，中国农业农村部督促饲料生产商和屠宰场加快恢复生产，保证居民肉食类产品的供应。3月是春季播种季节，但疫情的突发扰乱了以往的种子及播种设施供应链。路透社称，虽然农产品的销售受到疫情的负面影响，但是中国的电子商务平台为农民网购播种设备及配套产品提供了极大的方便。与上年同期相比，拼多多2月的种子、肥料和洒水器的销售额增长了近10倍。而在淘宝平台，2月耕种、播种机等农机设备的销售额同比增长78%，种子和化肥的销售量增长率超100%，动物饲料销售额增长233%。拼多多发言人称，如今农民使用智能手机在线购买农机设备是一种趋势，1月有超过430万农业生产者在平台上购买了农业生产必需品。一位来自云南南部的杨姓农民称："我们村子里很多年轻农民都在网上购买材料，线上购买农机设施比实体店便宜，虽然身处偏远地区，但是下单后四五天就能送达。"路透社称，中国近年来一直鼓励电子商务向农村发展，这也是扶贫工作的一部分，而这次疫情突发也为强化农业生产设施的供应链管理提供了机会。虽然春种正值疫情突发，但中国的粮食生产仍然顺利进行。5月，路透社报道称中国早稻种植面积较2019年增加了4%，8月再发报道称，中国2020年早稻产量同比增长3.9%；7月，新西兰国外事务网报道中国夏季粮食产量创历史新高，达到1.4281亿吨。

疫情同样冲击了农村非农业生产领域的收入。疫情导致的交通不畅对农民工造成不利影响。2020年2月，日本《朝日新闻》称，中国对城市的封锁措施导致数千万的农民工无法返城务工，只能滞留在农村，这使得经济发展陷入了停滞。对此，中国政府积极解决农民工面临的困难。3月，路透社报道称，中国政府官员表态，政府将加强对农民工就业的政策支持，预计4月将保证农民工重返工作岗位。

在2020年初中美经贸摩擦尚未平息的背景下，新冠肺炎疫情的突发使得国外媒体在后续报道中更加关注疫情对中外农产品贸易的影响。新冠肺炎疫情突发初期，中国周边邻国高度关注疫情对农产品贸易的消极影响。2 月初，《越南青年报》报道称，越南政府表示，新冠肺炎疫情的蔓延以及交通运输不便使得中越两国农产品贸易受损，越南出口的海鲜和牛奶也“遇到了麻烦”。俄罗斯国际文传电讯社对疫情影响中国向俄罗斯出口大蒜较为关注。报道称，俄罗斯农业银行行业专家中心预测，新冠肺炎疫情导致的物流中断可能会影响中国对俄罗斯的大蒜出口，从而导致俄罗斯市场大蒜供应短缺。而随后，俄罗斯国际文传电讯社再次表示，俄罗斯没有考虑对从中国进口的食品采取限制措施，所以俄罗斯不会出现大蒜短缺。3 月，日本共同社报道称，由于新冠肺炎疫情，中国对日本的进口量减半，下降幅度为 1986 年以来最大。随着中国逐渐解封和复工复产，中国贸易量逐步提高。

中美农产品贸易涉农议题同新冠肺炎疫情形势关联。2020 年 1 月中下旬，美联社、德国之声等媒体报道称中美两国签订了初步的贸易协定，缓解了两个经济体之间的紧张关系，中国会增加对美国农产品的进口，而美国将放弃对中国进口商品提高关税的计划。马来西亚《南洋商报》对中美贸易的走向并不是很乐观。该报称，由于新冠肺炎疫情对市场需求和供应链造成的冲击，中国在第一阶段贸易协议中对美国进行农产品采购的承诺变得更难实现，两国之间近三年的贸易形势仍具有很大的不确定性，这为两国经济增长带来了不利因素。3 月，路透社发稿称，虽然中国承诺采购美国农产品，但中国对美国的粮食采购量依旧较少。新加坡《联合早报》于 4 月中旬发布特稿称，新冠肺炎疫情可能会使中美贸易出现新的转机。虽然美国豁免了 100 多种中国医疗用品的关税，但仍有大批抗疫相关用品在征税范围内，这引发美国企业的抱怨。该报认为，搁置对华关税尤其能缓解美国制造业和农业面对的压力，也可能促使中国对等取消对美国农产品征收的报复性关税。5 月，路透社数篇报道关注中美农产品贸易，“中国从美国采购了 37.8 万吨大豆”“前一周美国对中国猪肉销售达到 2020 年最高”。6 月，德国之声援引美国农业部消息称，中国两周来正在积极采购美国大豆。8 月中旬，该媒体再发报道称，随着中国经济从新冠肺炎疫情中逐渐复苏，购买美国产品的数量有所增加。美国农业部称向中国出售了 12.6 万吨大豆，连续第八天向中国大量出售美国大豆。但2020年中国对美国农产品的进口低于2017年同期水平。

（二）中外跨国农业合作仍旧生机勃勃

虽然全球经济发展受到新冠肺炎疫情影响，但中外跨国农业合作仍然一定程度开展。国外媒体主要关注以下几个方面。

一是中国积极为巴基斯坦提供农业技术援助。英国广播公司、路透社、《印度斯坦时报》和俄罗斯卫星通讯社报道称，2月，仍处在疫情当中的中国帮助巴基斯坦抗击蝗灾。4月，据美国《国家》杂志报道，中国四川农业大学的教授为巴基斯坦提供了慷慨的技术支持，让巴基斯坦利用中国间作技术，提高大豆产量。7月，巴基斯坦《论坛快报》和美国《国家》杂志再次报道称，中国帮助巴基斯坦安装植物检疫系统，以帮助巴基斯坦提高水果出口，并建立农业职业和技术教育机构，为巴基斯坦农民提供培训。

二是中国与哈萨克斯坦的农业合作不断推进。2020年4月，哈萨克斯坦新闻专线报道称，中国在哈萨克斯坦投资和新建肉类加工厂，该项目规模达50亿坚戈（折合1114.78万美元），工厂可年产2万吨肉。哈萨克国际通讯社11月报道称，据哈萨克斯坦贸易和一体化部新闻处消息，35家哈萨克斯坦食品行业公司参加了在上海举行的第三届中国国际进口博览会，1000多家中国公司的代表参观了哈萨克斯坦馆，包括大型食品分销商和进口商，大型超市和连锁饭店的代表。虽然受疫情影响，展览会上只展示了产品样品，无法进行品尝，但各个公司仍旧可以线上方式继续同潜在的合作伙伴进行更有针对性的谈判。报道称，中国公司和消费者一直对哈萨克斯坦的肉类等有机产品感兴趣，中方建议哈方企业在中国成立合资企业和代表处，以更好地销售肉类等天然产品。10月，哈萨克斯坦新闻专线再次报道称，中国投资者有意愿在哈萨克斯坦库斯塔纳工业区投建粮油加工厂，规模达2.5亿美元。

三是中国与阿根廷的农业合作前景可期。路透社报道称，阿根廷投资和国际贸易促进局副局长称，阿根廷将与中国达成一项初步协议，以实现阿根廷对中国多样化的猪肉供应。虽然阿根廷已经是中国的主要牛肉供应国，但是阿根廷猪肉对中国的出口远远不够，阿根廷外交部部长表示，阿根廷的猪肉生产可以在中国的支持下增产 14 倍。但中阿两国从事猪肉生产和畜牧业的专家认为阿根廷的猪肉生产并不能如此“发展迅速”，阿根廷只能在四年左右逐步实现生产翻番，而中阿两国的实际距离也使得生猪的运输“更加棘手”，使得该生产项目投资风险很大。冷冻猪肉是可行的方式，但这也以在阿根廷建立较为完善的生产链，发展起劳动密集型产业为前提。

（三）国际社会积极评价中国脱贫攻坚成绩

2020 年是中国脱贫攻坚决胜之年，国外媒体积极评价中国脱贫攻坚的成绩，就电商扶贫、新媒体旅游推广、技术扶贫等举措发出多篇报道。2020 年 10 月，新西兰国外事务网报道称，中国扶贫电商平台销售额达 30 亿元，34. 6% 的观众都通过平台购买了农产品，为扶贫助力。12 月，新加坡《联合早报》发布特稿介绍，有“中国最美村镇”之称的云南老姆登村，过去交通不便，旅游产业难以发展，村民长期靠种植玉米和茶叶维生。如今全村已有 20 多家客栈，年旅游收入达 60 余万元。当地村民接受采访时表示，随着交通条件改善，到访村里的游客越来越多，村民也在微博和微信等社交媒体上推广老姆登村，希望能吸引更多游客，带动当地经济发展。报道称，云南 2019 年起开始打造总长 3200 公里的“大滇西旅游环线”，覆盖怒江、大理、丽江、迪庆等 13 个州市，串联起沿线上千个旅游资源点。但同时，如何在旅游产业发展上各具特色，避免“千城一面”的重复，则是地方政府要思考的问题。该报道不仅以文字的形式对云南脱贫攻坚的成果进行描述，还利用视频、图片的方式进行全方位的展示。此外，技术扶贫也起到了重要作用，新西兰国外事务网 2020 年 11 月报道，知识产权促进了中国减贫，中国国家知识产权局在全国各地设立了许多技术和创新支持中心，这些中心以区域经济发展为重点，提供知识产权信息服务，帮助解决贫困地区农产品种植和加工的技术难题等。

中国已经消除了绝对贫困，但脱贫成果需要不断巩固。2020 年 10 月，英国路透社报道称，中国的脱贫攻坚为解决贫困问题做出一份贡献，一旦消除贫困不再是政治上的优先事项，那么很多人有可能重新陷入贫困。也有分析人士指出，中国的扶贫计划在很大程度上依靠财政资金和公务员来实施，从而引发了有关其是否可持续的问题。同月，美国《纽约时报》则报道称，新冠肺炎疫情造成的经济放缓和南方洪灾影响了农民的收入，疫情也暴露了农民在社会保障方面的不足。11 月，美国有线电视新闻网报道称，中国的“绝对贫困”已经被全面消除，尽管新冠肺炎疫情造成经济损失，但是中国政府并没有放缓减贫的脚步。报道认为，中国的扶贫成绩只是发展过程中的一步，如何保持住成功的势头是值得进一步思考的问题。12 月，新加坡《联合早报》报道，中共中央农村工作会议决定，对摆脱贫困的县，从脱贫之日起设立五年过渡期；过渡期内要保持主要帮扶政策总体稳定，逐步实现由集中资源支持脱贫攻坚向全面推进乡村振兴平稳过渡。该报还援引新华社报道称，“与发达国家相比，中国农村人口占比依然较高，城乡二元结构依然突出，还有不少农民收入在‘平均数’以下，收入有待进一步增加”。

四　舆情总结及展望

从监测数据看，2020 年国外媒体对中国三农议题的报道中，英国、澳大利亚和新西兰的媒体对中国三农较为关注，英国路透社、新西兰国外事务网、《澳大利亚人报》等媒体依旧是相关舆情的传播主力。从报道内容看，中美经贸涉农议题仍然是关注焦点，疫情相关的议题、中国粮食安全、脱贫攻坚、跨国农业合作也被国外媒体聚焦。

2021 年不仅是巩固拓展脱贫攻坚成果同乡村振兴有效衔接的起步之年，更是“十四五”规划开局之年。预计 2021 年，中美经贸关系中的涉农议题，尤其是大豆、小麦等主要农产品的贸易将继续受到国外媒体关注。2021 年 2 月，21 世纪以来第 18 个指导三农工作的中共中央一号文件发布，“乡村振兴”和“农业农村现代化”等相关议题将是国外媒体重点关注的内容。此外，近年来中国农产品受到海外市场的青睐，其他国家优质农产品也受到中国消费者的认可和喜爱，农产品贸易以及农业国际合作已经成为并将继续是国外媒体重点关注的议题。

Abstract

The year of 2020 was extraordinary. Under the strong leadership of CPC Central Committee with Xi Jinping at its core, the whole nation united to win the fight against the COVID - 19 pandemic. The year also marked the conclusion of the 13th Five-Year Plan period in which historic achievements were made in building a moderately prosperous society in all respects, a decisive victory was scored in poverty alleviation, and the development of agriculture, rural areas and farmers saw remarkable results, which made their essential role in the country's development even more prominent. This report monitors and reviews the public opinions concerning agriculture, rural areas and farmers across the whole internet in 2020. Structured around six themes, nine provinces and regions, and four trending events, the report offers in-depth analysis on the dissemination features, and the priorities and trending topics of the internet users' attention regarding China's agriculture, rural areas and farmers in 2020. It also presents the 2021 outlook for the potential hot topics and risk points that might arouse public sentiment in cyberspace.

According to this report, in 2020, the agriculture and rural affairs authorities at various levels effectively implemented the decisions of the CPC Central Committee and the State Council and spared no efforts to ensure food supply, eradicate extreme poverty, and promote revitalization. They maintained the continued development of agriculture and rural areas, contributing to a successful completion of the 13th Five-Year Plan. Historic achievements were made in agricultural and rural development, as evidenced by the grain output of over 650 million tons year after year, on-schedule completion of poverty eradication goals and a good start for rural revitalization strategy. 2020 saw continued increase in media attention to agriculture, rural areas and farmers. Related news and posts totaled 10. 8056 million pieces across the year, representing a year-on-year increase of 14. 39% . In terms of content, crop, animal and fishery production and food security, implementation of rural revitalization strategy, agricultural market, agricultural and rural reform and development, and industry-driven poverty alleviation were the topics that enjoyed most of the media and netizen's attention. The internet sensation Dingzhen—a Tibetan boy from Garze, Sichuan, the "last mile" to eradicate extreme poverty as underlined on the 7th National Poverty Relief Day, and the heated discussion on agriculture, rural areas and farmers by the NPC deputies and CPPCC members attending the annual Two Sessions constituted the top three trending events in cyberspace. In terms of communication features, the mainstream media maintained the positive energy and demonstrated its sense of responsibility by providing "news + service"; short videos and live-streaming were better used to give agricultural and rural topics more exposure. Government information outlets generated a matrix effect of communication and utilized new media to promote good governance. Starting from 2021, the first year of the 14th Five-Year Plan period, the focus of work on agriculture, rural areas and farmers will make a historic shift to advancing rural revitalization in full swing. Faced with complex and ever-changing situations and more daunting tasks, the public may focus their attention on livelihood topics such as food security in the context of global food market abnormalities, bridging the gaps in the development of the seed sector, pork prices and hog industry development following the recovery in hog production, as well as rural development campaign, rural epidemic control, and shortfalls in agricultural disaster prevention and mitigation.

This report continues to provide in-depth analysis of 6 thematic areas that were constantly at the center of public attention, including crop, animal and fishery production and food security, industry-driven poverty alleviation, rural revitalization, quality and safety of agricultural products, application of information technology development in agriculture and rural areas, and improvement of rural living environment. As the monitoring showed,

—In the area of crop, animal and fishery production and food security, ensuring stable agricultural production and food supply while battling against

COVID – 19 greatly boosted the nation's morale, 17 consecutive years of good harvests elevated people's confidence, and the campaign against non-agricultural use or non-crop use of the arable land was highly applauded.

—In the area of industry-driven poverty alleviation, the demonstration projects in different localities were notable, and poverty relief efforts through consumption and e-commerce were well-received, which prompted deliberation on the long-term mechanism for poverty elimination and income growth.

—In the area of rural revitalization, the ever-prominent brand value of rural industries became a focal point in the media, the "head goose effect" in rural entrepreneurship and innovation received positive feedback, and the new breakthroughs in rural reforms were widely commended.

—In the area of quality and safety of agricultural products, the media paid much attention to the novel regulatory measures adopted by the government agencies of various levels and localities, the quality and safety of agricultural products in the context of the COVID – 19 pandemic, and the quality scandals of some agricultural products.

—In the area of application of information technology in agriculture and rural areas, the positive role played by the information technology in containing the spread of COVID – 19 in rural areas as well as in supporting agricultural production to ensure food supply in such an extraordinary year were highly commended; intelligent farming, live selling of agricultural products, and the building of digital rural communities drew much media attention.

—In the area of improvement of rural living environment, the three-year program produced remarkable outcomes, the beautiful yards, clean fields and gardens in different parts of the country caught the public eye, and the innovative application of information and intelligent technologies in the treatment of rural household waste and residential sewage came under the spotlight.

In 2020, trending events related to agriculture occurred frequently. The report reviews and analyzes four trending events including the internet sensation Dingzhen—a Tibetan boy from Garze, Sichuan province, village mergers in Shandong province, the panic-buying of staple grains and cooking oils triggered by the pandemic, and a migrant worker's farewell note to Dongguan Library. In general, government agencies were more proactive in responding to those events, their active use of new media brought new life to government communication, and some government agencies and media came up with some inspiring practices to develop brand personality, produce good content, create novel means of expression, and tap into common values. However, some local governments were not capable of identifying and mitigating negative and sensitive public opinions and should thus improve their public relations management.

This report analyzes the dissemination features of online information, the hot topics and trending events related to agriculture, rural areas and farmers occurred in 2020 in eight provinces and regions, namely Hebei, Jiangsu, Shandong, Jiangxi, Guangxi, Shaanxi, Gansu and Ningxia, as well as China's northeast region. Study has shown that the on-time completion of poverty elimination missions in each locality, and the achievement in the development of agriculture, rural areas and farmers during the 13th Five-Year-Plan period, received positive media coverage. The implementation of rural revitalization strategy, stable crop production, high-quality farmland development, recovery in hog production, modern specialty agriculture development, and improvement of rural living environment also gained sustained media attention thanks to their novel practices and effective outcomes.

This report also reviews and analyzes the coverage by foreign media and media from Hong Kong, Macau and Taiwan on China's agriculture, rural areas and farmers, including their focal points. In general, China's agricultural trade, food security, and animal health received most attention out of mainland China. These media focused their attention on the agriculture-related issues in China-US economic and trade relations, the impact of the COVID - 19 pandemic on cross-border agricultural trade. They spoke highly of China's measures and accomplishments in poverty alleviation endeavors.

Keywords: Public Opinions Over China's Agriculture, Rural Areas and Farmers; Food Security; Rural Revitalization; Poverty Alleviation; IT Application in Agriculture and Rural Areas

Contents

Ⅰ General Report

Abstract: In the 13th Five-Year Plan period, China made historic achievements in agricultural and rural development. It produced over 650 million tons of grains every year, eradicated absolute poverty on schedule, and went off to a good start with rural revitalization. In 2020, media coverage of agriculture, rural areas and farmers remained high. The top six topics were crop, animal and fishery production and food security, implementation of the rural revitalization strategy, agricultural markets, agricultural and rural reform and development, industry-driven poverty alleviation, and migrant workers. The mainstream media demonstrated their sense of responsibility by giving great support to stable agricultural production and supply. Short videos and live-streaming were better used to give agricultural and rural topics more exposure. Government information outlets were overall more proactive and capable in reaching to the public, especially by making use of new media, which were increasingly popular and adapted to more scenarios of public communication for agricultural and rural affairs. As the first year of the 14th Five-Year Plan period, 2021 will see issues related to agriculture, rural areas and farmers-all crucial to China's development-continue to receive great attention. It is expected that in this year food security in the context of global food market abnormalities will be a focus of the media; changes in pork prices following the recovery in hog production will become a hot topic; a legal perspective will broaden the scope of discussion on the protection of farmers' rights and interests; and public emergencies such as the COVID -19 pandemic will invite in-depth deliberation on containment measures in rural areas, assistance to farmers in response to the pandemic, and disaster prevention and mitigation.

Keywords: Public Opinions Over China's Agriculture, Rural Areas and Farmers; Food Security; Hog Production Capacity; Rural Revitalization; Short Videos

Ⅱ Sub-report

Abstract: In 2020, media coverage continued to rise on crop, animal and fishery production and food security. Media coverage was stimulated by a "different spring plowing" which stroke a balance between epidemic prevention and control on the one hand and agricultural production on the other; the dubbing of agricultural modernization as a "golden carrying pole" resonated widely; 17 consecutive years of good crops was encouraging, and the extraordinary performance in an extraordinary year in particular was exhilarating; the awareness of conserving and cherishing food was ingrained into people's mind, and rectification of cultivated land illegally used for other purposes than agriculture or crop was widely supported; favorable policies boosted confidence, and "recovery of hog production capacity" became a buzzword throughout the year. New media further adopted new ways of communication and expanded the paths of communication to make topics hotter and more exposed. Media speculation on "food shortage" was alarming.

Keywords: Crop, Animal and Fishery Production; Food Security; Agricultural Modernization; "Clear your plate" Campaign; Hog Production Capacity

B.3 Report on Public Opinions Concerning Rural Revitalization in 2020

Li Xiang, Lu Feng and Liu Jia / 044

Abstract: In 2020, media coverage on topics related to rural revitalization was notably more intensive than that of the previous year. Policy and technical support was stepped up for rural business development, and the increasingly prominent brand value of rural industries was intensively covered by media; talents drive rural revitalization, and the "head goose effect" in rural entrepreneurship and innovation triggered positive reactions; rural governance capacity made further progress, and the improvement of legislation and judicial protection to support the rule of law in rural areas attracted much attention; rural reform injected new vitality into rural revitalization, and new breakthroughs made by reforms were widely affirmed by media coverage. Communication of rural revitalization topics featured innovation in content, media integration and carriers, with the characteristics of "four-comprehensive media".

Keywords: Rural Revitalization; Industry Revitalization; Talent Revitalization; Rural Governance; Rural Reform

B.4 Report on Public Opinions Concerning Development-oriented Poverty Alleviation in 2020

Abstract: In 2020, China won a comprehensive victory on poverty eradication—it put an end to large swaths of poverty, and completed the arduous task of eliminating absolute poverty. The timetable for poverty eradication of poverty-stricken counties stimulated media coverage and the consolidation of poverty eradication results was hotly discussed; exemplary cases of industry-driven poverty alleviation in various regions attracted close attention, and the new challenges faced by industry development in poverty-stricken areas received much attention; poverty alleviation via consumption expansion, e-commerce and market access improvement triggered discussion, and the long-term mechanism of poverty eradication and income increase was well-reconceived. New media matrices featuring Weibo, WeChat and apps boosted poverty alleviation by industry. New technologies such as big data and mobile video drove cultivation of talents for live selling of goods and specialty industries in poor areas.

Keywords: Poverty Alleviation; Development-oriented Poverty Alleviation; Poverty Alleviation via Consumption; E-commerce Poverty Alleviation; Links between Producers and Markets

B.5 Report on Public Opinions Concerning Quality and Safety of Agricultural Product in 2020

Abstract: In 2020, agricultural and rural authorities across China made great efforts on agri-food quality and safety, contributing to the COVID－19 response and people's food safety. Public attention to agri-food quality and safety was notably higher than the previous year, especially after China has put the virus under control, when one after another shipments of imported agricultural products or their packaging were reported to have been contaminated with the virus. The most covered topics relating to agri-food quality and safety over the year were the creative regulatory measures taken by agricultural and rural authorities at all levels, incidents related to the pandemic, and scandals of agri-product quality problems.

Keywords: Quality and Safety of Agricultural Products; Edible Agro-product Certificate; Rumor; Salmon; Sea cucumber

B.6 Report on Public Opinions Concerning IT Application in Agriculture and Rural Areas in 2020

Abstract: In 2020, coverage of information technology in agriculture and rural areas were 1.2 times the amount of the previous year. Such reporting surged in the beginning of the year and remained high for the rest of year, driven largely by the increasing use of e-commerce in response to challenges in marketing agricultural products. The media also reported positively on the role of information technology in containing the spread of COVID −19 in rural areas and supporting agricultural production to ensure food supply in such an extraordinary year. The hottest topics included intelligent farming, live selling of agricultural products, food shopping sprees in support of Hubei province, the hailed building of digital rural communities, and the much expected digitalization throughout agricultural value chains. As "new infrastructure" has become a new driving force for China's reform and development and that agricultural digitalization is a critical part of building "new infrastructure" in the agriculture sector, it is important that digitalization is well used to support causes related to agriculture, rural areas and farmers.

Keywords: IT Application in Agriculture and Rural Areas; Digital Villages; Live Selling of Agricultural Products; Rural E-Commerce; New Infrastructure

Abstract: Media coverage increased significantly in 2020 on the improvement of rural living environment. The village cleaning-up initiative helped strengthen the response to COVID −19 in rural areas, and beautiful courtyards and clean fields around the country attracted wide media coverage; more rural toilets were renovated according to the standards, and positive and negative cases of toilet renovation brought inspiration and reflection; information technology and intelligent technology enabled new approaches to rural household waste and residential sewage management, and the joint building, governance and sharing by villagers attracted close attention. Media coverage featuring coordination and synergy guided public discourse on the improvement of rural living environment, and fostered an enabling environment for the efforts.

Keywords: Improvement of Rural Living Environment; Village Cleaning-up Initiative; Rural Toilet Revolution; Rural Household Garbage Treatment

Ⅲ Hot Topics

Abstract: On 11 November 2020, Ding Zhen, a Tibetan boy from Litang county of Garze prefecture of Sichuan province, took the internet by storm after a video capturing his smile with a close-up shot was posted on Douyin, a short video platform. The youngster received even more attention later when he signed as the official tourism ambassador of Litang, and the government of Garze released a promotional video for Litang and announced discount policies for visitors. Discussions were driven to the peak on 28 November by governments of other places around China piggybacking on Ding Zhen's fame to promote their local scenery and products through their Weibo accounts. The theme "building hometown and helping reduce poverty" took the center stage. The effectiveness of the promotion campaign was due to the active use of new media that has given new life to government communication, as well as the inspiring efforts made by governments and the media to develop brand personality, produce good content, create novel means of expression, and tap into common values.

Keywords: Ding Zhen; Poverty Alleviation; Government Microblog; Online Celebrity; Popularity

B.9 Analysis of Public Opinions on the Panic-buying of Staple Grains and Cooking Oils in Many Places

Liu Wenshuo, *Liu Haichao* / 120

Abstract: Since late March 2020, in response to the global spread of COVID -19, some countries began to impose bans on food exports, and international organizations such as the Food and Agriculture Organization of the United Nations (FAO) issued warnings about potential food insecurity in some countries and regions. Such a grim outlook on international food markets affected the Chinese public's sentiment, prompting panic-buying of staple grains and cooking oils in some regions, which in turn became a hot topic itself. Local governments and central government departments began to respond at the turn of March and April by intensively communicating on China's ample food stock. Such efforts further contributed to the heated discourse on this topic, which culminated on 4 April and then waned rapidly and died out as consumers calmed down. The effect of the government's response indicated that immediate disclosure of specific information by authorities is key to defusing panic and reassuring the public.

Keywords: Food Security; Food Stock; Food Crisis; Food Export; Stockpiling of Staple Grains

Abstract: Since late April 2020, the efforts to merge villages into larger communities in some parts of Shandong province was met with resistance from villagers, and relevant information, pictures and videos began to pop up on social media, followed by comments from academics and news media, who pointed to underlying problems such as local governments' dependence on land for their revenue as well as bureaucracy. On 17 June, the provincial government made its first official comment. On 21 June, an article on this issue released by South Reviews ("Nan Feng Chuang") on its WeChat account went viral, and the debate reached its pinnacle on 22 June. The government of Shandong then repeatedly expressed its commitment to "respecting farmers' will". Starting from 3 July, the discussion began to ebb and later died down. This event reflected the importance of building responsive governments, and how local governments should work for constructive interactions between their decision-making processes and public opinion to ensure citizens' support for public policies that concern diverse interests.

Keywords: Village Mergers in Shandong; Layout of Rural Communities; Rural Development; Farmers Moving to Buildings

Abstract: In June 2020, Wu Guichun, a migrant worker living in Dongguan of Guangdong province, decided to move back to his hometown in Hubei province, as the factory he had been working for was closed down amid the COVID – 19 pandemic. On 24 June, he went to the Dongguan Library to return his reader's card, when he left a note on the library's guestbook to say goodbye. The next day, the note appeared on the internet and caused a sensation. The labor authority of the city then pooled resources to help the migrant worker find a new job. On 26 June, Wu, reemployed, went back to the library to reclaim his reader's card, driving comment volume to the peak. The main themes of the comments were the power of reading and the importance to meet migrant farmers' diverse needs. The municipal authorities' swift action and effective service was also recognized.

Keywords: Wu Guichun; Migrant Worker; Dongguan Library; Employment; Spiritual Life

Ⅳ Regional Public Opinions

B.12 Analysis of Public Opinions Concerning Agriculture, Rural Areas and Farmers in Hebei Province

An Junfeng, Guo Zhenhuan, Zhang Xiaojian and Ren Li / 153

Abstract: In 2020, media coverage increased notably on agriculture, rural areas and farmers than in the previous year. Mainstream news media guided public opinion and Weibo became a major channel to disseminate information. In the 13th Five-Year Plan period, agriculture, rural areas and farmers achieved fruitful outcomes, praised by media as steadily lifting up people's happiness; poverty eradication won a comprehensive victory and rural revitalization kept moving forward, which brought a new look to the countryside in Hebei and caught the close attention from media; all efforts were made in COVID-19 prevention and control and agricultural production, leading to another year of good crops and recovery of hog production. Specialty industries contributed to high-quality development of agriculture, and the three-year program to improve rural living environment was successfully concluded. Media spoke highly of Hebei for moving faster in comprehensive revitalization in agriculture, rural areas and farmers, stimulating industries and improving the environment, which provided strong support for the province to build a strong economy.

Keywords: Rural Revitalization; Poverty Alleviation; Rural Living Environment; COVID – 19 Containment in Rural Areas; Chinese Farmers' Harvest Festival

Abstract: In 2020, Northeast China further implemented the rural revitalization strategy, eradicated absolute poverty on schedule, made solid progress in agricultural modernization, secured satisfactory grain output, and steadily improved its agricultural and rural economy. Over the year, the volume of information related to agriculture, rural areas and farmers remained stable, with Weibo, WeChat and news apps carrying over 80%. Consistent focus was given to topics such as outcomes of implementing the rural revitalization strategy, achievements in agricultural and rural development in the 13th Five-Year Plan period, black soil conservation, agri-product brand building, progress in developing industry to reduce poverty, and improvement of rural living environment. Public attention was also drawn to the alleged quality problem with the corn stockpiled in a warehouse managed by a Sinograin subsidiary in Zhaodong in Heilongjiang province.

Keywords: Rural Revitalization; Agricultural and Rural Reform; Modern Agriculture; Industry-driven Poverty Alleviation; Food Security

Abstract: In 2020, Jiangsu province advanced on all five fronts of rural revitalization. Much effort went into building the eight "craft carrier" sectors worth over 100 billion RMB each, including quality rice and wheat production, industrialized animal production, modern seed production, and rural e-commerce, which helped lift agricultural and rural economy of the province to a higher level. Once again, the volume of information on agriculture, rural areas and farmers rose significantly. Mainstream news media and their apps continued to set the tone for public discourse. The public recognized the province's effective actions to revitalize the countryside, boost rural tourism with local features, implement the ten-year fishing ban on the Yangtze river, restore hog production capacity, improve rural living environment, and apply information technology in pandemic control and agricultural development. The launch of a ten-year suspension of fishing licenses for the Tai lake triggered a wave of discussion.

Keywords: Rural Revitalization; Ten-year Fishing Ban on the Yangtze River; Improvement of Rural Living Environment; COVID -19 Containment in Rural Areas

B.15 Analysis of Public Opinions Concerning Agriculture, Rural Areas and Farmers in Shandong Province

Ren Wanming, Wang Jun, Wang Lili and Du Wenxun / 197

Abstract: In 2020, agricultural and rural authorities at all levels in Shandong province focused their efforts on the five-facet rural revitalization strategy to build the Shandong Example. This topic became a fixture in their press conferences and communication activities, which kept the public updated on the progress and fostered a good atmosphere for the implementation of the strategy. The mainstream media reported favorably on the province's agricultural and rural achievements in the 13th Five-Year Plan period, including good results in both rural pandemic control and agricultural production, another record high crop of grains, biggest number of marine ranches among all provinces in China, and continuous growth in hog inventory. Widely acclaimed were new highlights such as the building of new agricultural operation systems, the building of a team of capable rural leaders, increased access to financial services in rural areas, and the development of agri-product e-commerce. Meanwhile, the proper handling of sensitive issues such as illegal use of drugs in animal farming, hasty rural development moves and illegal fishing won public trust for the government.

Keywords: Shandong; Public Opinions Over Agriculture, Rural Areas and Farmers; Rural Revitalization; Agricultural Production

B.16 Analysis of Public Opinions Concerning Agriculture, Rural Areas and Farmers in Jiangxi Province

Chen Liang, Chen Xunhong, Zhong Zhihong, Xiong Qianhua, Shi Dai and Fan Shoupin / 213

Abstract: In 2020, Jiangxi province further implemented the rural revitalization strategy. It focused on ensuring stable supply of agri-products, increasing farmers' income, and advancing quality agricultural development. Online sentiment on issues related to agriculture, rural areas and farmers mostly remained stable and became more positive. Public attention to such topics was notably greater than the previous year due to the COVID-19 pandemic and the flooding in the Poyang lake basin, among other factors. Widely reported were the province's positive outcomes in poverty alleviation, early rice planting, flood preparedness and response of the agriculture sector, farmland infrastructure building, improvement of rural living environment, and the promotion of agri products carrying the province's name.

Keywords: Public Opinions Over Agriculture, Rural Areas and Farmers; Poverty Alleviation; Flood Preparedness and Response of the Agriculture Sector; High-quality Farmland Development

B.17 Analysis of Public Opinions Concerning Agriculture, Rural Areas and Farmers in Guangxi

Abstract: In 2020, Guangxi Zhuang Autonomous Region performed well in both COVID -19 containment and socioeconomic development in rural areas, eradicated absolute poverty on schedule, and achieved new heights in the growth of modern specialty agriculture, prompting ever more intensive and positive media coverage. Guangxi's landmark victory in the fight against poverty was hailed, and the many dimensions of its achievements in causes related to agriculture, rural areas and farmers in the 13th Five-Year Plan period were explored. The media also focused on the region's efforts to upgrade its modern specialty agriculture sectors, further improve the five aspects of rural revitalization, and digitalize agriculture, among other topics. A total ban on illegal wildlife trade in the region sparked extensive online discussions.

Keywords: Poverty Alleviation; Modern Agriculture; The 13th Five-Year Plan Period; Rural Revitalization; Wildlife

B.18 Analysis of Public Opinions Concerning Agriculture, Rural Areas and Farmers in Shaanxi Province

Abstract: In 2020, Shaanxi province eradicated absolute poverty, ensured stable production and supply of essential agricultural products such as grains and pork, deepened rural reform, and made solid progress in rural revitalization. Over the year, hot topics related to agriculture, rural areas and farmers abounded and the total amount of coverage were slightly bigger than the previous year. The media enthusiastically reported the portfolio of measures taken in the province to eradicate absolute poverty, praised the remarkable results of the province's efforts to ensure food supply despite the impact of the pandemic, extolled nationwide best-selling produce from Shaanxi such as Zhashui fungus, and acknowledged progress in rural revitalization, especially the improvement of rural environment that gave the countryside a new and more beautiful look. The province's achievements in agricultural and rural development in the 13th Five-Year Plan period were another focus of the media. A young child in Xi' an city who contracted brucellosis from unsterilized fresh goat milk attracted great attention.

Keywords: Poverty Alleviation; COVID −19 Containment; Rural Revitalization; Zhashui Fungus; Rural Living Environment

B.19 Analysis of Public Opinions Concerning Agriculture, Rural Areas and Farmers in Gansu Province

Cheng Xiaoning, Zhang Shengcan, Liu Li and Zhao Jing / 259

Abstract: In 2020, Gansu province performed well in both COVID − 19 containment and programs related to agriculture, rural affairs and farmers. It succeeded in eradicating absolute poverty and boasted sound agricultural and rural development. The amount of media coverage of agricultural and rural topics doubled on the previous year, reaching a record high. Among the positively reported issues were the province' satisfactory delivery on the poverty alleviation program, another new record in grain output, good momentum in specialty sectors, solid and comprehensive progress in rural revitalization, successful conclusion of the three-year program to improve rural living environment, and remarkable gains in agricultural and rural development in the 13th Five-Year Plan period. The media also praised the impoverished farmers from Gansu's Jingyuan county who donated 17 tons of cucumbers to Hubei in support of that its COVID − 19 response. A heated debate was triggered by the panic-buying and stockpiling of staple grains by citizens in some areas.

Keywords: Poverty Alleviation; Rural Revitalization; the 13th Five-Year Plan Period; Improvement of Rural Living Environment

Abstract: In 2020, agriculture, rural areas and farmers in Ningxia Hui Autonomous Region were covered intensively by the media, mostly through client applications, followed by news media, the two combined representing over 70% of total coverage of such topics. As Ningxia concluded its poverty eradication program, many of its impressive measures were approved of by the media, which also reported heavily on the region's effective control of the COVID – 19 pandemic, quality improvement and efficiency gains in its specialty sectors, sound progress in rural revitalization, and new achievements in agricultural and rural modernization. Other topics that drew the attention of the media included the innumerable achievements Ningxia made in the 13th Five-Year Plan period in relation to agriculture, rural areas and farmers, and the splendid range of activities it organized to celebrate the third Chinese Farmers' Harvest Festival.

Keywords: Industry-driven Poverty Alleviation; COVID – 19 Containment; Rural Revitalization; Agricultural and Rural Reform; Improvement of Rural Living Environment

Ⅴ Overseas Public Opinions

Abstract: 2020 saw a decline in the news coverage of agriculture, rural areas and farmers in mainland China by the media from Hong Kong, Macau and Taiwan. China Times from Taiwan, ETNet from Hong Kong, "The Central News Agency"

from Taiwan, Wen Wei Po from Hong Kong, and United Daily News from Taiwan covered these topics most intensively. The reporting by the media from Hong Kong, Macau and Taiwan were rather focused. The top four topics were agricultural trade, agricultural products and food security, agricultural cooperation, and agriculture-related policies. The agriculture chapter in the China-US Economic and Trade Agreement (Phase One), as well as grain production, eradication of absolute poverty and rural revitalization in the context of the COVID −19 pandemic in mainland China were trending stories.

Keywords: Media from Hong Kong, Macao and Taiwan; Agricultural Trade; Grain Production; Poverty Alleviation

Abstract: In 2020, the 99 mainstream media outlets from 40 foreign countries covered by the monitoring program released 3293 pieces of stories related to China's agriculture, rural areas and farmers, which represented a year-on-year decline of 4.8%. The top five topics were agricultural trade, agricultural production and food security, dairy, veterinary service and animal health, and agricultural cooperation. The United States, Australia and Russia were the most mentioned countries when they reported on China's agriculture sector. The hottest stories were the agriculture-related issues in the China-US economic and trade relations, and the impact of COVID − 19 on cross-border agricultural trade. Foreign media applauded the measures and accomplishments of China's poverty alleviation efforts.

Keywords: Foreign Media; the COVID − 19 Pandemic; Agricultural Trade; Agricultural Cooperation; Poverty Alleviation

声　明

基于三农舆情分析和研究的公益性需要，本书对舆论在相关问题上所阐述的内容及观点进行了如实引用和客观呈现。这并不代表编者赞同其内容或观点，也不代表编者对上述内容或观点的真实性予以保证和负责。对于直接引用文字，谨向有关单位和个人表示衷心感谢。如有关单位及个人认为本书引用文字涉及著作权等问题，请与本书编者联系解决。

联系电话 010－59192791。

本书研创委员会

中国社会发展数据库（下设 12 个子库）

整合国内外中国社会发展研究成果，汇聚独家统计数据、深度分析报告，涉及社会、人口、政治、教育、法律等 12 个领域，为了解中国社会发展动态、跟踪社会核心热点、分析社会发展趋势提供一站式资源搜索和数据服务。

中国经济发展数据库（下设 12 个子库）

围绕国内外中国经济发展主题研究报告、学术资讯、基础数据等资料构建，内容涵盖宏观经济、农业经济、工业经济、产业经济等 12 个重点经济领域，为实时掌控经济运行态势、把握经济发展规律、洞察经济形势、进行经济决策提供参考和依据。

中国行业发展数据库（下设 17 个子库）

以中国国民经济行业分类为依据，覆盖金融业、旅游、医疗卫生、交通运输、能源矿产等 100 多个行业，跟踪分析国民经济相关行业市场运行状况和政策导向，汇集行业发展前沿资讯，为投资、从业及各种经济决策提供理论基础和实践指导。

中国区域发展数据库（下设 6 个子库）

对中国特定区域内的经济、社会、文化等领域现状与发展情况进行深度分析和预测，研究层级至县及县以下行政区，涉及省份、区域经济体、城市、农村等不同维度，为地方经济社会宏观态势研究、发展经验研究、案例分析提供数据服务。

中国文化传媒数据库（下设 18 个子库）

汇聚文化传媒领域专家观点、热点资讯，梳理国内外中国文化发展相关学术研究成果、一手统计数据，涵盖文化产业、新闻传播、电影娱乐、文学艺术、群众文化等 18 个重点研究领域。为文化传媒研究提供相关数据、研究报告和综合分析服务。

世界经济与国际关系数据库（下设 6 个子库）

立足“皮书系列”世界经济、国际关系相关学术资源，整合世界经济、国际政治、世界文化与科技、全球性问题、国际组织与国际法、区域研究 6 大领域研究成果，为世界经济与国际关系研究提供全方位数据分析，为决策和形势研判提供参考。

法律声明

法律声明